KU-176-309

REISGIDSEN VAN BERLITZ

Internationaal bekende reisgidsen – handig uitgevoerd in zakformaat en voor elke beurs betaalbaar. 128 bladzijden met prachtige kleurenfoto's en overzichtelijke kaarten. Duidelijke informatie over wat er te zien, te doen en te beleven is. Onmisbaar als voorbereiding op uw reis.

België
Brussel

Cyprus

Duitsland
Berlijn
München
Rijndal

Frankrijk
Bretagne
Franse Rivièra
Parijs
Vallei van de Loire

Griekenland
Athene
Griekse Eilanden
Korfoe
Kreta
Rhodos
Thessaloniki en
    Noord-Griekenland

Groot-Brittannië
Kanaal Eilanden
Londen
Oxford en Stratford
Schotland

Ierland

Italië
Adriatische kust
Florence
Italiaanse Rivièra
Rome
Sicilië
Venetië

Joegoslavië
Dubrovnik en
    zuidelijk Dalmatië
Istrië en de
    Kroatische kust
Split en Dalmatië

Mexico
Mexico City

Nabije Oosten
Egypte
Jeruzalem

Nederland
Amsterdam

Noord-Afrika
Marokko
Tunesië

Oostenrijk
Tirol
Wenen

Portugal
Algarve
Lissabon
Madeira

Scandinavië
Helsinki
Kopenhagen
Oslo en Bergen
Stockholm

Spanje
Barcelona en
    Costa Dorada
Canarische Eilanden
Costa Blanca
Costa Brava
Costa del Sol
    en Andalusië
Ibiza en Formentera
Madrid
Mallorca en Menorca

Turkije
Turkije (192 blzn.)

USA
New York
USA (256 blzn.)

USSR
Moskou en Leningrad

**Westindische
Eilanden**
Franse Antillen

Zuidoost-Azië
Singapore

Berlitz Dictionaries

Dansk	Engelsk, Fransk, Italiensk, Spansk, Tysk
Deutsch	Dänisch, Englisch, Finnisch, Französisch, Italienisch, Niederländisch, Norwegisch, Portugiesisch, Schwedisch, Spanisch
English	Danish, Dutch, Finnish, French, German, Italian, Norwegian, Portuguese, Spanish, Swedish
Español	Alemán, Danés, Finlandés, Francés, Holandés, Inglés, Noruego, Sueco
Français	Allemand, Anglais, Danois, Espagnol, Finnois, Italien, Néerlandais, Norvégien, Portugais, Suédois
Italiano	Danese, Finlandese, Francese, Inglese, Norvegese, Olandese, Svedese, Tedesco
Nederlands	Duits, Engels, Frans, Italiaans, Portugees, Spaans
Norsk	Engelsk, Fransk, Italiensk, Spansk, Tysk
Português	Alemão, Francês, Holandês, Inglês, Sueco
Suomi	Englanti, Espanja, Italia, Ranska, Ruotsi, Saksa
Svenska	Engelska, Finska, Franska, Italienska, Portugisiska, Spanska, Tyska

BERLITZ®

engels-nederlands
nederlands-engels
woordenboek

english-dutch
dutch-english
dictionary

By the Staff of Berlitz Guides

Revised edition 1979
Library of Congress Catalog Card Number: 78-78084

11th printing 1992
Printed in Switzerland

Inhoud

Contents

Voorwoord

Bij het selecteren van de 12 500 woordbegrippen in beide talen voor dit woordenboek stond de redactie in de allereerste plaats de behoeften van de reiziger voor ogen. Dit boekje zal van grote waarde blijken te zijn voor de vele reizigers, toeristen en zakenmensen die het waarderen zich verzekerd te weten van een klein en praktisch woordenboek. Het biedt hen – evenals aan beginners en gevorderden – de benodigde woordenschat, alsook sleutelwoorden en uitdrukkingen voor dagelijks gebruik.

Zoals onze succesvolle taal- en reisgidsen, zijn deze woordenboekjes – tot stand gekomen met behulp van een computer data bank – speciaal ontworpen om in jaszak of handtas gestoken te worden.

Behalve wat u normaliter in woordenboeken vindt, biedt Berlitz nog de volgende extra's:

- een transcriptie van elk grondwoord in het internationale fonetische alfabet (IPA), hetgeen het uitspreken van woorden waarvan de spelling moeilijk lijkt vergemakkelijkt

- een unieke, praktische woordenlijst van culinaire begrippen om het lezen van een menu in een buitenlands restaurant te vereenvoudigen en de mysteries te ontrafelen van bijzondere gerechten

- nuttige informatie over tijdsaanduiding, getallen, de vervoeging van onregelmatige werkwoorden, veel gebruikte afkortingen en een lijst van veel voorkomende uitdrukkingen.

Hoewel geen enkel woordenboek van dit formaat kan pretenderen volledig te zijn, verwachten wij toch dat de gebruiker van dit boek zich goed uitgerust zal voelen om buitenlandse reizen met vertrouwen te ondernemen. Wij zouden het evenwel op prijs stellen opmerkingen, kritiek of suggesties te ontvangen, die mogelijkerwijs kunnen helpen bij het voorbereiden van toekomstige uitgaven.

Preface

In selecting the 12.500 word-concepts in each language for this dictionary, the editors have had the traveller's needs foremost in mind. This book will prove invaluable to all the millions of travellers, tourists and business people who appreciate the reassurance a small and practical dictionary can provide. It offers them—as it does beginners and students—all the basic vocabulary they are going to encounter and to have to use, giving the key words and expressions to allow them to cope in everyday situations.

Like our successful phrase books and travel guides, these dictionaries—created with the help of a computer data bank—are designed to slip into pocket or purse, and thus have a role as handy companions at all times.

Besides just about everything you normally find in dictionaries, there are these Berlitz bonuses:

- imitated pronunciation next to each foreign-word entry, making it easy to read and enunciate words whose spelling may look forbidding
- a unique, practical glossary to simplify reading a foreign restaurant menu and to take the mystery out of complicated dishes and indecipherable names on bills of fare
- useful information on how to tell the time and how to count, on conjugating irregular verbs, commonly seen abbreviations and converting to the metric system, in addition to basic phrases.

While no dictionary of this size can pretend to completeness, we expect the user of this book will feel well armed to affront foreign travel with confidence. We should, however, be very pleased to receive comments, criticism and suggestions that you think may be of help in preparing future editions.

dutch-english

nederlands-engels

Afkortingen

adj	bijvoeglijk naamwoord	*p*	verleden tijd
adv	bijwoord	*pl*	meervoud
Am	Amerikaans	*plAm*	meervoud (Amerikaans)
art	lidwoord	*pp*	voltooid deelwoord
c	gemeenslachtig	*pr*	tegenwoordige tijd
conj	voegwoord	*pref*	voorvoegsel
n	zelfstandig naamwoord	*prep*	voorzetsel
nAm	zelfstandig naamwoord	*pron*	voornaamwoord
	(Amerikaans)	*v*	werkwoord
nt	onzijdig	*vAm*	werkwoord
num	telwoord		(Amerikaans)

Inleiding

Het woordenboek is zodanig opgezet, dat het zoveel mogelijk beantwoordt aan de eisen van de praktijk. Onnodige taalkundige aanduidingen zijn achterwege gelaten. De volgorde van de woorden is strikt alfabetisch, ook als het samengestelde woorden of woorden met een koppelteken betreft. Als enige uitzondering op deze regel zijn enkele idiomatische uitdrukkingen opgenomen als een afzonderlijk artikel, waarbij het meest toonaangevende woord van de uitdrukking bepalend is voor de alfabetische rangschikking. Wanneer bij een grondwoord nog daarvan afgeleide samenstellingen of uitdrukkingen zijn gegeven, staan ook deze weer in alfabetische volgorde.

Achter elk grondwoord vindt u een fonetische transcriptie (zie de Gids voor de uitspraak) en vervolgens, wanneer van toepassing, de woordsoort. Wanneer bij hetzelfde grondwoord meerdere woordsoorten behoren, zijn de vertalingen telkens naar de woordsoort gegroepeerd.

Het meervoud van zelfstandige naamwoorden is altijd opgenomen, wanneer dat onregelmatig is; tevens is het meervoud gegeven van bepaalde woorden waarover de gebruiker in twijfel zou kunnen verkeren.

Wanneer in onregelmatige meervoudsvormen of in afgeleide samenstellingen en uitdrukkingen het teken ~ wordt gebruikt, duidt dit een herhaling aan van het grondwoord als geheel.

In onregelmatige meervoudsvormen van samengestelde woorden wordt alleen het gedeelte, dat verandert, voluit geschreven en het onveranderde deel aangegeven door een liggend streepje (-).

Een sterretje (*) voor een werkwoord geeft aan, dat dit werkwoord onregelmatig is. Voor nadere bijzonderheden kunt u de lijst van onregelmatige werkwoorden raadplegen.

Dit woordenboek is gebaseerd op de Britse spelling. Alle woorden en woordbetekenissen die overwegend Amerikaans zijn, zijn als zodanig aangegeven (zie lijst van gebezigde afkortingen).

Uitspraak

Elk trefwoord in dit deel van het woordenboek wordt gevolgd door een transcriptie in het internationale fonetische alfabet (IPA). In dit alfabet vertegenwoordigt elk teken altijd dezelfde klank. Letters die hieronder niet beschreven zijn worden min of meer op dezelfde wijze uitgesproken als in het Nederlands.

Medeklinkers

b	nooit scherp zoals in he**b**
d	nooit scherp zoals in raa**d**
ð	als de **z** in **z**ee, maar lispend uitgesproken
g	als een zachte **k**, zoals in het Franse gar**ç**on
ŋ	als de **ng** in ba**ng**
r	plaats de tong eerst als voor de ʒ (zie beneden), open dan de mond enigszins en beweeg de tong daarbij naar beneden
ʃ	als de **sj** in **sj**ofel
θ	als de **s** in **s**amen, maar lispend uitgesproken
v	als de **w** in **w**aar
w	een korte, zwakke **oe**-klank
ʒ	als de **g** in eta**g**e

N.B. De lettergroep **sj** moet worden uitgesproken als een **s** gevolgd door een **j**-klank, maar *niet* als in **sj**ofel.

Klinkers

ɑ:	als de **aa** in m**aa**t
æ	een klank tussen de **a** in **a**ls en de **e** in b**e**st
ʌ	min of meer als de **a** in **a**ls
e	als in b**e**st
ɛ	als de **e** in b**e**st, maar met de tong wat lager
ə	als de **e** in acht**e**r
ɔ	min of meer als de **o** in p**o**t
u	als de **oe** in g**oe**d, maar korter

1) Een dubbele punt (:) geeft aan dat de voorafgaande klinker lang is.

2) Enkele aan het Frans ontleende Engelse woorden bevatten neusklanken, die aangegeven worden d.m.v. een tilde boven de klinker (b.v. ã). Deze worden door de neus en de mond tegelijkertijd uitgesproken.

Tweeklanken

Een tweeklank bestaat uit twee klinkers, waarvan er één sterk is (beklemtoond) en de andere zwak (niet beklemtoond) en die samen als één klinker worden uitgesproken, zoals ei in het Nederlands. In het Engels is de tweede klinker altijd zwak. Een tweeklank kan soms gevolgd worden door een [ə]. In dergelijke gevallen heeft de tweede klinker van de tweeklank de neiging zeer zwak te worden.

Klemtoon

Het teken (') geeft aan dat de klemtoon op de volgende lettergreep valt. Als in een woord meer dan één lettergreep wordt beklemtoond, wordt het teken (ı) geplaatst vóór de lettergreep, waarop de bijklemtoon valt.

Amerikaanse uitspraak

Onze transcriptie geeft de gebruikelijke Engelse uitspraak aan. De Amerikaanse uitspraak verschilt in enkele opzichten van het Britse Engels en kent daarbij nog belangrijke regionale verschillen. Hier volgen enkele van de meest opvallende afwijkingen:

1) In tegenstelling tot in het Britse Engels wordt de r ook uitgesproken voor een medeklinker en aan het einde van een woord.

2) In vele woorden (b.v. *ask*, *castle*, *laugh* enz.) wordt [ɑ:] uitgesproken als [æ:].

3) De [ɔ]-klank wordt in het Amerikaans uitgesproken als [ɑ], vaak ook als [ɔ:].

4) In woorden als *duty*, *tune*, *new* enz. valt in het Amerikaans de [j]-klank voor de [u:] vaak weg.

5) Bovendien wordt bij een aantal woorden in het Amerikaans de klemtoon anders gelegd.

A

a [ei,ə] art (an) een art
abbey ['æbi] n abdij c
abbreviation [ə,bri:vi'veiʃən] n afkorting c
aberration [,æbə'reiʃən] n afwijking c
ability [ə'biləti] n bekwaamheid c; vermogen nt
able ['eibəl] adj in staat; capabel, bekwaam; *be ~ to in staat *zijn om; *kunnen
abnormal [æb'nɔ:məl] adj abnormaal
aboard [ə'bɔ:d] adv aan boord
abolish [ə'bɔliʃ] v afschaffen
abortion [ə'bɔ:ʃən] n abortus c
about [ə'baut] prep over; betreffende, omtrent; om; adv omstreeks, ongeveer; omheen
above [ə'bʌv] prep boven; adv boven
abroad [ə'brɔ:d] adv naar het buitenland, in het buitenland
abscess ['æbses] n abces nt
absence ['æbsəns] n afwezigheid c
absent ['æbsənt] adj afwezig
absolutely ['æbsəlu:tli] adv absoluut
abstain from [əb'stein] zich *onthouden van
abstract ['æbstrækt] adj abstract
absurd [əb'sə:d] adj absurd, ongerijmd
abundance [ə'bʌndəns] n overvloed c
abundant [ə'bʌndənt] adj overvloedig

abuse [ə'bju:s] n misbruik nt
abyss [ə'bis] n afgrond c
academy [ə'kædəmi] n academie c
accelerate [ək'seləreit] v versnellen
accelerator [ək'seləreitə] n gaspedaal nt
accent ['æksənt] n accent nt; nadruk c
accept [ək'sept] v aanvaarden, *aannemen; accepteren
access ['ækses] n toegang c
accessary [ək'sesəri] n medeplichtige c
accessible [ək'sesəbəl] adj toegankelijk
accessories [ək'sesəriz] pl toebehoren pl, accessoires pl
accident ['æksidənt] n ongeluk nt, ongeval nt
accidental [,æksi'dentəl] adj toevallig
accommodate [ə'kɔmədeit] v *onderbrengen
accommodation [ə,kɔmə'deiʃən] n accommodatie c, logies nt, onderdak nt
accompany [ə'kʌmpəni] v vergezellen; begeleiden
accomplish [ə'kʌmpliʃ] v *volbrengen; bereiken
in accordance with [in ə'kɔ:dəns wið] ingevolge
according to [ə'kɔ:diŋ tu:] volgens; overeenkomstig
account [ə'kaunt] n rekening c; ver-

slag *nt*; ~ **for** verantwoorden; **on** ~
of vanwege
accountable [ə'kauntəbəl] *adj* verklaarbaar
accurate ['ækjurət] *adj* nauwkeurig
accuse [ə'kju:z] *v* beschuldigen; aanklagen
accused [ə'kju:zd] *n* verdachte *c*
accustom [ə'kʌstəm] *v* wennen; **accustomed** gewoon, gewend
ache [eik] *v* pijn *doen; *n* pijn *c*
achieve [ə'tʃi:v] *v* bereiken; presteren
achievement [ə'tʃi:vmənt] *n* prestatie
c
acid ['æsid] *n* zuur *nt*
acknowledge [ək'nɔlidʒ] *v* erkennen;
*toegeven; bevestigen
acne ['ækni] *n* acne *c*
acorn ['eikɔ:n] *n* eikel *c*
acquaintance [ə'kweintəns] *n* bekende
c, kennis *c*
acquire [ə'kwaiə] *v* *verwerven
acquisition [,ækwi'ziʃən] *n* acquisitie *c*
acquittal [ə'kwitəl] *n* vrijspraak *c*
across [ə'krɔs] *prep* over; aan de andere kant van; *adv* aan de overkant
act [ækt] *n* daad *c*; bedrijf *nt*, akte *c*;
nummer *nt*; *v *optreden, hande-
len; zich *gedragen; toneelspelen
action ['ækʃən] *n* actie *c*, handeling *c*
active ['æktiv] *adj* actief; bedrijvig
activity [æk'tivəti] *n* activiteit *c*
actor ['æktə] *n* acteur *c*, toneelspeler *c*
actress ['æktris] *n* actrice *c*, toneelspeelster *c*
actual ['æktʃuəl] *adj* eigenlijk, werkelijk
actually ['æktʃuəli] *adv* feitelijk
acute [ə'kju:t] *adj* acuut
adapt [ə'dæpt] *v* aanpassen
add [æd] *v* optellen; toevoegen
adding-machine ['ædiŋmə,ʃi:n] *n* telmachine *c*
addition [ə'diʃən] *n* optelling *c*; toe-

voeging *c*
additional [ə'diʃənəl] *adj* extra; bijkomend; bijkomstig
address [ə'dres] *n* adres *nt*; *v* adresseren; *aanspreken
addressee [,ædre'si:] *n* geadresseerde
c
adequate ['ædikwət] *adj* toereikend;
adequaat, passend
adjective ['ædʒiktiv] *n* bijvoeglijk
naamwoord
adjourn [ə'dʒə:n] *v* uitstellen
adjust [ə'dʒʌst] *v* afstellen; aanpassen
administer [əd'ministə] *v* toedienen
administration [əd,mini'streiʃən] *n* administratie *c*; beheer *nt*
administrative [əd'ministrətiv] *adj* administratief; bestuurlijk; ~ **law** bestuursrecht *nt*
admiral ['ædmərəl] *n* admiraal *c*
admiration [,ædmə'reiʃən] *n* bewondering *c*
admire [əd'maiə] *v* bewonderen
admission [əd'miʃən] *n* toegang *c*;
toelating *c*
admit [əd'mit] *v* *toelaten; *toegeven;
bekennen
admittance [əd'mitəns] *n* toegang *c*;
no ~ verboden toegang
adopt [ə'dɔpt] *v* adopteren; *aannemen
adult ['ædʌlt] *n* volwassene *c*; *adj* volwassen
advance [əd'vɑ:ns] *n* vooruitgang *c*;
voorschot *nt*; *v *vooruitgaan;
*voorschieten; **in** ~ vooruit, van tevoren
advanced [əd'vɑ:nst] *adj* gevorderd
advantage [əd'vɑ:ntidʒ] *n* voordeel *nt*
advantageous [,ædvən'teidʒəs] *adj*
voordelig
adventure [əd'ventʃə] *n* avontuur *nt*
adverb ['ædvə:b] *n* bijwoord *nt*
advertisement [əd'və:tismənt] *n* adver-

tentie *c*; annonce *c*

advertising ['ædvətaiziŋ] *n* reclame *c*

advice [əd'vais] *n* advies *nt*, raad *c*

advise [əd'vaiz] *v* adviseren, *aanraden

advocate ['ædvəkət] *n* voorstander *c*

aerial ['ɛəriəl] *n* antenne *c*

aeroplane ['ɛərəplein] *n* vliegtuig *nt*

affair [ə'fɛə] *n* aangelegenheid *c*; verhouding *c*, affaire *c*

affect [ə'fekt] *v* beïnvloeden; *betreffen

affected [ə'fektid] *adj* geaffecteerd

affection [ə'fekʃən] *n* aandoening *c*; genegenheid *c*

affectionate [ə'fekʃənit] *adj* lief, aanhankelijk

affiliated [ə'filieitid] *adj* aangesloten

affirmative [ə'fə:mətiv] *adj* bevestigend

affliction [ə'flikʃən] *n* leed *nt*

afford [ə'fɔ:d] *v* zich veroorloven

afraid [ə'freid] *adj* angstig, bang; *be ~ bang *zijn

Africa ['æfrikə] Afrika

African ['æfrikən] *adj* Afrikaans; *n* Afrikaan *c*

after ['ɑ:ftə] *prep* na; achter; *conj* nadat

afternoon [,ɑ:ftə'nu:n] *n* middag *c*, namiddag *c*; **this ~** vanmiddag

afterwards ['ɑ:ftəwədz] *adv* later; nadien, naderhand

again [ə'gen] *adv* weer; opnieuw; **~ and again** telkens

against [ə'genst] *prep* tegen

age [eidʒ] *n* leeftijd *c*; ouderdom *c*; **of ~** meerderjarig; **under ~** minderjarig

aged ['eidʒid] *adj* bejaard; oud

agency ['eidʒənsi] *n* agentschap *nt*; bureau *nt*; vertegenwoordiging *c*

agenda [ə'dʒendə] *n* agenda *c*

agent ['eidʒənt] *n* vertegenwoordiger

c, agent *c*

aggressive [ə'gresiv] *adj* agressief

ago [ə'gou] *adv* geleden

agrarian [ə'grɛəriən] *adj* agrarisch, landbouw-

agree [ə'gri:] *v* het eens *zijn; toestemmen; *overeenkomen

agreeable [ə'gri:əbəl] *adj* aangenaam

agreement [ə'gri:mənt] *n* contract *nt*; akkoord *nt*, overeenkomst *c*; overeenstemming *c*

agriculture ['ægrikʌltʃə] *n* landbouw *c*

ahead [ə'hed] *adv* vooruit; **~ of** voor; ***go ~** *doorgaan; **straight ~** rechtuit

aid [eid] *n* hulp *c*; *v* *bijstaan, *helpen

ailment ['eilmənt] *n* kwaal *c*; ziekte *c*

aim [eim] *n* doel *nt*; **~ at** richten op, mikken op; beogen, nastreven

air [ɛə] *n* lucht *c*; *v* luchten

air-conditioning ['ɛəkən,diʃəniŋ] *n* luchtverversing *c*; **air-conditioned** *adj* air conditioned

aircraft ['ɛəkrɑ:ft] *n* (pl ~) vliegtuig *nt*; toestel *nt*

airfield ['ɛəfi:ld] *n* vliegveld *nt*

air-filter ['ɛə,filtə] *n* luchtfilter *nt*

airline ['ɛəlain] *n* luchtvaartmaatschappij *c*

airmail ['ɛəmeil] *n* luchtpost *c*

airplane ['ɛəplein] *nAm* vliegtuig *nt*

airport ['ɛəpɔ:t] *n* luchthaven *c*

air-sickness ['ɛə,siknəs] *n* luchtziekte *c*

airtight ['ɛətait] *adj* luchtdicht

airy ['ɛəri] *adj* luchtig

aisle [ail] *n* zijbeuk *c*; gangpad *nt*

alarm [ə'lɑ:m] *n* alarm *nt*; *v* alarmeren

alarm-clock [ə'lɑ:mklɔk] *n* wekker *c*

album ['ælbəm] *n* album *nt*

alcohol ['ælkəhɔl] *n* alcohol *c*

alcoholic [,ælkə'hɔlik] *adj* alcoholisch

ale [eil] *n* bier *nt*

algebra ['ældʒibrə] n algebra c
Algeria [æl'dʒiəriə] Algerije
Algerian [æl'dʒiəriən] adj Algerijns; n Algerijn c
alien ['eiliən] n buitenlander c; vreemdeling c; adj buitenlands
alike [ə'laik] adj eender, gelijk
alimony ['æliməni] n alimentatie c
alive [ə'laiv] adj in leven, levend
all [ɔ:l] adj al; ~ **in** alles inbegrepen; ~ **right!** goed!; **at** ~ helemaal
allergy ['ælədʒi] n allergie c
alley ['æli] n steeg c
alliance [ə'laiəns] n bondgenootschap nt
Allies ['ælaiz] pl Geallieerden pl
allot [ə'lɔt] v *toewijzen
allow [ə'lau] v veroorloven, *toestaan; ~ **to** *laten; *be allowed *mogen; *be allowed to *mogen
allowance [ə'lauəns] n toelage c
all-round [,ɔ:l'raund] adj veelzijdig
almanac ['ɔ:lmənæk] n almanak c
almond ['ɑ:mənd] n amandel c
almost ['ɔ:lmoust] adv bijna; haast
alone [ə'loun] adv alleen
along [ə'lɔŋ] prep langs
aloud [ə'laud] adv hardop
alphabet ['ælfəbet] n alfabet nt
already [ɔ:l'redi] adv reeds, al
also ['ɔ:lsou] adv ook; tevens, eveneens
altar ['ɔ:ltə] n altaar nt
alter ['ɔ:ltə] v wijzigen, veranderen
alteration [,ɔ:ltə'reiʃən] n wijziging c, verandering c
alternate [ɔ:l'tə:nət] adj afwisselend
alternative [ɔ:l'tə:nətiv] n alternatief nt
although [ɔ:l'ðou] conj ofschoon, hoewel
altitude ['æltitju:d] n hoogte c
alto ['æltou] n (pl ~s) alt c
altogether [,ɔ:ltə'geðə] adv helemaal;

in totaal
always ['ɔ:lweiz] adv altijd
am [æm] v (pr be)
amaze [ə'meiz] v verwonderen, verbazen
amazement [ə'meizmənt] n verbazing c
ambassador [æm'bæsədə] n ambassadeur c
amber ['æmbə] n barnsteen nt
ambiguous [æm'bigjuəs] adj dubbelzinnig; onduidelijk
ambitious [æm'biʃəs] adj ambitieus; eerzuchtig
ambulance ['æmbjuləns] n ziekenauto c, ambulance c
ambush ['æmbuʃ] n hinderlaag c
America [ə'merikə] Amerika
American [ə'merikən] adj Amerikaans; n Amerikaan c
amethyst ['æmiθist] n amethist c
amid [ə'mid] prep onder; tussen, midden in, te midden van
ammonia [ə'mouniə] n ammonia c
amnesty ['æmnisti] n amnestie c
among [ə'mʌŋ] prep te midden van; tussen, onder; ~ **other things** onder andere
amount [ə'maunt] n hoeveelheid c; som c, bedrag nt; ~ **to** *bedragen
amuse [ə'mju:z] v amuseren, vermaken
amusement [ə'mju:zmənt] n amusement nt, vermaak nt
amusing [ə'mju:ziŋ] adj amusant
anaemia [ə'ni:miə] n bloedarmoede c
anaesthesia [,ænis'θi:ziə] n verdoving c
anaesthetic [,ænis'θetik] n pijnstillend middel
analyse ['ænəlaiz] v ontleden, analyseren
analysis [ə'næləsis] n (pl -ses) analyse c

analyst ['ænəlist] n analist c; analyticus c

anarchy ['ænəki] n anarchie c

anatomy [ə'nætəmi] n anatomie c

ancestor ['ænsestə] n voorvader c

anchor ['æŋkə] n anker nt

anchovy ['ænt∫əvi] n ansjovis c

ancient ['ein∫ənt] adj oud; ouderwets, verouderd; oeroud

and [ænd, ənd] conj en

angel ['eindʒəl] n engel c

anger ['æŋgə] n toorn c, boosheid c; woede c

angle ['æŋgəl] v hengelen; n hoek c

angry ['æŋgri] adj kwaad

animal ['æniməl] n dier nt

ankle ['æŋkəl] n enkel c

annex[1] ['æneks] n bijgebouw nt; bijlage c

annex[2] [ə'neks] v annexeren

anniversary [,æni'və:səri] n verjaardag c

announce [ə'nauns] v bekendmaken, aankondigen

announcement [ə'naunsmənt] n aankondiging c, bekendmaking c

annoy [ə'nɔi] v irriteren, ergeren

annoyance [ə'nɔiəns] n ergernis c

annoying [ə'nɔiiŋ] adj vervelend, hinderlijk

annual ['ænjuəl] adj jaarlijks; n jaarboek nt

per annum [pər 'ænəm] jaarlijks

anonymous [ə'nɔniməs] adj anoniem

another [ə'nʌðə] adj nog een; een ander

answer ['ɑ:nsə] v antwoorden; beantwoorden; n antwoord nt

ant [ænt] n mier c

anthology [æn'θɔlədʒi] n bloemlezing c

antibiotic [,æntibai'ɔtik] n antibioticum nt

anticipate [æn'tisipeit] v verwachten,

*voorzien; *voorkomen

antifreeze ['æntifri:z] n antivries c

antipathy [æn'tipəθi] n afkeer c

antique [æn'ti:k] adj antiek; n antiquiteit c; ~ **dealer** antiquair c

antiquity [æn'tikwəti] n Oudheid c; **antiquities** pl oudheden pl

antiseptic [,ænti'septik] n antiseptisch middel

antlers ['æntləz] pl gewei nt

anxiety [æŋ'zaiəti] n bezorgdheid c

anxious ['æŋk∫əs] adj verlangend; bezorgd

any ['eni] adj enig

anybody ['enibɔdi] pron wie dan ook

anyhow ['enihau] adv hoe dan ook

anyone ['eniwʌn] pron iedereen

anything ['eniθiŋ] pron wat dan ook

anyway ['eniwei] adv in elk geval

anywhere ['eniweə] adv waar dan ook; overal

apart [ə'pɑ:t] adv apart, afzonderlijk; ~ **from** afgezien van

apartment [ə'pɑ:tmənt] nAm appartement nt, flat c; etage c; ~ **house** Am flatgebouw nt

aperitif [ə'perətiv] n aperitief nt/c

apologize [ə'pɔlədʒaiz] v zich verontschuldigen

apology [ə'pɔlədʒi] n excuus nt, verontschuldiging c

apparatus [,æpə'reitəs] n apparaat nt, toestel nt

apparent [ə'pærənt] adj schijnbaar; duidelijk

apparently [ə'pærəntli] adv blijkbaar; klaarblijkelijk

apparition [,æpə'ri∫ən] n verschijning c

appeal [ə'pi:l] n beroep nt

appear [ə'piə] v *lijken, *schijnen; *blijken; *verschijnen; *optreden

appearance [ə'piərəns] n voorkomen nt; aanblik c; optreden nt

appendicitis [ə,pendi'saitis] n blindedarmontsteking c

appendix [ə'pendiks] n (pl -dices,
-dixes) blindedarm c

appetite ['æpətait] n trek c, eetlust c

appetizer ['æpətaizə] n borrelhapje nt

appetizing ['æpətaiziŋ] adj smakelijk

applause [ə'plɔ:z] n applaus nt

apple ['æpəl] n appel c

appliance [ə'plaiəns] n toestel nt, apparaat nt

application [,æpli'keifən] n toepassing
c; aanvraag c; sollicitatie c

apply [ə'plai] v toepassen; gebruiken;
solliciteren; *gelden

appoint [ə'pɔint] v aanstellen, benoemen

appointment [ə'pɔintmənt] n afspraak
c; benoeming c

appreciate [ə'pri:ʃieit] v schatten;
waarderen, op prijs stellen

appreciation [ə,pri:ʃi'eifən] n schatting
c; waardering c

approach [ə'prout∫] v naderen; n aanpak c; toegang c

appropriate [ə'proupriət] adj juist, geschikt, passend

approval [ə'pru:vəl] n goedkeuring c;
instemming c; **on ~** op zicht

approve [ə'pru:v] v goedkeuren; **~ of**
instemmen met

approximate [ə'prɔksimət] adj bij be-
nadering

approximately [ə'prɔksimətli] adv circa, ongeveer

apricot ['eiprikɔt] n abrikoos c

April ['eiprəl] april

apron ['eiprən] n schort c

Arab ['ærəb] adj Arabisch; n Arabier
c

arbitrary ['a:bitrəri] adj willekeurig

arcade [a:'keid] n zuilengang c, galerij
c

arch [a:t∫] n boog c; gewelf nt

archaeologist [,a:ki'ɔlədʒist] n archeoloog c

archaeology [,a:ki'ɔlədʒi] n oudheidkunde c, archeologie c

archbishop [,a:t∫'bifəp] n aartsbisschop c

arched [a:t∫t] adj boogvormig

architect ['a:kitekt] n architect c

architecture ['a:kitekt∫ə] n bouwkunde c, architectuur c

archives ['a:kaivz] pl archief nt

are [a:] v (pr be)

area ['cəriə] n streek c; gebied nt; oppervlakte c; **~ code** netnummer nt

Argentina [,a:dʒən'ti:nə] Argentinië

Argentinian [,a:dʒən'tiniən] adj Argentijns; n Argentijn c

argue ['a:gju:] v argumenteren, debatteren, discussiëren; redetwisten

argument ['a:gjumənt] n argument nt;
discussie c; woordenwisseling c

arid ['ærid] adj dor

***arise** [ə'raiz] v *oprijzen, *ontstaan

arithmetic [ə'riθmətik] n rekenkunde c

arm [a:m] n arm c; wapen nt; leuning c; v bewapenen

armchair ['a:mt∫cə] n fauteuil c, leunstoel c

armed [a:md] adj gewapend; **~
forces** strijdkrachten pl

armour ['a:mə] n harnas nt

army ['a:mi] n leger nt

aroma [ə'roumə] n aroma nt

around [ə'raund] prep om, rond; adv
rondom

arrange [ə'reindʒ] v rangschikken, ordenen; regelen

arrangement [ə'reindʒmənt] n regeling
c

arrest [ə'rest] v arresteren; n aanhouding c, arrestatie c

arrival [ə'raivəl] n aankomst c; komst
c

arrive [ə'raiv] v *aankomen

arrow ['ærou] *n* pijl *c*

art [ɑ:t] *n* kunst *c*; vaardigheid *c*; ~ **collection** kunstverzameling *c*; ~ **exhibition** kunsttentoonstelling *c*; ~ **gallery** kunstgalerij *c*; ~ **history** kunstgeschiedenis *c*; **arts and crafts** kunstnijverheid *c*; ~ **school** kunstacademie *c*

artery ['ɑ:təri] *n* slagader *c*

artichoke ['ɑ:titʃouk] *n* artisjok *c*

article ['ɑ:tikəl] *n* artikel *nt*; lidwoord *nt*

artifice ['ɑ:tifis] *n* list *c*

artificial [ˌɑ:ti'fiʃəl] *adj* kunstmatig

artist ['ɑ:tist] *n* kunstenaar *c*; kunstenares *c*

artistic [ɑ:'tistik] *adj* artistiek, kunstzinnig

as [æz] *conj* als, zoals; even; aangezien, omdat; ~ **from** vanaf; met ingang van; ~ **if** alsof

asbestos [æz'bestɔs] *n* asbest *nt*

ascend [ə'send] *v* omhoog *gaan; *opstijgen; *beklimmen

ascent [ə'sent] *n* stijging *c*; beklimming *c*

ascertain [ˌæsə'tein] *v* constateren; zich vergewissen van, zich vergewissen van

ash [æʃ] *n* as *c*

ashamed [ə'ʃeimd] *adj* beschaamd; *be ~ zich schamen

ashore [ə'ʃɔ:] *adv* aan land

ashtray ['æʃtrei] *n* asbak *c*

Asia ['eiʃə] Azië

Asian ['eiʃən] *adj* Aziatisch; *n* Aziaat *c*

aside [ə'said] *adv* opzij, terzijde

ask [ɑ:sk] *v* *vragen; *verzoeken; uitnodigen

asleep [ə'sli:p] *adj* in slaap

asparagus [ə'spærəgəs] *n* asperge *c*

aspect ['æspekt] *n* aspect *nt*

asphalt ['æsfælt] *n* asfalt *nt*

aspire [ə'spaiə] *v* streven

aspirin ['æspərin] *n* aspirine *c*

ass [æs] *n* ezel *c*

assassination [əˌsæsi'neiʃən] *n* moord *c*

assault [ə'sɔ:lt] *v* *aanvallen; aanranden

assemble [ə'sembəl] *v* *bijeenbrengen; in elkaar zetten, monteren

assembly [ə'sembli] *n* vergadering *c*, bijeenkomst *c*

assignment [ə'sainmənt] *n* opdracht *c*

assign to [ə'sain] *opdragen aan; *toeschrijven aan

assist [ə'sist] *v* *bijstaan, *helpen; ~ **at** bijwonen

assistance [ə'sistəns] *n* hulp *c*; steun *c*, bijstand *c*

assistant [ə'sistənt] *n* assistent *c*

associate [ə'souʃiət] *n* partner *c*, vennoot *c*; bondgenoot *c*; lid *nt*; *v* associëren; ~ **with** *omgaan met

association [əˌsousi'eiʃən] *n* genootschap *nt*, vereniging *c*

assort [ə'sɔ:t] *v* sorteren

assortment [ə'sɔ:tmənt] *n* assortiment *nt*, sortering *c*

assume [ə'sju:m] *v* *aannemen, veronderstellen

assure [ə'ʃuə] *v* verzekeren

asthma ['æsmə] *n* astma *nt*

astonish [ə'stɔniʃ] *v* verbazen

astonishing [ə'stɔniʃiŋ] *adj* verbazend

astonishment [ə'stɔniʃmənt] *n* verbazing *c*

astronomy [ə'strɔnəmi] *n* sterrenkunde *c*

asylum [ə'sailəm] *n* asiel *nt*; gesticht *nt*, tehuis *nt*

at [æt] *prep* in, bij, op; naar

ate [et] *v* (p eat)

atheist ['eiθiist] *n* atheïst *c*

athlete ['æθli:t] *n* atleet *c*

athletics [æθ'letiks] *pl* atletiek *c*

Atlantic [ət'læntik] Atlantische Oceaan

atmosphere ['ætməsfiə] *n* atmosfeer *c*; sfeer *c*, stemming *c*

atom ['ætəm] *n* atoom *nt*

atomic [ə'təmik] *adj* atomisch; atoom-

atomizer ['ætəmaizə] *n* sproeier *c*; spuitbus *c*, verstuiver *c*

attach [ə'tætʃ] *v* hechten, vastmaken; aanhechten; bijvoegen; **attached to** gehecht aan

attack [ə'tæk] *v* *aanvallen; *n* aanval *c*

attain [ə'tein] *v* bereiken

attainable [ə'teinəbəl] *adj* haalbaar; bereikbaar

attempt [ə'tempt] *v* proberen, trachten; beproeven; *n* poging *c*

attend [ə'tend] *v* bijwonen; ~ **on** bedienen; ~ **to** passen op, zich *bezighouden met; letten op, aandacht besteden aan

attendance [ə'tendəns] *n* opkomst *c*

attendant [ə'tendənt] *n* oppasser *c*

attention [ə'tenʃən] *n* aandacht *c*; *pay ~ opletten

attentive [ə'tentiv] *adj* oplettend

attic ['ætik] *n* zolder *c*

attitude ['ætitjuːd] *n* houding *c*

attorney [ə'təːni] *n* advocaat *c*

attract [ə'trækt] *v* *aantrekken

attraction [ə'trækʃən] *n* attractie *c*; aantrekking *c*, bekoring *c*

attractive [ə'træktiv] *adj* aantrekkelijk

auburn ['əːbən] *adj* kastanjebruin

auction ['əːkʃən] *n* veiling *c*

audible ['əːdibəl] *adj* hoorbaar

audience ['əːdiəns] *n* publiek *nt*

auditor ['əːditə] *n* toehoorder *c*

auditorium [,əːdi'təːriəm] *n* aula *c*

August ['əːgəst] augustus

aunt [ɑːnt] *n* tante *c*

Australia [ə'streiliə] Australië

Australian [ə'streiliən] *adj* Australisch; *n* Australiër *c*

Austria ['əstriə] Oostenrijk

Austrian ['əstriən] *adj* Oostenrijks; *n* Oostenrijker *c*

authentic [əː'θentik] *adj* authentiek; echt

author ['əːθə] *n* auteur *c*, schrijver *c*

authoritarian [əː,θəri'tɛəriən] *adj* autoritair

authority [əː'θərəti] *n* gezag *nt*; macht *c*; **authorities** *pl* autoriteiten *pl*, overheid *c*

authorization [,əːθərai'zeiʃən] *n* machtiging *c*; toestemming *c*

automatic [,əːtə'mætik] *adj* automatisch

automation [,əːtə'meiʃən] *n* automatisering *c*

automobile ['əːtəməbiːl] *n* auto *c*; ~ **club** automobielclub *c*

autonomous [əː'tənəməs] *adj* autonoom

autopsy ['əːtəpsi] *n* autopsie *c*

autumn ['əːtəm] *n* najaar *nt*, herfst *c*

available [ə'veiləbəl] *adj* verkrijgbaar, voorhanden, beschikbaar

avalanche ['ævəlɑːnʃ] *n* lawine *c*

avaricious [,ævə'riʃəs] *adj* gierig

avenue ['ævənjuː] *n* laan *c*

average ['ævəridʒ] *adj* gemiddeld; *n* gemiddelde *nt*; **on the ~** gemiddeld

averse [ə'vəːs] *adj* afkerig

aversion [ə'vəːʃən] *n* tegenzin *c*

avert [ə'vəːt] *v* afwenden

avoid [ə'vɔid] *v* *vermijden; *ontwijken

await [ə'weit] *v* wachten op, afwachten

awake [ə'weik] *adj* wakker

awake [ə'weik] *v* wekken

award [ə'wɔːd] *n* prijs *c*; *v* toekennen

aware [ə'wɛə] *adj* bewust

away [ə'wei] *adv* weg; *go ~ *weggaan

awful ['əːfəl] *adj* afschuwelijk, verschrikkelijk

awkward ['ɔ:kwəd] *adj* pijnlijk; onhandig

awning ['ɔ:niŋ] *n* zonnescherm *nt*

axe [æks] *n* bijl *c*

axle ['æksəl] *n* as *c*

B

baby ['beibi] *n* baby *c*; ~ **carriage** *Am* kinderwagen *c*

babysitter ['beibi,sitə] *n* babysitter *c*

bachelor ['bætʃələ] *n* vrijgezel *c*

back [bæk] *n* rug *c*; *adv* terug; *go* ~ *teruggaan

backache ['bækeik] *n* rugpijn *c*

backbone ['bækboun] *n* ruggegraat *c*

background ['bækgraund] *n* achtergrond *c*; vorming *c*

backwards ['bækwədz] *adv* achteruit

bacon ['beikən] *n* spek *nt*

bacterium [bæk'ti:riəm] *n* (pl -ria) bacterie *c*

bad [bæd] *adj* slecht; ernstig, erg; stout

bag [bæg] *n* zak *c*; tas *c*, handtas *c*; koffer *c*

baggage ['bægidʒ] *n* bagage *c*; ~ **deposit office** *Am* bagagedepot *nt*; **hand** ~ *Am* handbagage *c*

bail [beil] *n* borgsom *c*

bailiff ['beilif] *n* deurwaarder *c*

bait [beit] *n* aas *nt*

bake [beik] *v* *bakken

baker ['beikə] *n* bakker *c*

bakery ['beikəri] *n* bakkerij *c*

balance ['bæləns] *n* evenwicht *nt*; balans *c*; saldo *nt*

balcony ['bælkəni] *n* balkon *nt*

bald [bɔ:ld] *adj* kaal

ball [bɔ:l] *n* bal *c*; bal *nt*

ballet ['bælei] *n* ballet *nt*

balloon [bə'lu:n] *n* ballon *c*

ballpoint-pen ['bɔ:lpointpen] *n* ballpoint *c*

ballroom ['bɔ:lru:m] *n* danszaal *c*

bamboo [bæm'bu:] *n* (pl ~s) bamboe *nt*

banana [bə'nɑ:nə] *n* banaan *c*

band [bænd] *n* orkest *nt*; band *c*

bandage ['bændidʒ] *n* verband *nt*

bandit ['bændit] *n* bandiet *c*

bangle ['bæŋgəl] *n* armband *c*

banisters ['bænistəz] *pl* trapleuning *c*

bank [bæŋk] *n* oever *c*; bank *c*; *v* deponeren; ~ **account** bankrekening *c*

banknote ['bæŋknout] *n* bankbiljet *nt*

bank-rate ['bæŋkreit] *n* disconto *nt*

bankrupt ['bæŋkrʌpt] *adj* failliet, bankroet

banner ['bænə] *n* vaandel *nt*

banquet ['bæŋkwit] *n* banket *nt*

banqueting-hall ['bæŋkwitiŋhɔ:l] *n* banketzaal *c*

baptism ['bæptizəm] *n* doopsel *nt*, doop *c*

baptize [bæp'taiz] *v* dopen

bar [bɑ:] *n* bar *c*; stang *c*; tralie *c*

barber ['bɑ:bə] *n* kapper *c*

bare [bɛə] *adj* naakt, bloot; kaal

barely ['bɛəli] *adv* nauwelijks

bargain ['bɑ:gin] *n* koopje *nt*; *v* *afdingen

baritone ['bæritoun] *n* bariton *c*

bark [bɑ:k] *n* bast *c*; *v* blaffen

barley ['bɑ:li] *n* gerst *c*

barmaid ['bɑ:meid] *n* barjuffrouw *c*

barman ['bɑ:mən] *n* (pl -men) barman *c*

barn [bɑ:n] *n* schuur *c*

barometer [bə'rɔmitə] *n* barometer *c*

baroque [bə'rɔk] *adj* barok

barracks ['bærəks] *pl* kazerne *c*

barrel ['bærəl] *n* ton *c*, vat *nt*

barrier ['bæriə] *n* barrière *c*; slagboom

c

barrister ['bæristə] n advocaat c

bartender ['ba:,tendə] n barman c

base [beis] n basis c; grondslag c; v baseren

baseball ['beisbɔ:l] n honkbal nt

basement ['beismənt] n souterrain nt

basic ['beisik] adj fundamenteel

basilica [bə'zilikə] n basiliek c

basin ['beisən] n kom c, bekken nt

basis ['beisis] n (pl bases) grondslag c, basis c

basket ['ba:skit] n mand c

bass[1] [beis] n bas c

bass[2] [bæs] n (pl ~) baars c

bastard ['ba:stəd] n bastaard c; schoft c

batch [bætʃ] n partij c

bath [ba:θ] n bad nt; ~ **salts** badzout nt; ~ **towel** badhanddoek c

bathe [beið] v baden, een bad *nemen

bathing-cap ['beiðiŋkæp] n badmuts c

bathing-suit ['beiðiŋsu:t] n badpak nt; zwembroek c

bathing-trunks ['beiðiŋtrʌŋks] n zwembroek c

bathrobe [ba:θroub] n badjas c

bathroom ['ba:θru:m] n badkamer c; toilet nt

batter ['bætə] n beslag nt

battery ['bætəri] n batterij c; accu c

battle ['bætəl] n slag c; strijd c, gevecht nt; v *vechten

bay [bei] n baai c; v blaffen

* **be** [bi:] v *zijn

beach [bi:tʃ] n strand nt; **nudist** ~ naaktstrand nt

bead [bi:d] n kraal c; **beads** pl kralensnoer nt; rozenkrans c

beak [bi:k] n snavel c; bek c

beam [bi:m] n straal c; balk c

bean [bi:n] n boon c

bear [bɛə] n beer c

* **bear** [bɛə] v *dragen; dulden; *ver-

dragen

beard [biəd] n baard c

bearer ['bɛərə] n drager c

beast [bi:st] n beest nt; ~ **of prey** roofdier nt

* **beat** [bi:t] v *slaan; *verslaan

beautiful ['bju:tifəl] adj mooi

beauty ['bju:ti] n schoonheid c; ~ **parlour** schoonheidssalon c; ~ **salon** schoonheidssalon c; ~ **treatment** schoonheidsbehandeling c

beaver ['bi:və] n bever c

because [bi'kɔz] conj omdat; aangezien; ~ **of** vanwege, wegens

* **become** [bi'kʌm] v *worden; goed *staan

bed [bed] n bed nt; ~ **and board** vol pension, kost en inwoning; ~ **and breakfast** logies en ontbijt

bedding ['bediŋ] n beddegoed nt

bedroom ['bedru:m] n slaapkamer c

bee [bi:] n bij c

beech [bi:tʃ] n beuk c

beef [bi:f] n rundvlees nt

beehive ['bi:haiv] n bijenkorf c

been [bi:n] v (pp be)

beer [biə] n bier nt; pils nt

beet [bi:t] n biet c

beetle ['bi:təl] n kever c

beetroot ['bi:tru:t] n beetwortel c

before [bi'fɔ:] prep voor; conj voordat; adv van tevoren; eerder, tevoren

beg [beg] v bedelen; smeken; *vragen

beggar ['begə] n bedelaar c

* **begin** [bi'gin] v *beginnen; *aanvangen

beginner [bi'ginə] n beginneling c

beginning [bi'giniŋ] n begin nt; aanvang c

on behalf of [ɔn bi'ha:f ɔv] namens, in naam van; ten behoeve van

behave [bi'heiv] v zich *gedragen

behaviour [bi'heivjə] n gedrag nt

behind [bi'haind] *prep* achter; *adv* achteraan

beige [beiʒ] *adj* beige

being ['bi:iŋ] *n* wezen *nt*

Belgian ['beldʒən] *adj* Belgisch; *n* Belg *c*

Belgium ['beldʒəm] België

belief [bi'li:f] *n* geloof *nt*

believe [bi'li:v] *v* geloven

bell [bel] *n* klok *c*; bel *c*

bellboy ['belbɔi] *n* piccolo *c*

belly ['beli] *n* buik *c*

belong [bi'lɔŋ] *v* toebehoren

belongings [bi'lɔŋiŋz] *pl* bezittingen *pl*

beloved [bi'lʌvd] *adj* bemind

below [bi'lou] *prep* onder; beneden; *adv* onderaan, beneden

belt [belt] *n* riem *c*; **garter** ~ *Am* jarretelgordel *c*

bench [bentʃ] *n* bank *c*

bend [bend] *n* bocht *c*; kromming *c*

* **bend** [bend] *v* *buigen; ~ **down** zich bukken

beneath [bi'ni:θ] *prep* onder; *adv* beneden

benefit ['benifit] *n* winst *c*, baat *c*; voordeel *nt*; *v* profiteren

bent [bent] *adj* (pp bend) krom

beret ['berei] *n* baret *c*

berry ['beri] *n* bes *c*

berth [bə:θ] *n* couchette *c*; kooi *c*

beside [bi'said] *prep* naast

besides [bi'saidz] *adv* bovendien; trouwens; *prep* behalve

best [best] *adj* best

bet [bet] *n* weddenschap *c*; inzet *c*

* **bet** [bet] *v* wedden

betray [bi'trei] *v* *verraden

better ['betə] *adj* beter

between [bi'twi:n] *prep* tussen

beverage ['bevəridʒ] *n* drank *c*

beware [bi'weə] *v* zich hoeden, oppassen

bewitch [bi'witʃ] *v* beheksen, betove-

ren

beyond [bi'jɔnd] *prep* verder dan; voorbij; behalve; *adv* verder

bible ['baibəl] *n* bijbel *c*

bicycle ['baisikəl] *n* fiets *c*; rijwiel *nt*

big [big] *adj* groot; omvangrijk; dik; gewichtig

bile [bail] *n* gal *c*

bilingual [bai'liŋgwəl] *adj* tweetalig

bill [bil] *n* rekening *c*; nota *c*; *v* factureren

billiards ['biljədz] *pl* biljart *nt*

bind [baind] *v* *binden

binoculars [bi'nɔkjələz] *pl* verrekijker *c*; toneelkijker *c*

biology [bai'ɔlədʒi] *n* biologie *c*

birch [bə:tʃ] *n* berk *c*

bird [bə:d] *n* vogel *c*

Biro ['bairou] *n* ballpoint *c*

birth [bə:θ] *n* geboorte *c*

birthday ['bə:θdei] *n* verjaardag *c*

biscuit ['biskit] *n* koekje *nt*

bishop ['biʃəp] *n* bisschop *c*

bit [bit] *n* stukje *nt*; beetje *nt*

bitch [bitʃ] *n* teef *c*

bite [bait] *n* hap *c*; beet *c*; steek *c*

* **bite** [bait] *v* *bijten

bitter ['bitə] *adj* bitter

black [blæk] *adj* zwart; ~ **market** zwarte markt

blackberry ['blækbəri] *n* braam *c*

blackbird ['blækbə:d] *n* merel *c*

blackboard ['blækbɔ:d] *n* schoolbord *nt*

black-currant [,blæk'kʌrənt] *n* zwarte bes

blackmail ['blækmeil] *n* chantage *c*; *v* chanteren

blacksmith ['blæksmiθ] *n* smid *c*

bladder ['blædə] *n* blaas *c*

blade [bleid] *n* lemmet *nt*; ~ **of grass** grasspriet *c*

blame [bleim] *n* schuld *c*; verwijt *nt*; *v* de schuld *geven aan, beschuldigen

blank [blæŋk] *adj* blanco

blanket ['blæŋkit] *n* deken *c*

blast [blɑːst] *n* explosie *c*

blazer ['bleizə] *n* sportjasje *nt*, blazer *c*

bleach [bliːtʃ] *v* bleken

bleak [bliːk] *adj* guur

* **bleed** [bliːd] *v* bloeden; *uitzuigen

bless [bles] *v* zegenen

blessing ['blesiŋ] *n* zegen *c*

blind [blaind] *n* rolgordijn *nt*, jaloezie *c*; *adj* blind; *v* verblinden

blister ['blistə] *n* blaar *c*, blaas *c*

blizzard ['blizəd] *n* sneeuwstorm *c*

block [blɔk] *v* versperren, blokkeren; *n* blok *nt*; ~ **of flats** flatgebouw *nt*

blonde [blɔnd] *n* blondine *c*

blood [blʌd] *n* bloed *nt*; ~ **pressure** bloeddruk *c*

blood-poisoning ['blʌd,pɔizəniŋ] *n* bloedvergiftiging *c*

blood-vessel ['blʌd,vesəl] *n* bloedvat *nt*

blot [blɔt] *n* vlek *c*; smet *c*; **blotting paper** vloeipapier *nt*

blouse [blauz] *n* blouse *c*

blow [blou] *n* klap *c*, slag *c*; windvlaag *c*

* **blow** [blou] *v* *blazen; *waaien

blow-out ['blouaut] *n* bandepech *c*

blue [bluː] *adj* blauw; neerslachtig

blunt [blʌnt] *adj* bot, stomp

blush [blʌʃ] *v* blozen

board [bɔːd] *n* plank *c*; bord *nt*; pension *nt*; bestuur *nt*; ~ **and lodging** vol pension, kost en inwoning

boarder ['bɔːdə] *n* kostganger *c*

boarding-house ['bɔːdiŋhaus] *n* pension *nt*

boarding-school ['bɔːdiŋskuːl] *n* internaat *nt*

boast [boust] *v* opscheppen

boat [bout] *n* schip *nt*, boot *c*

body ['bɔdi] *n* lichaam *nt*; lijf *nt*

bodyguard ['bɔdigɑːd] *n* lijfwacht *c*

bog [bɔg] *n* moeras *nt*

boil [bɔil] *v* koken; *n* steenpuist *c*

bold [bould] *adj* stoutmoedig; vrijpostig, brutaal

Bolivia [bə'liviə] Bolivië

Bolivian [bə'liviən] *adj* Boliviaans; *n* Boliviaan *c*

bolt [boult] *n* grendel *c*; bout *c*

bomb [bɔm] *n* bom *c*; *v* bombarderen

bond [bɔnd] *n* obligatie *c*

bone [boun] *n* been *nt*, bot *nt*; graat *c*; *v* uitbenen

bonnet ['bɔnit] *n* motorkap *c*

book [buk] *n* boek *nt*; *v* reserveren, boeken; *inschrijven

booking ['bukiŋ] *n* reservering *c*, bespreking *c*

bookseller ['buk,selə] *n* boekhandelaar *c*

bookstand ['bukstænd] *n* boekenstalletje *nt*

bookstore ['bukstɔː] *n* boekwinkel *c*, boekhandel *c*

boot [buːt] *n* laars *c*; bagageruimte *c*

booth [buːð] *n* kraam *c*; hokje *nt*

border ['bɔːdə] *n* grens *c*; rand *c*

bore¹ [bɔː] *v* vervelen; boren; *n* zeurpiet *c*

bore² [bɔː] *v* (p bear)

boring ['bɔːriŋ] *adj* vervelend, saai

born [bɔːn] *adj* geboren

borrow ['bɔrou] *v* lenen; ontlenen

bosom ['buzəm] *n* borst *c*

boss [bɔs] *n* chef *c*, baas *c*

botany ['bɔtəni] *n* plantkunde *c*

both [bouθ] *adj* beide; **both ... and** zowel ... als

bother ['bɔðə] *v* vervelen, hinderen; moeite *doen; *n* last *c*

bottle ['bɔtəl] *n* fles *c*; ~ **opener** flesopener *c*; **hot-water** ~ warmwaterkruik *c*

bottleneck ['bɔtəlnek] *n* flessehals *c*

bottom ['bɔtəm] n bodem c; achterwerk nt, zitvlak nt; adj onderst
bough [bau] n tak c
bought [bɔ:t] v (p, pp buy)
boulder ['bouldə] n rotsblok nt
bound [baund] n grens c; *be ~ to
*moeten; ~ for op weg naar
boundary ['baundəri] n grens c; landsgrens c
bouquet [bu'kei] n boeket nt
bourgeois ['buəʒwa:] adj burgerlijk
boutique [bu'ti:k] n boutique c
bow¹ [bau] v *buigen
bow² [bou] n boog c; ~ tie vlinderdasje nt, strikje nt
bowels [bauəlz] pl darmen, ingewanden pl
bowl [boul] n schaal c
bowling ['bouliŋ] n bowling c, kegelspel nt; ~ alley kegelbaan c
box¹ [bɔks] v boksen; boxing match bokswedstrijd c
box² [bɔks] n doos c
box-office ['bɔks,ɔfis] n plaatskaartenbureau nt, kassa c
boy [bɔi] n jongen c; joch nt, knaap c; bediende c; ~ scout padvinder c
bra [bra:] n beha c, bustehouder c
bracelet ['breislit] n armband c
braces ['breisiz] pl bretels pl
brain [brein] n hersenen pl; verstand nt
brain-wave ['breinweiv] n inval c
brake [breik] n rem c; ~ drum remtrommel c; ~ lights remlichten pl
branch [bra:ntʃ] n tak c; filiaal nt
brand [brænd] n merk nt; brandmerk nt
brand-new [,brænd'nju:] adj splinternieuw
brass [bra:s] n messing nt; koper nt, geelkoper nt; ~ band n fanfarekorps nt

brassiere ['bræziə] n bustehouder c, beha c
brassware ['bra:swɛə] n koperwerk nt
brave [breiv] adj moedig, dapper; flink
Brazil [brə'zil] Brazilië
Brazilian [brə'ziljən] adj Braziliaans; n Braziliaan c
breach [bri:tʃ] n bres c
bread [bred] n brood nt; wholemeal ~ volkorenbrood nt
breadth [bredθ] n breedte c
break [breik] n breuk c; pauze c
*break [breik] v *breken; ~ down stuk *gaan; ontleden
breakdown ['breikdaun] n panne c, motorpech c
breakfast ['brekfəst] n ontbijt nt
bream [bri:m] n (pl ~) brasem c
breast [brest] n borst c
breaststroke ['breststrouk] n schoolslag c
breath [breθ] n adem c; lucht c
breathe [bri:ð] v ademen
breathing ['bri:ðiŋ] n ademhaling c
breed [bri:d] n ras nt; soort c/nt
*breed [bri:d] v fokken
breeze [bri:z] n bries c
brew [bru:] v brouwen
brewery ['bru:əri] n brouwerij c
bribe [braib] v *omkopen
bribery ['braibəri] n omkoping c
brick [brik] n steen c, baksteen c
bricklayer ['brikleiə] n metselaar c
bride [braid] n bruid c
bridegroom ['braidgru:m] n bruidegom c
bridge [bridʒ] n brug c; bridge nt
brief [bri:f] adj kort; beknopt
briefcase ['bri:fkeis] n aktentas c
briefs [bri:fs] pl slip c, onderbroek c
bright [brait] adj helder; blinkend; snugger, pienter
brill [bril] n griet c

brilliant ['briljənt] *adj* schitterend;
briljant

brim [brim] *n* rand *c*

* **bring** [briŋ] *v* *brengen; *meebrengen; ~ **back** *terugbrengen; ~ **up**
opvoeden, *grootbrengen; ter sprake *brengen

brisk [brisk] *adj* levendig

Britain ['britən] Engeland

British ['britiʃ] *adj* Brits; Engels

Briton ['britən] *n* Brit *c*; Engelsman *c*

broad [brɔ:d] *adj* breed; ruim, wijd;
globaal

broadcast ['brɔ:dkɑ:st] *n* uitzending *c*

* **broadcast** ['brɔ:dkɑ:st] *v* *uitzenden

brochure ['brouʃuə] *n* brochure *c*

broke¹ [brouk] *v* (p break)

broke² [brouk] *adj* platzak

broken ['broukən] *adj* (pp break) stuk,
kapot

broker ['broukə] *n* makelaar *c*

bronchitis [brɔŋ'kaitis] *n* bronchitis *c*

bronze [brɔnz] *n* brons *nt*; *adj* bronzen

brooch [broutʃ] *n* broche *c*

brook [bruk] *n* beek *c*

broom [bru:m] *n* bezem *c*

brothel ['brɔθəl] *n* bordeel *nt*

brother ['brʌðə] *n* broer *c*; broeder *c*

brother-in-law ['brʌðərinlɔ:] *n* (pl
brothers-) zwager *c*

brought [brɔ:t] *v* (p, pp bring)

brown [braun] *adj* bruin

bruise [bru:z] *n* blauwe plek, kneuzing
c; *v* kneuzen

brunette [bru:'net] *n* brunette *c*

brush [brʌʃ] *n* borstel *c*; kwast *c*; *v*
poetsen, borstelen

brutal ['bru:təl] *adj* beestachtig

bubble ['bʌbəl] *n* bel *c*

bucket ['bʌkit] *n* emmer *c*

buckle ['bʌkəl] *n* gesp *c*

bud [bʌd] *n* knop *c*

budget ['bʌdʒit] *n* begroting *c*, budget

nt

buffet ['bufei] *n* buffet *nt*

bug [bʌg] *n* wandluis *c*; kever *c*;
nAm insekt *nt*

* **build** [bild] *v* bouwen

building ['bildiŋ] *n* gebouw *nt*

bulb [bʌlb] *n* bol *c*; bloembol *c*; **light
~** gloeilamp *c*

Bulgaria [bʌl'geəriə] Bulgarije

Bulgarian [bʌl'geəriən] *adj* Bulgaars;
Bulgaar *c*

bulk [bʌlk] *n* omvang *c*; massa *c*;
meerderheid *c*

bulky ['bʌlki] *adj* lijvig, omvangrijk

bull [bul] *n* stier *c*

bullet ['bulit] *n* kogel *c*

bullfight ['bulfait] *n* stierengevecht *nt*

bullring ['bulriŋ] *n* arena *c*

bump [bʌmp] *v* *stoten; botsen; bonzen; *n* stoot *c*, bons *c*

bumper ['bʌmpə] *n* bumper *c*

bumpy ['bʌmpi] *adj* hobbelig

bun [bʌn] *n* broodje *nt*

bunch [bʌntʃ] *n* bos *c*; groep *c*

bundle ['bʌndəl] *n* bundel *c*; *v* *samenbinden, bundelen

bunk [bʌŋk] *n* kooi *c*

buoy [bɔi] *n* boei *c*

burden ['bə:dən] *n* last *c*

bureau ['bjuərou] *n* (pl ~x, ~s) bureau
nt, schrijftafel *c*; *nAm* commode *c*

bureaucracy [bjuə'rɔkrəsi] *n* bureaucratie *c*

burglar ['bə:glə] *n* inbreker *c*

burgle ['bə:gəl] *v* *inbreken

burial ['beriəl] *n* teraardebestelling *c*,
begrafenis *c*

burn [bə:n] *n* brandwond *c*

* **burn** [bə:n] *v* branden; verbranden;
aanbranden

* **burst** [bə:st] *v* *barsten; *breken

bury ['beri] *v* *begraven; *bedelven

bus [bʌs] *n* bus *c*

bush [buʃ] *n* struik *c*

business ['biznəs] n zaken pl, handel c; bedrijf nt, zaak c; werk nt; aangelegenheid c; ~ **hours** openingstijden pl, kantooruren pl; ~ **trip** zakenreis c; **on** ~ voor zaken

business-like ['biznislaik] adj zakelijk

businessman ['biznəsmən] n (pl -men) zakenman c

bust [bʌst] n buste c

bustle ['bʌsəl] n drukte c

busy ['bizi] adj bezig; druk

but [bʌt] conj maar; doch; prep behalve

butcher ['butʃə] n slager c

butter ['bʌtə] n boter c

butterfly ['bʌtəflai] n vlinder c; ~ **stroke** vlinderslag c

buttock ['bʌtək] n bil c

button ['bʌtən] n knoop c; v knopen

buttonhole ['bʌtənhoul] n knoopsgat nt

*** buy** [bai] v *kopen; aanschaffen

buyer ['baiə] n koper c

by [bai] prep door; met, per; bij

by-pass ['baipɑːs] n ringweg c; v passeren

C

cab [kæb] n taxi c

cabaret ['kæbərei] n cabaret nt; nachtclub c

cabbage ['kæbidʒ] n kool c

cab-driver ['kæb,draivə] n taxichauffeur c

cabin ['kæbin] n cabine c; hut c; kleedhokje nt; kajuit c

cabinet ['kæbinət] n kabinet nt

cable ['keibəl] n kabel c; telegram nt; v telegraferen

cadre ['kɑːdə] n kader nt

café ['kæfei] n café nt

cafeteria [,kæfə'tiəriə] n cafetaria c

caffeine ['kæfiːn] n coffeïne c

cage [keidʒ] n kooi c

cake [keik] n cake c; gebak nt, taart c, koek c

calamity [kə'læməti] n onheil nt, ramp c

calcium ['kælsiəm] n calcium nt

calculate ['kælkjuleit] v uitrekenen, berekenen

calculation [,kælkju'leiʃən] n berekening c

calendar ['kæləndə] n kalender c

calf [kɑːf] n (pl calves) kalf nt; kuit c; ~ **skin** kalfsleer nt

call [kɔːl] v *roepen; noemen; opbellen; n roep c; visite c, bezoek nt; telefoontje nt; *be called *heten; ~ **names** *uitschelden; ~ **on** *bezoeken; ~ **up** Am opbellen

callus ['kæləs] n eelt nt

calm [kɑːm] adj rustig, kalm; ~ **down** kalmeren; bedaren

calorie ['kæləri] n calorie c

Calvinism ['kælvinizəm] n calvinisme nt

came [keim] v (p come)

camel ['kæməl] n kameel c

cameo ['kæmiou] n (pl ~s) camee c

camera ['kæmərə] n fototoestel nt; filmcamera c; ~ **shop** fotowinkel c

camp [kæmp] n kamp nt; v kamperen

campaign [kæm'pein] n campagne c

camp-bed [,kæmp'bed] n veldbed nt, stretcher c

camper ['kæmpə] n kampeerder c

camping ['kæmpiŋ] n camping c; ~ **site** camping c, kampeerterrein nt

camshaft ['kæmʃɑːft] n nokkenas c

can [kæn] n blik nt; ~ **opener** blikopener c

*** can** [kæn] v *kunnen

Canada ['kænədə] Canada

Canadian [kə'neidiən] adj Canadees;

n Canadees *c*

canal [kə'næl] *n* kanaal *nt*; gracht *c*, singel *c*

canary [kə'neəri] *n* kanarie *c*

cancel ['kænsəl] *v* annuleren; *afzeggen

cancellation [,kænsə'leiʃən] *n* annulering *c*

cancer ['kænsə] *n* kanker *c*

candelabrum [,kændə'lɑ:brəm] *n* (pl -bra) kandelaber *c*

candidate ['kændidət] *n* kandidaat *c*, gegadigde *c*

candle ['kændəl] *n* kaars *c*

candy ['kændi] *nAm* snoepje *nt*; snoep *nt*, snoepgoed *nt*; ~ **store** *Am* snoepwinkel *c*

cane [kein] *n* riet *nt*; stok *c*

canister ['kænistə] *n* trommel *c*, bus *c*

canoe [kə'nu:] *n* kano *c*

canteen [kæn'ti:n] *n* kantine *c*

canvas ['kænvəs] *n* tentdoek *nt*

cap [kæp] *n* pet *c*, muts *c*

capable ['keipəbəl] *adj* kundig, bekwaam

capacity [kə'pæsəti] *n* capaciteit *c*; vermogen *nt*; bekwaamheid *c*

cape [keip] *n* cape *c*; kaap *c*

capital ['kæpitəl] *n* hoofdstad *c*; kapitaal *nt*; *adj* belangrijk, hoofd-; ~ **letter** hoofdletter *c*

capitalism ['kæpitəlizəm] *n* kapitalisme *nt*

capitulation [kə,pitju'leiʃən] *n* capitulatie *c*

capsule ['kæpsju:l] *n* capsule *c*

captain ['kæptin] *n* kapitein *c*; gezagvoerder *c*

capture ['kæptʃə] *v* gevangen *nemen, *vangen; *innemen; *n* vangst *c*; inneming *c*

car [kɑ:] *n* auto *c*; ~ **hire** autoverhuur *c*; ~ **park** parkeerplaats *c*; ~ **rental** *Am* autoverhuur *c*

carafe [kə'ræf] *n* karaf *c*

caramel ['kærəməl] *n* karamel *c*

carat ['kærət] *n* karaat *nt*

caravan ['kærəvæn] *n* caravan *c*; woonwagen *c*

carburettor [,kɑ:bju'retə] *n* carburateur *c*

card [kɑ:d] *n* kaart *c*; briefkaart *c*

cardboard ['kɑ:dbɔ:d] *n* karton *nt*; *adj* kartonnen

cardigan ['kɑ:digən] *n* vest *nt*

cardinal ['kɑ:dinəl] *n* kardinaal *c*; *adj* kardinaal, hoofd-

care [kɛə] *n* verzorging *c*; zorg *c*; ~ **about** zich bekommeren om; ~ **for** *houden van; *take ~ **of** zorgen voor, verzorgen

career [kə'riə] *n* loopbaan *c*, carrière *c*

carefree ['kɛəfri:] *adj* onbezorgd

careful ['kɛəfəl] *adj* voorzichtig; zorgvuldig, nauwkeurig

careless ['kɛələs] *adj* achteloos, slordig

caretaker ['kɛə,teikə] *n* concierge *c*

cargo ['kɑ:gou] *n* (pl ~es) lading *c*, vracht *c*

carnival ['kɑ:nivəl] *n* carnaval *nt*

carp [kɑ:p] *n* (pl ~) karper *c*

carpenter ['kɑ:pintə] *n* timmerman *c*

carpet ['kɑ:pit] *n* vloerkleed *nt*, tapijt *nt*

carriage ['kæridʒ] *n* wagon *c*; koets *c*, rijtuig *nt*

carriageway ['kæridʒwei] *n* rijbaan *c*

carrot ['kærət] *n* peen *c*, wortel *c*

carry ['kæri] *v* *dragen; voeren; ~ **on** voortzetten; *doorgaan; ~ **out** uitvoeren

carry-cot ['kærikɔt] *n* reiswieg *c*

cart [kɑ:t] *n* kar *c*, wagen *c*

cartilage ['kɑ:tilidʒ] *n* kraakbeen *nt*

carton ['kɑ:tən] *n* kartonnen doos; slof *c*

cartoon [kɑ:'tu:n] *n* tekenfilm *c*

cartridge ['kɑ:tridʒ] *n* patroon *c*

carve [kɑːv] v *snijden ; kerven, *houtsnijden

carving ['kɑːviŋ] n houtsnijwerk nt

case [keis] n geval nt ; zaak c ; koffer c ; etui nt ; **attaché ~** aktentas c ; **in ~** indien ; **in ~ of** in geval van

cash [kæʃ] n contanten pl, contant geld ; v verzilveren, incasseren, innen

cashier [kæˈʃiə] n kassier c ; caissière c

cashmere ['kæʃmiə] n kasjmier nt

casino [kəˈsiːnou] n (pl ~s) casino nt

cask [kɑːsk] n ton c, vat nt

cast [kɑːst] n worp c

***cast** [kɑːst] v gooien, *werpen ; **cast iron** gietijzer nt

castle ['kɑːsəl] n slot nt, kasteel nt

casual ['kæʒuəl] adj ongedwongen ; terloops, toevallig

casualty ['kæʒuəlti] n slachtoffer nt

cat [kæt] n kat c

catacomb ['kætəkoum] n catacombe c

catalogue ['kætəlɔg] n catalogus c

catarrh [kəˈtɑː] n catarre c

catastrophe [kəˈtæstrəfi] n catastrofe c

***catch** [kætʃ] v *vangen ; *grijpen ; betrappen ; *nemen, halen

category ['kætigəri] n categorie c

cathedral [kəˈθiːdrəl] n dom c, kathedraal c

catholic ['kæθəlik] adj katholiek

cattle ['kætəl] pl vee nt

caught [kɔːt] v (p, pp catch)

cauliflower ['kɔliflauə] n bloemkool c

cause [kɔːz] v veroorzaken ; aanrichten ; n oorzaak c ; beweegreden c, aanleiding c ; zaak c ; **~ to** *doen

causeway ['kɔːzwei] n straatweg c

caution ['kɔːʃən] n voorzichtigheid c ; v waarschuwen

cautious ['kɔːʃəs] adj bedachtzaam

cave [keiv] n grot c ; spelonk c

cavern ['kævən] n hol nt

caviar ['kæviɑː] n kaviaar c

cavity ['kævəti] n holte c

cease [siːs] v *ophouden

ceiling ['siːliŋ] n plafond nt

celebrate ['selibreit] v vieren

celebration [ˌseliˈbreiʃən] n viering c

celebrity [siˈlebrəti] n roem c

celery ['seləri] n selderij c

celibacy ['selibəsi] n celibaat nt

cell [sel] n cel c

cellar ['selə] n kelder c

cellophane ['seləfein] n cellofaan nt

cement [siˈment] n cement nt

cemetery ['semitri] n begraafplaats c, kerkhof nt

censorship ['sensəʃip] n censuur c

centigrade ['sentigreid] adj celsius

centimetre ['sentimiːtə] n centimeter c

central ['sentrəl] adj centraal ; **~ heating** centrale verwarming ; **~ station** centraal station

centralize ['sentrəlaiz] v centraliseren

centre ['sentə] n centrum nt ; middelpunt nt

century ['sentʃəri] n eeuw c

ceramics [siˈræmiks] pl aardewerk nt, ceramiek c

ceremony ['serəməni] n ceremonie c

certain ['səːtən] adj zeker ; bepaald

certificate [səˈtifikət] n certificaat nt ; attest nt, akte c, diploma nt, getuigschrift nt

chain [tʃein] n keten c, ketting c

chair [tʃeə] n stoel c ; zetel c

chairman ['tʃeəmən] n (pl -men) voorzitter c

chalet ['ʃælei] n chalet nt

chalk [tʃɔːk] n krijt nt

challenge ['tʃæləndʒ] v uitdagen ; n uitdaging c

chamber ['tʃeimbə] n kamer c

chambermaid ['tʃeimbəmeid] n kamermeisje nt

champagne [ʃæmˈpein] n champagne

c

champion ['tʃæmpjən] n kampioen c; voorvechter c

chance [tʃɑ:ns] n toeval nt; kans c, gelegenheid c; risico nt; gok c; **by ~** toevallig

change [tʃeindʒ] v wijzigen, veranderen; wisselen; zich verkleden; overstappen; n wijziging c, verandering c; wisselgeld nt, kleingeld nt

channel ['tʃænəl] n kanaal nt; **English Channel** het Kanaal

chaos ['keiɔs] n chaos c

chaotic [kei'ɔtik] adj chaotisch

chap [tʃæp] n vent c

chapel ['tʃæpəl] n kerk c, kapel c

chaplain ['tʃæplin] n kapelaan c

character ['kærəktə] n karakter nt

characteristic [,kærəktə'ristik] adj kenmerkend, karakteristiek; n kenmerk nt; karaktertrek c

characterize ['kærəktəraiz] v kenmerken

charcoal ['tʃɑ:koul] n houtskool c

charge [tʃɑ:dʒ] v berekenen; belasten; aanklagen; *laden; n prijs c; belasting c, lading c, last c; aanklacht c; **~ plate** Am credit card; **free of ~** kosteloos; **in ~ of** belast met; ***take ~ of** op zich *nemen

charity ['tʃærəti] n liefdadigheid c

charm [tʃɑ:m] n bekoring c, charme c; amulet c

charming ['tʃɑ:miŋ] adj charmant

chart [tʃɑ:t] n tabel c; grafiek c; zeekaart c; **conversion ~** omrekentabel c

chase [tʃeis] v *najagen; *verdrijven, *verjagen; n jacht c

chasm ['kæzəm] n kloof c

chassis ['ʃæsi] n (pl ~) chassis nt

chaste [tʃeist] adj kuis

chat [tʃæt] v kletsen, babbelen; n babbeltje nt, praatje nt, geklets nt

chatterbox ['tʃætəbɔks] n babbelkous c

chauffeur ['ʃoufə] n chauffeur c

cheap [tʃi:p] adj goedkoop; voordelig

cheat [tʃi:t] v *bedriegen; oplichten

check [tʃek] v controleren, *nakijken; n ruit c; nAm rekening c; cheque c; **check!** schaak!; **~ in** zich *inschrijven

check-book ['tʃekbuk] nAm chequeboekje nt

checkerboard ['tʃekəbɔ:d] nAm schaakbord nt

checkers ['tʃekəz] plAm damspel nt

checkroom ['tʃekru:m] nAm garderobe c

check-up ['tʃekʌp] n onderzoek nt

cheek [tʃi:k] n wang c

cheek-bone ['tʃi:kboun] n jukbeen nt

cheer [tʃiə] v juichen; **~ up** opvrolijken

cheerful ['tʃiəfəl] adj opgewekt, vrolijk

cheese [tʃi:z] n kaas c

chef [ʃef] n chef-kok c

chemical ['kemikəl] adj scheikundig, chemisch

chemist ['kemist] n apotheker c; **chemist's** apotheek c; drogisterij c

chemistry ['kemistri] n scheikunde c, chemie c

cheque [tʃek] n cheque c

cheque-book ['tʃekbuk] n chequeboekje nt

chequered ['tʃekəd] adj geruit, geblokt

cherry ['tʃeri] n kers c

chess [tʃes] n schaakspel nt

chest [tʃest] n borst c; borstkas c; kist c; **~ of drawers** ladenkast c

chestnut ['tʃesnʌt] n kastanje c

chew [tʃu:] v kauwen

chewing-gum ['tʃu:iŋgʌm] n kauwgom c/nt

chicken ['tʃikin] n kip c; kuiken nt

chickenpox ['tʃikinpɔks] n waterpok-

ken *pl*
chief [tʃi:f] *n* chef *c*; *adj* hoofd-, voornaamst
chieftain ['tʃi:ftən] *n* opperhoofd *nt*
child [tʃaild] *n* (pl children) kind *nt*
childbirth ['tʃaildbə:θ] *n* bevalling *c*
childhood ['tʃaildhud] *n* jeugd *c*
Chile ['tʃili] Chili
Chilean ['tʃilian] *adj* Chileens; *n* Chileen *c*
chill [tʃil] *n* rilling *c*
chilly ['tʃili] *adj* kil
chimes [tʃaimz] *pl* carillon *nt*
chimney ['tʃimni] *n* schoorsteen *c*
chin [tʃin] *n* kin *c*
China ['tʃainə] China
china ['tʃainə] *n* porselein *nt*
Chinese [tʃai'ni:z] *adj* Chinees; *n* Chinees *c*
chink [tʃiŋk] *n* kier *c*
chip [tʃip] *n* schilfer *c*; fiche *c*; *v* *afsnijden, *afbreken; **chips** frites *pl*
chiropodist [ki'rɔpədist] *n* pedicure *c*
chisel ['tʃizəl] *n* beitel *c*
chives [tʃaivz] *pl* bieslook *nt*
chlorine ['klɔ:ri:n] *n* chloor *nt*
chock-full [tʃɔk'ful] *adj* afgeladen, stampvol
chocolate ['tʃɔklət] *n* chocola *c*; bonbon *c*; chocolademelk *c*
choice [tʃɔis] *n* keuze *c*; keus *c*
choir [kwaiə] *n* koor *nt*
choke [tʃouk] *v* stikken; wurgen; *n* choke *c*
*choose [tʃu:z] *v* *kiezen
chop [tʃɔp] *n* kotelet *c*, karbonade *c*; *v* hakken
Christ [kraist] Christus
christen ['krisən] *v* dopen
christening ['krisənin] *n* doop *c*
Christian ['kristʃən] *adj* christelijk; *n* christen *c*; ~ **name** voornaam *c*
Christmas ['krisməs] Kerstmis
chromium ['kroumiəm] *n* chroom *nt*

chronic ['krɔnik] *adj* chronisch
chronological [,krɔnə'lɔdʒikəl] *adj* chronologisch
chuckle ['tʃʌkəl] *v* grinniken
chunk [tʃʌŋk] *n* stuk *nt*
church [tʃə:tʃ] *n* kerk *c*
churchyard ['tʃə:tʃja:d] *n* kerkhof *nt*
cigar [si'ga:] *n* sigaar *c*; ~ **shop** sigarenwinkel *c*
cigarette [,sigə'ret] *n* sigaret *c*; ~ **tobacco** shag *c*
cigarette-case [,sigə'retkeis] *n* sigarettenkoker *c*
cigarette-holder [,sigə'ret,houldə] *n* sigarettepijpje *nt*
cigarette-lighter [,sigə'ret,laitə] *n* aansteker *c*
cinema ['sinəmə] *n* bioscoop *c*
cinnamon ['sinəmən] *n* kaneel *c*
circle ['sə:kəl] *n* cirkel *c*; kring *c*; balkon *nt*; *v* omringen, *omgeven
circulation [,sə:kju'leiʃən] *n* circulatie *c*; bloedsomloop *c*; omloop *c*
circumstance ['sə:kəmstæns] *n* omstandigheid *c*
circus ['sə:kəs] *n* circus *nt*
citizen ['sitizən] *n* burger *c*
citizenship ['sitizənʃip] *n* staatsburgerschap *nt*
city ['siti] *n* stad *c*
civic ['sivik] *adj* burger-
civil ['sivəl] *adj* civiel; beleefd; ~ **law** burgerlijk recht; ~ **servant** ambtenaar *c*
civilian [si'viljən] *adj* burger-; *n* burger *c*
civilization [,sivəlai'zeiʃən] *n* beschaving *c*
civilized ['sivəlaizd] *adj* beschaafd
claim [kleim] *v* vorderen, opeisen; beweren; *n* eis *c*, aanspraak *c*
clamp [klæmp] *n* klem *c*; klemschroef *c*
clap [klæp] *v* applaudisseren, klappen

clarify ['klærifai] v ophelderen, verduidelijken

class [klɑ:s] n rang c, klasse c; klas c

classical ['klæsikəl] adj klassiek

classify ['klæsifai] v indelen

class-mate ['klɑ:smeit] n klasgenoot c

classroom ['klɑ:sru:m] n leslokaal nt

clause [klɔ:z] n clausule c

claw [klɔ:] n klauw c

clay [klei] n klei c

clean [kli:n] adj zuiver, schoon; v schoonmaken, reinigen

cleaning ['kli:niŋ] n schoonmaak c, reiniging c; ~ **fluid** reinigingsmiddel nt

clear [kliə] adj helder; duidelijk; v opruimen

clearing ['kliəriŋ] n open plaats

cleft [kleft] n kloof c

clergyman ['klə:dʒimən] n (pl -men) dominee c, predikant c; geestelijke c

clerk [klɑ:k] n kantoorbediende c, beambte c; klerk c; secretaris c

clever ['klevə] adj intelligent; slim, pienter, knap

client ['klaiənt] n klant c; cliënt c

cliff [klif] n rots c, klip c

climate ['klaimit] n klimaat nt

climb [klaim] v *klimmen; *stijgen; n stijging c

clinic ['klinik] n kliniek c

cloak [klouk] n mantel c

cloakroom ['kloukru:m] n garderobe c

clock [klɔk] n klok c; **at ... o'clock** om ... uur

cloister ['klɔistə] n klooster nt

close¹ [klouz] v *sluiten; **closed** adj toe, dicht, gesloten

close² [klous] adj nabij

closet ['klɔzit] n kast c; nAm kleerkast c

cloth [klɔθ] n stof c; doek c

clothes [klouðz] pl kleding c, kleren pl

clothes-brush ['klouðzbrʌʃ] n kleerborstel c

clothing ['klouðiŋ] n kleding c

cloud [klaud] n wolk c; **clouds** bewolking c

cloud-burst ['klaudbə:st] n wolkbreuk c

cloudy ['klaudi] adj betrokken, bewolkt

clover ['klouvə] n klaver c

clown [klaun] n clown c

club [klʌb] n club c; sociëteit c, vereniging c; knots c, knuppel c

clumsy ['klʌmzi] adj onhandig

clutch [klʌtʃ] n koppeling c; greep c

coach [koutʃ] n bus c; rijtuig nt; koets c; trainer c

coachwork ['koutʃwə:k] n carrosserie c

coagulate [kou'ægjuleit] v stollen

coal [koul] n kolen pl

coarse [kɔ:s] adj grof

coast [koust] n kust c

coat [kout] n mantel c, jas c

coat-hanger ['kout,hæŋə] n kleerhanger c

cobweb ['kɔbweb] n spinneweb nt

cocaine [kou'kein] n cocaïne c

cock [kɔk] n haan c

cocktail ['kɔkteil] n cocktail c

coconut ['koukənʌt] n kokosnoot c

cod [kɔd] n (pl ~) kabeljauw c

code [koud] n code c

coffee ['kɔfi] n koffie c

cognac ['kɔnjæk] n cognac c

coherence [kou'hiərəns] n samenhang c

coin [kɔin] n munt c; geldstuk nt, muntstuk nt

coincide [,kouin'said] v *samenvallen

cold [kould] adj koud; n kou c; verkoudheid c; **catch a** ~ kou vatten

collapse [kə'læps] v *bezwijken, instorten

collar ['kɔlə] n halsband c; boord nt/c, kraag c; ~ **stud** boordeknoopje nt

collarbone ['kɔləboun] n sleutelbeen nt

colleague ['kɔli:g] n collega c

collect [kə'lekt] v verzamelen; ophalen, afhalen; collecteren

collection [kə'lekʃən] n collectie c, verzameling c; lichting c

collective [kə'lektiv] adj collectief

collector [kə'lektə] n verzamelaar c; collectant c

college ['kɔlidʒ] n instelling voor hoger onderwijs; school c

collide [kə'laid] v botsen

collision [kə'liʒən] n aanrijding c, botsing c; aanvaring c

Colombia [kə'lɔmbiə] Colombia

Colombian [kə'lɔmbiən] adj Colombiaans; n Colombiaan c

colonel ['kə:nəl] n kolonel c

colony ['kɔləni] n kolonie c

colour ['kʌlə] n kleur c; v kleuren; ~ **film** kleurenfilm c

colourant ['kʌlərənt] n kleurstof c

colour-blind ['kʌləblaind] adj kleurenblind

coloured ['kʌləd] adj gekleurd

colourful ['kʌləfəl] adj bont, kleurrijk

column ['kɔləm] n pilaar c, zuil c; kolom c; rubriek c; kolonne c

coma ['koumə] n coma nt

comb [koum] v kammen; n kam c

combat ['kɔmbæt] n strijd c, gevecht nt; v *bestrijden, *vechten

combination [,kɔmbi'neiʃən] n combinatie c

combine [kəm'bain] v combineren; *samenbrengen

** **come** [kʌm] v *komen; ~ **across** *tegenkomen; *vinden

comedian [kə'mi:diən] n toneelspeler c; komiek c

comedy ['kɔmədi] n blijspel nt, komedie c; **musical** ~ musical c

comfort ['kʌmfət] n gemak nt, komfort nt, gerief nt; troost c; v troosten

comfortable ['kʌmfətəbəl] adj geriefelijk, comfortabel

comic ['kɔmik] adj komisch

comics ['kɔmiks] pl stripverhaal nt

coming ['kʌmiŋ] n komst c

comma ['kɔmə] n komma c

command [kə'mɑ:nd] v *bevelen; n bevel nt

commander [kə'mɑ:ndə] n bevelhebber c

commemoration [kə,memə'reiʃən] n herdenking c

commence [kə'mens] v *beginnen

comment ['kɔment] n commentaar nt; v aanmerken

commerce ['kɔmə:s] n handel c

commercial [kə'mə:ʃəl] adj handels-, commercieel; n reclamespot c; ~ **law** handelsrecht c

commission [kə'miʃən] n commissie c

commit [kə'mit] v toevertrouwen; plegen, *begaan

committee [kə'miti] n commissie c, comité nt

common ['kɔmən] adj gemeenschappelijk; gebruikelijk, gewoon; ordinair

commune ['kɔmju:n] n commune c

communicate [kə'mju:nikeit] v meedelen, mededelen

communication [kə,mju:ni'keiʃən] n communicatie c; mededeling c

communiqué [kə'mju:nikei] n communiqué nt

communism ['kɔmjunizəm] n communisme nt

communist ['kɔmjunist] n communist c

community [kə'mju:nəti] n samenleving c, gemeenschap c

commuter [kə'mju:tə] *n* forens *c*
compact ['kɔmpækt] *adj* compact
companion [kəm'pænjən] *n* metgezel *c*
company ['kʌmpəni] *n* gezelschap *nt*; maatschappij *c*; firma *c*, onderneming *c*
comparative [kəm'pærətiv] *adj* relatief
compare [kəm'pɛə] *v* *vergelijken
comparison [kəm'pærisən] *n* vergelijking *c*
compartment [kəm'pɑ:tmənt] *n* coupé *c*
compass ['kʌmpəs] *n* kompas *nt*
compel [kəm'pel] *v* *dwingen
compensate ['kɔmpənseit] *v* compenseren
compensation [,kɔmpən'seiʃən] *n* compensatie *c*; schadevergoeding *c*
compete [kəm'pi:t] *v* wedijveren
competition [,kɔmpə'tiʃən] *n* wedstrijd *c*; concurrentie *c*
competitor [kəm'petitər] *n* concurrent *c*
compile [kəm'pail] *v* samenstellen
complain [kəm'plein] *v* klagen
complaint [kəm'pleint] *n* klacht *c*; **complaints book** klachtenboek *nt*
complete [kəm'pli:t] *adj* compleet, volledig; *v* voltooien
completely [kəm'pli:tli] *adv* helemaal, volkomen, geheel
complex ['kɔmpleks] *n* complex *nt*; *adj* ingewikkeld
complexion [kəm'plekʃən] *n* teint *c*
complicated ['kɔmplikeitid] *adj* gecompliceerd, ingewikkeld
compliment ['kɔmplimənt] *n* compliment *nt*; *v* gelukwensen, feliciteren
compose [kəm'pouz] *v* samenstellen
composer [kəm'pouzə] *n* componist *c*
composition [,kɔmpə'ziʃən] *n* compositie *c*; samenstelling *c*
comprehensive [,kɔmpri'hensiv] *adj* uitgebreid

comprise [kəm'praiz] *v* omvatten
compromise ['kɔmprəmaiz] *n* compromis *nt*
compulsory [kəm'pʌlsəri] *adj* verplicht
comrade ['kɔmreid] *n* kameraad *c*
conceal [kən'si:l] *v* *verbergen
conceited [kən'si:tid] *adj* verwaand
conceive [kən'si:v] *v* opvatten; zich voorstellen
concentrate ['kɔnsəntreit] *v* concentreren
concentration [,kɔnsən'treiʃən] *n* concentratie *c*
conception [kən'sepʃən] *n* begrip *nt*; conceptie *c*
concern [kən'sə:n] *v* *aangaan, *betreffen; *n* zorg *c*; aangelegenheid *c*; bedrijf *nt*, onderneming *c*
concerned [kən'sə:nd] *adj* bezorgd; betrokken
concerning [kən'sə:niŋ] *prep* omtrent, betreffende
concert ['kɔnsət] *n* concert *nt*; ~ **hall** concertzaal *c*
concession [kən'seʃən] *n* concessie *c*; tegemoetkoming *c*
concierge [,kõsi'ɛəʒ] *n* concierge *c*
concise [kən'sais] *adj* beknopt, summier
conclusion [kəŋ'klu:ʒən] *n* gevolgtrekking *c*, conclusie *c*
concrete ['kɔŋkri:t] *adj* concreet; *n* beton *nt*
concurrence [kəŋ'kʌrəns] *n* samenloop *c*
concussion [kəŋ'kʌʃən] *n* hersenschudding *c*
condition [kən'diʃən] *n* voorwaarde *c*; toestand *c*, conditie *c*; omstandigheid *c*
conditional [kən'diʃənəl] *adj* voorwaardelijk
conduct¹ ['kɔndʌkt] *n* gedrag *nt*
conduct² [kən'dʌkt] *v* leiden; begelei-

den; dirigeren

conductor [kən'dʌktə] *n* conducteur *c*; dirigent *c*

confectioner [kən'fekʃənə] *n* banketbakker *c*

conference ['kɔnfərəns] *n* conferentie *c*

confess [kən'fes] *v* bekennen; biechten; *belijden

confession [kən'feʃən] *n* bekentenis *c*; biecht *c*

confidence ['kɔnfidəns] *n* vertrouwen *nt*

confident ['kɔnfidənt] *adj* gerust

confidential [,kɔnfi'denʃəl] *adj* vertrouwelijk

confirm [kən'fə:m] *v* bevestigen

confirmation [,kɔnfə'meiʃən] *n* bevestiging *c*

confiscate ['kɔnfiskeit] *v* vorderen, beslag leggen op

conflict ['kɔnflikt] *n* conflict *nt*

confuse [kən'fju:z] *v* verwarren

confusion [kən'fju:ʒən] *n* verwarring *c*

congratulate [kən'grætʃuleit] *v* feliciteren, gelukwensen

congratulation [kən,grætʃu'leiʃən] *n* felicitatie *c*, gelukwens *c*

congregation [,kɔŋgri'geiʃən] *n* gemeente *c*; orde *c*, congregatie *c*

congress ['kɔŋgres] *n* congres *nt*; bijeenkomst *c*

connect [kə'nekt] *v* *verbinden; *aansluiten

connection [kə'nekʃən] *n* relatie *c*; verband *nt*; aansluiting *c*, verbinding *c*

connoisseur [,kɔnə'sə:] *n* kenner *c*

connotation [,kɔnə'teiʃən] *n* bijbetekenis *c*

conquer ['kɔŋkə] *v* veroveren; *overwinnen

conqueror ['kɔŋkərə] *n* veroveraar *c*

conquest ['kɔŋkwest] *n* verovering *c*

conscience ['kɔnʃəns] *n* geweten *nt*

conscious ['kɔnʃəs] *adj* bewust

consciousness ['kɔnʃəsnəs] *n* bewustzijn *nt*

conscript ['kɔnskript] *n* dienstplichtige *c*

consent [kən'sent] *v* toestemmen; instemmen; *n* instemming *c*, toestemming *c*

consequence ['kɔnsikwəns] *n* consequentie *c*, gevolg *nt*

consequently ['kɔnsikwəntli] *adv* bijgevolg

conservative [kən'sə:vətiv] *adj* behoudend, conservatief

consider [kən'sidə] *v* beschouwen; *overwegen; menen, *vinden

considerable [kən'sidərəbəl] *adj* aanzienlijk; flink, aanmerkelijk

considerate [kən'sidərət] *adj* attent

consideration [kən,sidə'reiʃən] *n* overweging *c*; consideratie *c*, aandacht *c*

considering [kən'sidəriŋ] *prep* gezien

consignment [kən'sainmənt] *n* zending *c*

consist of [kən'sist] *bestaan uit

conspire [kən'spaiə] *v* *samenzweren

constant ['kɔnstənt] *adj* aanhoudend

constipation [,kɔnsti'peiʃən] *n* obstipatie *c*, constipatie *c*

constituency [kən'stitʃuənsi] *n* kiesdistrict *nt*

constitution [,kɔnsti'tju:ʃən] *n* grondwet *c*

construct [kən'strʌkt] *v* bouwen; opbouwen, construeren

construction [kən'strʌkʃən] *n* constructie *c*; opbouw *c*; gebouw *nt*, bouw *c*

consul ['kɔnsəl] *n* consul *c*

consulate ['kɔnsjulət] *n* consulaat *nt*

consult [kən'sʌlt] *v* raadplegen

consultation [,kɔnsəl'teiʃən] *n* raadpleging *c*; consult *nt*; ~ **hours** *n* spreekuur *nt*

consumer [kən'sju:mə] *n* verbruiker *c*, consument *c*

contact ['kɔntækt] *n* contact *nt*; aanraking *c*; *v* zich in verbinding stellen met; ~ **lenses** contactlenzen *pl*

contagious [kən'teidʒəs] *adj* aanstekelijk, besmettelijk

contain [kən'tein] *v* bevatten; *inhouden

container [kən'teinə] *n* reservoir *nt*; container *c*

contemporary [kən'tempərəri] *adj* eigentijds; toenmalig; hedendaags; *n* tijdgenoot *c*

contempt [kən'tempt] *n* verachting *c*, minachting *c*

content [kən'tent] *adj* tevreden

contents ['kɔntents] *pl* inhoud *c*

contest ['kɔntest] *n* strijd *c*; wedstrijd *c*

continent ['kɔntinənt] *n* continent *nt*, werelddeel *nt*; vasteland *nt*

continental [,kɔnti'nentəl] *adj* continentaal

continual [kən'tinjuəl] *adj* voortdurend; **continually** *adv* steeds

continue [kən'tinju:] *v* voortzetten, vervolgen; *voortgaan, *doorgaan

continuous [kən'tinjuəs] *adj* voortdurend, doorlopend, onafgebroken

contour ['kɔntuə] *n* omtrek *c*

contraceptive [,kɔntrə'septiv] *n* voorbehoedmiddel *nt*

contract[1] ['kɔntrækt] *n* contract *nt*

contract[2] [kən'trækt] *v* *oplopen

contractor [kən'træktə] *n* aannemer *c*

contradict [,kɔntrə'dikt] *v* *tegenspreken

contradictory [,kɔntrə'diktəri] *adj* tegenstrijdig

contrary ['kɔntrəri] *n* tegendeel *nt*; *adj* tegengesteld; **on the** ~ integen-

deel

contrast ['kɔntrɑ:st] *n* contrast *nt*; verschil *nt*, tegenstelling *c*

contribution [,kɔntri'bju:ʃən] *n* bijdrage *c*

control [kən'troul] *n* controle *c*; *v* controleren

controversial [,kɔntrə'və:ʃəl] *adj* controversieel, omstreden

convenience [kən'vi:njəns] *n* gemak *nt*

convenient [kən'vi:njənt] *adj* geriefelijk; geschikt, passend, gemakkelijk

convent ['kɔnvənt] *n* klooster *nt*

conversation [,kɔnvə'seiʃən] *n* conversatie *c*, gesprek *nt*

convert [kən'və:t] *v* bekeren; omrekenen

convict[1] [kən'vikt] *v* schuldig *bevinden

convict[2] ['kɔnvikt] *n* veroordeelde *c*

conviction [kən'vikʃən] *n* overtuiging *c*; veroordeling *c*

convince [kən'vins] *v* overtuigen

convulsion [kən'vʌlʃən] *n* kramp *c*

cook [kuk] *n* kok *c*; *v* koken; bereiden, klaarmaken

cookbook ['kukbuk] *nAm* kookboek *nt*

cooker ['kukə] *n* fornuis *nt*; **gas** ~ gasfornuis *nt*

cookery-book ['kukəribuk] *n* kookboek *nt*

cookie ['kuki] *nAm* biscuit *nt*

cool [ku:l] *adj* koel; **cooling system** koelsysteem *nt*

co-operation [kou,ɔpə'reiʃən] *n* samenwerking *c*; medewerking *c*

co-operative [kou'ɔpərətiv] *adj* coöperatief; gewillig, bereidwillig; *n* coöperatie *c*

co-ordinate [kou'ɔ:dineit] *v* coördineren

co-ordination [kou,ɔ:di'neiʃən] *n* coördinatie *c*

copper ['kɔpə] *n* roodkoper *nt*, koper *nt*

copy ['kɔpi] *n* kopie *c*; afschrift *nt*; exemplaar *nt*; *v* kopiëren; namaken; **carbon ~** doorslag *c*

coral ['kɔrəl] *n* koraal *c*

cord [kɔ:d] *n* koord *nt*; snoer *nt*

cordial ['kɔ:diəl] *adj* hartelijk

corduroy ['kɔ:dərɔi] *n* ribfluweel *c*

core [kɔ:] *n* kern *c*; klokhuis *nt*

cork [kɔ:k] *n* kurk *c*; stop *c*

corkscrew ['kɔ:kskru:] *n* kurketrekker *c*

corn [kɔ:n] *n* korrel *c*; graan *nt*, koren *nt*; eksteroog *nt*, likdoorn *c*; **~ on the cob** maïskolf *c*

corner ['kɔ:nə] *n* hoek *c*

cornfield ['kɔ:nfi:ld] *n* korenveld *nt*

corpse [kɔ:ps] *n* lijk *nt*

corpulent ['kɔ:pjulənt] *adj* corpulent; gezet, dik

correct [kə'rekt] *adj* goed, correct, juist; *v* corrigeren, verbeteren

correction [kə'rekʃən] *n* correctie *c*; verbetering *c*

correctness [kə'rektnəs] *n* juistheid *c*

correspond [,kɔri'spɔnd] *v* corresponderen; *overeenkomen

correspondence [,kɔri'spɔndəns] *n* briefwisseling *c*, correspondentie *c*

correspondent [,kɔri'spɔndənt] *n* correspondent *c*

corridor ['kɔridɔ:] *n* gang *c*

corrupt [kə'rʌpt] *adj* corrupt; *v* *omkopen

corruption [kə'rʌpʃən] *n* omkoping *c*

corset ['kɔ:sit] *n* korset *nt*

cosmetics [kɔz'metiks] *pl* kosmetica *pl*, schoonheidsmiddelen *pl*

cost [kɔst] *n* kosten *pl*; prijs *c*

***cost** [kɔst] *v* kosten

cosy ['kouzi] *adj* knus, gezellig

cot [kɔt] *nAm* stretcher *c*

cottage ['kɔtidʒ] *n* buitenhuis *nt*

cotton ['kɔtən] *n* katoen *nt/c*; katoenen

cotton-wool ['kɔtənwul] *n* watten *pl*

couch [kautʃ] *n* divan *c*

cough [kɔf] *n* hoest *c*; *v* hoesten

could [kud] *v* (p can)

council ['kaunsəl] *n* raad *c*

councillor ['kaunsələ] *n* raadslid *nt*

counsel ['kaunsəl] *n* raad *c*

counsellor ['kaunsələ] *n* raadsman *c*

count [kaunt] *v* tellen; optellen; meetellen; achten; *n* graaf *c*

counter ['kauntə] *n* toonbank *c*; balie *c*

counterfeit ['kauntəfi:t] *v* vervalsen

counterfoil ['kauntəfɔil] *n* controlestrook *c*

counterpane ['kauntəpein] *n* sprei *c*

countess ['kauntis] *n* gravin *c*

country ['kʌntri] *n* land *nt*; platteland *nt*; streek *c*; **~ house** landhuis *nt*

countryman ['kʌntrimən] *n* (pl -men) landgenoot *c*

countryside ['kʌntrisaid] *n* platteland *nt*

county ['kaunti] *n* graafschap *nt*

couple ['kʌpəl] *n* paar *nt*

coupon ['ku:pɔn] *n* coupon *c*, bon *c*

courage ['kʌridʒ] *n* dapperheid *c*, moed *c*

courageous [kə'reidʒəs] *adj* dapper, moedig

course [kɔ:s] *n* koers *c*; gang *c*; loop *c*; cursus *c*; **intensive ~** spoedcursus *c*; **of ~** uiteraard, natuurlijk

court [kɔ:t] *n* rechtbank *c*; hof *nt*

courteous ['kɔ:tiəs] *adj* hoffelijk

cousin ['kʌzən] *n* nicht *c*, neef *c*

cover ['kʌvə] *v* bedekken; *n* schuilplaats *c*, beschutting *c*; deksel *nt*; omslag *c/nt*

cow [kau] *n* koe *c*

coward ['kauəd] *n* lafaard *c*

cowardly ['kauədli] *adj* laf

cow-hide ['kauhaid] n koeiehuid c

crab [kræb] n krab c

crack [kræk] n gekraak nt; barst c; v kraken; *breken, barsten

cracker ['krækə] nAm koekje nt

cradle ['kreidəl] n wieg c; bakermat c

cramp [kræmp] n kramp c

crane [krein] n hijskraan c

crankcase ['kræŋkkeis] n carter nt

crankshaft ['kræŋkʃɑːft] n krukas c

crash [kræʃ] n botsing c; v botsen; neerstorten; ~ **barrier** vangrail c

crate [kreit] n krat nt

crater ['kreitə] n krater c

crawl [krɔːl] v *kruipen; n crawl c

craze [kreiz] n rage c

crazy ['kreizi] adj gek; dwaas, krankzinnig

creak [kriːk] v kraken

cream [kriːm] n crème c; room c; adj roomkleurig

creamy ['kriːmi] adj romig

crease [kriːs] v kreuken; n vouw c; plooi c

create [kri'eit] v *scheppen; creëren

creature ['kriːtʃə] n schepsel nt; wezen nt

credible ['kredibəl] adj geloofwaardig

credit ['kredit] n krediet nt; v crediteren; ~ **card** credit card

creditor ['kreditə] n schuldeiser c

credulous ['kredjuləs] adj goedgelovig

creek [kriːk] n inham c, kreek c

***creep** [kriːp] v *kruipen

creepy ['kriːpi] adj eng, griezelig

cremate [kri'meit] v cremeren

cremation [kri'meiʃən] n crematie c

crew [kruː] n bemanning c

cricket ['krikit] n cricket nt; krekel c

crime [kraim] n misdaad c

criminal ['kriminəl] n delinquent c, misdadiger c; adj crimineel, misdadig; ~ **law** strafrecht nt

criminality [ˌkrimi'næləti] n criminali-

teit c

crimson ['krimzən] adj vuurrood

crippled ['kripəld] adj kreupel

crisis ['kraisis] n (pl crises) crisis c

crisp [krisp] adj croquant, knappend

critic ['kritik] n criticus c

critical ['kritikəl] adj kritisch; kritiek, hachelijk, zorgwekkend

criticism ['kritisizəm] n kritiek c

criticize ['kritisaiz] v bekritiseren

crochet ['krəuʃei] v haken

crockery ['krɔkəri] n aardewerk nt, vaatwerk nt

crocodile ['krɔkədail] n krokodil c

crooked ['krukid] adj verdraaid, krom; oneerlijk

crop [krɔp] n oogst c

cross [krɔs] v *oversteken; adj kwaad, boos; n kruis nt

cross-eyed ['krɔsaid] adj scheel

crossing ['krɔsiŋ] n overtocht c; kruising c; oversteekplaats c; overweg c

crossroads ['krɔsrəudz] n kruispunt nt

crosswalk ['krɔswɔːk] nAm zebrapad nt

crow [krəu] n kraai c

crowbar ['krəubɑː] n breekijzer nt

crowd [kraud] n massa c, menigte c

crowded ['kraudid] adj druk; overvol

crown [kraun] n kroon c; v kronen; bekronen

crucifix ['kruːsifiks] n kruisbeeld nt

crucifixion [ˌkruːsi'fikʃən] n kruisiging c

crucify ['kruːsifai] v kruisigen

cruel [kruəl] adj wreed

cruise [kruːz] n boottocht c, cruise c

crumb [krʌm] n kruimel c

crusade [kruː'seid] n kruistocht c

crust [krʌst] n korst c

crutch [krʌtʃ] n kruk c

cry [krai] v huilen; schreeuwen; *roepen; n kreet c, schreeuw c; roep c

crystal ['kristəl] n kristal nt; adj kristallen

Cuba ['kju:bə] Cuba

Cuban ['kju:bən] adj Cubaans; n Cubaan c

cube [kju:b] n kubus c; blokje nt

cuckoo ['kuku:] n koekoek c

cucumber ['kju:kəmbə] n komkommer c

cuddle ['kʌdəl] v knuffelen

cudgel ['kʌdʒəl] n knuppel c

cuff [kʌf] n manchet c

cuff-links ['kʌfliŋks] pl manchetknopen pl

cul-de-sac ['kʌldəsæk] n doodlopende weg

cultivate ['kʌltiveit] v bebouwen; verbouwen, kweken

culture ['kʌltʃə] n cultuur c; beschaving c

cultured ['kʌltʃəd] adj beschaafd

cunning ['kʌniŋ] adj sluw

cup [kʌp] n kopje nt; beker c

cupboard ['kʌbəd] n kast c

curb [kə:b] n trottoirband c; v beteugelen

cure [kjuə] v *genezen; n kuur c; genezing c

curio ['kjuəriou] n (pl ~s) rariteit c

curiosity [,kjuəri'ɔsəti] n nieuwsgierigheid c

curious ['kjuəriəs] adj benieuwd, nieuwsgierig; raar

curl [kə:l] v krullen; n krul c

curler ['kə:lə] n krulspeld c

curling-tongs ['kə:liŋtɔnz] pl krultang c

curly ['kə:li] adj krullend

currant ['kʌrənt] n krent c; bes c

currency ['kʌrənsi] n valuta c; **foreign ~** buitenlands geld

current ['kʌrənt] n stroming c; stroom c; adj gangbaar, huidig; **alternating ~** wisselstroom c; **direct ~** ge-

lijkstroom c

curry ['kʌri] n kerrie c

curse [kə:s] v vloeken; vervloeken; n vloek c

curtain ['kə:tən] n gordijn nt; doek nt

curve [kə:v] n kromming c; bocht c

curved [kə:vd] adj krom, gebogen

cushion ['kuʃən] n kussen nt

custodian [kʌ'stoudiən] n suppoost c

custody ['kʌstədi] n hechtenis c; hoede c; voogdij c

custom ['kʌstəm] n gewoonte c; gebruik nt

customary ['kʌstəməri] adj gebruikelijk, gewoon, gewoonlijk

customer ['kʌstəmə] n klant c; cliënt c

Customs ['kʌstəmz] pl douane c; **~ duty** accijns c; **~ officer** douanebeambte c

cut [kʌt] n snee c; snijwond c

* **cut** [kʌt] v *snijden; knippen; verlagen; **~ off** *afsnijden; afknippen; *afsluiten

cutlery ['kʌtləri] n bestek nt

cutlet ['kʌtlət] n karbonade c

cycle ['saikəl] n fiets c; rijwiel nt; kringloop c, cyclus c

cyclist ['saiklist] n fietser c; wielrijder c

cylinder ['silində] n cilinder c; **~ head** cilinderkop c

cystitis [si'staitis] n blaasontsteking c

Czech [tʃek] adj Tsjechisch; n Tsjech c

Czechoslovakia [,tʃekəslə'vɑ:kiə] Tsjechoslowakije

D

dad [dæd] n vader c

daddy ['dædi] n papa c

daffodil ['dæfədil] n narcis c

daily ['deili] adj dagelijks; n dagblad nt

dairy ['dɛəri] n zuivelwinkel c

dam [dæm] n dam c; dijk c

damage ['dæmidʒ] n schade c; v beschadigen

damp [dæmp] adj vochtig; nat; n vocht nt; v bevochtigen

dance [dɑ:ns] v dansen; n dans c

dandelion ['dændilaiən] n paardebloem c

dandruff ['dændrəf] n roos c

Dane [dein] n Deen c

danger ['deindʒə] n gevaar nt

dangerous ['deindʒərəs] adj gevaarlijk

Danish ['deiniʃ] adj Deens

dare [dɛə] v wagen; durven; uitdagen

daring ['dɛəriŋ] adj gedurfd

dark [dɑ:k] adj duister, donker; n duisternis c

darling ['dɑ:liŋ] n schat c, lieveling c

darn [dɑ:n] v stoppen

dash [dæʃ] v snellen; n gedachtenstreepje nt

dashboard ['dæʃbɔ:d] n dashboard nt

data ['deitə] pl gegeven nt

date¹ [deit] n datum c; afspraak c; v dateren; **out of ~** ouderwets

date² [deit] n dadel c

daughter ['dɔ:tə] n dochter c

dawn [dɔ:n] n ochtendschemering c; dageraad c

day [dei] n dag c; **by ~** overdag; **~ trip** excursie c; **per ~** per dag; **the ~ before yesterday** eergisteren

daybreak ['deibreik] n dageraad c

daylight ['deilait] n daglicht nt

dead [ded] adj dood; gestorven

deaf [def] adj doof

deal [di:l] n transactie c, affaire c

*deal [di:l] v uitdelen; **~ with** v te maken *hebben met; zaken *doen met

dealer ['di:lə] n koopman c, handelaar c

dear [diə] adj lief; duur; dierbaar

death [deθ] n dood c; **~ penalty** doodstraf c

debate [di'beit] n debat nt

debit ['debit] n debet nt

debt [det] n schuld c

decaffeinated [di:'kæfineitid] adj coffeïnevrij

deceit [di'si:t] n bedrog nt

deceive [di'si:v] v *bedriegen

December [di'sembə] december

decency ['di:sənsi] n fatsoen nt

decent ['di:sənt] adj fatsoenlijk

decide [di'said] v beslissen, *besluiten

decision [di'siʒən] n beslissing c, besluit nt

deck [dek] n dek nt; **~ cabin** dekhut c; **~ chair** ligstoel c

declaration [,deklə'reiʃən] n verklaring c; aangifte c

declare [di'klɛə] v verklaren; *opgeven; *aangeven

decoration [,dekə'reiʃən] n versiering c

decrease [di:'kri:s] v verminderen; *afnemen; n vermindering c

dedicate ['dedikeit] v toewijden

deduce [di'dju:s] v afleiden

deduct [di'dʌkt] v *aftrekken

deed [di:d] n handeling c, daad c

deep [di:p] adj diep

deep-freeze [,di:p'fri:z] n diepvrieskast c

deer [diə] n (pl ~) hert nt

defeat [di'fi:t] v *verslaan; n nederlaag c

defective [di'fektiv] adj gebrekkig, defect

defence [di'fens] n verdediging c; defensie c

defend [di'fend] v verdedigen

deficiency [di'fiʃənsi] n gebrek nt

deficit ['defisit] n tekort nt

define [di'fain] v *omschrijven, bepalen, definiëren

definite ['definit] adj bepaald; vastomlijnd

definition [,defi'niʃən] n bepaling c, definitie c

deformed [di'fɔ:md] adj misvormd, mismaakt

degree [di'gri:] n graad c; titel c

delay [di'lei] v vertragen; uitstellen; n oponthoud nt, vertraging c; uitstel nt

delegate ['deligət] n gedelegeerde c

delegation [,deli'geiʃən] n delegatie c, afvaardiging c

deliberate¹ [di'libəreit] v beraadslagen, overleggen

deliberate² [di'libərət] adj opzettelijk

deliberation [di,libə'reiʃən] n beraad nt, overleg nt

delicacy ['delikəsi] n lekkernij c

delicate ['delikət] adj fijn; teder; delikaat

delicatessen [,delikə'tesən] n delicatessen pl; delicatessenwinkel c

delicious [di'liʃəs] adj lekker, heerlijk

delight [di'lait] n genot nt, verrukking c; v in verrukking *brengen; **delighted** opgetogen

delightful [di'laitfəl] adj heerlijk, verrukkelijk

deliver [di'livə] v afleveren, bezorgen; verlossen

delivery [di'livəri] n levering c, bezorging c; bevalling c; verlossing c; ~ **van** bestelauto c

demand [di'ma:nd] v vereisen, eisen; n eis c; navraag c

democracy [di'mɔkrəsi] n democratie c

democratic [,demə'krætik] adj democratisch

demolish [di'mɔliʃ] v slopen

demolition [,demə'liʃən] n afbraak c

demonstrate ['demənstreit] v aantonen; demonstreren, betogen

demonstration [,demən'streiʃən] n demonstratie c; betoging c

den [den] n hol nt

Denmark ['denma:k] Denemarken

denomination [di,nɔmi'neiʃən] n benaming c

dense [dens] adj dicht

dent [dent] n deuk c

dentist ['dentist] n tandarts c

denture ['dentʃə] n kunstgebit nt

deny [di'nai] v ontkennen; *onthouden, weigeren, *ontzeggen

deodorant [di:'oudərənt] n deodorant c

depart [di'pa:t] v *heengaan, *vertrekken; *overlijden

department [di'pa:tmənt] n departement nt, afdeling c; ~ **store** warenhuis nt

departure [di'pa:tʃə] n vertrek nt

dependant [di'pendənt] adj afhankelijk

depend on [di'pend] *afhangen van

deposit [di'pɔzit] n storting c; statiegeld nt; bezinksel nt, afzetting c; v storten

depository [di'pɔzitəri] n bergplaats c

depot ['depou] n opslagplaats c; nAm station nt

depress [di'pres] v deprimeren

depressed [di'prest] adj neerslachtig

depressing [di'presiŋ] adj triest

depression [di'preʃən] n neerslachtigheid c; depressie c; teruggang c

deprive of [di'praiv] *ontnemen

depth [depθ] n diepte c

deputy ['depjuti] n afgevaardigde c; plaatsvervanger c

descend [di'send] v dalen

descendant [di'sendənt] n afstammeling c

descent [di'sent] n afdaling c

describe [di'skraib] v *beschrijven

description [di'skripʃən] n beschrijving

c ; signalement nt

desert¹ ['dezət] n woestijn c ; adj woest, verlaten

desert² [di'zə:t] v deserteren ; *verlaten

deserve [di'zə:v] v verdienen

design [di'zain] v *ontwerpen ; n ontwerp nt ; doel nt

designate ['dezigneit] v *aanwijzen

desirable [di'zaiərəbəl] adj begeerlijk, wenselijk

desire [di'zaiə] n wens c ; zin c, begeerte c ; v begeren, verlangen, wensen

desk [desk] n bureau nt ; lessenaar c ; schoolbank c

despair [di'speə] n wanhoop c ; v wanhopen

despatch [di'spætʃ] v *verzenden

desperate ['despərət] adj wanhopig

despise [di'spaiz] v verachten

despite [di'spait] prep ondanks

dessert [di'zə:t] n dessert nt

destination [,desti'neiʃən] n bestemming c

destine ['destin] v bestemmen

destiny ['destini] n noodlot nt, lot nt

destroy [di'strɔi] v vernielen, vernietigen

destruction [di'strʌkʃən] n vernietiging c ; ondergang c

detach [di'tætʃ] v losmaken

detail ['di:teil] n bijzonderheid c, detail nt

detailed ['di:teild] adj uitvoerig, gedetailleerd

detect [di'tekt] v ontdekken

detective [di'tektiv] n detective c ; ~ story detectiveroman c

detergent [di'tə:dʒənt] n wasmiddel nt

determine [di'tə:min] v vaststellen, bepalen

determined [di'tə:mind] adj vastbesloten

detour ['di:tuə] n omweg c ; omleiding c

devaluation [,di:vælju'eiʃən] n devaluatie c

devalue [,di:'vælju:] v devalueren

develop [di'veləp] v ontwikkelen

development [di'veləpmənt] n ontwikkeling c

deviate ['di:vieit] v *afwijken

devil ['devəl] n duivel c

devise [di'vaiz] v beramen

devote [di'vout] v wijden

dew [dju:] n dauw c

diabetes [,daiə'bi:ti:z] n diabetes c, suikerziekte c

diabetic [,daiə'betik] n suikerzieke c, diabeticus c

diagnose [,daiəg'nouz] v een diagnose stellen ; constateren

diagnosis [,daiəg'nousis] n (pl -ses) diagnose c

diagonal [dai'ægənəl] n diagonaal c ; adj diagonaal

diagram ['daiəgræm] n schema nt ; figuur c, grafiek c

dialect ['daiəlekt] n dialect nt

diamond ['daiəmənd] n diamant c

diaper ['daiəpə] nAm luier c

diaphragm ['daiəfræm] n tussenschot nt

diarrhoea [daiə'riə] n diarree c

diary ['daiəri] n agenda c ; dagboek nt

dictaphone ['diktəfoun] n dictafoon c

dictate [dik'teit] v dicteren

dictation [dik'teiʃən] n dictaat nt ; dictee nt

dictator [dik'teitə] n dictator c

dictionary ['dikʃənəri] n woordenboek nt

did [did] v (p do)

die [dai] v *sterven ; *overlijden

diesel ['di:zəl] n diesel c

diet ['daiət] n dieet nt

differ ['difə] v verschillen

difference ['difərəns] *n* verschil *nt*; onderscheid *nt*

different ['difərənt] *adj* verschillend; ander

difficult ['difikəlt] *adj* moeilijk; lastig

difficulty ['difikəlti] *n* moeilijkheid *c*; moeite *c*

*dig [dig] *v* *graven; *delven

digest [di'dʒest] *v* verteren

digestible [di'dʒestəbəl] *adj* verteerbaar

digestion [di'dʒestʃən] *n* spijsvertering *c*

digit ['didʒit] *n* cijfer *nt*

dignified ['dignifaid] *adj* waardig

dike [daik] *n* dijk *c*; dam *c*

dilapidated [di'læpideitid] *adj* bouwvallig

diligence ['dilidʒəns] *n* vlijt *c*, ijver *c*

diligent ['dilidʒənt] *adj* vlijtig, ijverig

dilute [dai'lju:t] *v* aanlengen, verdunnen

dim [dim] *adj* dof, mat; donker, zwak, vaag

dine [dain] *v* warm *eten

dinghy ['diŋgi] *n* bootje *nt*

dining-car ['dainiŋka:] *n* restauratiewagen *c*

dining-room ['dainiŋru:m] *n* eetkamer *c*; eetzaal *c*

dinner ['dinə] *n* warme maaltijd *c*; avondeten *nt*, middageten *nt*

dinner-jacket ['dinə,dʒækit] *n* smoking *c*

dinner-service ['dinə,sə:vis] *n* eetservies *nt*

diphtheria [dif'θiəriə] *n* difterie *c*

diploma [di'ploumə] *n* diploma *nt*

diplomat ['dipləmæt] *n* diplomaat *c*

direct [di'rekt] *adj* rechtstreeks, direct; *v* richten; *wijzen; leiden; regisseren

direction [di'rekʃən] *n* richting *c*; instructie *c*; regie *c*; bestuur *nt*; di-

rectional signal *Am* richtingaanwijzer *c*; **directions for use** gebruiksaanwijzing *c*

directive [di'rektiv] *n* richtlijn *c*

director [di'rektə] *n* directeur *c*; regisseur *c*

dirt [də:t] *n* vuil *nt*

dirty ['də:ti] *adj* smerig, vies, vuil

disabled [di'seibəld] *adj* gehandicapt, invalide

disadvantage [,disəd'va:ntidʒ] *n* nadeel *nt*

disagree [,disə'gri:] *v* het oneens *zijn, van mening verschillen

disagreeable [,disə'gri:əbəl] *adj* onaangenaam

disappear [,disə'piə] *v* *verdwijnen

disappoint [,disə'pɔint] *v* teleurstellen; ***be disappointing** *tegenvallen

disappointment [,disə'pɔintmənt] *n* teleurstelling *c*

disapprove [,disə'pru:v] *v* afkeuren

disaster [di'za:stə] *n* ramp *c*; catastrofe *c*, onheil *nt*

disastrous [di'za:strəs] *adj* rampzalig

disc [disk] *n* schijf *c*; grammofoonplaat *c*; **slipped ~** hernia *c*

discard [di'ska:d] *v* afdanken

discharge [dis'tʃa:dʒ] *v* lossen, *uitladen; **~ of** *ontheffen van

discipline ['disiplin] *n* discipline *c*

discolour [di'skʌlə] *v* verkleuren

disconnect [,diskə'nekt] *v* ontkoppelen; uitschakelen

discontented [,diskən'tentid] *adj* ontevreden

discontinue [,diskən'tinju:] *v* *opheffen, staken

discount ['diskaunt] *n* korting *c*, reductie *c*

discover [di'skʌvə] *v* ontdekken

discovery [di'skʌvəri] *n* ontdekking *c*

discuss [di'skʌs] *v* *bespreken; discussiëren

discussion [di'skʌʃən] *n* discussie *c*; gesprek *nt*, bespreking *c*, debat *nt*

disease [di'zi:z] *n* ziekte *c*

disembark [ˌdisim'ba:k] *v* van boord *gaan, ontschepen

disgrace [dis'greis] *n* schande *c*

disguise [dis'gaiz] *v* zich vermommen; *n* vermomming *c*

disgusting [dis'gʌstiŋ] *adj* misselijk, walgelijk

dish [diʃ] *n* bord *nt*; schotel *c*, schaal *c*; gerecht *nt*

dishonest [di'sɔnist] *adj* oneerlijk

disinfect [ˌdisin'fekt] *v* ontsmetten

disinfectant [ˌdisin'fektənt] *n* ontsmettingsmiddel *nt*

dislike [di'slaik] *v* een hekel *hebben aan, niet *houden van; *n* afkeer *c*, hekel *c*, antipathie *c*

dislocated [ˈdisləkeitid] *adj* ontwricht

dismiss [dis'mis] *v* *wegzenden; *ontslaan

disorder [di'sɔ:də] *n* wanorde *c*

dispatch [di'spætʃ] *v* versturen, *verzenden

display [di'splei] *v* vertonen; tonen; *n* tentoonstelling *c*, expositie *c*

displease [di'spli:z] *v* ontstemmen, mishagen

disposable [di'spouzəbəl] *adj* wegwerp-

disposal [di'spouzəl] *n* beschikking *c*

dispose of [di'spouz] beschikken over

dispute [di'spju:t] *n* onenigheid *c*; ruzie *c*, geschil *nt*; *v* twisten, betwisten

dissatisfied [di'sætisfaid] *adj* ontevreden

dissolve [di'zɔlv] *v* oplossen; *ontbinden

dissuade from [di'sweid] *afraden

distance [ˈdistəns] *n* afstand *c*; ~ **in kilometres** kilometertal *nt*

distant [ˈdistənt] *adj* ver

distinct [di'stiŋkt] *adj* duidelijk; verschillend

distinction [di'stiŋkʃən] *n* onderscheid *nt*, verschil *nt*

distinguish [di'stiŋwiʃ] *v* onderscheid maken, *onderscheiden

distinguished [di'stiŋwiʃt] *adj* voornaam

distress [di'stres] *n* nood *c*; ~ **signal** noodsein *nt*

distribute [di'stribju:t] *v* uitdelen

distributor [di'stribjutə] *n* agent *c*; stroomverdeler *c*

district [ˈdistrikt] *n* district *nt*; streek *c*; wijk *c*

disturb [di'stə:b] *v* storen, verstoren

disturbance [di'stə:bəns] *n* storing *c*; verwarring *c*

ditch [ditʃ] *n* greppel *c*, sloot *c*

dive [daiv] *v* *duiken

diversion [dai'və:ʃən] *n* wegomlegging *c*; afleiding *c*

divide [di'vaid] *v* delen; verdelen; *scheiden

divine [di'vain] *adj* goddelijk

division [di'viʒən] *n* deling *c*; scheiding *c*; afdeling *c*

divorce [di'vɔ:s] *n* echtscheiding *c*; *v* *scheiden

dizziness [ˈdizinəs] *n* duizeligheid *c*

dizzy [ˈdizi] *adj* duizelig

***do** [du:] *v* *doen; voldoende *zijn

dock [dɔk] *n* dok *nt*; kade *c*; *v* aanleggen

docker [ˈdɔkə] *n* havenarbeider *c*

doctor [ˈdɔktə] *n* arts *c*, dokter *c*; doctor *c*

document [ˈdɔkjumənt] *n* document *nt*

dog [dɔg] *n* hond *c*

dogged [ˈdɔgid] *adj* hardnekkig

doll [dɔl] *n* pop *c*

dome [doum] *n* koepel *c*

domestic [də'mestik] *adj* huiselijk; binnenlands; *n* bediende *c*

domicile [ˈdɔmisail] *n* woonplaats *c*

domination [ˌdɔmi'neiʃən] n overheersing c

dominion [də'minjən] n heerschappij c

donate [dou'neit] v *schenken

donation [dou'neiʃən] n schenking c, gift c

done [dʌn] v (pp do)

donkey ['dɔŋki] n ezel c

donor ['dounə] n donateur c

door [dɔ:] n deur c; **revolving ~** draaideur c; **sliding ~** schuifdeur c

doorbell ['dɔ:bel] n deurbel c

door-keeper ['dɔ:ˌki:pə] n portier c

doorman ['dɔ:mən] n (pl -men) portier c

dormitory ['dɔ:mitri] n slaapzaal c

dose [dous] n dosis c

dot [dɔt] n punt c

double ['dʌbəl] adj dubbel

doubt [daut] v betwijfelen, twijfelen; n twijfel c; **without ~** zonder twijfel

doubtful ['dautfəl] adj twijfelachtig; onzeker

dough [dou] n deeg nt

down[1] [daun] adv neer; omlaag, naar beneden, omver; adj neerslachtig; prep langs, van … af; **~ payment** aanbetaling c

down[2] [daun] n dons nt

downpour ['daunpɔ:] n stortbui c

downstairs [ˌdaun'stɛəz] adv naar beneden, beneden

downstream [ˌdaun'stri:m] adv stroomafwaarts

down-to-earth [ˌdauntu'ə:θ] adj nuchter

downwards ['daunwədz] adv neer, naar beneden

dozen ['dʌzən] n (pl ~, ~s) dozijn nt

draft [drɑ:ft] n wissel c

drag [dræg] v slepen

dragon ['drægən] n draak c

drain [drein] v drooggeleggen; afwateren; n afvoer c

drama ['drɑ:mə] n drama nt; treurspel nt; toneel nt

dramatic [drə'mætik] adj dramatisch

dramatist ['dræmətist] n toneelschrijver c

drank [dræŋk] v (p drink)

draper ['dreipə] n manufacturier c

drapery ['dreipəri] n stoffen

draught [drɑ:ft] n tocht c; **draughts** damspel nt

draught-board ['drɑ:ftbɔ:d] n dambord nt

draw [drɔ:] n trekking c

*draw [drɔ:] v tekenen; *trekken; *opnemen; **~ up** opstellen

drawbridge ['drɔ:bridʒ] n ophaalbrug c

drawer ['drɔ:ə] n la c, lade c; **drawers** onderbroek c

drawing ['drɔ:iŋ] n tekening c

drawing-pin ['drɔ:iŋpin] n punaise c

drawing-room ['drɔ:iŋru:m] n salon c

dread [dred] v vrezen; n vrees c

dreadful ['dredfəl] adj vreselijk, ontzettend

dream [dri:m] n droom c

*dream [dri:m] v dromen

dress [dres] v aankleden; zich kleden, zich aankleden; *verbinden; n japon c, jurk c

dressing-gown ['dresiŋgaun] n kamerjas c

dressing-room ['dresiŋru:m] n kleedkamer c

dressing-table ['dresiŋˌteibəl] n toilettafel c

dressmaker ['dresˌmeikə] n naaister c

drill [dril] v boren; trainen; n boor c

drink [driŋk] n borrel c, drank c

*drink [driŋk] v *drinken

drinking-water ['driŋkiŋˌwɔ:tə] n drinkwater nt

drip-dry [ˌdrip'drai] adj zelfstrijkend,

no-iron
drive [draiv] *n* rijweg *c*; autorit *c*
***drive** [draiv] *v* *rijden; besturen
driver ['draivə] *n* chauffeur *c*
drizzle ['drizəl] *n* motregen *c*
drop [drɔp] *v* *laten vallen; *n* druppel *c*
drought [draut] *n* droogte *c*
drown [draun] *v* *verdrinken; ***be drowned** *verdrinken
drug [drʌg] *n* verdovend middel; geneesmiddel *nt*
drugstore ['drʌgstɔ:] *nAm* drogisterij *c*, apotheek *c*; warenhuis *nt*
drum [drʌm] *n* trommel *c*
drunk [drʌŋk] *adj* (pp drink) dronken
dry [drai] *adj* droog; *v* drogen; afdrogen
dry-clean [,drai'kli:n] *v* chemisch reinigen
dry-cleaner's [,drai'kli:nəz] *n* stomerij *c*
dryer ['draiə] *n* centrifuge *c*
duchess ['dʌtʃis] *n* hertogin *c*
duck [dʌk] *n* eend *c*
due [dju:] *adj* verwacht; verschuldigd; vervallen
dues [dju:z] *pl* schulden *pl*
dug [dʌg] *v* (p, pp dig)
duke [dju:k] *n* hertog *c*
dull [dʌl] *adj* vervelend, saai; flets, mat; bot
dumb [dʌm] *adj* stom; suf, dom
dune [dju:n] *n* duin *nt*
dung [dʌŋ] *n* mest *c*
dunghill ['dʌŋhil] *n* mesthoop *c*
duration [dju'reiʃən] *n* duur *c*
during ['djuəriŋ] *prep* gedurende, tijdens
dusk [dʌsk] *n* avondschemering *c*
dust [dʌst] *n* stof *nt*
dustbin ['dʌstbin] *n* vuilnisbak *c*
dusty ['dʌsti] *adj* stoffig
Dutch [dʌtʃ] *adj* Nederlands, Hollands
Dutchman ['dʌtʃmən] *n* (pl -men) Nederlander *c*, Hollander *c*
dutiable ['dju:tiəbəl] *adj* belastbaar
duty ['dju:ti] *n* plicht *c*; taak *c*; invoerrecht *nt*; **Customs** ~ accijns *c*
duty-free [,dju:ti'fri:] *adj* belastingvrij
dwarf [dwɔ:f] *n* dwerg *c*
dye [dai] *v* verven; *n* verf *c*
dynamo ['dainəmou] *n* (pl ~s) dynamo *c*
dysentery ['disəntri] *n* dysenterie *c*

E

each [i:tʃ] *adj* elk, ieder; ~ **other** elkaar
eager ['i:gə] *adj* verlangend, ongeduldig
eagle ['i:gəl] *n* arend *c*
ear [iə] *n* oor *nt*
earache ['iəreik] *n* oorpijn *c*
ear-drum ['iədrʌm] *n* trommelvlies *nt*
earl [ə:l] *n* graaf *c*
early ['ə:li] *adj* vroeg
earn [ə:n] *v* verdienen
earnest ['ə:nist] *n* ernst *c*
earnings ['ə:niŋz] *pl* inkomsten *pl*, verdiensten *pl*
earring ['iəriŋ] *n* oorbel *c*
earth [ə:θ] *n* aarde *c*; grond *c*
earthenware ['ə:θənwɛə] *n* aardewerk *nt*
earthquake ['ə:θkweik] *n* aardbeving *c*
ease [i:z] *n* ongedwongenheid *c*, gemak *nt*
east [i:st] *n* oost *c*, oosten *nt*
Easter ['i:stə] Pasen
easterly ['i:stəli] *adj* oostelijk
eastern ['i:stən] *adj* oost-, oostelijk
easy ['i:zi] *adj* gemakkelijk; geriefelijk; ~ **chair** leunstoel *c*

easy-going ['i:zi,gouiŋ] adj ontspannen
* eat [i:t] v *eten
eavesdrop ['i:vzdrɔp] v afluisteren
ebony ['ebəni] n ebbehout nt
eccentric [ik'sentrik] adj excentriek
echo ['ekou] n (pl ~es) weerklank c, echo c
eclipse [i'klips] n verduistering c
economic [,i:kə'nɔmik] adj economisch
economical [,i:kə'nɔmikəl] adj spaarzaam, zuinig
economist [i'kɔnəmist] n econoom c
economize [i'kɔnəmaiz] v sparen
economy [i'kɔnəmi] n economie c
ecstasy ['ekstəzi] n extase c
Ecuador ['ekwədɔ:] Ecuador
Ecuadorian [,ekwə'dɔ:riən] n Ecuadoriaan c
eczema ['eksimə] n eczeem nt
edge [edʒ] n kant c, rand c
edible ['edibəl] adj eetbaar
edition [i'diʃən] n editie c, uitgave c; **morning** ~ ochtendeditie c
editor ['editə] n redakteur c
educate ['edʒukeit] v opleiden, opvoeden
education [,edʒu'keiʃən] n onderwijs nt; opvoeding c
eel [i:l] n aal c, paling c
effect [i'fekt] n gevolg nt, effect nt; v *teweegbrengen; **in** ~ feitelijk
effective [i'fektiv] adj doeltreffend, effectief
efficient [i'fiʃənt] adj efficiënt, doelmatig
effort ['efət] n inspanning c; poging c
egg [eg] n ei nt
egg-cup ['egkʌp] n eierdopje nt
eggplant ['egplɑ:nt] n aubergine c
egg-yolk ['egjouk] n eierdooier c
egoistic [,egou'istik] adj zelfzuchtig
Egypt ['i:dʒipt] Egypte
Egyptian [i'dʒipʃən] adj Egyptisch; n Egyptenaar c

eiderdown ['aidədaun] n donzen dekbed
eight [eit] num acht
eighteen [,ei'ti:n] num achttien
eighteenth [,ei'ti:nθ] num achttiende
eighth [eitθ] num achtste
eighty ['eiti] num tachtig
either ['aiðə] pron een van beide; **either ... or** hetzij ... hetzij, of ... of
elaborate [i'læbəreit] v uitwerken
elastic [i'læstik] adj elastisch; rekbaar; elastiek nt
elasticity [,elæ'stisəti] n rek c
elbow ['elbou] n elleboog c
elder ['eldə] adj ouder
elderly ['eldəli] adj bejaard
eldest ['eldist] adj oudst
elect [i'lekt] v *kiezen, *verkiezen
election [i'lekʃən] n verkiezing c
electric [i'lektrik] adj elektrisch; ~ **razor** scheerapparaat nt; ~ **cord** snoer nt
electrician [,ilek'triʃən] n elektricien c
electricity [,ilek'trisəti] n elektriciteit c
electronic [ilek'trɔnik] adj elektronisch
elegance ['eligəns] n elegantie c
elegant ['eligənt] adj elegant
element ['elimənt] n bestanddeel nt, element nt
elephant ['elifənt] n olifant c
elevator ['eliveitə] nAm lift c
eleven [i'levən] num elf
eleventh [i'levənθ] num elfde
elf [elf] n (pl elves) elf c
eliminate [i'limineit] v elimineren
elm [elm] n iep c
else [els] adv anders
elsewhere [,el'sweə] adv elders
elucidate [i'lu:sideit] v toelichten
emancipation [i,mænsi'peiʃən] n emancipatie c
embankment [im'bæŋkmənt] n kade c
embargo [em'bɑ:gou] n (pl ~es) embargo nt

embark [im'bɑ:k] v inschepen; instappen

embarkation [,embɑ:'keiʃən] n inscheping c

embarrass [im'bærəs] v in verwarring brengen; in verlegenheid *brengen; hinderen; **embarrassed** verlegen, gegeneerd; **embarrassing** pijnlijk

embassy ['embəsi] n ambassade c

emblem ['embləm] n embleem nt

embrace [im'breis] v omhelzen; n omhelzing c

embroider [im'brɔidə] v borduren

embroidery [im'brɔidəri] n borduurwerk nt

emerald ['emərəld] n smaragd nt

emergency [i'mə:dʒənsi] n spoedgeval nt, noodgeval nt; noodtoestand c; ~ **exit** nooduitgang c

emigrant ['emigrənt] n emigrant c

emigrate ['emigreit] v emigreren

emigration [,emi'greiʃən] n emigratie c

emotion [i'mouʃən] n ontroering c, emotie c

emperor ['empərə] n keizer c

emphasize ['emfəsaiz] v benadrukken

empire ['empaiə] n keizerrijk nt, rijk nt

employ [im'plɔi] v tewerkstellen; gebruiken

employee [,emplɔi'i:] n werknemer c, employé c

employer [im'plɔiə] n werkgever c

employment [im'plɔimənt] n tewerkstelling c, werk nt; ~ **exchange** arbeidsbureau nt

empress ['empris] n keizerin c

empty ['empti] adj leeg; v ledigen

enable [i'neibəl] v in staat stellen

enamel [i'næməl] n email nt

enamelled [i'næməld] adj geëmailleerd

enchanting [in'tʃɑ:ntiŋ] adj prachtig, betoverend

encircle [in'sə:kəl] v omcirkelen, omringen; *insluiten

enclose [iŋ'klouz] v *bijsluiten, *insluiten

enclosure [iŋ'klouʒə] n bijlage c

encounter [iŋ'kauntə] v ontmoeten; n ontmoeting c

encourage [iŋ'kʌridʒ] v aanmoedigen

encyclopaedia [en,saiklə'pi:diə] n encyclopedie c

end [end] n einde nt; slot nt; v beëindigen; *aflopen

ending ['endiŋ] n einde nt

endless ['endləs] adj oneindig

endorse [in'dɔ:s] v aftekenen, endosseren

endure [in'djuə] v *verdragen

enemy ['enəmi] n vijand c

energetic [,enə'dʒetik] adj energiek

energy ['enədʒi] n energie c; kracht c

engage [in'geidʒ] v in dienst *nemen; *bespreken; zich *verbinden; **engaged** verloofd; bezig, bezet

engagement [in'geidʒmənt] n verloving c; verplichting c; afspraak c; ~ **ring** verlovingsring c

engine ['endʒin] n machine c, motor c; locomotief c

engineer [,endʒi'niə] n ingenieur c

England ['iŋglənd] Engeland

English ['iŋgliʃ] adj Engels

Englishman ['iŋgliʃmən] n (pl -men) Engelsman c

engrave [iŋ'greiv] v graveren

engraver [iŋ'greivə] n graveur c

engraving [iŋ'greiviŋ] n prent c; gravure c

enigma [i'nigmə] n raadsel nt

enjoy [in'dʒɔi] v *genieten van

enjoyable [in'dʒɔiəbəl] adj fijn, prettig, leuk; lekker

enjoyment [in'dʒɔimənt] n genot nt

enlarge [in'lɑ:dʒ] v vergroten; uitbreiden

enlargement [in'lɑ:dʒmənt] n vergroting c

enormous [i'nɔ:məs] adj reusachtig, enorm

enough [i'nʌf] adv genoeg; adj voldoende

enquire [iŋ'kwaiə] v informeren; *onderzoeken

enquiry [iŋ'kwaiəri] n informatie c; onderzoek nt; enquête c

enter ['entə] v *betreden, *binnengaan; *inschrijven

enterprise ['entəpraiz] n onderneming c

entertain [,entə'tein] v vermaken, *onderhouden; *ontvangen

entertainer [,entə'teinə] n conferencier c

entertaining [,entə'teiniŋ] adj vermakelijk, amusant

entertainment [,entə'teinmənt] n vermaak nt, amusement nt

enthusiasm [in'θju:ziæzəm] n enthousiasme nt

enthusiastic [in,θju:zi'æstik] adj enthousiast

entire [in'taiə] adj heel, geheel

entirely [in'taiəli] adv helemaal

entrance ['entrəns] n ingang c; toegang c; binnenkomst c

entrance-fee ['entrənsfi:] n entree c

entry ['entri] n ingang c, entree c; toegang c; post c; **no ~** verboden toegang

envelope ['envəloup] n envelop c

envious ['enviəs] adj afgunstig, jaloers

environment [in'vaiərənmənt] n milieu nt; omgeving c

envoy ['envɔi] n gezant c

envy ['envi] n afgunst c; v benijden

epic ['epik] n epos nt; adj episch

epidemic [,epi'demik] n epidemie c

epilepsy ['epilepsi] n epilepsie c

epilogue ['epilɔg] n epiloog c

episode ['episoud] n episode c

equal ['i:kwəl] adj gelijk; v evenaren

equality [i'kwɔləti] n gelijkheid c

equalize ['i:kwəlaiz] v gelijk maken

equally ['i:kwəli] adv even

equator [i'kweitə] n evenaar c

equip [i'kwip] v uitrusten

equipment [i'kwipmənt] n uitrusting c

equivalent [i'kwivələnt] adj equivalent, gelijkwaardig

eraser [i'reizə] n gom c/nt

erect [i'rekt] v opbouwen, oprichten; adj overeind, rechtopstaand

err [ə:] v zich vergissen; dwalen

errand ['erənd] n boodschap c

error ['erə] n fout c, vergissing c

escalator ['eskəleitə] n roltrap c

escape [i'skeip] v ontsnappen; vluchten, ontvluchten, *ontgaan; n ontsnapping c

escort[1] ['eskɔ:t] n escorte nt

escort[2] [i'skɔ:t] v escorteren

especially [i'speʃəli] adv voornamelijk, vooral

esplanade [,esplə'neid] n promenade c

essay ['esei] n essay nt; verhandeling c, opstel nt

essence ['esəns] n essentie c; kern c, wezen nt

essential [i'senʃəl] adj onontbeerlijk; wezenlijk, essentieel

essentially [i'senʃəli] adv vooral

establish [i'stæbliʃ] v vestigen; vaststellen

estate [i'steit] n landgoed nt

esteem [i'sti:m] n respect nt, achting c; v achten

estimate[1] ['estimeit] v taxeren, schatten

estimate[2] ['estimət] n schatting c

estuary ['estʃuəri] n riviermonding c

etcetera [et'setərə] enzovoort

etching ['etʃiŋ] n ets c

eternal [i'tə:nəl] adj eeuwig

eternity [i'tə:nəti] n eeuwigheid c

ether ['i:θə] *n* ether *c*
Ethiopia [iθi'oupiə] Ethiopië
Ethiopian [iθi'oupiən] *adj* Ethiopisch; *n* Ethiopiër *c*
Europe ['juərəp] Europa
European [ˌjuərə'pi:ən] *adj* Europees; *n* Europeaan *c*
evacuate [i'vækjueit] *v* evacueren
evaluate [i'væljueit] *v* schatten
evaporate [i'væpəreit] *v* verdampen
even ['i:vən] *adj* effen, plat, gelijk; constant; even; *adv* zelfs
evening ['i:vniŋ] *n* avond *c*; ~ **dress** avondkleding *c*
event [i'vent] *n* gebeurtenis *c*; geval *nt*
eventual [i'ventʃuəl] *adj* eventueel; uiteindelijk
ever ['evə] *adv* ooit; altijd
every ['evri] *adj* ieder, elk
everybody ['evri,bɔdi] *pron* iedereen
everyday ['evridei] *adj* alledaags
everyone ['evriwʌn] *pron* ieder, iedereen
everything ['evriθiŋ] *pron* alles
everywhere ['evriwɛə] *adv* overal
evidence ['evidəns] *n* bewijs *nt*
evident ['evidənt] *adj* duidelijk
evil ['i:vəl] *n* kwaad *nt*; *adj* slecht
evolution [ˌi:və'lu:ʃən] *n* evolutie *c*
exact [ig'zækt] *adj* nauwkeurig, precies
exactly [ig'zæktli] *adv* precies
exaggerate [ig'zædʒəreit] *v* *overdrijven
examination [igˌzæmi'neiʃən] *n* examen *nt*; onderzoek *nt*; verhoor *nt*
examine [ig'zæmin] *v* *onderzoeken
example [ig'zɑ:mpəl] *n* voorbeeld *nt*; **for** ~ bijvoorbeeld
excavation [ˌekskə'veiʃən] *n* opgraving *c*
exceed [ik'si:d] *v* *overschrijden; *overtreffen
excel [ik'sel] *v* *uitblinken

excellent ['eksələnt] *adj* voortreffelijk, uitstekend
except [ik'sept] *prep* uitgezonderd, behalve
exception [ik'sepʃən] *n* uitzondering *c*
exceptional [ik'sepʃənəl] *adj* buitengewoon, uitzonderlijk
excerpt ['eksə:pt] *n* passage *c*
excess [ik'ses] *n* exces *nt*
excessive [ik'sesiv] *adj* buitensporig
exchange [iks'tʃeindʒ] *v* uitwisselen, wisselen, ruilen; *n* ruil *c*; beurs *c*; ~ **office** wisselkantoor *nt*; ~ **rate** koers *c*
excite [ik'sait] *v* *opwinden
excitement [ik'saitmənt] *n* drukte *c*, opwinding *c*
exciting [ik'saitiŋ] *adj* spannend
exclaim [ik'skleim] *v* *uitroepen
exclamation [ˌeksklə'meiʃən] *n* uitroep *c*
exclude [ik'sklu:d] *v* *uitsluiten
exclusive [ik'sklu:siv] *adj* exclusief
exclusively [ik'sklu:sivli] *adv* uitsluitend
excursion [ik'skə:ʃən] *n* uitstapje *nt*, excursie *c*
excuse[1] [ik'skju:s] *n* excuus *nt*
excuse[2] [ik'skju:z] *v* verontschuldigen, excuseren
execute ['eksikju:t] *v* uitvoeren
execution [ˌeksi'kju:ʃən] *n* terechtstelling *c*
executioner [ˌeksi'kju:ʃənə] *n* beul *c*
executive [ig'zekjutiv] *adj* uitvoerend; *n* uitvoerende macht; directeur *c*
exempt [ig'zempt] *v* *ontheffen, vrijstellen; *adj* vrijgesteld
exemption [ig'zempʃən] *n* vrijstelling *c*
exercise ['eksəsaiz] *n* oefening *c*; thema *nt*; *v* oefenen; uitoefenen
exhale [eks'heil] *v* uitademen
exhaust [ig'zɔ:st] *n* uitlaatpijp *c*, uitlaat *c*; *v* uitputten; ~ **gases** uit-

exhibit 53 **extraordinary**

laatgassen *pl*
exhibit [ig'zibit] *v* tentoonstellen; vertonen
exhibition [,eksi'bifən] *n* expositie *c*, tentoonstelling *c*
exile ['eksail] *n* ballingschap *c*; balling *c*
exist [ig'zist] *v* *bestaan
existence [ig'zistəns] *n* bestaan *nt*
exit ['eksit] *n* uitgang *c*; uitrit *c*
exotic [ig'zɔtik] *adj* exotisch
expand [ik'spænd] *v* uitbreiden; uitspreiden; ontplooien
expect [ik'spekt] *v* verwachten
expectation [,ekspek'teifən] *n* verwachting *c*
expedition [,ekspə'difən] *n* verzending *c*; expeditie *c*
expel [ik'spel] *v* *uitwijzen
expenditure [ik'spenditfə] *n* kosten *pl*, uitgave *c*
expense [ik'spens] *n* uitgave *c*; **expenses** *pl* onkosten *pl*
expensive [ik'spensiv] *adj* prijzig, duur; kostbaar
experience [ik'spiəriəns] *n* ervaring *c*; *v* *ervaren, *ondervinden, beleven; **experienced** ervaren
experiment [ik'sperimənt] *n* proef *c*, experiment *c*; *v* experimenteren
expert ['ekspə:t] *n* deskundige *c*, vakman *c*, expert *c*; *adj* deskundig
expire [ik'spaiə] *v* *vervallen, *aflopen, *verstrijken; uitademen; **expired** vervallen
expiry [ik'spaiəri] *n* vervaldag *c*, afloop *c*
explain [ik'splein] *v* verklaren, uitleggen
explanation [,eksplə'neifən] *n* toelichting *c*, uitleg *c*, verklaring *c*
explicit [ik'splisit] *adj* uitdrukkelijk, expliciet
explode [ik'sploud] *v* ontploffen

exploit [ik'splɔit] *v* uitbuiten, exploiteren
explore [ik'splɔ:] *v* verkennen, *onderzoeken
explosion [ik'splouʒən] *n* explosie *c*
explosive [ik'splousiv] *adj* explosief; *n* springstof *c*
export[1] [ik'spɔ:t] *v* uitvoeren, exporteren
export[2] ['ekspɔ:t] *n* export *c*
exportation [,ekspɔ:'teifən] *n* uitvoer *c*
exports ['ekspɔ:ts] *pl* export *c*
exposition [,ekspə'zifən] *n* tentoonstelling *c*
exposure [ik'spouʒə] *n* blootstelling *c*; belichting *c*; ~ **meter** belichtingsmeter *c*
express [ik'spres] *v* uitdrukken; betuigen, uiten; *adj* expresse-; uitdrukkelijk; ~ **train** sneltrein *c*
expression [ik'sprefən] *n* uitdrukking *c*; uiting *c*
exquisite [ik'skwizit] *adj* voortreffelijk
extend [ik'stend] *v* verlengen; uitbreiden; verlenen
extension [ik'stenfən] *n* verlenging *c*; uitbreiding *c*; toestel *nt*; ~ **cord** verlengsnoer *nt*
extensive [ik'stensiv] *adj* omvangrijk; veelomvattend, uitgebreid
extent [ik'stent] *n* omvang *c*
exterior [ek'stiəriə] *adj* uiterlijk; *n* buitenkant *c*
external [ek'stə:nəl] *adj* uiterlijk
extinguish [ik'stingwif] *v* blussen, doven
extort [ik'stɔ:t] *v* *afdwingen
extortion [ik'stɔ:fən] *n* afpersing *c*
extra ['ekstrə] *adj* extra
extract[1] [ik'strækt] *v* *uittrekken, *trekken
extract[2] ['ekstrækt] *n* fragment *nt*
extradite ['ekstrədait] *v* uitleveren
extraordinary [ik'strɔ:dənri] *adj* bui-

tengewoon

extravagant [ik'strævəgənt] *adj* overdreven, extravagant

extreme [ik'stri:m] *adj* extreem; hoogst, uiterst; *n* uiterste *nt*

exuberant [ig'zju:bərənt] *adj* uitbundig

eye [ai] *n* oog *nt*

eyebrow ['aibrau] *n* wenkbrauw *c*

eyelash ['ailæʃ] *n* wimper *c*

eyelid ['ailid] *n* ooglid *nt*

eye-pencil ['ai,pensəl] *n* wenkbrauwstift *c*

eye-shadow ['ai,ʃædou] *n* ogenschaduw *c*

eye-witness ['ai,witnəs] *n* ooggetuige *c*

F

fable ['feibəl] *n* fabel *c*

fabric ['fæbrik] *n* stof *c*; structuur *c*

façade [fə'sɑ:d] *n* gevel *c*

face [feis] *n* gezicht *nt*; *v* het hoofd *bieden aan; ~ massage** gezichtsmassage *c*; **facing** tegenover

face-cream ['feiskri:m] *n* gezichtscrème *c*

face-pack ['feispæk] *n* schoonheidsmasker *c*

face-powder ['feis,paudə] *n* gezichtspoeder *nt/c*

facility [fə'siləti] *n* faciliteit *c*

fact [fækt] *n* feit *nt*; **in ~** in feite

factor ['fæktə] *n* factor *c*

factory ['fæktəri] *n* fabriek *c*

factual ['fæktʃuəl] *adj* feitelijk

faculty ['fækəlti] *n* vermogen *nt*; gave *c*, talent *nt*, bekwaamheid *c*; faculteit *c*

fad [fæd] *n* gril *c*

fade [feid] *v* verkleuren, *verschieten

faience [fai'ɑ:s] *n* aardewerk *nt*, faience *c*

fail [feil] *v* falen; tekort *schieten; *ontbreken; *nalaten; zakken; **without ~** beslist

failure ['feiljə] *n* mislukking *c*; fiasco *nt*

faint [feint] *v* *flauwvallen; *adj* zwak, vaag, flauw

fair [fɛə] *n* kermis *c*; beurs *c*; *adj* billijk, eerlijk; blond; mooi

fairly ['fɛəli] *adv* vrij, nogal, tamelijk

fairy ['fɛəri] *n* fee *c*

fairytale ['fɛəriteil] *n* sprookje *nt*

faith [feiθ] *n* geloof *nt*; vertrouwen *nt*

faithful ['feiθful] *adj* trouw

fake [feik] *n* vervalsing *c*

fall [fɔ:l] *n* val *c*; *nAm* herfst *c*

***fall** [fɔ:l] *v* *vallen

false [fɔ:ls] *adj* vals; verkeerd, onwaar, onecht; **~ teeth** kunstgebit *nt*

falter ['fɔ:ltə] *v* wankelen; stamelen

fame [feim] *n* faam *c*, roem *c*; reputatie *c**

familiar [fə'miljə] *adj* vertrouwd; familiaar

family ['fæməli] *n* gezin *nt*; familie *c*; **~ name** achternaam *c*

famous ['feiməs] *adj* beroemd

fan [fæn] *n* ventilator *c*; waaier *c*; fan *c*; **~ belt** ventilatorriem *c*

fanatical [fə'nætikəl] *adj* fanatiek

fancy ['fænsi] *v* lusten, zin *hebben in; zich verbeelden, zich voorstellen; *n* gril *c*; fantasie *c*

fantastic [fæn'tæstik] *adj* fantastisch

fantasy ['fæntəzi] *n* fantasie *c*

far [fɑ:] *adj* ver; *adv* veel; **by ~** verreweg; **so ~** tot nu toe

far-away ['fɑ:rəwei] *adj* ver

farce [fɑ:s] *n* klucht *c*, farce *c*

fare [fɛə] *n* reiskosten *pl*, tarief *nt*; kost *c*, voedsel *nt*

farm [fɑ:m] *n* boerderij *c*

farmer ['fɑ:mə] *n* boer *c*; **farmer's**

wife boerin *c*

farmhouse ['fɑ:mhaus] *n* boerderij *c*

far-off ['fɑ:rɔf] *adj* afgelegen

fascinate ['fæsineit] *v* boeien

fascism ['fæʃizəm] *n* fascisme *nt*

fascist ['fæʃist] *adj* fascistisch; *n* fascist *c*

fashion ['fæʃən] *n* mode *c*; manier *c*

fashionable ['fæʃənəbəl] *adj* modieus

fast [fɑ:st] *adj* vlug, snel; vast

fast-dyed [,fɑ:st'daid] *adj* wasecht, kleurecht

fasten ['fɑ:sən] *v* vastmaken, bevestigen; *sluiten

fastener ['fɑ:sənə] *n* sluiting *c*

fat [fæt] *adj* vet, dik; *n* vet *nt*

fatal ['feitəl] *adj* fataal, dodelijk, noodlottig

fate [feit] *n* lot *nt*, noodlot *nt*

father ['fɑ:ðə] *n* vader *c*; pater *c*

father-in-law ['fɑ:ðərinlɔ:] *n* (pl fathers-) schoonvader *c*

fatherland ['fɑ:ðələnd] *n* vaderland *nt*

fatness ['fætnəs] *n* dikte *c*

fatty ['fæti] *adj* vettig

faucet ['fɔ:sit] *nAm* kraan *c*

fault [fɔ:lt] *n* schuld *c*; fout *c*, defect *nt*, gebrek *nt*

faultless ['fɔ:ltləs] *adj* foutloos; feilloos

faulty ['fɔ:lti] *adj* gebrekkig, defect

favour ['feivə] *n* gunst *c*; *v* begunstigen, bevoorrechten

favourable ['feivərəbəl] *adj* gunstig

favourite ['feivərit] *n* lieveling *c*, favoriet *c*; *adj* lievelings-

fawn [fɔ:n] *adj* lichtbruin; *n* reekalf *nt*

fear [fiə] *n* vrees *c*, angst *c*; *v* vrezen

feasible ['fi:zəbəl] *adj* uitvoerbaar

feast [fi:st] *n* feest *nt*

feat [fi:t] *n* prestatie *c*

feather ['feðə] *n* veer *c*

feature ['fi:tʃə] *n* kenmerk *nt*; gelaats-

trek *c*

February ['februəri] februari

federal ['fedərəl] *adj* federaal

federation [,fedə'reiʃən] *n* federatie *c*; bond *c*

fee [fi:] *n* honorarium *nt*

feeble ['fi:bəl] *adj* zwak

***feed** [fi:d] *v* voeden; **fed up with** beu

***feel** [fi:l] *v* voelen; betasten; ~ **like** zin *hebben in

feeling ['fi:liŋ] *n* gevoel *nt*

fell [fel] *v* (p fall)

fellow ['felou] *n* kerel *c*

felt[1] [felt] *n* vilt *nt*

felt[2] [felt] *v* (p, pp feel)

female ['fi:meil] *adj* vrouwelijk

feminine ['feminin] *adj* vrouwelijk

fence [fens] *n* omheining *c*; hek *nt*; *v* schermen

fender ['fendə] *n* bumper *c*

ferment [fə:'ment] *v* gisten

ferry-boat ['feribout] *n* veerboot *c*

fertile ['fə:tail] *adj* vruchtbaar

festival ['festivəl] *n* festival *nt*

festive ['festiv] *adj* feestelijk

fetch [fetʃ] *v* halen; afhalen

feudal ['fju:dəl] *adj* feodaal

fever ['fi:və] *n* koorts *c*

feverish ['fi:vəriʃ] *adj* koortsig

few [fju:] *adj* weinig

fiancé [fi'ɑ̃:sei] *n* verloofde *c*

fiancée [fi'ɑ̃:sei] *n* verloofde *c*

fibre ['faibə] *n* vezel *c*

fiction ['fikʃən] *n* fictie *c*, verzinsel *nt*

field [fi:ld] *n* akker *c*, veld *nt*; gebied *nt*; ~ **glasses** veldkijker *c*

fierce [fiəs] *adj* wild; woest, fel

fifteen [,fif'ti:n] *num* vijftien

fifteenth [,fif'ti:nθ] *num* vijftiende

fifth [fifθ] *num* vijfde

fifty ['fifti] *num* vijftig

fig [fig] *n* vijg *c*

fight [fait] *n* strijd *c*, gevecht *nt*

*fight [fait] v *strijden, *vechten

figure ['figə] n gestalte c, figuur c; cijfer nt

file [fail] n vijl c; dossier nt; rij c

Filipino [,fili'pi:nou] n Filippijn c

fill [fil] v vullen; ~ **in** invullen; **filling station** benzinestation nt; ~ **out** Am invullen; ~ **up** opvullen

filling ['filiŋ] n vulling c

film [film] n film c; v filmen

filter ['filtə] n filter nt

filthy ['filθi] adj smerig, vuil

final ['fainəl] adj laatst

finance [fai'næns] v financieren

finances [fai'nænsiz] pl financiën pl

financial [fai'nænʃəl] adj financieel

finch [fintʃ] n vink c

*find [faind] v *vinden

fine [fain] n boete c; adj fijn; mooi; uitstekend, prachtig; ~ **arts** schone kunsten

finger ['fiŋgə] n vinger c; **little** ~ pink c

fingerprint ['fiŋgəprint] n vingerafdruk c

finish ['finiʃ] v afmaken, beëindigen; eindigen; n einde nt; eindstreep c; **finished** af; op

Finland ['finlənd] Finland

Finn [fin] n Fin c

Finnish ['finiʃ] adj Fins

fire [faiə] n vuur nt; brand c; v *schieten; *ontslaan

fire-alarm ['faiərə,la:m] n brandalarm nt

fire-brigade ['faiəbri,geid] n brandweer c

fire-escape ['faiəri,skeip] n brandtrap c

fire-extinguisher ['faiərik,stiŋgwiʃə] n brandblusapparaat nt

fireplace ['faiəpleis] n haard c

fireproof ['faiəpru:f] adj brandvrij; vuurvast

firm [fə:m] adj vast; stevig; n firma c

first [fə:st] num eerst; **at** ~ eerst; aanvankelijk; ~ **name** voornaam c

first-aid [,fə:st'eid] n eerste hulp; ~ **kit** verbandkist c; ~ **post** eerste hulppost

first-class [,fə:st'kla:s] adj eersteklas

first-rate [,fə:st'reit] adj eersterangs, prima

fir-tree ['fə:tri:] n denneboom c, den c

fish¹ [fiʃ] n (pl ~, ~es) vis c; ~ **shop** viswinkel c

fish² [fiʃ] v vissen; hengelen; **fishing gear** vistuig nt; **fishing hook** vishaak c; **fishing industry** visserij c; **fishing licence** visakte c; **fishing line** vislijn c; **fishing net** visnet nt; **fishing rod** hengel c; **fishing tackle** vistuig nt

fishbone ['fiʃboun] n graat c, visgraat c

fisherman ['fiʃəmən] n (pl -men) visser c

fist [fist] n vuist c

fit [fit] adj geschikt; n aanval c; v passen; **fitting room** paskamer c

five [faiv] num vijf

fix [fiks] v repareren

fixed [fikst] adj vast

fizz [fiz] n prik c

fjord [fjɔ:d] n fjord c

flag [flæg] n vlag c

flame [fleim] n vlam c

flamingo [flə'miŋgou] n (pl ~s, ~es) flamingo c

flannel ['flænəl] n flanel nt

flash [flæʃ] n flits c

flash-bulb ['flæʃbʌlb] n flitslampje nt

flash-light ['flæʃlait] n zaklantaarn c

flask [fla:sk] n flacon c; **thermos** ~ thermosfles c

flat [flæt] adj vlak, plat; n flat c; ~ **tyre** lekke band

flavour ['fleivə] n smaak c; v kruiden

fleet [fli:t] n vloot c

flesh [fleʃ] n vlees nt

flew [flu:] v (p fly)

flex [fleks] n snoer nt

flexible ['fleksibəl] adj buigbaar; soepel

flight [flait] n vlucht c; **charter ~** chartervlucht c

flint [flint] n vuursteen c

float [flout] v *drijven; n vlotter c

flock [flɔk] n kudde c

flood [flʌd] n overstroming c; vloed c

floor [flɔ:] n vloer c; etage c, verdieping c; **~ show** floor-show c

florist ['flɔrist] n bloemist c

flour [flauə] n bloem c, meel nt

flow [flou] v vloeien, stromen

flower [flauə] n bloem c

flowerbed ['flauəbed] n bloemperk nt

flower-shop ['flauəʃɔp] n bloemenwinkel c

flown [floun] v (pp fly)

flu [flu:] n griep c

fluent ['flu:ənt] adj vloeiend

fluid ['flu:id] adj vloeibaar; n vloeistof c

flute [flu:t] n fluit c

fly [flai] n vlieg c; gulp c

*fly [flai] v *vliegen

foam [foum] n schuim nt; v schuimen

foam-rubber ['foum,rʌbə] n schuimrubber nt

focus ['foukəs] n brandpunt nt

fog [fɔg] n mist c

foggy ['fɔgi] adj mistig

foglamp ['fɔglæmp] n mistlamp c

fold [fould] v *vouwen; *opvouwen; n vouw c

folk [fouk] n volk nt; **~ song** volkslied nt

folk-dance ['foukdɑ:ns] n volksdans c

folklore ['fouklɔ:] n folklore c

follow ['fɔlou] v volgen; **following** adj eerstvolgend, volgend

*be fond of [bi: fɔnd ɔv] *houden van

food [fu:d] n voedsel nt; eten nt, kost c; **~ poisoning** voedselvergiftiging c

foodstuffs ['fu:dstʌfs] pl levensmiddelen pl

fool [fu:l] n gek c, dwaas c; v foppen

foolish ['fu:liʃ] adj mal, dwaas

foot [fut] n (pl feet) voet c; **~ powder** voetpoeder nt/c; **on ~** te voet

football ['futbɔ:l] n voetbal c; **~ match** voetbalwedstrijd c

foot-brake ['futbreik] n voetrem c

footpath ['futpɑ:θ] n voetpad nt

footwear ['futwɛə] n schoeisel nt

for [fɔ:, fə] prep voor; gedurende; naar; vanwege, wegens, uit; conj want

*forbid [fə'bid] v *verbieden

force [fɔ:s] v noodzaken, *dwingen; forceren; n macht c, kracht c; geweld nt; **by ~** noodgedwongen; **driving ~** drijfkracht c

ford [fɔ:d] n doorwaadbare plaats

forecast ['fɔ:kɑ:st] n voorspelling c; v voorspellen

foreground ['fɔ:graund] n voorgrond c

forehead ['fɔred] n voorhoofd nt

foreign ['fɔrin] adj buitenlands; vreemd

foreigner ['fɔrinə] n buitenlander c; vreemdeling c

foreman ['fɔ:mən] n (pl -men) voorman c

foremost ['fɔ:moust] adj hoogst

foresail ['fɔ:seil] n fok c

forest ['fɔrist] n woud nt, bos nt

forester ['fɔristə] n boswachter c

forge [fɔ:dʒ] v vervalsen

*forget [fə'get] v *vergeten

forgetful [fə'getfəl] adj vergeetachtig

*forgive [fə'giv] v *vergeven

fork [fɔ:k] n vork c; tweesprong c; v zich splitsen

form [fɔ:m] n vorm c; formulier nt;

klas c; v vormen
formal ['fɔ:məl] adj formeel
formality [fɔ:'mæləti] n formaliteit c
former ['fɔ:mə] adj voormalig; vroeger; **formerly** voorheen, vroeger
formula ['fɔ:mjulə] n (pl ~e, ~s) formule c
fort [fɔ:t] n fort nt
fortnight ['fɔ:tnait] n veertien dagen
fortress ['fɔ:tris] n vesting c
fortunate ['fɔ:tʃənət] adj gelukkig
fortune ['fɔ:tʃu:n] n fortuin nt; lot nt, geluk nt
forty ['fɔ:ti] num veertig
forward ['fɔ:wəd] adv vooruit, voorwaarts; v *nazenden
foster-parents ['fɔstə,peərənts] pl pleegouders pl
fought [fɔ:t] v (p, pp fight)
foul [faul] adj smerig; gemeen
found¹ [faund] v (p, pp find)
found² [faund] v oprichten, stichten
foundation [faun'deiʃən] n stichting c; ~ **cream** basiscrème c
fountain ['fauntin] n fontein c; bron c
fountain-pen ['fauntinpen] n vulpen c
four [fɔ:] num vier
fourteen [,fɔ:'ti:n] num veertien
fourteenth [,fɔ:'ti:nθ] num veertiende
fourth [fɔ:θ] num vierde
fowl [faul] n (pl ~s, ~) gevogelte nt
fox [fɔks] n vos c
foyer ['fɔiei] n foyer c
fraction ['frækʃən] n fractie c
fracture ['fræktʃə] v *breken; n breuk c
fragile ['frædʒail] adj breekbaar; broos
fragment ['frægmənt] n fragment nt; stuk nt
frame [freim] n lijst c; montuur nt
France [fra:ns] Frankrijk
franchise ['fræntʃaiz] n kiesrecht nt
fraternity [frə'tə:nəti] n broederschap c

fraud [frɔ:d] n fraude c, bedrog nt
fray [frei] v rafelen
free [fri:] adj vrij; gratis; ~ **of charge** gratis; ~ **ticket** vrijkaart c
freedom ['fri:dəm] n vrijheid c
* **freeze** [fri:z] v *vriezen; *bevriezen
freezing ['fri:ziŋ] adj ijskoud
freezing-point ['fri:ziŋpɔint] n vriespunt nt
freight [freit] n lading c, vracht c
freight-train ['freittrein] nAm goederentrein c
French [frentʃ] adj Frans
Frenchman ['frentʃmən] n (pl -men) Fransman c
frequency ['fri:kwənsi] n frequentie c
frequent ['fri:kwənt] adj veelvuldig, frequent; **frequently** dikwijls
fresh [freʃ] adj vers; fris; ~ **water** zoet water
friction ['frikʃən] n wrijving c
Friday ['fraidi] vrijdag c
fridge [fridʒ] n koelkast c, ijskast c
friend [frend] n vriend c; vriendin c
friendly ['frendli] adj vriendelijk; amicaal, vriendschappelijk
friendship ['frendʃip] n vriendschap c
fright [frait] n angst c, schrik c
frighten ['fraitən] v *doen schrikken
frightened ['fraitənd] adj bang; *be ~ *schrikken
frightful ['fraitfəl] adj verschrikkelijk, vreselijk
fringe [frindʒ] n franje c
frock [frɔk] n jurk c
frog [frɔg] n kikker c
from [frɔm] prep van; uit; vanaf
front [frʌnt] n voorkant c; **in ~ of** voor
frontier ['frʌntiə] n grens c
frost [frɔst] n vorst c
froth [frɔθ] n schuim nt
frozen ['frouzən] adj bevroren; ~ **food** diepvries produkten

fruit [fru:t] *n* fruit *nt*; vrucht *c*
fry [frai] *v* *bakken; *braden
frying-pan ['fraiŋpæn] *n* koekepan *c*
fuel ['fju:əl] *n* brandstof *c*; benzine *c*; ~ **pump** *Am* benzinepomp *c*
full [ful] *adj* vol; ~ **board** vol pension; ~ **stop** punt *c*; ~ **up** vol
fun [fʌn] *n* plezier *nt*, pret *c*; lol *c*
function ['fʌŋkʃən] *n* functie *c*
fund [fʌnd] *n* fonds *nt*
fundamental [,fʌndə'mentəl] *adj* fundamenteel
funeral ['fju:nərəl] *n* begrafenis *c*
funnel ['fʌnəl] *n* trechter *c*
funny ['fʌni] *adj* leuk, grappig; zonderling
fur [fə:] *n* pels *c*; ~ **coat** bontjas *c*; **furs** bont *nt*
furious ['fjuəriəs] *adj* razend, woedend
furnace ['fə:nis] *n* oven *c*
furnish ['fə:niʃ] *v* leveren, verschaffen; inrichten, meubileren; ~ **with** *voorzien van
furniture ['fə:nitʃə] *n* meubilair *nt*
furrier ['fʌriə] *n* bontwerker *c*
further ['fə:ðə] *adj* verder; nader
furthermore ['fə:ðəmɔ:] *adv* bovendien
furthest ['fə:ðist] *adj* verst
fuse [fju:z] *n* zekering *c*; lont *c*
fuss [fʌs] *n* drukte *c*; ophef *c*, herrie *c*
future ['fju:tʃə] *n* toekomst *c*; *adj* toekomstig

G

gable ['geibəl] *n* geveltop *c*
gadget ['gædʒit] *n* technisch snufje
gaiety ['geiəti] *n* vrolijkheid *c*, pret *c*
gain [gein] *v* *winnen; *n* winst *c*
gait [geit] *n* gang *c*, loop *c*
gale [geil] *n* storm *c*

gall [gɔ:l] *n* gal *c*; ~ **bladder** galblaas *c*
gallery ['gæləri] *n* galerij *c*
gallop ['gæləp] *n* galop *c*
gallows ['gælouz] *pl* galg *c*
gallstone ['gɔ:lstoun] *n* galsteen *c*
game [geim] *n* spel *nt*; wild *nt*; ~ **reserve** wildpark *c*
gang [gæŋ] *n* bende *c*; ploeg *c*
gangway ['gæŋwei] *n* loopplank *c*
gaol [dʒeil] *n* gevangenis *c*
gap [gæp] *n* bres *c*
garage ['gæra:ʒ] *n* garage *c*; *v* stallen
garbage ['ga:bidʒ] *n* vuilnis *nt*, afval *nt*
garden ['ga:dən] *n* tuin *c*; **public ~** plantsoen *nt*; **zoological gardens** dierentuin *c*
gardener ['ga:dənə] *n* tuinman *c*
gargle ['ga:gəl] *v* gorgelen
garlic ['ga:lik] *n* knoflook *nt/c*
gas [gæs] *n* gas *nt*; *nAm* benzine *c*; ~ **cooker** gasstel *nt*; ~ **pump** *Am* benzinepomp *c*; ~ **station** *Am* benzinestation *nt*; ~ **stove** gaskachel *c*
gasoline ['gæsəli:n] *nAm* benzine *c*
gastric ['gæstrik] *adj* maag-; ~ **ulcer** maagzweer *c*
gasworks ['gæswə:ks] *n* gasfabriek *c*
gate [geit] *n* poort *c*; hek *nt*
gather ['gæðə] *v* verzamelen; *bijeenkomen; oogsten
gauge [geidʒ] *n* meter *c*
gauze [gɔ:z] *n* gaas *nt*
gave [geiv] *v* (p give)
gay [gei] *adj* vrolijk; bont
gaze [geiz] *v* staren
gear [giə] *n* versnelling *c*; uitrusting *c*; **change ~** schakelen; ~ **lever** versnellingspook *c*
gear-box ['giəbɔks] *n* versnellingsbak *c*
gem [dʒem] *n* juweel *nt*, edelsteen *c*; kleinood *nt*

gender ['dʒendə] n geslacht nt
general ['dʒenərəl] adj algemeen; n
generaal c; ~ practitioner huisarts
c; in ~ in het algemeen
generate ['dʒenəreit] v verwekken
generation [,dʒenə'reiʃən] n generatie
c
generator ['dʒenəreitər] n generator c
generosity [,dʒenə'rɔsəti] n edelmoedigheid c
generous ['dʒenərəs] adj gul, royaal
genital ['dʒenitəl] adj geslachtelijk
genius ['dʒi:niəs] n genie nt
gentle ['dʒentəl] adj zacht; teer, licht;
voorzichtig
gentleman ['dʒentəlmən] n (pl -men)
heer c
genuine ['dʒenjuin] adj echt
geography [dʒi'ɔɡrəfi] n aardrijkskunde c
geology [dʒi'ɔlədʒi] n geologie c
geometry [dʒi'ɔmətri] n meetkunde c
germ [dʒə:m] n bacil c; kiem c
German ['dʒə:mən] adj Duits; n Duitser c
Germany ['dʒə:məni] Duitsland
gesticulate [dʒi'stikjuleit] v gebaren
*get [get] v *krijgen; halen; *wor-
den; ~ back *teruggaan; ~ off uitstappen; ~ on instappen; vorderen; ~ up *opstaan
ghost [ɡoust] n spook nt; geest c
giant ['dʒaiənt] n reus c
giddiness ['ɡidinəs] n duizeligheid c
giddy ['ɡidi] adj duizelig
gift [ɡift] n geschenk nt, cadeau nt;
gave c
gifted ['ɡiftid] adj begaafd
gigantic [dʒai'ɡæntik] adj reusachtig
giggle ['ɡiɡəl] v giechelen
gill [ɡil] n kieuw c
gilt [ɡilt] adj verguld
ginger ['dʒindʒə] n gember c
gipsy ['dʒipsi] n zigeuner c

girdle ['ɡə:dəl] n step-in c
girl [ɡə:l] n meisje nt; ~ guide padvindster c
*give [ɡiv] v *geven; *aangeven; ~
away verklappen; ~ in *toegeven;
~ up *opgeven
glacier ['ɡlæsiə] n gletsjer c
glad [ɡlæd] adj verheugd, blij; gladly
graag, gaarne
gladness ['ɡlædnəs] n vreugde c
glamorous ['ɡlæmərəs] adj betoverend,
fascinerend
glamour ['ɡlæmə] n charme c
glance [ɡlɑ:ns] n blik c; v een blik
*werpen
gland [ɡlænd] n klier c
glare [ɡleə] n scherp licht; schittering
c
glaring ['ɡleəriŋ] adj verblindend
glass [ɡlɑ:s] n glas nt; glazen; glasses bril c; magnifying ~ vergrootglas nt
glaze [ɡleiz] v emailleren
glen [ɡlen] n bergkloof c
glide [ɡlaid] v *glijden
glider ['ɡlaidə] n zweefvliegtuig nt
glimpse [ɡlimps] n blik c; glimp c; v
even *zien
global ['ɡloubəl] adj wereldomvattend
globe [ɡloub] n wereldbol c, aardbol c
gloom [ɡlu:m] n duister nt
gloomy ['ɡlu:mi] adj somber
glorious ['ɡlɔ:riəs] adj prachtig
glory ['ɡlɔ:ri] n glorie c, roem c; eer c,
lof c
gloss [ɡlɔs] n glans c
glossy ['ɡlɔsi] adj glanzend
glove [ɡlʌv] n handschoen c
glow [ɡlou] v gloeien; n gloed c
glue [ɡlu:] n lijm c
*go [ɡou] v *gaan; *lopen; *worden;
~ ahead *doorgaan; ~ away *weggaan; ~ back *teruggaan; ~ home
naar huis *gaan; ~ in *binnengaan;

~ **on** *doorgaan; ~ **out** *uitgaan;
~ **through** meemaken, doormaken
goal [goul] *n* doel *nt*; doelpunt *nt*
goalkeeper ['goul,ki:pə] *n* doelman *c*
goat [gout] *n* bok *c*, geit *c*
god [gɔd] *n* god *c*
goddess ['gɔdis] *n* godin *c*
godfather ['gɔd,fɑ:ðə] *n* peetvader *c*
goggles ['gɔgəlz] *pl* duikbril *c*
gold [gould] *n* goud *nt*; ~ **leaf** bladgoud *nt*
golden ['gouldən] *adj* gouden
goldmine ['gouldmain] *n* goudmijn *c*
goldsmith ['gouldsmiθ] *n* goudsmid *c*
golf [gɔlf] *n* golf *nt*
golf-club ['gɔlfklʌb] *n* golfclub *c*
golf-course ['gɔlfkɔ:s] *n* golfbaan *c*
golf-links ['gɔlfliŋks] *n* golfbaan *c*
gondola ['gɔndələ] *n* gondel *c*
gone [gɔn] *adv* (pp go) weg
good [gud] *adj* goed; lekker; zoet,
braaf
good-bye! [,gud'bai] dag!
good-humoured [,gud'hju:məd] *adj* opgeruimd
good-looking [,gud'lukiŋ] *adj* knap
good-natured [,gud'neitʃəd] *adj* goed-
hartig
goods [gudz] *pl* waren *pl*, goederen
pl; ~ **train** goederentrein *c*
good-tempered [,gud'tempəd] *adj*
goedgestemd
goodwill [,gud'wil] *n* welwillendheid *c*
goose [gu:s] *n* (pl geese) gans *c*
gooseberry ['guzbəri] *n* kruisbes *c*
goose-flesh ['gu:sfleʃ] *n* kippevel *nt*
gorge [gɔ:dʒ] *n* ravijn *c*
gorgeous ['gɔ:dʒəs] *adj* prachtig
gospel ['gɔspəl] *n* evangelie *nt*
gossip ['gɔsip] *n* geroddel *nt*; *v* roddelen
got [gɔt] *v* (p, pp get)
gourmet ['guəmei] *n* fijnproever *c*
gout [gaut] *n* jicht *c*

govern ['gʌvən] *v* regeren
governess ['gʌvənis] *n* gouvernante *c*
government ['gʌvənmənt] *n* bewind
nt, regering *c*
governor ['gʌvənə] *n* gouverneur *c*
gown [gaun] *n* japon *c*
grace [greis] *n* gratie *c*; genade *c*
graceful ['greisfəl] *adj* bevallig
grade [greid] *n* graad *c*; *v* rangschikken
gradient ['greidiənt] *n* helling *c*
gradual ['grædʒuəl] *adj* geleidelijk;
gradually *adv* langzamerhand
graduate ['grædʒueit] *v* een diploma
behalen
grain [grein] *n* korrel *c*, graan *nt*, koren *nt*
gram [græm] *n* gram *nt*
grammar ['græmə] *n* grammatica *c*
grammatical [grə'mætikəl] *adj* gram-
maticaal
gramophone ['græməfoun] *n* grammo-
foon *c*
grand [grænd] *adj* groots
granddad ['grændæd] *n* opa *c*
granddaughter ['græn,dɔ:tə] *n* kleindochter *c*
grandfather ['græn,fɑ:ðə] *n* grootvader
c; opa *c*
grandmother ['græn,mʌðə] *n* groot-
moeder *c*; oma *c*
grandparents ['græn,peərənts] *pl* groot-
ouders *pl*
grandson ['grænsʌn] *n* kleinzoon *c*
granite ['grænit] *n* graniet *nt*
grant [grɑ:nt] *v* gunnen, verlenen; inwilligen; *n* toelage *c*, beurs *c*
grapefruit ['greipfru:t] *n* pompelmoes
c
grapes [greips] *pl* druiven *pl*
graph [græf] *n* grafiek *c*
graphic ['græfik] *adj* grafisch
grasp [grɑ:sp] *v* *grijpen; *n* greep *c*
grass [grɑ:s] *n* gras *nt*

grasshopper ['grɑːs,hɔpə] n sprinkhaan c

grate [greit] n rooster nt; v raspen

grateful ['greitfəl] adj erkentelijk,
dankbaar

grater ['greitə] n rasp c

gratis ['grætis] adj gratis

gratitude ['grætitjuːd] n dankbaarheid
c

gratuity [grə'tjuːəti] n fooi c

grave [greiv] n graf nt; adj ernstig

gravel ['grævəl] n kiezel c, grind nt

gravestone ['greivstoun] n grafsteen c

graveyard ['greivjɑːd] n kerkhof nt

gravity ['grævəti] n zwaartekracht c;
ernst c

gravy ['greivi] n jus c

graze [greiz] v grazen; n schaafwond
c

grease [griːs] n vet nt; v smeren

greasy ['griːsi] adj vet, vettig

great [greit] adj groot; **Great Britain**
Groot-Brittannië

Greece [griːs] Griekenland

greed [griːd] n hebzucht c

greedy ['griːdi] adj hebzuchtig; gulzig

Greek [griːk] adj Grieks; n Griek c

green [griːn] adj groen; ~ **card** groene kaart

greengrocer ['griːn,grousə] n groenteboer c

greenhouse ['griːnhaus] n broeikas,
kas c

greens [griːnz] pl groente c

greet [griːt] v groeten

greeting ['griːtiŋ] n groet c

grey [grei] adj grijs; grauw

greyhound ['greihaund] n hazewind c

grief [griːf] n verdriet nt; bedroefdheid c, smart c

grieve [griːv] v treuren

grill [gril] n grill c; v roosteren

grill-room ['grilruːm] n grillroom c

grin [grin] v grijnzen; n grijns c

* **grind** [graind] v *malen; fijnmalen

grip [grip] v *grijpen; n houvast nt,
greep c; nAm handkoffertje nt

grit [grit] n gruis nt

groan [groun] v kreunen

grocer ['grousə] n kruidenier c; **grocer's** kruidenierswinkel c

groceries ['grousəriz] pl kruidenierswaren pl

groin [grɔin] n lies c

groove [gruːv] n groef c

gross¹ [grous] n (pl ~) gros nt

gross² [grous] adj grof; bruto

grotto ['grɔtou] n (pl ~es, ~s) grot c

ground¹ [graund] n bodem c, grond c;
~ **floor** begane grond; **grounds** terrein nt

ground² [graund] v (p, pp grind)

group [gruːp] n groep c

grouse [graus] n (pl ~) korhoen nt

grove [grouv] n bosje nt

* **grow** [grou] v groeien; kweken;
*worden

growl [graul] v grommen

grown-up ['grounʌp] adj volwassen; n
volwassene c

growth [grouθ] n groei c; gezwel nt

grudge [grʌdʒ] v misgunnen

grumble ['grʌmbəl] v mopperen

guarantee [,gærən'tiː] n garantie c;
waarborg c; v garanderen

guarantor [,gærən'tɔː] n borg c

guard [gɑːd] n bewaker c; v bewaken

guardian ['gɑːdiən] n voogd c

guess [ges] v *raden; *denken, gis-
sen; n gissing c

guest [gest] n logé c, gast c

guest-house ['gesthaus] n pension nt

guest-room ['gestruːm] n logeerkamer
c

guide [gaid] n gids c; v leiden

guidebook ['gaidbuk] n gids c

guide-dog ['gaiddɔg] n geleidehond c

guilt [gilt] n schuld c

guilty ['gilti] adj schuldig
guinea-pig ['ginipig] n cavia c
guitar [gi'ta:] n gitaar c
gulf [gʌlf] n golf c
gull [gʌl] n meeuw c
gum [gʌm] n tandvlees nt; gom c; lijm c
gun [gʌn] n geweer nt, revolver c; kanon nt
gunpowder ['gʌn,paudə] n kruit nt
gust [gʌst] n windstoot c
gusty ['gʌsti] adj winderig
gut [gʌt] n darm c; guts lef nt
gutter ['gʌtə] n goot c
guy [gai] n vent c
gymnasium [dʒim'neiziəm] n (pl ~s, -sia) gymnastiekzaal c
gymnast ['dʒimnæst] n gymnast c
gymnastics [dʒim'næstiks] pl gymnastiek c
gynaecologist [,gainə'kɔlədʒist] n gynaecoloog c, vrouwenarts c

H

haberdashery ['hæbədæʃəri] n garen-en bandwinkel
habit ['hæbit] n gewoonte c
habitable ['hæbitəbəl] adj bewoonbaar
habitual [hə'bitʃuəl] adj gewoon
had [hæd] v (p, pp have)
haddock ['hædək] n (pl ~) schelvis c
haemorrhage ['hemɔridʒ] n bloeding c
haemorrhoids ['hemərɔidz] pl aambeien pl
hail [heil] n hagel c
hair [heə] n haar nt; ~ cream haarcrème c; ~ piece haarstukje nt; ~ tonic haartonic c
hairbrush ['heəbrʌʃ] n haarborstel c
hair-do ['heədu:] n kapsel nt, coiffure c

hairdresser ['heə,dresə] n kapper c
hair-dryer ['heədraiə] n haardroger c
hair-grip ['heəgrip] n haarspeld c
hair-net ['heənet] n haarnetje nt
hair-oil ['heərɔil] n haarolie c
hairpin ['heəpin] n haarspeld c
hair-spray ['heəsprei] n haarlak c
hairy ['heəri] adj harig
half¹ [ha:f] adj half
half² [ha:f] n (pl halves) helft c
half-time [,ha:f'taim] n rust c
halfway [,ha:f'wei] adv halverwege
halibut ['hælibət] n (pl ~) heilbot c
hall [hɔ:l] n hal c; zaal c
halt [hɔ:lt] v stoppen
halve [ha:v] v halveren
ham [hæm] n ham c
hamlet ['hæmlət] n gehucht nt
hammer ['hæmə] n hamer c
hammock ['hæmɔk] n hangmat c
hamper ['hæmpə] n mand c
hand [hænd] n hand c; v *aangeven; ~ cream handcrème c
handbag ['hændbæg] n handtas c
handbook ['hændbuk] n handboek nt
hand-brake ['hændbreik] n handrem c
handcuffs ['hændkʌfs] pl handboeien pl
handful ['hændful] n handvol c
handicraft ['hændikra:ft] n handenarbeid c; handwerk nt
handkerchief ['hæŋkətʃif] n zakdoek c
handle ['hændəl] n steel c, handvat nt; v hanteren; behandelen
hand-made [,hænd'meid] adj met de hand gemaakt
handshake ['hændʃeik] n handdruk c
handsome ['hænsəm] adj knap
handwork ['hændwə:k] n handwerk nt
handwriting ['hænd,raitiŋ] n handschrift nt
handy ['hændi] adj handig
*hang [hæŋ] v *ophangen; *hangen
hanger ['hæŋə] n kleerhanger c

hangover ['hæŋ,ouvə] n kater c

happen ['hæpən] v *voorkomen, gebeuren

happening ['hæpəniŋ] n gebeurtenis c

happiness ['hæpinəs] n geluk nt

happy ['hæpi] adj blij, gelukkig

harbour ['ha:bə] n haven c

hard [ha:d] adj hard; moeilijk; **hardly** nauwelijks

hardware ['ha:dwɛə] n ijzerwaren pl; ~ **store** handel in ijzerwaren

hare [hɛə] n haas c

harm [ha:m] n schade c; kwaad nt; v schaden

harmful ['ha:mfəl] adj nadelig, schadelijk

harmless ['ha:mləs] adj onschadelijk

harmony ['ha:məni] n harmonie c

harp [ha:p] n harp c

harpsichord ['ha:psikɔ:d] n clavecimbel c

harsh [ha:ʃ] adj ruw; streng; wreed

harvest ['ha:vist] n oogst c

has [hæz] v (pr have)

haste [heist] n spoed c, haast c

hasten ['heisən] v zich haasten

hasty ['heisti] adj haastig

hat [hæt] n hoed c; ~ **rack** kapstok c

hatch [hætʃ] n luik nt

hate [heit] v een hekel *hebben aan; haten; n haat c

hatred ['heitrid] n haat c

haughty ['hɔ:ti] adj hooghartig

haul [hɔ:l] v slepen

***have** [hæv] v *hebben; *laten; ~ **to** *moeten

haversack ['hævəsæk] n broodzak c

hawk [hɔ:k] n havik c; valk c

hay [hei] n hooi nt; ~ **fever** hooikoorts c

hazard ['hæzəd] n risico nt

haze [heiz] n nevel c; waas nt

hazelnut ['heizəlnʌt] n hazelnoot c

hazy ['heizi] adj heiig; wazig

he [hi:] pron hij

head [hed] n hoofd nt; kop c; v leiden; ~ **of state** staatshoofd nt; ~ **teacher** schoolhoofd nt, hoofdonderwijzer c

headache ['hedeik] n hoofdpijn c

heading ['hediŋ] n titel c

headlamp ['hedlæmp] n koplamp c

headland ['hedlənd] n landtong c

headlight ['hedlait] n koplamp c

headline ['hedlain] n kop c

headmaster [,hed'ma:stə] n schoolhoofd nt; rector c, directeur c

headquarters [,hed'kwɔ:təz] pl hoofdkwartier nt

head-strong ['hedstrɔŋ] adj koppig

head-waiter [,hed'weitə] n maître d'hôtel

heal [hi:l] v *genezen

health [helθ] n gezondheid c; ~ **centre** consultatiebureau nt; ~ **certificate** gezondheidsattest nt

healthy ['helθi] adj gezond

heap [hi:p] n stapel c, hoop c

***hear** [hiə] v horen

hearing ['hiəriŋ] n gehoor nt

heart [ha:t] n hart nt; kern c; **by** ~ uit het hoofd; ~ **attack** hartaanval c

heartburn ['ha:tbə:n] n maagzuur nt

hearth [ha:θ] n haard c

heartless ['ha:tləs] adj harteloos

hearty ['ha:ti] adj hartelijk

heat [hi:t] n warmte c, hitte c; v verwarmen; **heating pad** elektrisch kussen

heater ['hi:tə] n kachel c; **immersion** ~ dompelaar c

heath [hi:θ] n heide c

heathen ['hi:ðən] n heiden c; heidens

heather ['heðə] n heide c

heating ['hi:tiŋ] n verwarming c

heaven ['hevən] n hemel c

heavy ['hevi] adj zwaar

Hebrew ['hi:bru:] *n* Hebreeuws *nt*
hedge [hedʒ] *n* heg *c*
hedgehog ['hedʒhɔg] *n* egel *c*
heel [hi:l] *n* hiel *c*; hak *c*
height [hait] *n* hoogte *c*; toppunt *nt*, hoogtepunt *nt*
hell [hel] *n* hel *c*
hello! [he'lou] hallo!; dag!
helm [helm] *n* roer *nt*
helmet ['helmit] *n* helm *c*
helmsman ['helmzmən] *n* stuurman *c*
help [help] *v* *helpen; *n* hulp *c*
helper ['helpə] *n* helper *c*
helpful ['helpfəl] *adj* hulpvaardig
helping ['helpiŋ] *n* portie *c*
hem [hem] *n* zoom *c*
hemp [hemp] *n* hennep *c*
hen [hen] *n* hen *c*; kip *c*
henceforth [,hens'fɔ:θ] *adv* voortaan
her [hə:] *pron* haar
herb [hə:b] *n* kruid *nt*
herd [hə:d] *n* kudde *c*
here [hiə] *adv* hier; ~ you are alstublieft
hereditary [hi'reditəri] *adj* erfelijk
hernia ['hə:niə] *n* breuk *c*
hero ['hiərou] *n* (pl ~es) held *c*
heron ['herən] *n* reiger *c*
herring ['heriŋ] *n* (pl ~, ~s) haring *c*
herself [hə:'self] *pron* zich; zelf
hesitate ['heziteit] *v* aarzelen
heterosexual [,hetərə'sekfuəl] *adj* heteroseksueel
hiccup ['hikʌp] *n* hik *c*
hide [haid] *n* huid *c*
***hide** [haid] *v* *verbergen; verstoppen
hideous ['hidiəs] *adj* afschuwelijk
hierarchy ['haiərɑ:ki] *n* hiërarchie *c*
high [hai] *adj* hoog
highway ['haiwei] *n* hoofdweg *c*; *nAm* autoweg *c*
hijack ['haidʒæk] *v* kapen
hijacker ['haidʒækə] *n* kaper *c*
hike [haik] *v* *trekken

hill [hil] *n* heuvel *c*
hillock ['hilək] *n* lage heuvel *nt*
hillside ['hilsaid] *n* helling *c*
hilltop ['hiltɔp] *n* heuveltop *c*
hilly ['hili] *adj* heuvelachtig
him [him] *pron* hem
himself [him'self] *pron* zich; zelf
hinder ['hində] *v* hinderen
hinge [hindʒ] *n* scharnier *nt*
hip [hip] *n* heup *c*
hire [haiə] *v* huren; **for** ~ te huur
hire-purchase [,haiə'pə:tʃəs] *n* huurkoop *c*
his [hiz] *adj* zijn
historian [hi'stɔ:riən] *n* geschiedkundige *c*
historic [hi'stɔrik] *adj* historisch
historical [hi'stɔrikəl] *adj* geschiedkundig
history ['histəri] *n* geschiedenis *c*
hit [hit] *n* hit *c*
***hit** [hit] *v* *slaan; raken, *treffen
hitchhike ['hitʃhaik] *v* liften
hitchhiker ['hitʃ,haikə] *n* lifter *c*
hoarse [hɔ:s] *adj* schor, hees
hobby ['hɔbi] *n* liefhebberij *c*, hobby *c*
hobby-horse ['hɔbihɔ:s] *n* stokpaardje *nt*
hockey ['hɔki] *n* hockey *nt*
hoist [hɔist] *v* *hijsen
hold [hould] *n* ruim *nt*
***hold** [hould] *v* *vasthouden, *houden; bewaren; ~ on zich *vasthouden; ~ up ondersteunen
hold-up ['houldʌp] *n* overval *c*
hole [houl] *n* kuil *c*, gat *nt*
holiday ['hɔlədi] *n* vakantie *c*; feestdag *c*; ~ **camp** vakantiekamp *nt*; ~ **resort** vakantieoord *nt*; **on** ~ met vakantie
Holland ['hɔlənd] Holland
hollow ['hɔlou] *adj* hol
holy ['houli] *adj* heilig
homage ['hɔmidʒ] *n* hulde *c*

home [houm] *n* thuis *nt*; tehuis *nt*, huis *nt*; *adv* thuis, naar huis; **at ~** thuis

home-made [,houm'meid] *adj* eigengemaakt

homesickness ['houm,siknəs] *n* heimwee *nt*

homosexual [,houmə'sekʃuəl] *adj* homoseksueel

honest ['ɔnist] *adj* eerlijk; oprecht

honesty ['ɔnisti] *n* eerlijkheid *c*

honey ['hʌni] *n* honing *c*

honeymoon ['hʌnimu:n] *n* huwelijksreis *c*, wittebroodsweken *pl*

honk [hʌŋk] *vAm* claxonneren

honour ['ɔnə] *n* eer *c*; *v* eren, huldigen

honourable ['ɔnərəbəl] *adj* eervol, eerzaam; rechtschapen

hood [hud] *n* kap *c*; *nAm* motorkap *c*

hoof [hu:f] *n* hoef *c*

hook [huk] *n* haak *c*

hoot [hu:t] *v* claxonneren

hooter ['hu:tə] *n* claxon *c*

hoover ['hu:və] *v* stofzuigen

hop¹ [hɔp] *v* huppelen; *n* sprong *c*

hop² [hɔp] *n* hop *c*

hope [houp] *n* hoop *c*; *v* hopen

hopeful ['houpfəl] *adj* hoopvol

hopeless ['houpləs] *adj* hopeloos

horizon [hə'raizən] *n* kim *c*, horizon *c*

horizontal [,hɔri'zɔntəl] *adj* horizontaal

horn [hɔ:n] *n* hoorn *c*; claxon *c*

horrible ['hɔribəl] *adj* vreselijk; verschrikkelijk, gruwelijk, afschuwelijk

horror ['hɔrə] *n* afgrijzen *nt*, afschuw *c*

hors-d'œuvre [ɔ:'də:vr] *n* hors d'œuvre *c*, voorgerecht *nt*

horse [hɔ:s] *n* paard *nt*

horseman ['hɔ:smən] *n* (pl -men) ruiter *c*

horsepower ['hɔ:s,pauə] *n* paardekracht *c*

horserace ['hɔ:sreis] *n* harddraverij *c*

horseradish ['hɔ:s,rædiʃ] *n* mierikswortel *c*

horseshoe ['hɔ:sʃu:] *n* hoefijzer *nt*

horticulture ['hɔ:tikʌltʃə] *n* tuinbouw *c*

hosiery ['houʒəri] *n* tricotgoederen *pl*

hospitable ['hɔspitəbəl] *adj* gastvrij

hospital ['hɔspitəl] *n* hospitaal *nt*, ziekenhuis *nt*

hospitality [,hɔspi'tæləti] *n* gastvrijheid *c*

host [houst] *n* gastheer *c*

hostage ['hɔstidʒ] *n* gijzelaar *c*

hostel ['hɔstəl] *n* herberg *c*

hostess ['houstis] *n* gastvrouw *c*

hostile ['hɔstail] *adj* vijandig

hot [hɔt] *adj* warm, heet

hotel [hou'tel] *n* hotel *nt*

hot-tempered [,hɔt'tempəd] *adj* driftig

hour [auə] *n* uur *nt*

hourly ['auəli] *adj* uur-

house [haus] *n* huis *nt*; woning *c*; pand *nt*; **~ agent** makelaar *c*; **~ block** *Am* huizenblok *nt*; **public ~** kroeg *c*

houseboat ['hausbout] *n* woonboot *c*

household ['haushould] *n* huishouden *nt*

housekeeper ['haus,ki:pə] *n* huishoudster *c*

housekeeping ['haus,ki:piŋ] *n* huishouden *nt*

housemaid ['hausmeid] *n* meid *c*

housewife ['hauswaif] *n* huisvrouw *c*

housework ['hauswə:k] *n* huishouden *nt*

how [hau] *adv* hoe; wat; **~ many** hoeveel; **~ much** hoeveel

however [hau'evə] *conj* evenwel, echter

hug [hʌg] *v* omhelzen; *n* omhelzing *c*

huge [hju:dʒ] *adj* geweldig, enorm, reusachtig

hum [hʌm] *v* neuriën
human ['hju:mən] *adj* menselijk; ~ **being** menselijk wezen
humanity [hju'mænəti] *n* mensheid *c*
humble ['hʌmbəl] *adj* nederig
humid ['hju:mid] *adj* vochtig
humidity [hju'midəti] *n* vochtigheid *c*
humorous ['hju:mərəs] *adj* grappig, geestig, humoristisch
humour ['hju:mə] *n* humor *c*
hundred ['hʌndrəd] *n* honderd
Hungarian [hʌŋ'gɛəriən] *adj* Hongaars; *n* Hongaar *c*
Hungary ['hʌŋgəri] Hongarije
hunger ['hʌŋgə] *n* honger *c*
hungry ['hʌŋgri] *adj* hongerig
hunt [hʌnt] *v* jagen; *n* jacht *c*; ~ **for** *zoeken
hunter ['hʌntə] *n* jager *c*
hurricane ['hʌrikən] *n* orkaan *c*; ~ **lamp** stormlamp *c*
hurry ['hʌri] *v* *opschieten, zich haasten; *n* haast *c*; **in a** ~ haastig
*hurt [hə:t] *v* pijn *doen, bezeren; kwetsen
hurtful ['hə:tfəl] *adj* schadelijk
husband ['hʌzbənd] *n* echtgenoot *c*, man *c*
hut [hʌt] *n* hut *c*
hydrogen ['haidrədʒən] *n* waterstof *c*
hygiene ['haidʒi:n] *n* hygiëne *c*
hygienic [hai'dʒi:nik] *adj* hygiënisch
hymn [him] *n* gezang *nt*
hyphen ['haifən] *n* koppelteken *nt*
hypocrisy [hi'pɔkrəsi] *n* huichelarij *c*
hypocrite ['hipəkrit] *n* huichelaar *c*
hypocritical [,hipə'kritikəl] *adj* huichelachtig, hypocriet, schijnheilig
hysterical [hi'sterikəl] *adj* hysterisch

I

I [ai] *pron* ik
ice [ais] *n* ijs *nt*
ice-bag ['aisbæg] *n* koeltas *c*
ice-cream ['aiskri:m] *n* ijs *nt*, ijsje *nt*
Iceland ['aislənd] IJsland
Icelander ['aisləndə] *n* IJslander *c*
Icelandic [ais'lændik] *adj* IJslands
icon ['aikɔn] *n* ikoon *c*
idea [ai'diə] *n* idee *nt/c*; inval *c*, gedachte *c*; denkbeeld *nt*, begrip *nt*
ideal [ai'diəl] *adj* ideaal; *n* ideaal *nt*
identical [ai'dentikəl] *adj* identiek
identification [ai,dentifi'keifən] *n* identificatie *c*
identify [ai'dentifai] *v* identificeren
identity [ai'dentəti] *n* identiteit *c*; ~ **card** identiteitskaart *c*
idiom ['idiəm] *n* idioom *nt*
idiomatic [,idiə'mætik] *adj* idiomatisch
idiot ['idiət] *n* idioot *c*
idiotic [,idi'ɔtik] *adj* idioot
idle ['aidəl] *adj* werkeloos; lui; ijdel
idol ['aidəl] *n* afgod *c*; idool *nt*
if [if] *conj* als; indien
ignition [ig'nifən] *n* ontsteking *c*; ~ **coil** ontsteking *c*
ignorant ['ignərənt] *adj* onwetend
ignore [ig'nɔ:] *v* negeren
ill [il] *adj* ziek; slecht; kwaad
illegal [i'li:gəl] *adj* illegaal, onwettig
illegible [i'ledʒəbəl] *adj* onleesbaar
illiterate [i'litərət] *n* analfabeet *c*
illness ['ilnəs] *n* ziekte *c*
illuminate [i'lu:mineit] *v* verlichten
illumination [i,lu:mi'neifən] *n* verlichting *c*
illusion [i'lu:ʒən] *n* illusie *c*; droombeeld *nt*
illustrate ['iləstreit] *v* illustreren
illustration [,ilə'streifən] *n* illustratie *c*
image ['imidʒ] *n* beeld *nt*

imaginary [i'mædʒinəri] *adj* denkbeeldig

imagination [i,mædʒi'neiʃən] *n* verbeelding *c*

imagine [i'mædʒin] *v* zich voorstellen; zich verbeelden; zich *indenken

imitate ['imiteit] *v* nabootsen, imiteren

imitation [,imi'teiʃən] *n* namaak *c*, imitatie *c*

immediate [i'mi:djət] *adj* onmiddellijk

immediately [i'mi:djətli] *adv* meteen, dadelijk, onmiddellijk

immense [i'mens] *adj* oneindig, reusachtig, onmetelijk

immigrant ['imigrənt] *n* immigrant *c*

immigrate ['imigreit] *v* immigreren

immigration [,imi'greiʃən] *n* immigratie *c*

immodest [i'mɔdist] *adj* onbescheiden

immunity [i'mju:nəti] *n* immuniteit *c*

immunize ['imjunaiz] *v* immuun maken

impartial [im'pɑ:ʃəl] *adj* onpartijdig

impassable [im'pɑ:səbəl] *adj* onbegaanbaar

impatient [im'peiʃənt] *adj* ongeduldig

impede [im'pi:d] *v* belemmeren

impediment [im'pedimənt] *n* beletsel *nt*

imperfect [im'pə:fikt] *adj* onvolmaakt

imperial [im'piəriəl] *adj* keizerlijk; rijks-

impersonal [im'pə:sənəl] *adj* onpersoonlijk

impertinence [im'pə:tinəns] *n* onbeschaamdheid *c*

impertinent [im'pə:tinənt] *adj* brutaal, onbeschoft, onbeschaamd

implement[1] ['implimənt] *n* werktuig *nt*, gereedschap *nt*

implement[2] ['impliment] *v* uitvoeren

imply [im'plai] *v* impliceren; *inhouden

impolite [,impə'lait] *adj* onbeleefd

import[1] [im'pɔ:t] *v* invoeren, importeren

import[2] ['impɔ:t] *n* import *c*, invoer *c*; ~ **duty** invoerrecht *nt*

importance [im'pɔ:təns] *n* belang *nt*

important [im'pɔ:tənt] *adj* gewichtig, belangrijk

importer [im'pɔ:tə] *n* importeur *c*

imposing [im'pouziŋ] *adj* indrukwekkend

impossible [im'pɔsəbəl] *adj* onmogelijk

impotence ['impətəns] *n* impotentie *c*

impotent ['impətənt] *adj* impotent

impound [im'paund] *v* beslag leggen op

impress [im'pres] *v* imponeren, indruk maken op

impression [im'preʃən] *n* indruk *c*

impressive [im'presiv] *adj* indrukwekkend

imprison [im'prizən] *v* gevangen zetten

imprisonment [im'prizənmənt] *n* gevangenschap *c*

improbable [im'prɔbəbəl] *adj* onwaarschijnlijk

improper [im'prɔpə] *adj* ongepast

improve [im'pru:v] *v* verbeteren

improvement [im'pru:vmənt] *n* verbetering *c*

improvise ['imprəvaiz] *v* improviseren

impudent ['impjudənt] *adj* onbeschaamd

impulse ['impʌls] *n* impuls *c*; prikkel *c*

impulsive [im'pʌlsiv] *adj* impulsief

in [in] *prep* in; over, op; *adv* binnen

inaccessible [i,næk'sesəbəl] *adj* ontoegankelijk

inaccurate [i'nækjurət] *adj* onnauwkeurig

inadequate [i'nædikwət] *adj* onvoldoende

incapable [iŋ'keipəbəl] *adj* onbekwaam

incense ['insens] *n* wierook *c*

incident ['insidənt] n incident nt
incidental [,insi'dentəl] adj toevallig
incite [in'sait] v aansporen
inclination [,inkli'neifən] n neiging c
incline [in'klain] n helling c
inclined [in'klaind] adj genegen, geneigd; *be ~ to v neigen
include [in'klu:d] v bevatten, *insluiten; included inbegrepen
inclusive [in'klu:siv] adj inclusief
income ['inkəm] n inkomen nt
income-tax ['inkəmtæks] n inkomstenbelasting c
incompetent [in'kɔmpətənt] adj onbekwaam
incomplete [,inkəm'pli:t] adj onvolledig, incompleet
inconceivable [,inkən'si:vəbəl] adj ondenkbaar
inconspicuous [,inkən'spikjuəs] adj onopvallend
inconvenience [,inkən'vi:njəns] n ongemak nt, ongerief nt
inconvenient [,inkən'vi:njənt] adj ongelegen; lastig
incorrect [,inkə'rekt] adj onnauwkeurig, onjuist
increase[1] [in'kri:s] v vermeerderen; *oplopen, *toenemen
increase[2] ['inkri:s] n toename c; verhoging c
incredible [in'kredəbəl] adj ongelofelijk
incurable [in'kjuərəbəl] adj ongeneeslijk
indecent [in'di:sənt] adj onfatsoenlijk
indeed [in'di:d] adv inderdaad
indefinite [in'definit] adj onbepaald
indemnity [in'demnəti] n schadeloosstelling c, schadevergoeding c
independence [,indi'pendəns] n onafhankelijkheid c
independent [,indi'pendənt] adj onafhankelijk; zelfstandig

index ['indeks] n register nt, index c; ~ finger wijsvinger c
India ['indiə] India
Indian ['indiən] adj Indisch; Indiaans; n Indiër c; Indiaan c
indicate ['indikeit] v *aangeven, aanduiden
indication [,indi'keifən] n teken nt, aanwijzing c
indicator ['indikeitə] n richtingaanwijzer c
indifferent [in'difərənt] adj onverschillig
indigestion [,indi'dʒestfən] n indigestie c
indignation [,indig'neifən] n verontwaardiging c
indirect [,indi'rekt] adj indirect
individual [,indi'vidʒuəl] adj afzonderlijk, individueel; n enkeling c, individu nt
Indonesia [,ində'ni:ziə] Indonesië
Indonesian [,ində'ni:ziən] adj Indonesisch; n Indonesiër c
indoor ['indɔ:] adj binnen
indoors [,in'dɔ:z] adv binnen
indulge [in'dʌldʒ] v *toegeven
industrial [in'dʌstriəl] adj industrieel; ~ area industriegebied nt
industrious [in'dʌstriəs] adj vlijtig
industry ['indəstri] n industrie c
inedible [i'nedibəl] adj oneetbaar
inefficient [,ini'fifənt] adj ondoeltreffend
inevitable [i'nevitəbəl] adj onvermijdelijk
inexpensive [,inik'spensiv] adj goedkoop
inexperienced [,inik'spiəriənst] adj onervaren
infant ['infənt] n zuigeling c
infantry ['infəntri] n infanterie c
infect [in'fekt] v besmetten, *aansteken

infection [in'fekʃən] n infectie c
infectious [in'fekʃəs] adj besmettelijk
infer [in'fə:] v afleiden
inferior [in'fiəriə] adj inferieur, minderwaardig; lager
infinite ['infinət] adj oneindig
infinitive [in'finitiv] n onbepaalde wijs
infirmary [in'fə:məri] n ziekenzaal c
inflammable [in'flæməbəl] adj ontvlambaar
inflammation [,inflə'meiʃən] n ontsteking c
inflatable [in'fleitəbəl] adj opblaasbaar
inflate [in'fleit] v *opblazen
inflation [in'fleiʃən] n inflatie c
influence ['influəns] n invloed c; v beïnvloeden
influential [,influ'enʃəl] adj invloedrijk
influenza [,influ'enzə] n griep c
inform [in'fɔ:m] v informeren; inlichten, mededelen
informal [in'fɔ:məl] adj informeel
information [,infə'meiʃən] n informatie c; inlichting c, mededeling c; ~ bureau inlichtingenkantoor nt
infra-red [,infrə'red] adj infrarood
infrequent [in'fri:kwənt] adj zeldzaam
ingredient [in'gri:diənt] n ingrediënt nt, bestanddeel nt
inhabit [in'hæbit] v bewonen
inhabitable [in'hæbitəbəl] adj bewoonbaar
inhabitant [in'hæbitənt] n inwoner c; bewoner c
inhale [in'heil] v inademen
inherit [in'herit] v erven
inheritance [in'heritəns] n erfenis c
initial [i'niʃəl] adj begin-, eerst; n voorletter c; v paraferen
initiative [i'niʃətiv] n initiatief nt
inject [in'dʒekt] v *inspuiten
injection [in'dʒekʃən] n injectie c
injure ['indʒə] v verwonden, kwetsen; krenken

injured ['indʒəd] adj gewond
injury ['indʒəri] n verwonding c; letsel nt, blessure c
injustice [in'dʒʌstis] n onrecht nt
ink [iŋk] n inkt c
inlet ['inlet] n inham c
inn [in] n herberg c
inner ['inə] adj inwendig; ~ tube binnenband c
inn-keeper ['in,ki:pə] n herbergier c
innocence ['inəsəns] n onschuld c
innocent ['inəsənt] adj onschuldig
inoculate [i'nɔkjuleit] v inenten
inoculation [i,nɔkju'leiʃən] n inenting c
inquire [iŋ'kwaiə] v *navragen, informatie *inwinnen
inquiry [iŋ'kwaiəri] n vraag c, navraag c; onderzoek nt; ~ office informatiebureau nt
inquisitive [iŋ'kwizətiv] adj nieuwsgierig
insane [in'sein] adj krankzinnig
inscription [in'skripʃən] n inscriptie c
insect ['insekt] n insekt nt; ~ repellent insektenwerend middel
insecticide [in'sektisaid] n insekticide c
insensitive [in'sensətiv] adj ongevoelig
insert [in'sə:t] v invoegen
inside [,in'said] n binnenkant c; adj binnenst; adv binnen; van binnen; prep in, binnen; ~ out binnenste buiten; **insides** ingewanden pl
insight ['insait] n inzicht nt
insignificant [,insig'nifikənt] adj onbelangrijk; onbeduidend, nietsbetekenend; nietig
insist [in'sist] v *aandringen; *aanhouden, *volhouden
insolence ['insələns] n onbeschaamdheid c
insolent ['insələnt] adj brutaal, onbeschaamd
insomnia [in'sɔmniə] n slapeloosheid c

inspect [in'spekt] v inspecteren

inspection [in'spekʃən] n inspectie c; controle c

inspector [in'spektə] n inspecteur c

inspire [in'spaiə] v bezielen

install [in'stɔ:l] v installeren

installation [,instə'leiʃən] n installatie c

instalment [in'stɔ:lmənt] n afbetaling c

instance ['instəns] n voorbeeld nt; geval nt; **for** ~ bijvoorbeeld

instant ['instənt] n ogenblik nt

instantly ['instəntli] adv ogenblikkelijk, onmiddellijk, meteen

instead of [in'sted ɔv] in plaats van

instinct ['instiŋkt] n instinct nt

institute ['institju:t] n instituut nt; instelling c; v instellen

institution [,insti'tju:ʃən] n inrichting c, instelling c

instruct [in'strʌkt] v onderrichten

instruction [in'strʌkʃən] n onderwijs nt

instructive [in'strʌktiv] adj leerzaam

instructor [in'strʌktə] n leraar c

instrument ['instrumənt] n instrument nt; **musical** ~ muziekinstrument nt

insufficient ['insə'fiʃənt] adj onvoldoende

insulate ['insjuleit] v isoleren

insulation [,insju'leiʃən] n isolatie c

insulator ['insjuleitə] n isolator c

insult¹ [in'sʌlt] v beledigen

insult² ['insʌlt] n belediging c

insurance [in'ʃuərəns] n assurantie c, verzekering c; ~ **policy** verzekeringspolis c

insure [in'ʃuə] v verzekeren

intact [in'tækt] adj intact

intellect ['intəlekt] n intellect nt

intellectual [,intə'lektʃuəl] adj intellectueel

intelligence [in'telidʒəns] n intelligen-

tie c

intelligent [in'telidʒənt] adj intelligent

intend [in'tend] v van plan *zijn, bedoelen

intense [in'tens] adj intens; hevig

intention [in'tenʃən] n bedoeling c

intentional [in'tenʃənəl] adj opzettelijk

intercourse ['intəkɔ:s] n omgang c

interest ['intrəst] n interesse c, belangstelling c; belang nt; rente c; v interesseren; **interested** geïnteresseerd, belangstellend

interesting ['intrəstiŋ] adj interessant

interfere [,intə'fiə] v tussenbeide *komen; ~ **with** zich bemoeien met

interference [,intə'fiərəns] n inmenging c

interim ['intərim] n tussentijd c

interior [in'tiəriə] n binnenkant c

interlude ['intəlu:d] n intermezzo nt

intermediary [,intə'mi:djəri] n tussenpersoon c

intermission [,intə'miʃən] n pauze c

internal [in'tə:nəl] adj intern, inwendig

international [,intə'næʃənəl] adj international

interpret [in'tə:prit] v tolken; vertolken

interpreter [in'tə:pritə] n tolk c

interrogate [in'terəgeit] v *ondervragen

interrogation [in,terə'geiʃən] n verhoor nt

interrogative [,intə'rɔgətiv] adj vragend

interrupt [,intə'rʌpt] v *onderbreken

interruption [,intə'rʌpʃən] n onderbreking c

intersection [,intə'sekʃən] n kruispunt nt

interval ['intəvəl] n pauze c; tussenpoos c

intervene [,intə'vi:n] v *ingrijpen

interview ['intəvju:] n interview nt, vraaggesprek nt

intestine [in'testin] n darm c; **intestines** ingewanden pl

intimate ['intimət] adj intiem

into ['intu] prep in

intolerable [in'tɔlərəbəl] adj onuitstaanbaar

intoxicated [in'tɔksikeitid] adj dronken

intrigue [in'tri:g] n komplot nt

introduce [,intrə'dju:s] v introduceren, voorstellen; inleiden; invoeren

introduction [,intrə'dʌkʃən] n inleiding c

invade [in'veid] v *binnenvallen

invalid[1] ['invəli:d] n invalide c; adj invalide

invalid[2] [in'vælid] adj ongeldig

invasion [in'veiʒən] n inval c, invasie c

invent [in'vent] v *uitvinden; *verzinnen

invention [in'venʃən] n uitvinding c

inventive [in'ventiv] adj vindingrijk

inventor [in'ventə] n uitvinder c

inventory ['invəntri] n inventaris c

invert [in'və:t] v omdraaien

invest [in'vest] v investeren; beleggen

investigate [in'vestigeit] v *onderzoeken

investigation [in,vesti'geiʃən] n onderzoek nt

investment [in'vestmənt] n investering c; belegging c, geldbelegging c

investor [in'vestə] n investeerder c

invisible [in'vizəbəl] adj onzichtbaar

invitation [,invi'teiʃən] n uitnodiging c

invite [in'vait] v inviteren, uitnodigen

invoice ['invɔis] n factuur c

involve [in'vɔlv] v impliceren; **involved** betrokken

inwards ['inwədz] adv naar binnen

iodine ['aiədi:n] n jodium nt

Iran [i'rɑ:n] Iran

Iranian [i'reiniən] adj Iraans; n Iraniër c

Iraq [i'rɑ:k] Irak

Iraqi [i'rɑ:ki] adj Iraaks; n Irakees c

irascible [i'ræsibəl] adj driftig

Ireland ['aiələnd] Ierland

Irish ['aiəriʃ] adj Iers

Irishman ['aiəriʃmən] n (pl -men) Ier c

iron ['aiən] n ijzer nt; strijkijzer nt; ijzeren; v *strijken

ironical [ai'rɔnikəl] adj ironisch

ironworks ['aiənwə:ks] n hoogovens pl

irony ['aiərəni] n ironie c

irregular [i'regjulə] adj onregelmatig

irreparable [i'repərəbəl] adj onherstelbaar

irrevocable [i'revəkəbəl] adj onherroepelijk

irritable ['iritəbəl] adj prikkelbaar

irritate ['iriteit] v prikkelen, irriteren

is [iz] v (pr be)

island ['ailənd] n eiland nt

isolate ['aisəleit] v isoleren

isolation [,aisə'leiʃən] n isolement nt; isolatie c

Israel ['izreil] Israël

Israeli [iz'reili] adj Israëlisch; n Israëliër c

issue ['iʃu:] v *uitgeven; n uitgifte c, oplage c, uitgave c; kwestie c, punt nt; uitkomst c, resultaat nt, gevolg nt, slot nt, einde nt; uitgang c

isthmus ['isməs] n landengte c

it [it] pron het

Italian [i'tæljən] adj Italiaans; n Italiaan c

italics [i'tæliks] pl cursiefschrift nt

Italy ['itəli] Italië

itch [itʃ] n jeuk c; kriebel c; v jeuken

item ['aitəm] n artikel nt; punt nt

itinerant [ai'tinərənt] adj rondreizend

itinerary [ai'tinərəri] n reisplan nt, reisroute c

ivory ['aivəri] n ivoor nt

ivy ['aivi] n klimop c

J

jack [dʒæk] *n* krik *c*

jacket ['dʒækit] *n* jasje *nt*, colbert *c*, vest *nt*; omslag *c/nt*

jade [dʒeid] *n* jade *nt/c*

jail [dʒeil] *n* gevangenis *c*

jailer ['dʒeilə] *n* cipier *c*

jam [dʒæm] *n* jam *c*; verkeersopstopping *c*

janitor ['dʒænitə] *n* concierge *c*

January ['dʒænjuəri] januari

Japan [dʒə'pæn] Japan

Japanese [,dʒæpə'ni:z] *adj* Japans; *n* Japanner *c*

jar [dʒɑ:] *n* pot *c*

jaundice ['dʒɔ:ndis] *n* geelzucht *c*

jaw [dʒɔ:] *n* kaak *c*

jealous ['dʒeləs] *adj* jaloers

jealousy ['dʒeləsi] *n* jaloezie *c*

jeans [dʒi:nz] *pl* spijkerbroek *c*

jelly ['dʒeli] *n* gelei *c*

jelly-fish ['dʒelifiʃ] *n* kwal *c*

jersey ['dʒə:zi] *n* jersey *c*; trui *c*

jet [dʒet] *n* straal *c*; straalvliegtuig *nt*

jetty ['dʒeti] *n* pier *c*

Jew [dʒu:] *n* jood *c*

jewel ['dʒu:əl] *n* juweel *nt*

jeweller ['dʒu:ələ] *n* juwelier *c*

jewellery ['dʒu:əlri] *n* juwelen; bijouterie *c*

Jewish ['dʒu:iʃ] *adj* joods

job [dʒɔb] *n* karwei *nt*; betrekking *c*, baan *c*

jockey ['dʒɔki] *n* jockey *c*

join [dʒɔin] *v* *verbinden; zich voegen bij, zich *aansluiten bij; samenvoegen, verenigen

joint [dʒɔint] *n* gewricht *nt*; las *c*; *adj* verenigd, gezamenlijk

jointly ['dʒɔintli] *adv* gezamenlijk

joke [dʒouk] *n* mop *c*, grap *c*

jolly ['dʒɔli] *adj* leuk

Jordan ['dʒɔ:dən] Jordanië

Jordanian [dʒɔ:'deiniən] *adj* Jordaans; *n* Jordaniër *c*

journal ['dʒə:nəl] *n* tijdschrift *nt*

journalism ['dʒə:nəlizəm] *n* journalistiek *c*

journalist ['dʒə:nəlist] *n* journalist *c*

journey ['dʒə:ni] *n* reis *c*

joy [dʒɔi] *n* genot *nt*, vreugde *c*

joyful ['dʒɔifəl] *adj* blij, vrolijk

jubilee ['dʒu:bili:] *n* jubileum *nt*

judge [dʒʌdʒ] *n* rechter *c*; *v* oordelen; beoordelen

judgment ['dʒʌdʒmənt] *n* oordeel *nt*; beoordeling *c*

jug [dʒʌg] *n* kan *c*

Jugoslav [ju:gə'slɑ:v] *adj* Joegoslavisch; *n* Joegoslaaf *c*

Jugoslavia [,ju:gə'slɑ:viə] Joegoslavië

juice [dʒu:s] *n* sap *nt*

juicy ['dʒu:si] *adj* sappig

July [dʒu'lai] juli

jump [dʒʌmp] *v* *springen; *n* sprong *c*

jumper ['dʒʌmpə] *n* jumper *c*

junction ['dʒʌŋkʃən] *n* kruising *c*; knooppunt *nt*

June [dʒu:n] juni

jungle ['dʒʌŋgəl] *n* oerwoud *nt*, jungle *c*

junior ['dʒu:njə] *adj* jonger

junk [dʒʌŋk] *n* rommel *c*

jury ['dʒuəri] *n* jury *c*

just [dʒʌst] *adj* terecht, rechtvaardig; juist; *adv* pas; precies

justice ['dʒʌstis] *n* recht *nt*; gerechtigheid *c*, rechtvaardigheid *c*

juvenile ['dʒu:vənail] *adj* jeugdig

K

kangaroo [,kæŋgə'ru:] *n* kangoeroe *c*
keel [ki:l] *n* kiel *c*
keen [ki:n] *adj* enthousiast; scherp
*__keep__ [ki:p] *v* *houden; bewaren;
*blijven; ~ **away from** niet *betreden; ~ **off** *afblijven; ~ **on** *doorgaan met; ~ **quiet** *zwijgen; ~ **up**
*volhouden; ~ **up with** *bijhouden
keg [keg] *n* vaatje *nt*
kennel ['kenəl] *n* hondehok *nt*; kennel
c
Kenya ['kenjə] Kenya
kerosene ['kerəsi:n] *n* petroleum *c*
kettle ['ketəl] *n* ketel *c*
key [ki:] *n* sleutel *c*
keyhole ['ki:houl] *n* sleutelgat *nt*
khaki ['kɑ:ki] *n* kaki *nt*
kick [kik] *v* trappen, schoppen; *n* trap
c, schop *c*
kick-off [,ki'kɔf] *n* aftrap *c*
kid [kid] *n* kind *nt*; geiteleer *nt*; *v*
*beetnemen
kidney ['kidni] *n* nier *c*
kill [kil] *v* *ombrengen, doden
kilogram ['kiləgræm] *n* kilo *nt*
kilometre ['kilə,mi:tə] *n* kilometer *c*
kind [kaind] *adj* aardig, vriendelijk;
goed; *n* soort *c/nt*
kindergarten ['kində,gɑ:tən] *n* kleuterschool *c*
king [kiŋ] *n* koning *c*
kingdom ['kiŋdəm] *n* koninkrijk *nt*;
rijk *nt*
kiosk ['ki:ɔsk] *n* kiosk *c*
kiss [kis] *n* zoen *c*, kus *c*; *v* kussen
kit [kit] *n* uitrusting *c*
kitchen ['kitʃin] *n* keuken *c*; ~ **garden** moestuin *c*
knapsack ['næpsæk] *n* knapzak *c*
knave [neiv] *n* boer *c*

knee [ni:] *n* knie *c*
kneecap ['ni:kæp] *n* knieschijf *c*
*__kneel__ [ni:l] *v* knielen
knew [nju:] *v* (p know)
knickers ['nikəz] *pl* onderbroek *c*
knife [naif] *n* (pl knives) mes *nt*
knight [nait] *n* ridder *c*
*__knit__ [nit] *v* breien
knob [nɔb] *n* knop *c*
knock [nɔk] *v* kloppen; *n* klop *c*; ~
against *stoten tegen; ~ **down**
*neerslaan
knot [nɔt] *n* knoop *c*; *v* knopen
*__know__ [nou] *v* *weten, kennen
knowledge ['nɔlidʒ] *n* kennis *c*
knuckle ['nʌkəl] *n* knokkel *c*

L

label ['leibəl] *n* etiket *nt*; *v* etiketteren
laboratory [lə'bɔrətəri] *n* laboratorium
nt
labour ['leibə] *n* werk *nt*, arbeid *c*;
weeën *pl*; *v* zwoegen; **labor permit**
Am werkvergunning *c*
labourer ['leibərə] *n* arbeider *c*
labour-saving ['leibə,seiviŋ] *adj* arbeidbesparend
labyrinth ['læbərinθ] *n* doolhof *nt*
lace [leis] *n* kant *nt*; veter *c*
lack [læk] *n* gemis *nt*, gebrek *nt*; *v*
missen
lacquer ['lækə] *n* lak *c*
lad [læd] *n* jongen *c*, joch *nt*
ladder ['lædə] *n* ladder *c*
lady ['leidi] *n* dame *c*; **ladies' room**
damestoilet *nt*
lagoon [lə'gu:n] *n* lagune *c*
lake [leik] *n* meer *nt*
lamb [læm] *n* lam *nt*; lamsvlees *nt*
lame [leim] *adj* lam, mank, kreupel
lamentable ['læməntəbəl] *adj* erbarme-

lijk

lamp [læmp] *n* lamp *c*

lamp-post ['læmppoust] *n* lantaarnpaal *c*

lampshade ['læmpʃeid] *n* lampekap *c*

land [lænd] *n* land *nt*; *v* landen; aan land *gaan

landlady ['lænd,leidi] *n* hospita *c*

landlord ['lændlɔ:d] *n* huisbaas *c*; hospes *c*

landmark ['lændmɑ:k] *n* baken *nt*; mijlpaal *c*

landscape ['lændskeip] *n* landschap *nt*

lane [lein] *n* steeg *c*, pad *nt*; rijstrook *c*

language ['læŋgwidʒ] *n* taal *c*; ~ **laboratory** talenpracticum *nt*

lantern ['læntən] *n* lantaarn *c*

lapel [lə'pel] *n* revers *c*

larder ['lɑ:də] *n* provisiekast *c*

large [lɑ:dʒ] *adj* groot; ruim

lark [lɑ:k] *n* leeuwerik *c*

laryngitis [,lærin'dʒaitis] *n* keelontsteking *c*

last [lɑ:st] *adj* laatst; vorig; *v* duren; **at** ~ eindelijk; tenslotte, uiteindelijk

lasting ['lɑ:stiŋ] *adj* blijvend, duurzaam

latchkey ['lætʃki:] *n* huissleutel *c*

late [leit] *adj* laat; te laat

lately ['leitli] *adv* de laatste tijd, onlangs, laatst

lather ['lɑ:ðə] *n* schuim *nt*

Latin America ['lætin ə'merikə] Latijns-Amerika

Latin-American [,lætinə'merikən] *adj* Latijns-Amerikaans

latitude ['lætitju:d] *n* breedtegraad *c*

laugh [lɑ:f] *v* *lachen; *n* lach *c*

laughter ['lɑ:ftə] *n* gelach *nt*

launch [lɔ:ntʃ] *v* inzetten; lanceren; *n* motorschip *nt*

launching ['lɔ:ntʃiŋ] *n* tewaterlating *c*

launderette [,lɔ:ndə'ret] *n* wasserette *c*

laundry ['lɔ:ndri] *n* wasserij *c*; was *c*

lavatory ['lævətəri] *n* toilet *nt*

lavish ['læviʃ] *adj* kwistig

law [lɔ:] *n* wet *c*; recht *nt*; ~ **court** gerecht *nt*

lawful ['lɔ:fəl] *adj* wettig

lawn [lɔ:n] *n* grasveld *nt*, gazon *nt*

lawsuit ['lɔ:su:t] *n* proces *nt*, geding *nt*

lawyer ['lɔ:jə] *n* advocaat *c*; jurist *c*

laxative ['læksətiv] *n* laxeermiddel *nt*

***lay** [lei] *v* plaatsen, zetten, leggen; ~ **bricks** metselen

layer [leiə] *n* laag *c*

layman ['leimən] *n* leek *c*

lazy ['leizi] *adj* lui

lead[1] [li:d] *n* voorsprong *c*; leiding *c*; riem *c*

lead[2] [led] *n* lood *nt*

***lead** [li:d] *v* leiden

leader ['li:də] *n* aanvoerder *c*, leider *c*

leadership ['li:dəʃip] *n* leiderschap *nt*

leading ['li:diŋ] *adj* vooraanstaand, voornaamst

leaf [li:f] *n* (pl leaves) blad *nt*

league [li:g] *n* bond *c*

leak [li:k] *v* lekken; *n* lek *nt*

leaky ['li:ki] *adj* lek

lean [li:n] *adj* mager

***lean** [li:n] *v* leunen

leap [li:p] *n* sprong *c*

***leap** [li:p] *v* *springen

leap-year ['li:pjiə] *n* schrikkeljaar *nt*

***learn** [lə:n] *v* leren

learner ['lə:nə] *n* beginneling *c*, beginner *c*

lease [li:s] *n* huurcontract *nt*; pacht *c*; *v* verpachten, verhuren; huren

leash [li:ʃ] *n* lijn *c*

least [li:st] *adj* geringst, minst; kleinst; **at** ~ minstens; tenminste

leather ['leðə] *n* leer *nt*; lederen, leren

leave [li:v] *n* verlof *nt*

*leave [li:v] v ***vertrekken, *verlaten;
*laten; ~ behind** *achterlaten; ~
out *weglaten
Lebanese [,lebə'ni:z] adj Libanees; n
Libanees c
Lebanon ['lebənən] Libanon
lecture ['lektʃə] n college nt, lezing c
left[1] [left] adj links
left[2] [left] v (p, pp leave)
left-hand ['lefthænd] adj links
left-handed [,left'hændid] adj linkshandig
leg [leg] n poot c, been nt
legacy ['legəsi] n erfenis c
legal ['li:gəl] adj wettig, wettelijk; juridisch
legalization [,li:gəlai'zeiʃən] n legalisatie c
legation [li'geiʃən] n legatie c
legible ['ledʒibəl] adj leesbaar
legitimate [li'dʒitimət] adj wettig
leisure ['leʒə] n vrije tijd; gemak nt
lemon ['lemən] n citroen c
lemonade [,lemə'neid] n limonade c
*lend [lend] v lenen, uitlenen
length [leŋθ] n lengte c
lengthen ['leŋθən] v verlengen
lengthways ['leŋθweiz] adv in de lengte
lens [lenz] n lens c; **telephoto** ~ telelens c; **zoom** ~ zoomlens c
leprosy ['leprəsi] n lepra c
less [les] adv minder
lessen ['lesən] v verminderen
lesson ['lesən] n les c
*let [let] v *laten; verhuren; ~ **down**
teleurstellen
letter ['letə] n brief c; letter c; ~ **of
credit** kredietbrief c; ~ **of recommendation** aanbevelingsbrief c
letter-box ['letəbɔks] n brievenbus c
lettuce ['letis] n sla c
level ['levəl] adj egaal; plat, vlak, effen, gelijk; n peil nt, niveau nt; wa-

terpas c; v egaliseren, nivelleren; ~
crossing overweg c
lever ['li:və] n hefboom c, hendel c
Levis ['li:vaiz] pl jeans pl
liability [,laiə'biləti] n aansprakelijkheid c
liable ['laiəbəl] adj aansprakelijk; ~ **to**
onderhevig aan
liberal ['libərəl] adj liberaal; mild, royaal, vrijgevig
liberation [,libə'reiʃən] n bevrijding c
Liberia [lai'biəriə] Liberia
Liberian [lai'biəriən] adj Liberiaans; n
Liberiaan c
liberty ['libəti] n vrijheid c
library ['laibrəri] n bibliotheek c
licence ['laisəns] n licentie c; vergunning c; **driving** ~ rijbewijs nt; ~
number Am kenteken nt; ~ **plate**
Am nummerbord nt
license ['laisəns] v een vergunning verlenen
lick [lik] v likken
lid [lid] n deksel nt
lie [lai] v *liegen; n leugen c
*lie [lai] v *liggen; ~ **down** *gaan liggen
life [laif] n (pl lives) leven nt; ~ **insurance** levensverzekering c
lifebelt ['laifbelt] n reddingsgordel c
lifetime ['laiftaim] n leven nt
lift [lift] v optillen; n lift c
light [lait] n licht nt; adj licht; ~
bulb peer c
*light [lait] v *aansteken
lighter ['laitə] n aansteker c
lighthouse ['laithaus] n vuurtoren c
lighting ['laitiŋ] n verlichting c
lightning ['laitniŋ] n bliksem c
like [laik] v *houden van; *mogen,
lusten; adj gelijk; conj zoals; prep
als
likely ['laikli] adj waarschijnlijk
like-minded [,laik'maindid] adj gelijk-

gezind

likewise ['laikwaiz] *adv* evenzo, eveneens

lily ['lili] *n* lelie *c*

limb [lim] *n* ledemaat *c*

lime [laim] *n* kalk *c*; linde *c*; limoen *c*

limetree ['laimtri:] *n* linde *c*

limit ['limit] *n* limiet *c*; *v* beperken

limp [limp] *v* hinken; *adj* slap

line [lain] *n* regel *c*; streep *c*; snoer *nt*; lijn *c*; rij *c*; **stand in ~** *Am* in de rij *staan

linen ['linin] *n* linnen *nt*; linnengoed *nt*

liner ['lainə] *n* lijnboot *c*

lingerie ['lõʒəri:] *n* lingerie *c*

lining ['lainiŋ] *n* voering *c*

link [liŋk] *v* *verbinden; *n* verbinding *c*; schakel *c*

lion ['laiən] *n* leeuw *c*

lip [lip] *n* lip *c*

lipsalve ['lipsa:v] *n* lippenboter *c*

lipstick ['lipstik] *n* lippenstift *c*

liqueur [li'kjuə] *n* likeur *c*

liquid ['likwid] *adj* vloeibaar; *n* vloeistof *c*

liquor ['likə] *n* sterke drank

liquorice ['likəris] *n* drop *c*

list [list] *n* lijst *c*; *v* noteren

listen ['lisən] *v* aanhoren, luisteren

listener ['lisnə] *n* luisteraar *c*

literary ['litrəri] *adj* letterkundig, literair

literature ['litrətʃə] *n* literatuur *c*

litre ['li:tə] *n* liter *c*

litter ['litə] *n* afval *nt*; rommel *c*; nest *nt*

little ['litəl] *adj* klein; weinig

live[1] [liv] *v* leven; wonen

live[2] [laiv] *adj* levend

livelihood ['laivlihud] *n* kost *c*

lively ['laivli] *adj* levendig

liver ['livə] *n* lever *c*

living-room ['liviŋru:m] *n* huiskamer *c*,

woonkamer *c*

load [loud] *n* lading *c*; last *c*; *v* *laden

loaf [louf] *n* (pl loaves) brood *nt*

loan [loun] *n* lening *c*

lobby ['lɔbi] *n* hal *c*; foyer *c*

lobster ['lɔbstə] *n* kreeft *c*

local ['loukəl] *adj* lokaal, plaatselijk; **~ call** lokaal gesprek; **~ train** streptrein *c*

locality [lou'kæləti] *n* plaats *c*

locate [lou'keit] *v* plaatsen

location [lou'keifən] *n* ligging *c*

lock [lɔk] *v* op slot *doen; *n* slot *nt*; sluis *c*; **~ up** *opsluiten

locomotive [,loukə'moutiv] *n* locomotief *c*

lodge [lɔdʒ] *v* herbergen; *n* jachthuis *nt*

lodger ['lɔdʒə] *n* kamerbewoner *c*

lodgings ['lɔdʒiŋz] *pl* logies *nt*

log [lɔg] *n* houtblok *nt*

logic ['lɔdʒik] *n* logica *c*

logical ['lɔdʒikəl] *adj* logisch

lonely ['lounli] *adj* eenzaam

long [lɔŋ] *adj* lang; langdurig; **~ for** verlangen naar; **no longer** niet meer

longing ['lɔŋiŋ] *n* verlangen *nt*

longitude ['lɔndʒitju:d] *n* lengtegraad *c*

look [luk] *v* *kijken; *lijken, er uit *zien; *n* kijkje *nt*, blik *c*; uiterlijk *nt*, voorkomen *nt*; **~ after** verzorgen, zorgen voor, passen op; **~ at** *aankijken, *kijken naar; **~ for** *zoeken; **~ out** *uitkijken, oppassen; **~ up** *opzoeken

looking-glass ['lukiŋgla:s] *n* spiegel *c*

loop [lu:p] *n* lus *c*

loose [lu:s] *adj* los

loosen ['lu:sən] *v* losmaken

lord [lɔ:d] *n* lord *c*

lorry ['lɔri] *n* vrachtwagen *c*

***lose** [lu:z] *v* kwijtraken, *verliezen

loss [lɔs] *n* verlies *nt*

lost [lɔst] *adj* verdwaald; weg; ~ **and found** gevonden voorwerpen; ~ **property office** bureau voor gevonden voorwerpen

lot [lɔt] *n* lot *nt*; hoop *c*, boel *c*

lotion [ˈlouʃən] *n* lotion *c*; **aftershave** ~ after shave

lottery [ˈlɔtəri] *n* loterij *c*

loud [laud] *adj* hard, luid

loud-speaker [ˌlaudˈspiːkə] *n* luidspreker *c*

lounge [laundʒ] *n* salon *c*

louse [laus] *n* (pl lice) luis *c*

love [lʌv] *v* *houden van, *liefhebben; *n* liefde *c*; **in** ~ verliefd

lovely [ˈlʌvli] *adj* heerlijk, prachtig, mooi

lover [ˈlʌvə] *n* minnaar *c*

love-story [ˈlʌvˌstɔːri] *n* liefdesgeschiedenis *c*

low [lou] *adj* laag; diep; neerslachtig; ~ **tide** eb *c*

lower [ˈlouə] *v* *neerlaten; verlagen; *strijken; *adj* onderst, lager

lowlands [ˈlouləndz] *pl* laagland *nt*

loyal [ˈlɔiəl] *adj* loyaal

lubricate [ˈluːbrikeit] *v* oliën, smeren

lubrication [ˌluːbriˈkeiʃən] *n* smering *c*; ~ **oil** smeerolie *c*; ~ **system** smeersysteem *nt*

luck [lʌk] *n* geluk *nt*; toeval *nt*; **bad** ~ pech *c*

lucky charm amulet *c*

ludicrous [ˈluːdikrəs] *adj* belachelijk, bespottelijk

luggage [ˈlʌgidʒ] *n* bagage *c*; **hand** ~ handbagage *c*; **left** ~ **office** bagagedepot *nt*; ~ **rack** bagagerek *nt*, bagagenet *nt*; ~ **van** bagagewagen *c*

lukewarm [ˈluːkwɔːm] *adj* lauw

lumbago [lʌmˈbeigou] *n* spit *nt*

luminous [ˈluːminəs] *adj* lichtgevend

lump [lʌmp] *n* brok *nt*, klont *c*, stuk *nt*; bult *c*; ~ **of sugar** suikerklontje *nt*; ~ **sum** ronde som

lumpy [ˈlʌmpi] *adj* klonterig

lunacy [ˈluːnəsi] *n* krankzinnigheid *c*

lunatic [ˈluːnətik] *adj* krankzinnig; *n* krankzinnige *c*

lunch [lʌntʃ] *n* lunch *c*, middageten *nt*

luncheon [ˈlʌntʃən] *n* middageten *nt*

lung [lʌŋ] *n* long *c*

lust [lʌst] *n* wellust *c*

luxurious [lʌgˈʒuəriəs] *adj* luxueus

luxury [ˈlʌkʃəri] *n* luxe *c*

M

machine [məˈʃiːn] *n* apparaat *nt*, machine *c*

machinery [məˈʃiːnəri] *n* machinerie *c*; mechanisme *nt*

mackerel [ˈmækrəl] *n* (pl ~) makreel *c*

mackintosh [ˈmækintɔʃ] *n* regenjas *c*

mad [mæd] *adj* krankzinnig, waanzinnig, gek; kwaad

madam [ˈmædəm] *n* mevrouw

madness [ˈmædnəs] *n* waanzin *c*

magazine [ˌmægəˈziːn] *n* blad *nt*

magic [ˈmædʒik] *n* toverkunst *c*, magie *c*; *adj* tover-

magician [məˈdʒiʃən] *n* goochelaar *c*

magistrate [ˈmædʒistreit] *n* magistraat *c*

magnetic [mægˈnetik] *adj* magnetisch

magneto [mægˈniːtou] *n* (pl ~s) magneet *c*

magnificent [mægˈnifisənt] *adj* prachtig; groots, luisterrijk

magpie [ˈmægpai] *n* ekster *c*

maid [meid] *n* meid *c*

maiden name [ˈmeidən neim] meisjesnaam *c*

mail [meil] *n* post *c*; *v* posten; ~ **order** *Am* postwissel *c*

mailbox ['meilbɔks] *nAm* brievenbus *c*

main [mein] *adj* hoofd-, voornaamst; grootst; ~ **deck** bovendek *nt*; ~ **line** hoofdlijn *c*; ~ **road** hoofdweg *c*; ~ **street** hoofdstraat *c*

mainland ['meinlənd] *n* vasteland *nt*

mainly ['meinli] *adv* hoofdzakelijk

mains [meinz] *pl* hoofdleiding *c*

maintain [mein'tein] *v* handhaven

maintenance ['meintənəns] *n* onderhoud *nt*

maize [meiz] *n* maïs *c*

major ['meidʒə] *adj* groter; grootst; *n* majoor *c*

majority [mə'dʒɔrəti] *n* meerderheid *c*

***make** [meik] *v* maken; verdienen; halen; ~ **do with** zich *behelpen met; ~ **good** vergoeden; ~ **up** opstellen

make-up ['meikʌp] *n* make-up *c*

malaria [mə'lɛəriə] *n* malaria *c*

Malay [mə'lei] *n* Maleis *nt*

Malaysia [mə'leiziə] Maleisië

Malaysian [mə'leiziən] *adj* Maleisisch

male [meil] *adj* mannelijk

malicious [mə'liʃəs] *adj* boosaardig

malignant [mə'lignənt] *adj* kwaadaardig

mallet ['mælit] *n* houten hamer

malnutrition [,mælnju'triʃən] *n* ondervoeding *c*

mammal ['mæməl] *n* zoogdier *nt*

mammoth ['mæməθ] *n* mammoet *c*

man [mæn] *n* (pl men) man *c*; mens *c*; **men's room** herentoilet *nt*

manage ['mænidʒ] *v* beheren; slagen

manageable ['mænidʒəbəl] *adj* hanteerbaar

management ['mænidʒmənt] *n* directie *c*; beheer *nt*

manager ['mænidʒə] *n* chef *c*, directeur *c*

mandarin ['mændərin] *n* mandarijn *c*

mandate ['mændeit] *n* mandaat *nt*

manger ['meindʒə] *n* kribbe *c*

manicure ['mænikjuə] *n* manicure *c*; *v* manicuren

mankind [mæn'kaind] *n* mensheid *c*

mannequin ['mænəkin] *n* mannequin *c*

manner ['mænə] *n* wijze *c*, manier *c*; **manners** *pl* manieren

man-of-war [,mænəv'wɔ:] *n* oorlogsschip *nt*

manor-house ['mænəhaus] *n* herenhuis *nt*

mansion ['mænʃən] *n* herenhuis *nt*

manual ['mænjuəl] *adj* hand-

manufacture [,mænju'fæktʃə] *v* vervaardigen, fabriceren

manufacturer [,mænju'fæktʃərə] *n* fabrikant *c*

manure [mə'njuə] *n* mest *c*

manuscript ['mænjuskript] *n* manuscript *nt*

many ['meni] *adj* veel

map [mæp] *n* kaart *c*; landkaart *c*; plattegrond *c*

maple ['meipəl] *n* esdoorn *c*

marble ['ma:bəl] *n* marmer *nt*; knikker *c*

March [ma:tʃ] maart

march [ma:tʃ] *v* marcheren; *n* mars *c*

mare [mɛə] *n* merrie *c*

margarine [,ma:dʒə'ri:n] *n* margarine *c*

margin ['ma:dʒin] *n* kantlijn *c*, marge *c*

maritime ['mæritaim] *adj* maritiem

mark [ma:k] *v* aankruisen; merken; kenmerken; *n* merkteken *nt*; cijfer *nt*; schietschijf *c*

market ['ma:kit] *n* markt *c*

market-place ['ma:kitpleis] *n* marktplein *nt*

marmalade ['ma:məleid] *n* marmelade *c*

marriage ['mæridʒ] *n* huwelijk *nt*

marrow ['mærou] n merg nt

marry ['mæri] v huwen, trouwen; married couple echtpaar nt

marsh [mɑːʃ] n moeras nt

marshy ['mɑːʃi] adj moerassig

martyr ['mɑːtə] n martelaar c

marvel ['mɑːvəl] n wonder nt; v zich verbazen

marvellous ['mɑːvələs] adj prachtig

mascara [mæ'skɑːrə] n mascara c

masculine ['mæskjulin] adj mannelijk

mash [mæʃ] v fijnstampen

mask [mɑːsk] n masker nt

Mass [mæs] n mis c

mass [mæs] n massa c; ~ production massaproduktie c

massage ['mæsɑːʒ] n massage c; v masseren

masseur [mæ'sə:] n masseur c

massive ['mæsiv] adj massief

mast [mɑːst] n mast c

master ['mɑːstə] n meester c; baas c; leraar c, onderwijzer c; v beheersen

masterpiece ['mɑːstəpiːs] n meesterwerk nt

mat [mæt] n mat c; adj mat, dof

match [mætʃ] n lucifer c; wedstrijd c; v passen bij

match-box ['mætʃbɔks] n lucifersdoosje nt

material [mə'tiəriəl] n materiaal nt; stof c; adj stoffelijk, materieel

mathematical [,mæθə'mætikəl] adj wiskundig

mathematics [,mæθə'mætiks] n wiskunde c

matrimonial [,mætri'mouniəl] adj echtelijk

matrimony ['mætriməni] n echt c

matter ['mætə] n stof c, materie c; aangelegenheid c, kwestie c, zaak c; v van belang *zijn; as a ~ of fact feitelijk, eigenlijk

matter-of-fact [,mætərəv'fækt] adj

nuchter

mattress ['mætrəs] n matras c

mature [mə'tjuə] adj rijp

maturity [mə'tjuərəti] n rijpheid c

mausoleum [,mɔ:sə'li:əm] n mausoleum nt

mauve [mouv] adj lichtpaars

May [mei] mei

*may [mei] v *kunnen; *mogen

maybe ['meibi:] adv misschien

mayor [meə] n burgemeester c

maze [meiz] n doolhof nt

me [mi:] pron me

meadow ['medou] n wei c

meal [mi:l] n maaltijd c, maal nt

mean [mi:n] adj gemeen; n gemiddelde nt

*mean [mi:n] v betekenen; bedoelen; menen

meaning ['mi:niŋ] n betekenis c

meaningless ['mi:niŋləs] adj nietszeggend

means [mi:nz] n middel nt; by no ~ zeker niet, geenszins

in the meantime [in ðə 'mi:ntaim] inmiddels, ondertussen

meanwhile ['mi:nwail] adv intussen, ondertussen

measles ['mi:zəlz] n mazelen pl

measure ['meʒə] v *meten; n maat c; maatregel c

meat [mi:t] n vlees nt

mechanic [mi'kænik] n monteur c

mechanical [mi'kænikəl] adj mechanisch

mechanism ['mekənizəm] n mechanisme nt

medal ['medəl] n medaille c

mediaeval [,medi'i:vəl] adj middeleeuws

mediate ['mi:dieit] v bemiddelen

mediator ['mi:dieitə] n bemiddelaar c

medical ['medikəl] adj geneeskundig, medisch

medicine ['medsin] n geneesmiddel nt; geneeskunde c

meditate ['mediteit] v mediteren

Mediterranean [,meditə'reiniən] Middellandse Zee

medium ['mi:diəm] adj middelmatig, gemiddeld, midden-

*meet [mi:t] v ontmoeten; *tegenkomen

meeting ['mi:tiŋ] n vergadering c, bijeenkomst c; ontmoeting c

meeting-place ['mi:tiŋpleis] n trefpunt nt

melancholy ['melənkəli] n weemoed c

mellow ['melou] adj zacht

melodrama ['melə,drɑ:mə] n melodrama nt

melody ['melədi] n melodie c

melon ['melən] n meloen c

melt [melt] v *smelten

member ['membə] n lid nt; Member of Parliament kamerlid nt

membership ['membəʃip] n lidmaatschap nt

memo ['memou] n (pl ~s) memorandum nt

memorable ['memərəbəl] adj gedenkwaardig

memorial [mə'mɔ:riəl] n gedenkteken nt

memorize ['meməraiz] v uit het hoofd leren

memory ['meməri] n geheugen nt; herinnering c; nagedachtenis c

mend [mend] v herstellen, repareren

menstruation [,menstru'eiʃən] n menstruatie c

mental ['mentəl] adj geestelijk

mention ['menʃən] v noemen, vermelden; n melding c, vermelding c

menu ['menju:] n spijskaart c, menukaart c

merchandise ['mə:tʃəndaiz] n handelswaar c, koopwaar c

merchant ['mə:tʃənt] n handelaar c, koopman c

merciful ['mə:sifəl] adj barmhartig

mercury ['mə:kjuri] n kwik nt

mercy ['mə:si] n genade c, clementie c

mere [miə] adj louter

merely ['miəli] adv slechts

merger ['mə:dʒə] n fusie c

merit ['merit] v verdienen; n verdienste c

mermaid ['mə:meid] n zeemeermin c

merry ['meri] adj vrolijk

merry-go-round ['merigou,raund] n draaimolen c

mesh [meʃ] n maas c

mess [mes] n rommel c, warboel c; ~ up *bederven

message ['mesidʒ] n boodschap c, bericht nt

messenger ['mesindʒə] n bode c

metal ['metəl] n metaal nt; metalen

meter ['mi:tə] n meter c

method ['meθəd] n aanpak c, methode c; orde c

methodical [mə'θɔdikəl] adj methodisch

methylated spirits ['meθəleitid 'spirits] brandspiritus c

metre ['mi:tə] n meter c

metric ['metrik] adj metrisch

Mexican ['meksikən] adj Mexicaans; n Mexicaan c

Mexico ['meksikou] Mexico

mezzanine ['mezəni:n] n entresol c

microphone ['maikrəfoun] n microfoon c

midday ['middei] n middag c

middle ['midəl] n midden nt; adj middelst; Middle Ages middeleeuwen pl; middle-class adj burgerlijk

midnight ['midnait] n middernacht c

midst [midst] n midden nt

midsummer ['mid,sʌmə] n midzomer c

midwife ['midwaif] n (pl -wives) vroed-

vrouw c
might [mait] n macht c
***might** [mait] v *kunnen
mighty ['maiti] adj machtig
migraine ['migrein] n migraine c
mild [maild] adj zacht
mildew ['mildju] n schimmel c
mile [mail] n mijl c
mileage ['mailidʒ] n afstand in mijlen
milepost ['mailpoust] n wegwijzer c
milestone ['mailstoun] n mijlpaal c
milieu ['mi:ljə:] n milieu nt
military ['militəri] adj militair; ~
  force krijgsmacht c
milk [milk] n melk c
milkman ['milkmən] n (pl -men) melkboer c
milk-shake ['milkʃeik] n milk shake
mill [mil] n molen c; fabriek c
miller ['milə] n molenaar c
milliner ['milinə] n modiste c
million ['miljən] n miljoen nt
millionaire [,miljə'neə] n miljonair c
mince [mins] v fijnhakken
mind [maind] n geest c; v bezwaar
  *hebben tegen; letten op, *geven
  om
mine [main] n mijn c
miner ['mainə] n mijnwerker c
mineral ['minərəl] n delfstof c, mineraal nt; ~ **water** mineraalwater nt
miniature ['minjətʃə] n miniatuur c
minimum ['miniməm] n minimum nt
mining ['mainiŋ] n mijnbouw c
minister ['ministə] n minister c; predikant c; **Prime Minister** premier c
ministry ['ministri] n ministerie nt
mink [miŋk] n nerts nt
minor ['mainə] adj klein, gering, kleiner; ondergeschikt; n minderjarige
  c
minority [mai'nɔrəti] n minderheid c
mint [mint] n munt c
minus ['mainəs] prep min

minute¹ ['minit] n minuut c; **minutes**
  notulen pl
minute² [mai'nju:t] adj minuscuul
miracle ['mirəkəl] n wonder nt
miraculous [mi'rækjuləs] adj wonder-
  baarlijk
mirror ['mirə] n spiegel c
misbehave [,misbi'heiv] v zich *misdragen
miscarriage [mis'kæridʒ] n miskraam
  c
miscellaneous [,misə'leiniəs] adj gemengd
mischief ['mistʃif] n kattekwaad nt;
  onheil nt, schade c, kwaad nt
mischievous ['mistʃivəs] adj ondeugend
miserable ['mizərəbəl] adj beroerd, ellendig
misery ['mizəri] n narigheid c, ellende
  c; nood c
misfortune [mis'fɔ:tʃen] n tegenslag c,
  ongeluk nt
***mislay** [mis'lei] v kwijtraken
misplaced [mis'pleist] adj misplaatst
mispronounce [,misprə'nauns] v verkeerd *uitspreken
miss¹ [mis] mejuffrouw, juffrouw c
miss² [mis] v missen
missing ['misiŋ] adj ontbrekend; ~
  person vermiste c
mist [mist] n nevel c, mist c
mistake [mi'steik] n abuis nt, vergissing c, fout c
***mistake** [mi'steik] v verwarren
mistaken [mi'steikən] adj fout; *be ~
  zich vergissen
mister ['mistə] n meneer, mijnheer c
mistress ['mistrəs] n vrouw des hui-
  zes; meesteres c; maîtresse c
mistrust [mis'trʌst] v wantrouwen
misty ['misti] adj mistig
***misunderstand** [,misʌndə'stænd] v
  *misverstaan

misunderstanding [,misʌndə'stændiŋ] n misverstand nt

misuse [mis'ju:s] n misbruik nt

mittens ['mitənz] pl wanten pl

mix [miks] v mengen; ~ **with** *omgaan met

mixed [mikst] adj gemêleerd, gemengd

mixer ['miksə] n mixer c

mixture ['mikstʃə] n mengsel nt

moan [moun] v kreunen

moat [mout] n gracht c

mobile ['moubail] adj beweeglijk, mobiel

mock [mɔk] v bespotten

mockery ['mɔkəri] n spot c

model ['mɔdəl] n model nt; mannequin c; v modelleren, boetseren

moderate ['mɔdərət] adj gematigd, matig; middelmatig

modern ['mɔdən] adj modern

modest ['mɔdist] adj discreet, bescheiden

modesty ['mɔdisti] n bescheidenheid c

modify ['mɔdifai] v wijzigen

mohair ['mouhɛə] n mohair nt

moist [mɔist] adj nat, vochtig

moisten ['mɔisən] v bevochtigen

moisture ['mɔistʃə] n vochtigheid c; **moisturizing cream** vochtinbrengende crème

molar ['moulə] n kies c

moment ['moumənt] n moment nt, ogenblik nt

momentary ['mouməntəri] adj kortstondig

monarch ['mɔnək] n vorst c

monarchy ['mɔnəki] n monarchie c

monastery ['mɔnəstri] n klooster nt

Monday ['mʌndi] maandag c

monetary ['mʌnitəri] adj monetair; ~ **unit** munteenheid c

money ['mʌni] n geld nt; ~ **exchange** wisselkantoor nt; ~ **order** overschrijving c

monk [mʌŋk] n monnik c

monkey ['mʌŋki] n aap c

monologue ['mɔnɔlɔg] n monoloog c

monopoly [mə'nɔpəli] n monopolie nt

monotonous [mə'nɔtənəs] adj eentonig

month [mʌnθ] n maand c

monthly ['mʌnθli] adj maandelijks; ~ **magazine** maandblad nt

monument ['mɔnjumənt] n gedenkteken nt, monument nt

mood [mu:d] n humeur nt, stemming c

moon [mu:n] n maan c

moonlight ['mu:nlait] n maanlicht nt

moor [muə] n heide c, veen nt

moose [mu:s] n (pl ~, ~s) eland c

moped ['mouped] n bromfiets c

moral ['mɔrəl] n moraal c; adj zedelijk, moreel; **morals** zeden pl

morality [mə'ræləti] n moraliteit c

more [mɔ:] adj meer; **once** ~ nogmaals

moreover [mɔ:'rouvə] adv voorts, bovendien

morning ['mɔ:niŋ] n ochtend c, morgen c; ~ **paper** ochtendblad nt; **this** ~ vanmorgen

Moroccan [mə'rɔkən] adj Marokkaans; n Marokkaan c

Morocco [mə'rɔkou] Marokko

morphia ['mɔ:fiə] n morfine c

morphine ['mɔ:fi:n] n morfine c

morsel ['mɔ:səl] n brok nt

mortal ['mɔ:təl] adj dodelijk, sterfelijk

mortgage ['mɔ:gidʒ] n hypotheek c

mosaic [mə'zeiik] n mozaïek nt

mosque [mɔsk] n moskee c

mosquito [mə'ski:tou] n (pl ~es) mug c; muskiet c

mosquito-net [mə'ski:tounet] n muskietennet nt

moss [mɔs] n mos nt

most [moust] adj meest; **at** ~ hoogstens, hooguit; ~ **of all** vooral

mostly ['moustli] *adv* meestal

motel [mou'tel] *n* motel *nt*

moth [mɔθ] *n* mot *c*

mother ['mʌðə] *n* moeder *c*; ~ **tongue** moedertaal *c*

mother-in-law ['mʌðərinlɔ:] *n* (pl mothers-) schoonmoeder *c*

mother-of-pearl [,mʌðərəv'pə:l] *n* paarlemoer *nt*

motion ['mouʃən] *n* beweging *c*; motie *c*

motive ['moutiv] *n* motief *nt*

motor ['moutə] *n* motor *c*; *v* *autorijden; ~ **body** *Am* carrosserie *c*; **starter** ~ startmotor *c*

motorbike ['moutəbaik] *nAm* brommer *c*

motor-boat ['moutəbout] *n* motorboot *c*

motor-car ['moutəka:] *n* auto *c*

motor-cycle ['moutə,saikəl] *n* motorfiets *c*

motoring ['moutəriŋ] *n* automobilisme *nt*

motorist ['moutərist] *n* automobilist *c*

motorway ['moutəwei] *n* snelweg *c*

motto ['mɔtou] *n* (pl ~es, ~s) devies *nt*

mouldy ['mouldi] *adj* beschimmeld

mound [maund] *n* heuvel *c*

mount [maunt] *v* *bestijgen; *n* berg *c*

mountain ['mauntin] *n* berg *c*; ~ **pass** bergpas *c*; ~ **range** bergketen *c*

mountaineering [,maunti'niəriŋ] *n* bergsport *c*

mountainous ['mauntinəs] *adj* bergachtig

mourning ['mɔ:niŋ] *n* rouw *c*

mouse [maus] *n* (pl mice) muis *c*

moustache [mə'sta:ʃ] *n* snor *c*

mouth [mauθ] *n* mond *c*; muil *c*, bek *c*; monding *c*

mouthwash ['mauθwɔʃ] *n* mondspoeling *c*

movable ['mu:vəbəl] *adj* roerend

move [mu:v] *v* *bewegen; verplaatsen; verhuizen; ontroeren; *n* zet *c*, stap *c*; verhuizing *c*

movement ['mu:vmənt] *n* beweging *c*

movie ['mu:vi] *n* film *c*; **movies** *Am* bioscoop *c*; ~ **theater** *Am* bioscoop *c*

much [mʌtʃ] *adj* veel; **as** ~ evenveel; evenzeer

muck [mʌk] *n* drek *c*

mud [mʌd] *n* modder *c*

muddle ['mʌdəl] *n* wirwar *c*, warboel *c*; *v* verknoeien

muddy ['mʌdi] *adj* modderig

mud-guard ['mʌdga:d] *n* spatbord *nt*

muffler ['mʌflə] *nAm* knalpot *c*

mug [mʌg] *n* beker *c*, kroes *c*

mulberry ['mʌlbəri] *n* moerbei *c*

mule [mju:l] *n* muildier *nt*, muilezel *c*

mullet ['mʌlit] *n* mul *c*

multiplication [,mʌltipli'keiʃən] *n* vermenigvuldiging *c*

multiply ['mʌltiplai] *v* vermenigvuldigen

mumps [mʌmps] *n* bof *c*

municipal [mju:'nisipəl] *adj* gemeentelijk

municipality [mju:,nisi'pæləti] *n* gemeentebestuur *nt*

murder ['mə:də] *n* moord *c*; *v* vermoorden

murderer ['mə:dərə] *n* moordenaar *c*

muscle ['mʌsəl] *n* spier *c*

muscular ['mʌskjulə] *adj* gespierd

museum [mju:'zi:əm] *n* museum *nt*

mushroom ['mʌʃru:m] *n* champignon *c*; paddestoel *c*

music ['mju:zik] *n* muziek *c*; ~ **academy** conservatorium *nt*

musical ['mju:zikəl] *adj* muzikaal; *n* musical *c*

music-hall ['mju:zikhɔ:l] *n* variététheater *nt*

musician [mju:'ziʃən] n musicus c
muslin ['mʌzlin] n mousseline c
mussel ['mʌsəl] n mossel c
*must [mʌst] v *moeten
mustard ['mʌstəd] n mosterd c
mute [mju:t] adj stom
mutiny ['mju:tini] n muiterij c
mutton ['mʌtən] n schapevlees nt
mutual ['mju:tʃuəl] adj onderling, wederzijds
my [mai] adj mijn
myself [mai'self] pron me; zelf
mysterious [mi'stiəriəs] adj mysterieus, geheimzinnig
mystery ['mistəri] n raadsel nt, mysterie nt
myth [miθ] n mythe c

N

nail [neil] n nagel c; spijker c
nailbrush ['neilbrʌʃ] n nagelborstel c
nail-file ['neilfail] n nagelvijl c
nail-polish ['neil,pɔliʃ] n nagellak c
nail-scissors ['neil,sizəz] pl nagelschaar c
naïve [nɑ:'i:v] adj naïef
naked ['neikid] adj bloot, naakt; kaal
name [neim] n naam c; v noemen; in
the ~ of namens
namely ['neimli] adv namelijk
nap [næp] n dutje nt
napkin ['næpkin] n servet nt
nappy ['næpi] n luier c
narcosis [nɑ:'kousis] n (pl -ses) narcose c
narcotic [nɑ:'kɔtik] n narcoticum c
narrow ['nærou] adj eng, smal, nauw
narrow-minded [,nærou'maindid] adj
bekrompen
nasty ['nɑ:sti] adj naar, akelig
nation ['neiʃən] n natie c; volk nt

national ['næʃənəl] adj nationaal;
volks-; staats-; ~ anthem volkslied
nt; ~ dress nationale klederdracht;
~ park natuurreservaat nt
nationality [,næʃə'næləti] n nationaliteit c
nationalize ['næʃənəlaiz] v nationaliseren
native ['neitiv] n inboorling c; adj inheems; ~ country vaderland nt, geboorteland nt; ~ language moedertaal c
natural ['nætʃərəl] adj natuurlijk; aangeboren
naturally ['nætʃərəli] adv natuurlijk,
uiteraard
nature ['neitʃə] n natuur c; aard c
naughty ['nɔ:ti] adj ondeugend, stout
nausea ['nɔ:siə] n misselijkheid c
naval ['neivəl] adj marine-
navel ['neivəl] n navel c
navigable ['nævigəbəl] adj bevaarbaar
navigate ['nævigeit] v *varen; sturen
navigation [,nævi'geiʃən] n navigatie
c; scheepvaart c
navy ['neivi] n marine c
near [niə] prep bij; adj nabij, dichtbij
nearby ['niəbai] adj nabijzijnd
nearly ['niəli] adv haast, bijna
neat [ni:t] adj keurig, net; puur
necessary ['nesəsəri] adj nodig, noodzakelijk
necessity [nə'sesəti] n noodzaak c
neck [nek] n hals c; nape of the ~
nek c
necklace ['nekləs] n halsketting c
necktie ['nektai] n das c
need [ni:d] v hoeven, behoeven, nodig
*hebben; n nood c, behoefte c;
noodzaak c; ~ to *moeten
needle ['ni:dəl] n naald c
needlework ['ni:dəlwə:k] n handwerk
nt
negative ['negətiv] adj ontkennend,

negatief; *n* negatief *nt*

neglect [ni'glekt] *v* verwaarlozen; *n* verwaarlozing *c*

neglectful [ni'glektfəl] *adj* nalatig

negligee ['negliʒei] *n* negligé *nt*

negotiate [ni'gouʃieit] *v* onderhandelen

negotiation [ni,gouʃi'eiʃən] *n* onderhandeling *c*

Negro ['ni:grou] *n* (pl ~es) neger *c*

neighbour ['neibə] *n* buur *c*, buurman *c*

neighbourhood ['neibəhud] *n* buurt *c*

neighbouring ['neibəriŋ] *adj* aangrenzend, naburig

neither ['naiðə] *pron* geen van beide; **neither ... nor** noch ... noch

neon ['ni:ɔn] *n* neon *nt*

nephew ['nefju:] *n* neef *c*

nerve [nə:v] *n* zenuw *c*; durf *c*

nervous ['nə:vəs] *adj* nerveus, zenuwachtig

nest [nest] *n* nest *nt*

net [net] *n* net *nt*; *adj* netto

the Netherlands ['neðələndz] Nederland

network ['netwə:k] *n* netwerk *nt*

neuralgia [njuə'rældʒə] *n* zenuwpijn *c*

neurosis [njuə'rousis] *n* neurose *c*

neuter ['nju:tə] *adj* onzijdig

neutral ['nju:trəl] *adj* neutraal

never ['nevə] *adv* nimmer, nooit

nevertheless [,nevəðə'les] *adv* niettemin

new [nju:] *adj* nieuw; **New Year** nieuwjaar

news [nju:z] *n* nieuwsberichten *pl*, nieuws *nt*; journaal *nt*

newsagent ['nju:,zeidʒənt] *n* krantenverkoper *c*

newspaper ['nju:z,peipə] *n* krant *c*

newsreel ['nju:zri:l] *n* filmjournaal *nt*

newsstand ['nju:zstænd] *n* krantenkiosk *c*

New Zealand [nju: 'zi:lənd] Nieuw-Zeeland

next [nekst] *adj* volgend; ~ **to** naast

nice [nais] *adj* aardig, mooi, prettig; lekker; sympathiek

nickel ['nikəl] *n* nikkel *nt*

nickname ['nikneim] *n* bijnaam *c*

nicotine ['nikəti:n] *n* nicotine *c*

niece [ni:s] *n* nicht *c*

Nigeria [nai'dʒiəriə] Nigeria

Nigerian [nai'dʒiəriən] *adj* Nigeriaans; *n* Nigeriaan *c*

night [nait] *n* nacht *c*; avond *c*; **by** ~ 's nachts; ~ **flight** nachtvlucht *c*; ~ **rate** nachttarief *nt*; ~ **train** nachttrein *c*

nightclub ['naitklʌb] *n* nachtclub *c*

night-cream ['naitkri:m] *n* nachtcrème *c*

nightdress ['naitdres] *n* nachtjapon *c*

nightingale ['naitiŋgeil] *n* nachtegaal *c*

nightly ['naitli] *adj* nachtelijk

nil [nil] *n* niets

nine [nain] *num* negen

nineteen [,nain'ti:n] *num* negentien

nineteenth [,nain'ti:nθ] *num* negentiende

ninety ['nainti] *num* negentig

ninth [nainθ] *num* negende

nitrogen ['naitrədʒən] *n* stikstof *c*

no [nou] neen, nee; *adj* geen; ~ **one** niemand

nobility [nou'biləti] *n* adel *c*

noble ['noubəl] *adj* adellijk; edel

nobody ['noubədi] *pron* niemand

nod [nɔd] *n* knik *c*; *v* knikken

noise [nɔiz] *n* geluid *nt*; herrie *c*, rumoer *nt*, lawaai *nt*

noisy ['nɔizi] *adj* lawaaierig; gehorig

nominal ['nɔminəl] *adj* nominaal

nominate ['nɔmineit] *v* benoemen

nomination [,nɔmi'neiʃən] *n* nominatie *c*; benoeming *c*

none [nʌn] *pron* geen

nonsense ['nɔnsəns] *n* onzin *c*
noon [nu:n] *n* middag *c*
normal ['nɔ:məl] *adj* gewoon, normaal
north [nɔ:θ] *n* noorden *nt*; noord *c*; *adj* noordelijk; **North Pole** noordpool *c*
north-east [ˌnɔ:θ'i:st] *n* noordoosten *nt*
northerly ['nɔ:ðəli] *adj* noordelijk
northern ['nɔ:ðən] *adj* noordelijk
north-west [ˌnɔ:θ'west] *n* noordwesten *nt*
Norway ['nɔ:wei] Noorwegen
Norwegian [nɔ:'wi:dʒən] *adj* Noors; *n* Noor *c*
nose [nouz] *n* neus *c*
nosebleed ['nouzbli:d] *n* neusbloeding *c*
nostril ['nɔstril] *n* neusgat *nt*
not [nɔt] *adv* niet
notary ['noutəri] *n* notaris *c*
note [nout] *n* aantekening *c*, notitie *c*; noot *c*; toon *c*; *v* noteren; opmerken, constateren
notebook ['noutbuk] *n* notitieboek *nt*
noted ['noutid] *adj* befaamd
notepaper ['nout,peipə] *n* schrijfpapier *nt*, briefpapier *nt*
nothing ['nʌθiŋ] *n* niks, niets
notice ['noutis] *v* bemerken, merken, opmerken; *zien; *n* aankondiging *c*, bericht *nt*; notitie *c*, aandacht *c*
noticeable ['noutisəbəl] *adj* merkbaar; opmerkelijk
notify ['noutifai] *v* mededelen; waarschuwen
notion ['noufən] *n* begrip *nt*, notie *c*
notorious [nou'tɔ:riəs] *adj* berucht
nougat ['nu:ga:] *n* noga *c*
nought [nɔ:t] *n* nul *c*
noun [naun] *n* zelfstandig naamwoord *nt*
nourishing ['nʌriʃiŋ] *adj* voedzaam
novel ['nɔvəl] *n* roman *c*
novelist ['nɔvəlist] *n* romanschrijver *c*

November [nou'vembə] november
now [nau] *adv* nu; thans; ~ **and then** nu en dan
nowadays ['nauədeiz] *adv* tegenwoordig
nowhere ['nouwɛə] *adv* nergens
nozzle ['nɔzəl] *n* tuit *c*
nuance [nju:'ɑ̃:s] *n* nuance *c*
nuclear ['nju:kliə] *adj* kern-, nucleair; ~ **energy** kernenergie *c*
nucleus ['nju:kliəs] *n* kern *c*
nude [nju:d] *adj* naakt; *n* naakt *nt*
nuisance ['nju:səns] *n* last *c*
numb [nʌm] *adj* gevoelloos; verstijfd
number ['nʌmbə] *n* nummer *nt*; cijfer *nt*, getal *nt*; aantal *nt*
numeral ['nju:mərəl] *n* telwoord *nt*
numerous ['nju:mərəs] *adj* talrijk
nun [nʌn] *n* non *c*
nunnery ['nʌnəri] *n* nonnenklooster *nt*
nurse [nə:s] *n* zuster *c*, verpleegster *c*; kinderjuffrouw *c*; *v* verplegen; zogen
nursery ['nə:səri] *n* kinderkamer *c*; crèche *c*; boomkwekerij *c*
nut [nʌt] *n* noot *c*; moer *c*
nutcrackers ['nʌt,krækəz] *pl* notekraker *c*
nutmeg ['nʌtmeg] *n* nootmuskaat *c*
nutritious [nju:'triʃəs] *adj* voedzaam
nutshell ['nʌtʃel] *n* notedop *c*
nylon ['nailən] *n* nylon *nt*

O

oak [ouk] *n* eik *c*
oar [ɔ:] *n* roeiriem *c*
oasis [ou'eisis] *n* (pl oases) oase *c*
oath [ouθ] *n* eed *c*
oats [outs] *pl* haver *c*
obedience [ə'bi:diəns] *n* gehoorzaamheid *c*

obedient [ə'bi:diənt] *adj* gehoorzaam

obey [ə'bei] *v* gehoorzamen

object[1] ['ɔbdʒikt] *n* object *nt*; voorwerp *nt*; doel *nt*

object[2] [əb'dʒekt] *v* *tegenwerpen; ~ to bezwaar *hebben tegen

objection [əb'dʒekʃən] *n* bezwaar *nt*, tegenwerping *c*

objective [əb'dʒektiv] *adj* objectief; *n* doel *nt*

obligatory [ə'bligətəri] *adj* verplicht

oblige [ə'blaidʒ] *v* verplichten; *be obliged to verplicht *zijn om; *moeten

obliging [ə'blaidʒiŋ] *adj* voorkomend

oblong ['ɔblɔŋ] *adj* langwerpig; *n* rechthoek *c*

obscene [əb'si:n] *adj* obsceen

obscure [əb'skjuə] *adj* obscuur, duister

observation [,ɔbzə'veiʃən] *n* observatie *c*, waarneming *c*

observatory [əb'zɔ:vətri] *n* observatorium *nt*

observe [əb'zɔ:v] *v* observeren, *waarnemen

obsession [əb'seʃən] *n* obsessie *c*

obstacle ['ɔbstəkəl] *n* hindernis *c*

obstinate ['ɔbstinət] *adj* koppig; hardnekkig

obtain [əb'tein] *v* behalen, *verkrijgen

obtainable [əb'teinəbəl] *adj* verkrijgbaar

obvious ['ɔbviəs] *adj* duidelijk

occasion [ə'keiʒən] *n* gelegenheid *c*; aanleiding *c*

occasionally [ə'keiʒənəli] *adv* af en toe, nu en dan

occupant ['ɔkjupənt] *n* bewoner *c*

occupation [,ɔkju'peiʃən] *n* werk *nt*; bezetting *c*

occupy ['ɔkjupai] *v* *innemen, bezetten; occupied *adj* bezet

occur [ə'kə:] *v* gebeuren, *voorkomen, zich *voordoen

occurrence [ə'kʌrəns] *n* gebeurtenis *c*

ocean ['ouʃən] *n* oceaan *c*

October [ɔk'toubə] oktober

octopus ['ɔktəpəs] *n* octopus *c*

oculist ['ɔkjulist] *n* oogarts *c*

odd [ɔd] *adj* raar, vreemd; oneven

odour ['oudə] *n* geur *c*

of [ɔv, əv] *prep* van

off [ɔf] *adv* af; weg; *prep* van

offence [ə'fens] *n* overtreding *c*; belediging *c*, aanstoot *c*

offend [ə'fend] *v* krenken, beledigen; *overtreden

offensive [ə'fensiv] *adj* offensief; beledigend, aanstootgevend; *n* offensief *nt*

offer ['ɔfə] *v* *aanbieden; *bieden; *n* aanbieding *c*, aanbod *nt*

office ['ɔfis] *n* bureau *nt*, kantoor *nt*; ambt *nt*; ~ hours kantooruren *pl*

officer ['ɔfisə] *n* officier *c*

official [ə'fiʃəl] *adj* officieel

off-licence ['ɔf,laisəns] *n* slijterij *c*

often ['ɔfən] *adv* vaak, dikwijls

oil [ɔil] *n* olie *c*; fuel ~ stookolie *c*; ~ filter oliefilter *nt*; ~ pressure oliedruk *c*

oil-painting [,ɔil'peintiŋ] *n* olieverfschilderij *nt*

oil-refinery ['ɔilri,fainəri] *n* olieraffinaderij *c*

oil-well ['ɔilwel] *n* oliebron *c*

oily ['ɔili] *adj* olieachtig

ointment ['ɔintmənt] *n* zalf *c*

okay! [,ou'kei] in orde!

old [ould] *adj* oud; ~ age ouderdom *c*

old-fashioned [,ould'fæʃənd] *adj* ouderwets

olive ['ɔliv] *n* olijf *c*; ~ oil olijfolie *c*

omelette ['ɔmlət] *n* omelet *nt*

ominous ['ɔminəs] *adj* onheilspellend

omit [ə'mit] *v* *weglaten

omnipotent [ɔm'nipətənt] *adj* almachtig

on [ɔn] *prep* op; aan

once [wʌns] *adv* eenmaal, eens; **at ~** meteen, dadelijk; **~ more** nog eens

oncoming ['ɔn,kʌmiŋ] *adj* tegemoetkomend, naderend

one [wʌn] *num* een; *pron* men

oneself [wʌn'self] *pron* zelf

onion ['ʌnjən] *n* ui *c*

only ['ounli] *adj* enig; *adv* slechts, alleen, maar; *conj* maar

onwards ['ɔnwədz] *adv* voorwaarts

onyx ['ɔniks] *n* onyx *nt*

opal ['oupəl] *n* opaal *c*

open ['oupən] *v* openen; *adj* open; openhartig

opening ['oupəniŋ] *n* opening *c*

opera ['ɔpərə] *n* opera *c*; **~ house** opera *c*

operate ['ɔpəreit] *v* opereren, werken

operation [,ɔpə'reiʃən] *n* werking *c*; operatie *c*

operator ['ɔpəreitə] *n* telefoniste *c*

operetta [,ɔpə'retə] *n* operette *c*

opinion [ə'pinjən] *n* opinie *c*, mening *c*

opponent [ə'pounənt] *n* tegenstander *c*

opportunity [,ɔpə'tju:nəti] *n* gelegenheid *c*, kans *c*

oppose [ə'pouz] *v* zich verzetten

opposite ['ɔpəzit] *prep* tegenover; *adj* tegengesteld

opposition [,ɔpə'ziʃən] *n* oppositie *c*

oppress [ə'pres] *v* beklemmen, verdrukken

optician [ɔp'tiʃən] *n* opticien *c*

optimism ['ɔptimizəm] *n* optimisme *nt*

optimist ['ɔptimist] *n* optimist *c*

optimistic [,ɔpti'mistik] *adj* optimistisch

optional ['ɔpʃənəl] *adj* facultatief

or [ɔ:] *conj* of

oral ['ɔ:rəl] *adj* mondeling

orange ['ɔrindʒ] *n* sinaasappel *c*; *adj* oranje

orchard ['ɔ:tʃəd] *n* boomgaard *c*

orchestra ['ɔ:kistrə] *n* orkest *nt*; **~ seat** *Am* stalles *pl*

order ['ɔ:də] *v* *bevelen; bestellen; *n* volgorde *c*, orde *c*; opdracht *c*, bevel *nt*; bestelling *c*; **in ~** in orde; **in ~ to** om te; **made to ~** op maat gemaakt; **out of ~** buiten werking; **postal ~** postwissel *c*

order-form ['ɔ:dəfɔ:m] *n* bestelformulier *nt*

ordinary ['ɔ:dənri] *adj* alledaags, gewoon

ore [ɔ:] *n* erts *nt*

organ ['ɔ:gən] *n* orgaan *nt*; orgel *nt*

organic [ɔ:'gænik] *adj* organisch

organization [,ɔ:gənai'zeiʃən] *n* organisatie *c*

organize ['ɔ:gənaiz] *v* organiseren

Orient ['ɔ:riənt] *n* Oosten *nt*

oriental [,ɔ:ri'entəl] *adj* oosters

orientate ['ɔ:riənteit] *v* zich oriënteren

origin ['ɔridʒin] *n* origine *c*, oorsprong *c*; afstamming *c*, herkomst *c*

original [ə'ridʒinəl] *adj* oorspronkelijk, origineel

originally [ə'ridʒinəli] *adv* aanvankelijk

orlon ['ɔ:lɔn] *n* orlon *nt*

ornament ['ɔ:nəmənt] *n* versiersel *nt*

ornamental [,ɔ:nə'mentəl] *adj* ornamenteel

orphan ['ɔ:fən] *n* wees *c*

orthodox ['ɔ:θədɔks] *adj* orthodox

ostrich ['ɔstritʃ] *n* struisvogel *c*

other ['ʌðə] *adj* ander

otherwise ['ʌðəwaiz] *conj* anders

*ought to [ɔ:t] *moeten

our [auə] *adj* ons

ourselves [auə'selvz] *pron* ons; zelf

out [aut] *adv* buiten, uit; **~ of** buiten, uit

outbreak ['autbreik] *n* uitbarsting *c*

outcome ['autkʌm] *n* resultaat *nt*

*outdo [,aut'du:] *v* *overtreffen

outdoors [,aut'dɔ:z] adv buiten
outer ['autə] adj buitenst
outfit ['autfit] n uitrusting c
outline ['autlain] n omtrek c; v schetsen
outlook ['autluk] n verwachting c; zienswijze c
output ['autput] n produktie c
outrage ['autreidʒ] n gewelddaad c
outside [,aut'said] adv buiten; prep buiten; n uiterlijk nt, buitenkant c
outsize ['autsaiz] n extra grote maat
outskirts ['autskə:ts] pl buitenwijk c
outstanding [,aut'stændiŋ] adj eminent, vooraanstaand
outward ['autwəd] adj uiterlijk
outwards ['autwədz] adv naar buiten
oval ['ouvəl] adj ovaal
oven ['ʌvən] n oven c
over ['ouvə] prep boven, over; meer dan; adv over; omver; adj voorbij; ~ there ginds
overall ['ouvərɔ:l] adj totaal
overalls ['ouvərɔ:lz] pl overall c
overcast ['ouvəka:st] adj betrokken
overcoat ['ouvəkout] n overjas c
*__overcome__ [,ouvə'kʌm] v *overwinnen
overdue [,ouvə'dju:] adj te laat; achterstallig
overgrown [,ouvə'groun] adj begroeid
overhaul [,ouvə'hɔ:l] v reviseren
overlook [,ouvə'luk] v over het hoofd *zien
overnight [,ouvə'nait] adv 's nachts
overseas [,ouvə'si:z] adj overzees
oversight ['ouvəsait] n vergissing c
*__oversleep__ [,ouvə'sli:p] v zich *verslapen
overstrung [,ouvə'strʌn] adj overspannen
*__overtake__ [,ouvə'teik] v inhalen; no overtaking inhalen verboden
over-tired [,ouvə'taiəd] adj oververmoeid

overture ['ouvətʃə] n ouverture c
overweight ['ouvəweit] n bagageoverschot nt
overwhelm [,ouvə'welm] v onthutsen, overweldigen
overwork [,ouvə'wə:k] v zich overwerken
owe [ou] v verschuldigd *zijn, schuldig *zijn; te danken *hebben aan; owing to vanwege, ten gevolge van
owl [aul] n uil c
own [oun] v *bezitten; adj eigen
owner ['ounə] n bezitter c, eigenaar c
ox [ɔks] n (pl oxen) os c
oxygen ['ɔksidʒən] n zuurstof c
oyster ['ɔistə] n oester c

P

pace [peis] n gang c; schrede c, stap c; tempo nt
Pacific Ocean [pə'sifik 'oufən] Stille Oceaan
pacifism ['pæsifizəm] n pacifisme nt
pacifist ['pæsifist] n pacifist c; pacifistisch
pack [pæk] v inpakken; ~ up inpakken
package ['pækidʒ] n pak nt
packet ['pækit] n pakje nt
packing ['pækiŋ] n verpakking c
pad [pæd] n kussentje nt; blocnote c
paddle ['pædəl] n peddel c
padlock ['pædlɔk] n hangslot nt
pagan ['peigən] adj heidens; n heiden c
page [peidʒ] n pagina c, bladzijde c
page-boy ['peidʒbɔi] n piccolo c
pail [peil] n emmer c
pain [pein] n pijn c; pains moeite c
painful ['peinfəl] adj pijnlijk
painless ['peinləs] adj pijnloos

paint [peint] *n* verf *c*; *v* schilderen; verven

paint-box ['peintbɔks] *n* verfdoos *c*

paint-brush ['peintbrʌʃ] *n* penseel *nt*

painter ['peintə] *n* schilder *c*

painting ['peintiŋ] *n* schilderij *nt*

pair [peə] *n* paar *c*

Pakistan [,pɑ:ki'stɑ:n] Pakistan

Pakistani [,pɑ:ki'stɑ:ni] *adj* Pakistaans; *n* Pakistaan *c*

palace ['pæləs] *n* paleis *nt*

pale [peil] *adj* bleek; licht

palm [pɑ:m] *n* palm *c*; handpalm *c*

palpable ['pælpəbəl] *adj* tastbaar

palpitation [,pælpi'teiʃən] *n* hartklopping *c*

pan [pæn] *n* pan *c*

pane [pein] *n* ruit *c*

panel ['pænəl] *n* paneel *nt*

panelling ['pænəliŋ] *n* lambrizering *c*

panic ['pænik] *n* paniek *c*

pant [pænt] *v* hijgen

panties ['pæntiz] *pl* onderbroek *c*, slip *c*

pants [pænts] *pl* onderbroek *c*; *plAm* broek *c*

pant-suit ['pæntsu:t] *n* broekpak *nt*

panty-hose ['pæntihouz] *n* panty *c*

paper ['peipə] *n* papier *nt*; krant *c*; papieren; **carbon ~** carbonpapier *nt*; **~ bag** papieren zak; **~ napkin** papieren servet; **typing ~** schrijfmachinepapier *nt*; **wrapping ~** pakpapier *nt*

paperback ['peipəbæk] *n* pocketboek *nt*

paper-knife ['peipənaif] *n* briefopener *c*

parade [pə'reid] *n* parade *c*, optocht *c*

paraffin ['pærəfin] *n* petroleum *c*

paragraph ['pærəgrɑ:f] *n* alinea *c*, paragraaf *c*

parakeet ['pærəki:t] *n* parkiet *c*

paralise ['pærəlaiz] *v* verlammen

parallel ['pærəlel] *adj* evenwijdig, parallel; *n* parallel *c*

parcel ['pɑ:səl] *n* pakket *nt*, pakje *nt*

pardon ['pɑ:dən] *n* vergiffenis *c*; gratie *c*

parents ['peərənts] *pl* ouders *pl*

parents-in-law ['peərəntsinlɔ:] *pl* schoonouders *pl*

parish ['pæriʃ] *n* parochie *c*

park [pɑ:k] *n* park *nt*; *v* parkeren; **no parking** verboden te parkeren; **parking fee** parkeertarief *nt*; **parking light** stadslicht *nt*; **parking lot** *Am* parkeerplaats *c*; **parking meter** parkeermeter *c*; **parking zone** parkeerzone *c*

parliament ['pɑ:ləmənt] *n* parlement *nt*

parliamentary [,pɑ:lə'mentəri] *adj* parlementair

parrot ['pærət] *n* papegaai *c*

parsley ['pɑ:sli] *n* peterselie *c*

parson ['pɑ:sən] *n* dominee *c*

parsonage ['pɑ:sənidʒ] *n* pastorie *c*

part [pɑ:t] *n* gedeelte *nt*, deel *nt*; stuk *nt*; *v* *scheiden; **spare ~** onderdeel *nt*

partial ['pɑ:ʃəl] *adj* gedeeltelijk; partijdig

participant [pɑ:'tisipənt] *n* deelnemer *c*

participate [pɑ:'tisipeit] *v* *deelnemen

particular [pə'tikjulə] *adj* bijzonder, speciaal; kieskeurig; **in ~** in het bijzonder

parting ['pɑ:tiŋ] *n* afscheid *nt*; scheiding *c*

partition [pɑ:'tiʃən] *n* tussenschot *nt*

partly ['pɑ:tli] *adv* deels, gedeeltelijk

partner ['pɑ:tnə] *n* partner *c*; compagnon *c*

partridge ['pɑ:tridʒ] *n* patrijs *c*

party ['pɑ:ti] *n* partij *c*; fuif *c*, feestje *nt*; groep *c*

pass [pɑ:s] v *voorbijgaan, passeren; *aangeven; slagen; vAm inhalen; **no passing** Am inhalen verboden; ~ **by** passeren; ~ **through** *gaan door

passage ['pæsidʒ] n doorgang c; overtocht c; passage c; doorreis c

passenger ['pæsəndʒə] n passagier c; ~ **car** Am wagon c; ~ **train** personentrein c

passer-by [,pɑ:sə'bai] n voorbijganger c

passion ['pæʃən] n hartstocht c, passie c; drift c

passionate ['pæʃənət] adj hartstochtelijk

passive ['pæsiv] adj passief

passport ['pɑ:spɔ:t] n paspoort nt; ~ **control** paspoortcontrole c; ~ **photograph** pasfoto c

password ['pɑ:swə:d] n wachtwoord nt

past [pɑ:st] n verleden nt; adj vorig, afgelopen, voorbij; prep langs, voorbij

paste [peist] n pasta c; v plakken

pastry ['peistri] n gebak nt; ~ **shop** banketbakkerij c

pasture ['pɑ:stʃə] n weiland nt

patch [pætʃ] v verstellen

patent ['peitənt] n patent nt, octrooi nt

path [pɑ:θ] n pad nt

patience ['peiʃəns] n geduld nt

patient ['peiʃənt] adj geduldig; n patiënt c

patriot ['peitriət] n patriot c

patrol [pə'troul] n patrouille c; v patrouilleren; surveilleren

pattern ['pætən] n motief nt, patroon nt

pause [pɔ:z] n pauze c; v pauzeren

pave [peiv] v plaveien, bestraten

pavement ['peivmənt] n trottoir nt; plaveisel nt

pavilion [pə'viljən] n paviljoen nt

paw [pɔ:] n poot c

pawn [pɔ:n] v verpanden; n pion c

pawnbroker ['pɔ:n,broukə] n pandjesbaas c

pay [pei] n salaris nt, loon nt

*pay [pei] v betalen; lonen; ~ **attention to** letten op; **paying** rendabel; ~ **off** aflossen; ~ **on account** afbetalen

pay-desk ['peidesk] n kassa c

payee [pei'i:] n begunstigde c

payment ['peimənt] n betaling c

pea [pi:] n erwt c

peace [pi:s] n vrede c

peaceful ['pi:sfəl] adj vreedzaam

peach [pi:tʃ] n perzik c

peacock ['pi:kɔk] n pauw c

peak [pi:k] n top c; spits c; ~ **hour** spitsuur nt; ~ **season** hoogseizoen nt

peanut ['pi:nʌt] n pinda c

pear [peə] n peer c

pearl [pə:l] n parel c

peasant ['pezənt] n boer c

pebble ['pebəl] n kiezel c

peculiar [pi'kju:liə] adj eigenaardig; speciaal, bijzonder

peculiarity [pi,kju:li'ærəti] n eigenaardigheid c

pedal ['pedəl] n pedaal nt/c

pedestrian [pi'destriən] n voetganger c; **no pedestrians** verboden voor voetgangers; ~ **crossing** zebrapad nt

pedicure ['pedikjuə] n pedicure c

peel [pi:l] v schillen c; n schil c

peep [pi:p] v gluren

peg [peg] n klerenhaak c

pelican ['pelikən] n pelikaan c

pelvis ['pelvis] n bekken nt

pen [pen] n pen c

penalty ['penəlti] n boete c; straf c; ~

kick strafschop c
pencil ['pensəl] n potlood nt
pencil-sharpener ['pensəl,ʃɑːpnə] n
punteslijper c
penetrate ['penitreit] v *doordringen
penguin ['peŋgwin] n pinguin c
penicillin [,peni'silin] n penicilline c
peninsula [pə'ninsjulə] n schiereiland
nt
penknife ['pennaif] n (pl -knives) zakmes nt
pension¹ ['pɑ̃:siɔ̃:] n pension nt
pension² ['penʃən] n pensioen nt
people ['piːpəl] pl mensen; n volk nt
pepper ['pepə] n peper c
peppermint ['pepəmint] n pepermunt
c
perceive [pə'siːv] v bemerken
percent [pə'sent] n procent nt
percentage [pə'sentidʒ] n percentage
nt
perceptible [pə'septibəl] adj merkbaar
perception [pə'sepʃən] n gewaarwording c
perch [pəːtʃ] (pl ~) baars c
percolator ['pəːkəleitə] n percolator c
perfect ['pəːfikt] adj volkomen, volmaakt
perfection [pə'fekʃən] n perfectie c,
volmaaktheid c
perform [pə'fɔːm] v uitvoeren, verrichten
performance [pə'fɔːməns] n voorstelling c
perfume ['pəːfjuːm] n parfum nt
perhaps [pə'hæps] adv misschien; wel-
licht
peril ['peril] n gevaar nt
perilous ['periləs] adj gevaarlijk
period ['piəriəd] n tijdperk nt, periode
c; punt c
periodical [,piəri'ɔdikəl] n tijdschrift
nt; adj periodiek
perish ['periʃ] v *omkomen

perishable ['periʃəbəl] adj aan bederf
onderhevig
perjury ['pəːdʒəri] n meineed c
permanent ['pəːmənənt] adj blijvend,
permanent, duurzaam; bestendig,
vast; ~ **press** plooihoudend; ~
wave permanent c
permission [pə'miʃən] n toestemming
c, permissie c; verlof nt, vergunning c
permit¹ [pə'mit] v *toestaan, veroorloven
permit² ['pəːmit] n vergunning c
peroxide [pə'rɔksaid] n waterstofperoxyde nt
perpendicular [,pəːpən'dikjulə] adj
loodrecht
Persia ['pəːʃə] Perzië
Persian ['pəːʃən] adj Perzisch; n Pers
c
person ['pəːsən] n persoon c; **per ~**
per persoon
personal ['pəːsənəl] adj persoonlijk
personality [,pəːsə'næləti] n persoonlijkheid c
personnel [,pəːsə'nel] n personeel nt
perspective [pə'spektiv] n perspectief
nt
perspiration [,pəːspə'reiʃən] n transpiratie c, zweet nt
perspire [pə'spaiə] v transpireren, zweten
persuade [pə'sweid] v overreden, overhalen; overtuigen
persuasion [pə'sweiʒən] n overtuiging
c
pessimism ['pesimizəm] n pessimisme
nt
pessimist ['pesimist] n pessimist c
pessimistic [,pesi'mistik] adj pessimistisch
pet [pet] n huisdier nt; lieveling c
petal ['petəl] n bloemblad nt
petition [pi'tiʃən] n petitie c

petrol ['petrəl] *n* benzine *c* ; ~ **pump** benzinepomp *c* ; ~ **station** benzinestation *nt* ; ~ **tank** benzinetank *c*

petroleum [pi'trouliəm] *n* petroleum *c*

petty ['peti] *adj* klein, nietig, onbeduidend ; ~ **cash** kleingeld *nt*

pewter ['pju:tə] *n* tin *nt*

pewit ['pi:wit] *n* kievit *c*

phantom ['fæntəm] *n* spook *nt*

pharmacology [,fɑ:mə'kɔlədʒi] *n* farmacologie *c*

pharmacy ['fɑ:məsi] *n* apotheek *c* ; drogisterij *c*

phase [feiz] *n* fase *c*

pheasant ['fezənt] *n* fazant *c*

Philippine ['filipain] *adj* Filippijns

Philippines ['filipi:nz] *pl* Filippijnen *pl*

philosopher [fi'lɔsəfə] *n* wijsgeer *c*, filosoof *c*

philosophy [fi'lɔsəfi] *n* wijsbegeerte *c*, filosofie *c*

phone [foun] *n* telefoon *c* ; *v* opbellen, telefoneren

phonetic [fə'netik] *adj* fonetisch

photo ['foutou] *n* (pl ~s) foto *c*

photograph ['foutəgrɑ:f] *n* foto *c* ; *v* fotograferen

photographer [fə'tɔgrəfə] *n* fotograaf *c*

photography [fə'tɔgrəfi] *n* fotografie *c*

photostat ['foutəstæt] *n* fotocopie *c*

phrase [freiz] *n* uitdrukking *c*

phrase-book ['freizbuk] *n* taalgids *c*

physical ['fizikəl] *adj* fysiek

physician [fi'ziʃən] *n* dokter *c*

physicist ['fizisist] *n* natuurkundige *c*

physics ['fiziks] *n* fysica *c*, natuurkunde *c*

physiology [,fizi'ɔlədʒi] *n* fysiologie *c*

pianist ['pi:ənist] *n* pianist *c*

piano [pi'ænou] *n* piano *c* ; **grand** ~ vleugel *c*

pick [pik] *v* plukken ; *kiezen ; *n* keus *c* ; ~ **up** oprapen ; ophalen ; **pick-up**

van bestelauto *c*

pick-axe ['pikæks] *n* houweel *nt*

pickles ['pikəlz] *pl* zoetzuur *nt*, pickles *pl*

picnic ['piknik] *n* picknick *c* ; *v* picknicken

picture ['piktʃə] *n* schilderij *nt* ; plaat *c*, prent *c* ; beeld *nt*, afbeelding *c* ; ~ **postcard** ansichtkaart *c*, prentbriefkaart *c* ; **pictures** bioscoop *c*

picturesque [,piktʃə'resk] *adj* pittoresk, schilderachtig

piece [pi:s] *n* stuk *nt*

pier [piə] *n* pier *c*

pierce [piəs] *v* doorboren

pig [pig] *n* varken *nt* ; zwijn *nt*

pigeon ['pidʒən] *n* duif *c*

pig-headed [,pig'hedid] *adj* eigenwijs

piglet ['piglət] *n* big *c*

pigskin ['pigskin] *n* varkensleer *nt*

pike [paik] (pl ~) snoek *c*

pile [pail] *n* stapel *c* ; *v* opstapelen ; **piles** *pl* aambeien *pl*

pilgrim ['pilgrim] *n* pelgrim *c*

pilgrimage ['pilgrimidʒ] *n* bedevaart *c*

pill [pil] *n* pil *c*

pillar ['pilə] *n* zuil *c*, pilaar *c*

pillar-box ['piləbɔks] *n* brievenbus *c*

pillow ['pilou] *n* kussen *nt*, hoofdkussen *nt*

pillow-case ['piloukeis] *n* kussensloop *c/nt*

pilot ['pailət] *n* piloot *c* ; loods *c*

pimple ['pimpəl] *n* puistje *nt*

pin [pin] *n* speld *c* ; *v* vastspelden ; **bobby** ~ *Am* haarspeld *c*

pincers ['pinsəz] *pl* nijptang *c*

pinch [pintʃ] *v* *knijpen

pineapple ['pai,næpəl] *n* ananas *c*

ping-pong ['piŋpɔŋ] *n* tafeltennis *nt*

pink [piŋk] *adj* roze

pioneer [,paiə'niə] *n* pionier *c*

pious ['paiəs] *adj* vroom

pip [pip] *n* pit *c*

pipe [paip] n pijp c; leiding c; ~ **cleaner** pijpestoker c; ~ **tobacco** pijptabak c

pirate ['paiərət] n piraat c

pistol ['pistəl] n pistool nt

piston ['pistən] n zuiger c; ~ **ring** zuigerring c

piston-rod ['pistənrɔd] n zuigerstang c

pit [pit] n kuil c; groeve c

pitcher ['pitʃə] n kruik c

pity ['piti] n medelijden nt; v medelijden *hebben met, beklagen; **what a pity!** jammer!

placard ['plækɑːd] n aanplakbiljet nt

place [pleis] n plaats c; v zetten, plaatsen; ~ **of birth** geboorteplaats c; *take ~ *plaatshebben

plague [pleig] n plaag c

plaice [pleis] (pl ~) schol c

plain [plein] adj duidelijk; gewoon, eenvoudig; n vlakte c

plan [plæn] n plan nt; plattegrond c; v plannen

plane [plein] adj vlak; n vliegtuig nt; ~ **crash** vliegramp c

planet ['plænit] n planeet c

planetarium [ˌplæni'tɛəriəm] n planetarium nt

plank [plæŋk] n plank c

plant [plɑːnt] n plant c; bedrijf nt; v planten

plantation [plæn'teiʃən] n plantage c

plaster ['plɑːstə] n pleister nt, gips nt; pleister c

plastic ['plæstik] adj plastic; n plastic nt

plate [pleit] n bord nt; plaat c

plateau ['plætou] n (pl ~x, ~s) hoogvlakte c

platform ['plætfɔːm] n perron nt; ~ **ticket** perronkaartje nt

platinum ['plætinəm] n platina nt

play [plei] v spelen; bespelen; n spel nt; toneelstuk nt; **one-act ~** een-

akter c; ~ **truant** spijbelen

player [pleiə] n speler c

playground ['pleigraund] n speelplaats c

playing-card ['pleiiŋkɑːd] n speelkaart c

playwright ['pleirait] n toneelschrijver c

plea [pliː] n pleidooi nt

plead [pliːd] v pleiten

pleasant ['plezənt] adj prettig, aardig, aangenaam

please [pliːz] alstublieft; v *bevallen; **pleased** ingenomen; **pleasing** aangenaam

pleasure ['pleʒə] n genoegen nt, pret c, plezier nt

plentiful ['plentifəl] adj overvloedig

plenty ['plenti] n overvloed c; heleboel c

pliers [plaiəz] pl tang c

plimsolls ['plimsəlz] pl gymschoenen pl

plot [plɔt] n samenzwering c, komplot nt; handeling c; perceel nt

plough [plau] n ploeg c; v ploegen

plucky ['plʌki] adj flink

plug [plʌg] n stekker c; ~ **in** inschakelen

plum [plʌm] n pruim c

plumber ['plʌmə] n loodgieter c

plump [plʌmp] adj mollig

plural ['pluərəl] n meervoud nt

plus [plʌs] prep plus

pneumatic [njuː'mætik] adj pneumatisch

pneumonia [njuː'mouniə] n longontsteking c

poach [poutʃ] v stropen

pocket ['pɔkit] n zak c

pocket-book ['pɔkitbuk] n portefeuille c

pocket-comb ['pɔkitkoum] n zakkam c

pocket-knife ['pɔkitnaif] n (pl -knives)

zakmes *nt*

pocket-watch ['pɔkitwɔtʃ] *n* zakhorloge *nt*

poem ['pouim] *n* gedicht *nt*

poet ['pouit] *n* dichter *c*

poetry ['pouitri] *n* dichtkunst *c*

point [pɔint] *n* punt *nt*; punt *c*; *v* *wijzen; ~ **of view** standpunt *nt*; ~ **out** *aanwijzen

pointed ['pɔintid] *adj* spits

poison ['pɔizən] *n* vergif *nt*; *v* vergiftigen

poisonous ['pɔizənəs] *adj* giftig

Poland ['poulənd] Polen

Pole [poul] *n* Pool *c*

pole [poul] *n* paal *c*

police [pə'li:s] *pl* politie *c*

policeman [pə'li:smən] *n* (pl -men) agent *c*, politieagent *c*

police-station [pə'li:s,steiʃən] *n* politiebureau *nt*

policy ['pɔlisi] *n* beleid *nt*, politiek *c*; polis *c*

polio ['pouliou] *n* polio *c*, kinderverlamming *c*

Polish ['pouliʃ] *adj* Pools

polish ['pɔliʃ] *v* poetsen

polite [pə'lait] *adj* beleefd

political [pə'litikəl] *adj* politiek

politician [,pɔli'tiʃən] *n* politicus *c*

politics ['pɔlitiks] *n* politiek *c*

pollution [pə'lu:ʃən] *n* vervuiling *c*, verontreiniging *c*

pond [pɔnd] *n* vijver *c*

pony ['pouni] *n* pony *c*

poor [puə] *adj* arm; armoedig; slecht

pope [poup] *n* paus *c*

poplin ['pɔplin] *n* popeline *nt/c*

pop music [pɔp 'mju:zik] popmuziek *c*

poppy ['pɔpi] *n* klaproos *c*; papaver *c*

popular ['pɔpjulə] *adj* populair; volks-

population [,pɔpju'leiʃən] *n* bevolking *c*

populous ['pɔpjuləs] *adj* dichtbevolkt

porcelain ['pɔ:səlin] *n* porselein *nt*

porcupine ['pɔ:kjupain] *n* stekelvarken *nt*

pork [pɔ:k] *n* varkensvlees *nt*

port [pɔ:t] *n* haven *c*; bakboord *nt*

portable ['pɔ:təbəl] *adj* draagbaar

porter ['pɔ:tə] *n* kruier *c*; portier *c*

porthole ['pɔ:thoul] *n* patrijspoort *c*

portion ['pɔ:ʃən] *n* portie *c*

portrait ['pɔ:trit] *n* portret *nt*

Portugal ['pɔ:tjugəl] Portugal

Portuguese [,pɔ:tju'gi:z] *adj* Portugees; *n* Portugees *c*

position [pə'ziʃən] *n* positie *c*; houding *c*; betrekking *c*

positive ['pɔzətiv] *adj* positief; *n* positief *nt*

possess [pə'zes] *v* *bezitten; **possessed** *adj* bezeten

possession [pə'zeʃən] *n* bezit *nt*; **possessions** eigendom *nt*

possibility [,pɔsə'biləti] *n* mogelijkheid *c*

possible ['pɔsəbəl] *adj* mogelijk; eventueel

post [poust] *n* paal *c*; betrekking *c*; post *c*; *v* posten; **post-office** postkantoor *nt*

postage ['poustidʒ] *n* frankering *c*; ~ **paid** franko; ~ **stamp** postzegel *c*

postcard ['poustka:d] *n* briefkaart *c*; ansichtkaart *c*

poster ['poustə] *n* affiche *nt*, poster *c*

poste restante [poust re'stã:t] poste restante

postman ['poustmən] *n* (pl -men) postbode *c*

post-paid [,poust'peid] *adj* franko

postpone [pə'spoun] *v* uitstellen

pot [pɔt] *n* pot *c*

potato [pə'teitou] *n* (pl ~es) aardappel *c*

pottery ['pɔtəri] *n* aardewerk *nt*

pouch [pautʃ] *n* buidel *c*

poulterer ['poultərə] *n* poelier *c*
poultry ['poultri] *n* gevogelte *nt*
pound [paund] *n* pond *nt*
pour [pɔ:] *v* *inschenken, *schenken, *gieten
poverty ['pɔvəti] *n* armoede *c*
powder ['paudə] *n* poeder *nt/c*; ~ **compact** poederdoos *c*; **talc** ~ talkpoeder *nt/c*
powder-puff ['paudəpʌf] *n* poederdons *c*
powder-room ['paudəru:m] *n* damestoilet *nt*
power [pauə] *n* kracht *c*; energie *c*; macht *c*; mogendheid *c*
powerful ['pauəfəl] *adj* machtig; sterk
powerless ['pauələs] *adj* machteloos
power-station ['pauə,steiʃən] *n* elektriciteitscentrale *c*
practical ['præktikəl] *adj* praktisch
practically ['præktikli] *adv* vrijwel
practice ['præktis] *n* praktijk *c*
practise ['præktis] *v* beoefenen; oefenen
praise [preiz] *v* *prijzen; *n* lof *c*
pram [præm] *n* kinderwagen *c*
prawn [prɔ:n] *n* garnaal *c*, steurgarnaal *c*
pray [prei] *v* *bidden
prayer [preə] *n* gebed *nt*
preach [pri:tʃ] *v* preken
precarious [pri'keəriəs] *adj* hachelijk
precaution [pri'kɔ:ʃən] *n* voorzorg *c*; voorzorgsmaatregel *c*
precede [pri'si:d] *v* *voorafgaan
preceding [pri'si:diŋ] *adj* voorgaand
precious ['preʃəs] *adj* kostbaar; dierbaar
precipice ['presipis] *n* afgrond *c*
precipitation [pri,sipi'teiʃən] *n* neerslag *c*
precise [pri'sais] *adj* precies, exact, nauwkeurig; secuur
predecessor ['pri:disesə] *n* voorganger *c*
predict [pri'dikt] *v* voorspellen
prefer [pri'fə:] *v* de voorkeur *geven aan, liever *hebben
preferable ['prefərəbəl] *adj* te verkiezen, verkieselijker, de voorkeur verdienend
preference ['prefərəns] *n* voorkeur *c*
prefix ['pri:fiks] *n* voorvoegsel *nt*
pregnant ['pregnənt] *adj* in verwachting, zwanger
prejudice ['predʒədis] *n* vooroordeel *nt*
preliminary [pri'liminəri] *adj* inleidend; voorlopig
premature ['premətʃuə] *adj* voorbarig
premier ['premiə] *n* premier *c*
premises ['premisiz] *pl* pand *nt*
premium ['pri:miəm] *n* premie *c*
prepaid [,pri:'peid] *adj* vooruitbetaald
preparation [,prepə'reiʃən] *n* voorbereiding *c*
prepare [pri'peə] *v* voorbereiden; klaarmaken
prepared [pri'peəd] *adj* bereid
preposition [,prepə'ziʃən] *n* voorzetsel *nt*
prescribe [pri'skraib] *v* *voorschrijven
prescription [pri'skripʃən] *n* recept *nt*
presence ['prezəns] *n* aanwezigheid *c*; tegenwoordigheid *c*
present[1] ['prezənt] *n* geschenk *nt*, cadeau *nt*; heden *nt*; *adj* tegenwoordig; aanwezig
present[2] [pri'zent] *v* voorstellen; *aanbieden
presently ['prezəntli] *adv* meteen, dadelijk
preservation [,prezə'veiʃən] *n* bewaring *c*
preserve [pri'zə:v] *v* bewaren; inmaken
president ['prezidənt] *n* president *c*; voorzitter *c*
press [pres] *n* pers *c*; *v* indrukken,

drukken; persen; ~ **conference** persconferentie c

pressing ['presiŋ] adj urgent, dringend

pressure ['preʃə] n druk c; spanning c; **atmospheric** ~ luchtdruk c

pressure-cooker ['preʃə,kukə] n snelkookpan c

prestige [pre'sti:ʒ] n prestige nt

presumable [pri'zju:məbəl] adj vermoedelijk

presumptuous [pri'zʌmpʃəs] adj overmoedig; arrogant

pretence [pri'tens] n voorwendsel nt

pretend [pri'tend] v *doen alsof, voorwenden

pretext [pri:tekst] n voorwendsel nt

pretty ['priti] adj mooi, knap; adv vrij, tamelijk, nogal

prevent [pri'vent] v beletten, verhinderen; *voorkomen

preventive [pri'ventiv] adj preventief

previous ['pri:viəs] adj verleden, vroeger, voorgaand

pre-war [,pri:'wɔ:] adj vooroorlogs

price [prais] v prijzen; ~ **list** prijslijst c

priceless ['praisləs] adj onschatbaar

price-list ['prais,list] n prijs c

prick [prik] v prikken

pride [praid] n trots c

priest [pri:st] n priester c

primary ['praiməri] adj primair; eerst, hoofd-; elementair

prince [prins] n prins c

princess [prin'ses] n prinses c

principal ['prinsəpəl] adj voornaamst; n rector c, directeur c

principle ['prinsəpəl] n beginsel nt, principe nt

print [print] v drukken; n afdruk c; prent c; **printed matter** drukwerk nt

prior [praiə] adj vroeger

priority [prai'ɔrəti] n prioriteit c, voor-

rang c

prison ['prizən] n gevangenis c

prisoner ['prizənə] n gedetineerde c, gevangene c; ~ **of war** krijgsgevangene c

privacy ['praivəsi] n privacy c, privéleven nt

private ['praivit] adj particulier, privé; persoonlijk

privilege ['privilidʒ] n voorrecht nt

prize [praiz] n prijs c; beloning c

probable ['prɔbəbəl] adj vermoedelijk, waarschijnlijk

probably ['prɔbəbli] adv waarschijnlijk

problem ['prɔbləm] n probleem nt; vraagstuk nt

procedure [prə'si:dʒə] n procedure c

proceed [prə'si:d] v *voortgaan; te werk *gaan

process ['prouses] n proces nt, procédé nt

procession [prə'seʃən] n processie c, stoet c

proclaim [prə'kleim] v afkondigen

produce¹ [prə'dju:s] v produceren

produce² ['prɔdju:s] n opbrengst c, produkt nt

producer [prə'dju:sə] n producent c

product ['prɔdʌkt] n produkt nt

production [prə'dʌkʃən] n produktie c

profession [prə'feʃən] n vak nt, beroep nt

professional [prə'feʃənəl] adj beroeps-

professor [prə'fesə] n hoogleraar c, professor c

profit ['prɔfit] n voordeel nt, winst c; baat c; v profiteren

profitable ['prɔfitəbəl] adj winstgevend

profound [prə'faund] adj diepzinnig

programme ['prougræm] n programma nt

progress¹ ['prougres] n vooruitgang c

progress² [prə'gres] v vorderen

progressive [prə'gresiv] adj vooruitstrevend, progressief; toenemend

prohibit [prə'hibit] v *verbieden

prohibition [,proui'biʃən] n verbod nt

prohibitive [prə'hibitiv] adj onoverkomelijk

project ['prɔdʒekt] n plan nt, project nt

promenade [,prɔmə'na:d] n promenade c

promise ['prɔmis] n belofte c; v beloven

promote [prə'mout] v bevorderen

promotion [prə'mouʃən] n promotie c

prompt [prɔmpt] adj onmiddellijk, prompt

pronoun ['prounaun] n voornaamwoord nt

pronounce [prə'nauns] v *uitspreken

pronunciation [,prənʌnsi'eiʃən] n uitspraak c

proof [pru:f] n bewijs nt

propaganda [,prɔpə'gændə] n propaganda c

propel [prə'pel] v *aandrijven

propeller [prə'pelə] n schroef c, propeller c

proper ['prɔpə] adj juist; behoorlijk, passend, geschikt, gepast

property ['prɔpəti] n bezit nt, eigendom nt; eigenschap c

prophet ['prɔfit] n profeet c

proportion [prə'pɔ:ʃən] n proportie c

proportional [prə'pɔ:ʃənəl] adj evenredig

proposal [prə'pouzəl] n voorstel nt

propose [prə'pouz] v voorstellen

proposition [,prɔpə'ziʃən] n voorstel nt

proprietor [prə'praiətə] n eigenaar c

prospect ['prɔspekt] n vooruitzicht nt

prospectus [prə'spektəs] n prospectus c

prosperity [prɔ'sperəti] n voorspoed c, welvaart c

prosperous ['prɔspərəs] adj welvarend

prostitute ['prɔstitju:t] n prostituée c

protect [prə'tekt] v beschermen

protection [prə'tekʃən] n bescherming c

protein ['prouti:n] n eiwit nt

protest¹ ['proutest] n protest nt

protest² [prə'test] v protesteren

Protestant ['prɔtistənt] adj protestants

proud [praud] adj trots; hoogmoedig

prove [pru:v] v aantonen, *bewijzen; *blijken

proverb ['prɔvə:b] n spreekwoord nt

provide [prə'vaid] v leveren, verschaffen; **provided that** mits

province ['prɔvins] n provincie c; gewest nt

provincial [prə'vinʃəl] adj provinciaal

provisional [prə'viʒənəl] adj voorlopig

provisions [prə'viʒənz] pl voorraad c

prune [pru:n] n pruim c

psychiatrist [sai'kaiətrist] n psychiater c

psychic ['saikik] adj psychisch

psychoanalyst [,saikou'ænəlist] n analyticus c

psychological [,saikə'lɔdʒikəl] adj psychologisch

psychologist [sai'kɔlədʒist] n psycholoog c

psychology [sai'kɔlədʒi] n psychologie c

pub [pʌb] n café nt; kroeg c

public ['pʌblik] adj publiek, openbaar; algemeen; n publiek nt; ~ **garden** plantsoen nt; ~ **house** café nt

publication [,pʌbli'keiʃən] n publikatie c

publicity [pʌ'blisəti] n reclame c

publish ['pʌbliʃ] v publiceren, *uitgeven

publisher ['pʌbliʃə] n uitgever c

puddle ['pʌdəl] n plas c

pull [pul] v *trekken; ~ **out** *vertrekken; ~ **up** stoppen

pulley ['puli] *n* (pl ~s) katrol *c*

Pullman ['pulmən] *n* slaaprijtuig *nt*

pullover ['pu,louvə] *n* pullover *c*

pulpit ['pulpit] *n* kansel *c*, preekstoel *c*

pulse [pʌls] *n* polsslag *c*, pols *c*

pump [pʌmp] *n* pomp *c*; *v* pompen

punch [pʌntʃ] *v* stompen; *n* vuistslag *c*

punctual ['pʌŋktʃuəl] *adj* stipt, punctueel

puncture ['pʌŋktʃə] *n* lekke band, bandepech *c*

punctured ['pʌŋktʃəd] *adj* lek

punish ['pʌniʃ] *v* straffen

punishment ['pʌniʃmənt] *n* straf *c*

pupil ['pju:pəl] *n* leerling *c*

puppet-show ['pʌpitʃou] *n* poppenkast *c*

purchase ['pə:tʃəs] *v* *kopen; *n* aankoop *c*, koop *c*; ~ **price** koopprijs *c*; ~ **tax** omzetbelasting *c*

purchaser ['pə:tʃəsə] *n* koper *c*

pure [pjuə] *adj* rein, zuiver

purple ['pə:pəl] *adj* paars

purpose ['pə:pəs] *n* bedoeling *c*, doel *nt*; **on** ~ opzettelijk

purse [pə:s] *n* beurs *c*, portemonnee *c*

pursue [pə'sju:] *v* vervolgen; nastreven

pus [pʌs] *n* etter *c*

push [puʃ] *n* zet *c*, duw *c*; *v* duwen; *schuiven; *dringen

push-button ['puʃ,bʌtən] *n* drukknop *c*

***put** [put] *v* plaatsen, leggen, zetten; stoppen; stellen; ~ **away** *opbergen; ~ **off** opschorten; ~ **on** *aantrekken; ~ **out** *uitdoen

puzzle ['pʌzəl] *n* puzzel *c*; raadsel *nt*; *v* in verwarring *brengen; **jigsaw** ~ legpuzzel *c*

puzzling ['pʌzliŋ] *adj* onbegrijpelijk

pyjamas [pə'dʒɑ:məz] *pl* pyjama *c*

Q

quack [kwæk] *n* kwakzalver *c*, charlatan *c*

quail [kweil] *n* (pl ~, ~s) kwartel *c*

quaint [kweint] *adj* raar; ouderwets

qualification [,kwɔlifi'keiʃən] *n* bevoegdheid *c*; voorbehoud *nt*, restriktie *c*

qualified ['kwɔlifaid] *adj* gediplomeerd; bevoegd

qualify ['kwɔlifai] *v* geschikt *zijn

quality ['kwɔləti] *n* kwaliteit *c*; eigenschap *c*

quantity ['kwɔntəti] *n* hoeveelheid *c*; aantal *nt*

quarantine ['kwɔrənti:n] *n* quarantaine *c*

quarrel ['kwɔrəl] *v* twisten, ruzie maken; *n* twist *c*, ruzie *c*

quarry ['kwɔri] *n* steengroeve *c*

quarter ['kwɔ:tə] *n* kwart *nt*; kwartaal *nt*; wijk *c*; ~ **of an hour** kwartier *nt*

quarterly ['kwɔ:təli] *adj* driemaandelijks

quay [ki:] *n* kade *c*

queen [kwi:n] *n* koningin *c*

queer [kwiə] *adj* zonderling, raar; vreemd

query ['kwiəri] *n* vraag *c*; *v* *navragen; betwijfelen

question ['kwestʃən] *n* vraag *c*; kwestie *c*, vraagstuk *nt*; *v* *ondervragen; in twijfel *trekken; ~ **mark** vraagteken *nt*

queue [kju:] *n* rij *c*; *v* in de rij *staan

quick [kwik] *adj* vlug

quick-tempered [,kwik'tempəd] *adj* driftig

quiet ['kwaiət] *adj* stil, kalm, bedaard, rustig; *n* stilte *c*, rust *c*

quilt [kwilt] *n* sprei *c*
quinine [kwi'ni:n] *n* kinine *c*
quit [kwit] *v* *ophouden met, *uitscheiden
quite [kwait] *adv* helemaal; tamelijk, vrij, nogal; zeer, heel
quiz [kwiz] *n* (pl ~zes) quiz *c*
quota ['kwoutə] *n* quota *c*
quotation [kwou'teiʃən] *n* citaat *nt*; ~ **marks** aanhalingstekens *pl*
quote [kwout] *v* citeren, aanhalen

R

rabbit ['ræbit] *n* konijn *nt*
rabies ['reibiːz] *n* hondsdolheid *c*
race [reis] *n* wedloop *c*, race *c*; ras *nt*
race-course ['reiskɔːs] *n* renbaan *c*
race-horse ['reishɔːs] *n* renpaard *c*
race-track ['reistræk] *n* renbaan *c*
racial ['reiʃəl] *adj* rassen-
racket ['rækit] *n* kabaal *nt*
racquet ['rækit] *n* racket *nt*
radiator ['reidieitə] *n* radiator *c*
radical ['rædikəl] *adj* radicaal
radio ['reidiou] *n* radio *c*
radish ['rædiʃ] *n* radijs *c*
radius ['reidiəs] *n* (pl radii) straal *c*
raft [rɑːft] *n* vlot *nt*
rag [ræg] *n* vod *nt*
rage [reidʒ] *n* razernij *c*, woede *c*; *v* razen, woeden
raid [reid] *n* inval *c*
rail [reil] *n* leuning *c*, reling *c*
railing ['reiliŋ] *n* hek *nt*
railroad ['reilroud] *nAm* spoorbaan *c*, spoorweg *c*
railway ['reilwei] *n* spoorweg *c*, spoorbaan *c*
rain [rein] *n* regen *c*; *v* regenen
rainbow ['reinbou] *n* regenboog *c*
raincoat ['reinkout] *n* regenjas *c*

rainproof ['reinpruːf] *adj* waterdicht
rainy ['reini] *adj* regenachtig
raise [reiz] *v* optillen; verhogen; *grootbrengen, verbouwen, fokken; *heffen; *nAm* loonsverhoging *c*, opslag *c*
raisin ['reizən] *n* rozijn *c*
rake [reik] *n* hark *c*
rally ['ræli] *n* bijeenkomst *c*
ramp [ræmp] *n* glooiing *c*
ramshackle ['ræm,ʃækəl] *adj* gammel
rancid ['rænsid] *adj* ranzig
rang [ræŋ] *v* (p ring)
range [reindʒ] *n* bereik *nt*
range-finder ['reindʒ,faində] *n* afstandsmeter *c*
rank [ræŋk] *n* rang *c*; rij *c*
ransom ['rænsəm] *n* losgeld *nt*
rape [reip] *v* verkrachten
rapid ['ræpid] *adj* vlug, snel
rapids ['ræpidz] *pl* stroomversnelling *c*
rare [reə] *adj* zeldzaam
rarely ['reəli] *adv* zelden
rascal ['rɑːskəl] *n* schelm *c*, deugniet *c*
rash [ræʃ] *n* uitslag *c*, huiduitslag *c*; *adj* overhaast, onbezonnen
raspberry ['rɑːzbəri] *n* framboos *c*
rat [ræt] *n* rat *c*
rate [reit] *n* prijs *c*, tarief *nt*; snelheid *c*; **at any ~** hoe dan ook, in elk geval; **~ of exchange** wisselkoers *c*
rather ['rɑːðə] *adv* vrij, tamelijk, nogal; liever, eerder
ration ['ræʃən] *n* rantsoen *nt*
rattan [ræ'tæn] *n* rotan *nt*
raven ['reivən] *n* raaf *c*
raw [rɔː] *adj* rauw; **~ material** grondstof *c*
ray [rei] *n* straal *c*
rayon ['reiɔn] *n* kunstzijde *c*
razor ['reizə] *n* scheerapparaat *nt*
razor-blade ['reizəbleid] *n* scheermesje *nt*
reach [riːtʃ] *v* bereiken; *n* bereik *nt*

reaction [ri'ækʃən] n reactie c
*read [ri:d] v *lezen
reading-lamp ['ri:diŋlæmp] n leeslamp c
reading-room ['ri:diŋru:m] n leeszaal c
ready ['redi] adj gereed, klaar
ready-made [,redi'meid] adj confectie-
real [riəl] adj echt
reality [ri'æləti] n werkelijkheid c
realizable ['riəlaizəbəl] adj haalbaar
realize ['riəlaiz] v beseffen; tot stand *brengen, verwezenlijken
really ['riəli] adv echt, werkelijk; eigenlijk
rear [riə] n achterkant c; v *groot-brengen
rear-light [riə'lait] n achterlicht nt
reason ['ri:zən] n oorzaak c, reden c; verstand nt, rede c; v redeneren
reasonable ['ri:zənəbəl] adj redelijk; billijk
reassure [,ri:ə'ʃuə] v geruststellen
rebate ['ri:beit] n korting c, reductie c
rebellion [ri'beljən] n opstand c, op-roer nt
recall [ri'kɔ:l] v zich herinneren; *te-rugroepen; *herroepen
receipt [ri'si:t] n kwitantie c, reçu nt; ontvangst c
receive [ri'si:v] v *krijgen, *ontvangen
receiver [ri'si:və] n telefoonhoorn c
recent ['ri:sənt] adj recent
recently ['ri:səntli] adv kort geleden, onlangs
reception [ri'sepʃən] n ontvangst c; onthaal nt; ~ **office** receptie c
receptionist [ri'sepʃənist] n receptioni-ste c
recession [ri'seʃən] n teruggang c
recipe ['resipi] n recept nt
recital [ri'saitəl] n recital nt
reckon ['rekən] v rekenen; beschou-wen; *denken
recognition [,rekəg'niʃən] n erkenning

c
recognize ['rekəgnaiz] v herkennen; erkennen
recollect [,rekə'lekt] v zich herinneren
recommence [,ri:kə'mens] v hervatten
recommend [,rekə'mend] v *aanprij-zen, *aanbevelen; *aanraden
recommendation [,rekəmen'deiʃən] n aanbeveling c
reconciliation [,rekənsili'eiʃən] n ver-zoening c
record¹ ['rekɔ:d] n grammofoonplaat c; record nt; register nt; **long-playing** ~ langspeelplaat c
record² [ri'kɔ:d] v aantekenen
recorder [ri'kɔ:də] n bandrecorder c
recording [ri'kɔ:diŋ] n opname c
record-player ['rekɔ:d,pleiə] n platen-speler c, pick-up c
recover [ri'kʌvə] v *terugvinden; zich herstellen, *genezen
recovery [ri'kʌvəri] n genezing c, her-stel nt
recreation [,rekri'eiʃən] n recreatie c, ontspanning c; ~ **centre** recreatie-centrum nt; ~ **ground** speelterrein nt
recruit [ri'kru:t] n rekruut c
rectangle ['rektæŋgəl] n rechthoek c
rectangular [rek'tæŋgjulə] adj recht-hoekig
rector ['rektə] n predikant c, dominee c
rectory ['rektəri] n pastorie c
rectum ['rektəm] n endeldarm c
red [red] adj rood
redeem [ri'di:m] v verlossen
reduce [ri'dju:s] v reduceren, vermin-deren, verlagen
reduction [ri'dʌkʃən] n korting c, re-ductie c
redundant [ri'dʌndənt] adj overbodig
reed [ri:d] n riet nt
reef [ri:f] n rif nt

reference ['refrəns] *n* referentie *c*, verwijzing *c*; betrekking *c*; **with ~ to** met betrekking tot

refer to [ri'fə:] *v* *verwijzen naar

refill ['ri:fil] *n* vulling *c*

refinery [ri'fainəri] *n* raffinaderij *c*

reflect [ri'flekt] *v* weerkaatsen

reflection [ri'flekʃən] *n* weerkaatsing *c*; spiegelbeeld *nt*

reflector [ri'flektə] *n* reflector *c*

reformation [,refə'meiʃən] *n* reformatie *c*

refresh [ri'freʃ] *v* verfrissen

refreshment [ri'freʃmənt] *n* verfrissing *c*

refrigerator [ri'fridʒəreitə] *n* koelkast *c*, ijskast *c*

refund¹ [ri'fʌnd] *v* terugbetalen

refund² ['ri:fʌnd] *n* terugbetaling *c*

refusal [ri'fju:zəl] *n* weigering *c*

refuse¹ [ri'fju:z] *v* weigeren

refuse² ['refju:s] *n* afval *nt*

regard [ri'ga:d] *v* beschouwen; *bekijken; *n* respect *c*; **as regards** betreffende, aangaande, wat betreft

regarding [ri'ga:diŋ] *prep* met betrekking tot, betreffende; ten aanzien van

regatta [ri'gætə] *n* regatta *c*

régime [rei'ʒi:m] *n* regime *nt*

region [ri'dʒən] *n* streek *c*; gebied *nt*

regional ['ri:dʒənəl] *adj* plaatselijk

register ['redʒistə] *v* zich *inschrijven; aantekenen; **registered letter** aangetekende brief

registration [,redʒi'streiʃən] *n* registratie *c*; **~ form** inschrijvingsformulier *nt*; **~ number** kenteken *nt*; **~ plate** nummerbord *nt*

regret [ri'gret] *v* betreuren; *n* spijt *c*

regular ['regjulə] *adj* geregeld, regelmatig; gewoon, normaal

regulate ['regjuleit] *v* regelen

regulation [,regju'leiʃən] *n* reglement

nt, voorschrift *nt*; regeling *c*

rehabilitation [,ri:hə,bili'teiʃən] *n* revalidatie *c*

rehearsal [ri'hə:səl] *n* repetitie *c*

rehearse [ri'hə:s] *v* repeteren

reign [rein] *n* regering *c*; *v* regeren

reimburse [,ri:im'bə:s] *v* terugbetalen, vergoeden

reindeer ['reindiə] *n* (pl ~) rendier *nt*

reject [ri'dʒekt] *v* *afwijzen, *verwerpen; afkeuren

relate [ri'leit] *v* vertellen

related [ri'leitid] *adj* verwant

relation [ri'leiʃən] *n* relatie *c*, verband *nt*; verwante *c*

relative ['relətiv] *n* familielid *nt*; *adj* betrekkelijk, relatief

relax [ri'læks] *v* zich ontspannen

relaxation [,rilæk'seiʃən] *n* ontspanning *c*

reliable [ri'laiəbəl] *adj* betrouwbaar

relic ['relik] *n* relikwie *c*

relief [ri'li:f] *n* verademing *c*, verlichting *c*; steun *c*; reliëf *nt*

relieve [ri'li:v] *v* verlichten; aflossen

religion [ri'lidʒən] *n* godsdienst *c*

religious [ri'lidʒəs] *adj* godsdienstig

rely on [ri'lai] vertrouwen op

remain [ri'mein] *v* *blijven; *overblijven

remainder [ri'meində] *n* restant *nt*, rest *c*

remaining [ri'meiniŋ] *adj* overig, overblijvend

remark [ri'ma:k] *n* opmerking *c*; *v* opmerken

remarkable [ri'ma:kəbəl] *adj* opmerkelijk

remedy ['remədi] *n* geneesmiddel *nt*; middel *nt*

remember [ri'membə] *v* zich herinneren; *onthouden

remembrance [ri'membrəns] *n* aandenken *nt*, herinnering *c*

remind [ri'maind] v herinneren

remit [ri'mit] v overmaken

remittance [ri'mitəns] n storting c

remnant ['remnənt] n overblijfsel nt, restant nt, rest c

remote [ri'mout] adj afgelegen, ver

removal [ri'mu:vəl] n verwijdering c

remove [ri'mu:v] v verwijderen

remunerate [ri'mju:nəreit] v vergoeden

remuneration [ri,mju:nə'reiʃən] n vergoeding c

renew [ri'nju:] v vernieuwen; verlengen

rent [rent] v huren; n huur c

repair [ri'pɛə] v herstellen, repareren; n herstel nt

reparation [,repə'reiʃən] n reparatie c

***repay** [ri'pei] v terugbetalen

repayment [ri'peimənt] n terugbetaling c

repeat [ri'pi:t] v herhalen

repellent [ri'pelənt] adj weerzinwekkend, afstotelijk

repentance [ri'pentəns] n berouw nt

repertory ['repətəri] n repertoire nt

repetition [,repə'tiʃən] n herhaling c

replace [ri'pleis] v *vervangen

reply [ri'plai] v antwoorden; n antwoord nt; **in ~** als antwoord

report [ri'pɔ:t] v rapporteren; melden; zich aanmelden; n verslag nt, rapport nt

reporter [ri'pɔ:tə] n verslaggever c

represent [,repri'zent] v vertegenwoordigen; voorstellen

representation [,reprizen'teiʃən] n vertegenwoordiging c

representative [,repri'zentətiv] adj representatief

reprimand ['reprima:nd] v berispen

reproach [ri'proutʃ] n verwijt nt; v *verwijten

reproduce [,ri:prə'dju:s] v reproduceren

reproduction [,ri:prə'dʌkʃən] n reproduktie c

reptile ['reptail] n reptiel nt

republic [ri'pʌblik] n republiek c

republican [ri'pʌblikən] adj republikeins

repulsive [ri'pʌlsiv] adj weerzinwekkend

reputation [,repju'teiʃən] n reputatie c; naam c

request [ri'kwest] n verzoek nt; v *verzoeken

require [ri'kwaiə] v vereisen

requirement [ri'kwaiəmənt] n vereiste c

requisite ['rekwizit] adj vereist

rescue ['reskju:] v redden; n redding c

research [ri'sə:tʃ] n onderzoek nt

resemblance [ri'zembləns] n gelijkenis c

resemble [ri'zembəl] v *lijken op

resent [ri'zent] v kwalijk *nemen

reservation [,rezə'veiʃən] n reservering c

reserve [ri'zə:v] v reserveren; *bespreken; n reserve c

reserved [ri'zə:vd] adj gereserveerd

reservoir ['rezəvwa:] n reservoir nt

reside [ri'zaid] v wonen

residence ['rezidəns] n woonplaats c; **~ permit** verblijfsvergunning c

resident ['rezidənt] n inwoner c; adj woonachtig; intern

resign [ri'zain] v ontslag *nemen

resignation [,rezig'neiʃən] n ontslagneming c

resin ['rezin] n hars nt/c

resist [ri'zist] v zich verzetten

resistance [ri'zistəns] n verzet nt

resolute ['rezəlu:t] adj resoluut, vastberaden

respect [ri'spekt] n respect nt; ontzag nt, achting c, eerbied c; v respecteren

respectable [ri'spektəbəl] *adj* eerzaam, respectabel

respectful [ri'spektfəl] *adj* eerbiedig

respective [ri'spektiv] *adj* respectievelijk

respiration [,respə'reiʃən] *n* ademhaling *c*

respite ['respait] *n* uitstel *nt*

responsibility [ri,sponsə'biləti] *n* verantwoordelijkheid *c*; aansprakelijkheid *c*

responsible [ri'sponsəbəl] *adj* verantwoordelijk; aansprakelijk

rest [rest] *n* rust *c*; rest *c*; *v* uitrusten, rusten

restaurant ['restərɔ:] *n* restaurant *nt*

restful ['restfəl] *adj* rustig

rest-home ['resthoum] *n* rusthuis *nt*

restless ['restləs] *adj* onrustig; ongedurig

restrain [ri'strein] *v* *inhouden, *weerhouden

restriction [ri'strikʃən] *n* beperking *c*

result [ri'zʌlt] *n* resultaat *nt*; gevolg *nt*; uitslag *c*; *v* resulteren

resume [ri'zju:m] *v* hervatten

résumé ['rezjumei] *n* samenvatting *c*

retail ['ri:teil] *v* in het klein *verkopen; ~ trade** kleinhandel *c*, detailhandel *c*

retailer ['ri:teilə] *n* detaillist *c*, kleinhandelaar *c*; wederverkoper *c*

retina ['retinə] *n* netvlies *nt*

retired [ri'taiəd] *adj* gepensioneerd

return [ri'tə:n] *v* *terugkomen, terugkeren; *n* terugkeer *c*; ~ flight** retourvlucht *c*; ~ journey** terugreis *c*

reunite [,ri:ju:'nait] *v* herenigen

reveal [ri'vi:l] *v* openbaren, onthullen

revelation [,revə'leiʃən] *n* onthulling *c*

revenge [ri'vendʒ] *n* wraak *c*

revenue ['revənju:] *n* inkomen *nt*

reverse [ri'və:s] *n* tegendeel *nt*; keerzijde *c*; omkeer *c*, tegenslag *c*; *adj*

omgekeerd; *v* *achteruitrijden

review [ri'vju:] *n* bespreking *c*; tijdschrift *nt*

revise [ri'vaiz] *v* *herzien

revision [ri'viʒən] *n* herziening *c*

revival [ri'vaivəl] *n* herstel *nt*

revolt [ri'voult] *v* in opstand *komen; *n* opstand *c*, oproer *c*

revolting [ri'voultiŋ] *adj* walgelijk, stuitend, weerzinwekkend

revolution [,revə'lu:ʃən] *n* revolutie *c*; omwenteling *c*

revolutionary [,revə'lu:ʃənəri] *adj* revolutionair

revolver [ri'vɔlvə] *n* revolver *c*

revue [ri'vju:] *n* revue *c*

reward [ri'wɔ:d] *n* beloning *c*; *v* belonen

rheumatism ['ru:mətizəm] *n* reumatiek *c*

rhinoceros [rai'nɔsərəs] *n* (pl ~, ~es) neushoorn *c*

rhubarb ['ru:ba:b] *n* rabarber *c*

rhyme [raim] *n* rijm *nt*

rhythm ['riðəm] *n* ritme *nt*

rib [rib] *n* rib *c*

ribbon ['ribən] *n* lint *nt*

rice [rais] *n* rijst *c*

rich [ritʃ] *adj* rijk

riches ['ritʃiz] *pl* rijkdom *c*

riddle ['ridəl] *n* raadsel *nt*

ride [raid] *n* rit *c*

***ride** [raid] *v* *rijden; *paardrijden

rider ['raidə] *n* ruiter *c*

ridge [ridʒ] *n* bergrug *c*

ridicule ['ridikju:l] *v* bespotten

ridiculous [ri'dikjuləs] *adj* bespottelijk, belachelijk

riding ['raidiŋ] *n* paardesport *c*

riding-school ['raidiŋsku:l] *n* manege *c*

rifle ['raifəl] *v* geweer *nt*

right [rait] *n* recht *nt*; *adj* goed, juist; recht; rechts; billijk, rechtvaardig; **all right!** in orde!; * **be ~** gelijk

*hebben; ~ **of way** voorrang *c*

righteous ['raitʃəs] *adj* rechtvaardig

right-hand ['raithænd] *adj* rechter, rechts

rightly ['raitli] *adv* terecht

rim [rim] *n* velg *c*; rand *c*

ring [riŋ] *n* ring *c*; kring *c*; piste *c*

* **ring** [riŋ] *v* bellen; ~ **up** opbellen

rinse [rins] *v* spoelen; *n* spoeling *c*

riot ['raiət] *n* rel *c*

rip [rip] *v* scheuren

ripe [raip] *adj* rijp

rise [raiz] *n* opslag *c*, verhoging *c*; stijging *c*; opkomst *c*

* **rise** [raiz] *v* *opstaan; *opgaan; *stijgen

rising ['raiziŋ] *n* opstand *c*

risk [risk] *n* risico *nt*; gevaar *nt*; *v* wagen

risky ['riski] *adj* gewaagd, riskant

rival ['raivəl] *n* rivaal *c*; concurrent *c*; *v* rivaliseren

rivalry ['raivəlri] *n* rivaliteit *c*; concurrentie *c*

river ['rivə] *n* rivier *c*; ~ **bank** oever *c*

riverside ['rivəsaid] *n* rivieroever *c*

roach [rout∫] *n* (pl ~) blankvoren *c*

road [roud] *n* straat *c*, weg *c*; ~ **fork** *n* tweesprong *c*; ~ **map** wegenkaart *c*; ~ **system** wegennet *nt*; ~ **up** werk in uitvoering

roadhouse ['roudhaus] *n* wegrestaurant *nt*

roadside ['roudsaid] *n* wegkant *c*; ~ **restaurant** wegrestaurant *nt*

roadway ['roudwei] *nAm* rijbaan *c*

roam [roum] *v* *zwerven

roar [rɔː] *v* loeien, brullen; *n* gebrul *nt*, geraas *nt*

roast [roust] *v* *braden, roosteren

rob [rɔb] *v* beroven

robber ['rɔbə] *n* dief *c*

robbery ['rɔbəri] *n* roof *c*, diefstal *c*, beroving *c*

robe [roub] *n* jurk *c*; gewaad *nt*

robin ['rɔbin] *n* roodborstje *nt*

robust [rou'bʌst] *adj* fors

rock [rɔk] *n* rots *c*; *v* schommelen

rocket ['rɔkit] *n* raket *c*

rock-'n-roll [,rɔkən'roul] *n* rock en roll *c*

rocky ['rɔki] *adj* rotsachtig

rod [rɔd] *n* stang *c*, roede *c*

roe [rou] *n* kuit *c*, viskuit *c*

roll [roul] *v* rollen; *n* rol *c*; broodje *nt*

Roman Catholic ['roumən 'kæθəlik] rooms-katholiek

romance [rə'mæns] *n* romance *c*

romantic [rə'mæntik] *adj* romantisch

roof [ruːf] *n* dak *nt*; **thatched** ~ strodak *nt*

room [ruːm] *n* vertrek *nt*, kamer *c*; ruimte *c*, plaats *c*; ~ **and board** kost en inwoning; ~ **service** bediening op de kamer; ~ **temperature** kamertemperatuur *c*

roomy ['ruːmi] *adj* ruim

root [ruːt] *n* wortel *c*

rope [roup] *n* touw *nt*

rosary ['rouzəri] *n* rozenkrans *c*

rose [rouz] *n* roos *c*; *adj* roze

rotten ['rɔtən] *adj* rot

rouge [ruːʒ] *n* rouge *c/nt*

rough [rʌf] *adj* ruw

roulette [ruː'let] *n* roulette *c*

round [raund] *adj* rond; *prep* rondom, om; *n* ronde *c*; ~ **trip** *Am* retour

roundabout ['raundəbaut] *n* rotonde *c*

rounded ['raundid] *adj* afgerond

route [ruːt] *n* route *c*

routine [ruː'tiːn] *n* routine *c*

row[1] [rou] *n* rij *c*; *v* roeien

row[2] [rau] *n* ruzie *c*

rowdy ['raudi] *adj* baldadig

rowing-boat ['rouiŋbout] *n* roeiboot *c*

royal ['rɔiəl] *adj* koninklijk

rub [rʌb] *v* *wrijven

rubber ['rʌbə] *n* rubber *nt*; vlakgom

c/nt ; ~ **band** elastiek *nt*

rubbish ['rʌbiʃ] *n* afval *nt* ; geklets *nt*, onzin *c* ; **talk** ~ kletsen

rubbish-bin ['rʌbiʃbin] *n* vuilnisbak *c*

ruby ['ru:bi] *n* robijn *c*

rucksack ['rʌksæk] *n* rugzak *c*

rudder ['rʌdə] *n* roer *nt*

rude [ru:d] *adj* grof

rug [rʌg] *n* kleedje *nt*

ruin ['ru:in] *v* ruïneren ; *n* ondergang *c* ; **ruins** ruïne *c*

ruination [,ru:i'neiʃən] *n* ondergang *c*

rule [ru:l] *n* regel *c* ; bewind *nt*, bestuur *nt*, heerschappij *c* ; *v* heersen, regeren ; **as a** ~ gewoonlijk, in de regel

ruler ['ru:lə] *n* vorst *c*, heerser *c* ; liniaal *c*

Rumania [ru:'meiniə] Roemenië

Rumanian [ru:'meiniən] *adj* Roemeens ; *n* Roemeen *c*

rumour ['ru:mə] *n* gerucht *nt*

***run** [rʌn] *v* rennen ; ~ **into** *tegenkomen

runaway ['rʌnəwei] *n* ontsnapte gevangene

rung [rʌŋ] *v* (pp ring)

runway ['rʌnwei] *n* startbaan *c*

rural ['ruərəl] *adj* plattelands-

ruse [ru:z] *n* list *c*

rush [rʌʃ] *v* zich haasten ; *n* bies *c*

rush-hour ['rʌʃauə] *n* spitsuur *nt*

Russia ['rʌʃə] Rusland

Russian ['rʌʃən] *adj* Russisch ; *n* Rus *c*

rust [rʌst] *n* roest *nt*

rustic ['rʌstik] *adj* rustiek

rusty ['rʌsti] *adj* roestig

S

saccharin ['sækərin] *n* sacharine *c*

sack [sæk] *n* zak *c*

sacred ['seikrid] *adj* heilig

sacrifice ['sækrifais] *n* offer *nt* ; *v* opofferen

sacrilege ['sækrilidʒ] *n* heiligschennis *c*

sad [sæd] *adj* bedroefd ; verdrietig, droevig, treurig

saddle ['sædəl] *n* zadel *nt*

sadness ['sædnəs] *n* bedroefdheid *c*

safe [seif] *adj* veilig ; *n* brandkast *c*, kluis *c*

safety ['seifti] *n* veiligheid *c*

safety-belt ['seiftibelt] *n* veiligheidsgordel *c*

safety-pin ['seiftipin] *n* veiligheidsspeld *c*

safety-razor ['seifti,reizə] *n* scheerapparaat *nt*

sail [seil] *v* *bevaren, *varen ; *n* zeil *nt*

sailing-boat ['seiliŋbout] *n* zeilboot *c*

sailor ['seilə] *n* matroos *c*

saint [seint] *n* heilige *c*

salad ['sæləd] *n* sla *c*

salad-oil ['sælədɔil] *n* slaolie *c*

salary ['sæləri] *n* loon *nt*, salaris *nt*

sale [seil] *n* verkoop *c* ; **clearance** ~ opruiming *c* ; **for** ~ te koop ; **sales** uitverkoop *c* ; **sales tax** omzetbelasting *c*

saleable ['seiləbəl] *adj* verkoopbaar

salesgirl ['seilzgə:l] *n* verkoopster *c*

salesman ['seilzmən] *n* (pl -men) verkoper *c*

salmon ['sæmən] *n* (pl ~) zalm *c*

salon ['sælɔ̃:] *n* salon *c*

saloon [sə'lu:n] *n* bar *c*

salt [sɔ:lt] *n* zout *nt*

salt-cellar ['sɔ:lt,selə] *n* zoutvaatje *nt*

salty ['sɔ:lti] *adj* zout

salute [sə'lu:t] v groeten

salve [sɑ:v] n zalf c

same [seim] adj zelfde

sample ['sɑ:mpəl] n monster nt

sanatorium [,sænə'tɔ:riəm] n (pl ~s, -ria) sanatorium nt

sand [sænd] n zand nt

sandal ['sændəl] n sandaal c

sandpaper ['sænd,peipə] n schuurpapier nt

sandwich ['sænwidʒ] n boterham c

sandy ['sændi] adj zanderig

sanitary ['sænitəri] adj sanitair; ~ towel maandverband nt

sapphire ['sæfaiə] n saffier nt

sardine [sɑ:'di:n] n sardine c

satchel ['sætʃəl] n schooltas c

satellite ['sætəlait] n satelliet c

satin ['sætin] n satijn nt

satisfaction [,sætis'fækʃən] n bevrediging c, voldoening c

satisfy ['sætisfai] v bevredigen; **satisfied** voldaan, tevreden

Saturday ['sætədi] zaterdag c

sauce [sɔ:s] n saus c

saucepan ['sɔ:spən] n steelpan c

saucer ['sɔ:sə] n schoteltje nt

Saudi Arabia [,saudiə'reibiə] Saoedi-Arabië

Saudi Arabian [,saudiə'reibiən] adj Saoedi-Arabisch

sauna ['sɔ:nə] n sauna c

sausage ['sɔsidʒ] n worst c

savage ['sævidʒ] adj wild

save [seiv] v redden; sparen

savings ['seiviŋz] pl spaargeld nt; ~ bank spaarbank c

saviour ['seivjə] n redder c

savoury ['seivəri] adj smakelijk; pikant

saw¹ [sɔ:] v (p see)

saw² [sɔ:] n zaag c

sawdust ['sɔ:dʌst] n zaagsel nt

saw-mill ['sɔ:mil] n houtzagerij c

* **say** [sei] v *zeggen

scaffolding ['skæfəldiŋ] n steigers pl

scale [skeil] n schaal c; toonladder c; schub c; **scales** pl weegschaal c

scandal ['skændəl] n schandaal nt

Scandinavia [,skændi'neiviə] Scandinavië

Scandinavian [,skændi'neiviən] adj Scandinavisch; n Scandinaviër c

scapegoat ['skeipgout] n zondebok c

scar [skɑ:] n litteken nt

scarce [skeəs] adj schaars

scarcely ['skeəsli] adv nauwelijks

scarcity ['skeəsəti] n schaarste c

scare [skeə] v *doen schrikken; n schrik c

scarf [skɑ:f] n (pl ~s, scarves) das c, sjaal c

scarlet ['skɑ:lət] adj vuurrood

scary ['skeəri] adj griezelig

scatter ['skætə] v verspreiden

scene [si:n] n scène c

scenery ['si:nəri] n landschap nt

scenic ['si:nik] adj schilderachtig

scent [sent] n geur c

schedule ['ʃedju:l] n dienstregeling c, rooster nt

scheme [ski:m] n schema nt; plan nt

scholar ['skɔlə] n geleerde c; leerling c

scholarship ['skɔləʃip] n studiebeurs c

school [sku:l] n school c

schoolboy ['sku:lbɔi] n schooljongen c

schoolgirl ['sku:lgə:l] n schoolmeisje nt

schoolmaster ['sku:l,mɑ:stə] n onderwijzer c, meester c

schoolteacher ['sku:l,ti:tʃə] n onderwijzer c

science ['saiəns] n wetenschap c

scientific [,saiən'tifik] adj wetenschappelijk

scientist ['saiəntist] n geleerde c

scissors ['sizəz] pl schaar c

scold [skould] v berispen; *schelden

scooter ['sku:tə] n scooter c; autoped c

score [sko:] n stand c; v scoren

scorn [sko:n] n hoon c, verachting c; v verachten

Scot [skɔt] n Schot c

Scotch [skɔtʃ] adj Schots; **scotch tape** plakband nt

Scotland ['skɔtlənd] Schotland

Scottish ['skɔtiʃ] adj Schots

scout [skaut] n padvinder c

scrap [skræp] n snipper c

scrap-book ['skræpbuk] n plakboek nt

scrape [skreip] v schrappen

scrap-iron ['skræpaiən] n schroot nt

scratch [skrætʃ] v krassen, krabben; n kras c, schram c

scream [skri:m] v gillen, schreeuwen; n gil c, schreeuw c

screen [skri:n] n scherm nt; beeldscherm nt

screw [skru:] n schroef c; v schroeven

screw-driver ['skru:,draivə] n schroevedraaier c

scrub [skrʌb] v schrobben; n struik c

sculptor ['skʌlptə] n beeldhouwer c

sculpture ['skʌlptʃə] n beeldhouwwerk nt

sea [si:] n zee c

sea-bird ['si:bə:d] n zeevogel c

sea-coast ['si:koust] n zeekust c

seagull ['si:gʌl] n meeuw c, zeemeeuw c

seal [si:l] n zegel nt; rob c, zeehond c

seam [si:m] n naad c

seaman ['si:mən] n (pl -men) zeeman c

seamless ['si:mləs] adj naadloos

seaport ['si:po:t] n zeehaven c

search [sə:tʃ] v *zoeken; fouilleren, *doorzoeken

searchlight ['sə:tʃlait] n schijnwerper c

seascape ['si:skeip] n zeegezicht nt

sea-shell ['si:ʃel] n zeeschelp c

seashore ['si:ʃɔ:] n kust c

seasick ['si:sik] adj zeeziek

seasickness ['si:,siknəs] n zeeziekte c

seaside ['si:said] n kust c; ~ **resort** badplaats c

season ['si:zən] n jaargetijde nt, seizoen nt; **high** ~ hoogseizoen nt; **low** ~ naseizoen nt; **off** ~ buiten het seizoen

season-ticket ['si:zən,tikit] n abonnementskaart c

seat [si:t] n stoel c; plaats c, zitplaats c; zetel c

seat-belt ['si:tbelt] n veiligheidsgordel c

sea-urchin ['si:,ə:tʃin] n zeeëgel c

sea-water ['si:,wo:tə] n zeewater nt

second ['sekənd] num tweede; n seconde c; tel c

secondary ['sekəndəri] adj secundair, ondergeschikt; ~ **school** middelbare school

second-hand [,sekənd'hænd] adj tweedehands

secret ['si:krət] n geheim nt; adj geheim

secretary ['sekrətri] n secretaresse c; secretaris c

section ['sekʃən] n sectie c; afdeling c, vak nt

secure [si'kjuə] adj veilig; v bemachtigen

security [si'kjuərəti] n veiligheid c; pand nt

sedate [si'deit] adj kalm

sedative ['sedətiv] n kalmerend middel

seduce [si'dju:s] v verleiden

***see** [si:] v *zien; *begrijpen, *inzien; ~ **to** zorgen voor

seed [si:d] n zaad nt

***seek** [si:k] v *zoeken

seem [si:m] v *lijken, *schijnen

seen [si:n] v (pp see)

seesaw ['si:sɔ:] n wip c
seize [si:z] v *grijpen
seldom ['seldəm] adv zelden
select [si'lekt] v selecteren, *uitkiezen; adj select, uitgelezen
selection [si'lekʃən] n keuze c, selectie c
self-centred [,self'sentəd] adj egocentrisch
self-employed [,selfim'plɔid] adj zelfstandig
self-evident [,sel'fevidənt] adj vanzelfsprekend
self-government [,self'gʌvəmənt] n zelfbestuur nt
selfish ['selfiʃ] adj egoïstisch
selfishness ['selfiʃnəs] n egoïsme nt
self-service [,self'sə:vis] n zelfbediening c; ~ **restaurant** zelfbedieningsrestaurant nt
*** sell** [sel] v *verkopen
semblance ['sembləns] n schijn c
semi- ['semi] half
semicircle ['semi,sə:kəl] n halve cirkel
semi-colon [,semi'koulən] n puntkomma c
senate ['senət] n senaat c
senator ['senətə] n senator c
*** send** [send] v sturen, *zenden; ~ **back** terugsturen, *terugzenden; ~ **for** *laten halen; ~ **off** versturen
senile ['si:nail] adj seniel
sensation [sen'seiʃən] n sensatie c; gewaarwording c, gevoel nt
sensational [sen'seiʃənəl] adj sensationeel, opzienbarend
sense [sens] n zintuig nt; gezond verstand, rede c; zin c, betekenis c; v voelen; ~ **of honour** eergevoel nt
senseless ['sensləs] adj zinloos
sensible ['sensəbəl] adj verstandig
sensitive ['sensitiv] adj gevoelig
sentence ['sentəns] n zin c; vonnis nt; v veroordelen

sentimental [,senti'mentəl] adj sentimenteel
separate¹ ['sepəreit] v *scheiden
separate² ['sepərət] adj afzonderlijk, gescheiden
separately ['sepərətli] adv apart
September [sep'tembə] september
septic ['septik] adj septisch; * **become** ~ *ontsteken
sequel ['si:kwəl] n vervolg nt
sequence ['si:kwəns] n volgorde c; reeks c
serene [sə'ri:n] adj kalm; helder
serial ['siəriəl] n feuilleton nt
series ['siəri:z] n (pl ~) reeks c, serie c
serious ['siəriəs] adj serieus, ernstig
seriousness ['siəriəsnəs] n ernst c
sermon ['sə:mən] n preek c
serum ['siərəm] n serum nt
servant ['sə:vənt] n bediende c
serve [sə:v] v bedienen
service ['sə:vis] n dienst c; bediening c; ~ **charge** bedieningsgeld nt; ~ **station** benzinestation c
serviette [,sə:vi'et] n servet nt
session ['seʃən] n zitting c
set [set] n stel nt, groep c
*** set** [set] v zetten; ~ **menu** vast menu; ~ **out** *vertrekken
setting ['setiŋ] n omgeving c; ~ **lotion** haarverstevIger c
settle ['setəl] v afhandelen, regelen; ~ **down** zich vestigen
settlement ['setəlmənt] n regeling c, schikking c, overeenkomst c
seven ['sevən] num zeven
seventeen [,sevən'ti:n] num zeventien
seventeenth [,sevən'ti:nθ] num zeventiende
seventh ['sevənθ] num zevende
seventy ['sevənti] num zeventig
several ['sevərəl] adj ettelijk, verscheidene
severe [si'viə] adj hevig, streng, ernstig

sew [sou] v naaien; ~ **up** hechten

sewer ['su:ə] n riool nt

sewing-machine ['souiŋmə,ʃi:n] n naaimachine c

sex [seks] n geslacht nt; sex c

sexton ['sekstən] n koster c

sexual ['sekʃuəl] adj seksueel

sexuality [,sekʃu'æləti] n seksualiteit c

shade [ʃeid] n schaduw c; tint c

shadow ['ʃædou] n schaduw c

shady ['ʃeidi] adj schaduwrijk

*shake** [ʃeik] v schudden

shaky ['ʃeiki] adj gammel

*shall** [ʃæl] v *zullen; *moeten

shallow ['ʃælou] adj ondiep

shame [ʃeim] n schaamte c; schande c; shame! foei!

shampoo [ʃæm'pu:] n shampoo c

shamrock ['ʃæmrɔk] n klaver c

shape [ʃeip] n vorm c; v vormen

share [ʃɛə] v delen; n deel nt; aandeel nt

shark [ʃɑ:k] n haai c

sharp [ʃɑ:p] adj scherp

sharpen ['ʃɑ:pən] v *slijpen

shave [ʃeiv] v zich *scheren

shaver ['ʃeivə] n scheerapparaat nt

shaving-brush ['ʃeiviŋbrʌʃ] n scheerkwast c

shaving-cream ['ʃeiviŋkri:m] n scheercrème c

shaving-soap ['ʃeiviŋsoup] n scheerzeep c

shawl [ʃɔ:l] n omslagdoek c, sjaal c

she [ʃi:] pron ze

shed [ʃed] n schuur c

*shed** [ʃed] v storten; verspreiden

sheep [ʃi:p] n (pl ~) schaap nt

sheer [ʃiə] adj absoluut, puur; dun, doorzichtig

sheet [ʃi:t] n laken nt; blad nt; plaat c

shelf [ʃelf] n (pl shelves) plank c

shell [ʃel] n schelp c; dop c

shellfish ['ʃelfiʃ] n schaaldier nt

shelter ['ʃeltə] n beschutting c, schuilplaats c; v beschutten

shepherd ['ʃepəd] n herder c

shift [ʃift] n ploeg c

*shine** [ʃain] v *schijnen; glanzen, *blinken

ship [ʃip] n schip nt; v verschepen; **shipping line** scheepvaartlijn c

shipowner ['ʃi,pounə] n reder c

shipyard ['ʃipjɑ:d] n scheepswerf c

shirt [ʃɔ:t] n hemd nt, overhemd nt

shiver ['ʃivə] v bibberen, rillen; n rilling c

shivery ['ʃivəri] adj rillerig

shock [ʃɔk] n schok c; v schokken; ~ **absorber** schokbreker c

shocking ['ʃɔkiŋ] adj schokkend

shoe [ʃu:] n schoen c; **gym shoes** gymschoenen pl; ~ **polish** schoensmeer c

shoe-lace ['ʃu:leis] n schoenveter c

shoemaker ['ʃu:,meikə] n schoenmaker c

shoe-shop ['ʃu:ʃɔp] n schoenwinkel c

shook [ʃuk] v (p shake)

*shoot** [ʃu:t] v *schieten

shop [ʃɔp] n winkel c; v winkelen; ~ **assistant** verkoper c; **shopping bag** boodschappentas c; **shopping centre** winkelcentrum nt

shopkeeper ['ʃɔp,ki:pə] n winkelier c

shop-window [,ʃɔp'windou] n etalage c

shore [ʃɔ:] n oever c, kust c

short [ʃɔ:t] adj kort; klein; ~ **circuit** kortsluiting c

shortage ['ʃɔ:tidʒ] n tekort nt, gebrek nt

shortcoming ['ʃɔ:t,kʌmiŋ] n tekortkoming c

shorten ['ʃɔ:tən] v verkorten

shorthand ['ʃɔ:thænd] n stenografie c

shortly ['ʃɔ:tli] adv weldra, binnenkort, spoedig

shorts [ʃɔ:ts] *pl* korte broek; *plAm* onderbroek *c*

short-sighted [ˌʃɔ:t'saitid] *adj* bijziend

shot [ʃɔt] *n* schot *nt*; injectie *c*; opname *c*

* **should** [ʃud] *v* *moeten

shoulder [ʃouldə] *n* schouder *c*

shout [ʃaut] *v* schreeuwen, *roepen; *n* schreeuw *c*

shovel ['ʃʌvəl] *n* schop *c*

show [ʃou] *n* voorstelling *c*; tentoonstelling *c*

* **show** [ʃou] *v* tonen; *laten zien, tentoonstellen; aantonen

show-case ['ʃoukeis] *n* vitrine *c*

shower [ʃauə] *n* douche *c*; bui *c*, regenbui *c*

showroom ['ʃouru:m] *n* toonzaal *c*

shriek [ʃri:k] *v* gillen; *n* gil *c*

shrimp [ʃrimp] *n* garnaal *c*

shrine [ʃrain] *n* heiligdom *nt*, schrijn *c*

* **shrink** [ʃriŋk] *v* *krimpen

shrinkproof ['ʃriŋkpru:f] *adj* krimpvrij

shrub [ʃrʌb] *n* struik *c*

shudder ['ʃʌdə] *n* rilling *c*

shuffle ['ʃʌfəl] *v* schudden

* **shut** [ʃʌt] *v* *sluiten; **shut** dicht, gesloten; ~ **in** *insluiten

shutter ['ʃʌtə] *n* luik *nt*, blind *nt*

shy [ʃai] *adj* schuw, verlegen

shyness ['ʃainəs] *n* verlegenheid *c*

Siam [sai'æm] Siam

Siamese [ˌsaiə'mi:z] *adj* Siamees; *n* Siamees *c*

sick [sik] *adj* ziek; misselijk

sickness ['siknəs] *n* ziekte *c*; misselijkheid *c*

side [said] *n* kant *c*, zijde *c*; partij *c*; **one-sided** *adj* eenzijdig

sideburns ['saidbə:nz] *pl* bakkebaarden *pl*

sidelight ['saidlait] *n* zijlicht *nt*

side-street ['saidstri:t] *n* zijstraat *c*

sidewalk ['saidwɔ:k] *nAm* stoep *c*, trottoir *nt*

sideways ['saidweiz] *adv* opzij

siege [si:dʒ] *n* belegering *c*

sieve [siv] *n* zeef *c*; *v* zeven

sift [sift] *v* zeven

sight [sait] *n* zicht *nt*; gezicht *nt*, aanblik *c*; bezienswaardigheid *c*

sign [sain] *n* teken *nt*; gebaar *nt*, wenk *c*; *v* ondertekenen, tekenen

signal ['signəl] *n* signaal *nt*; sein *nt*, teken *nt*; *v* seinen

signature ['signətʃə] *n* handtekening *c*

significant [sig'nifikənt] *adj* veelbetekenend

signpost ['sainpoust] *n* wegwijzer *c*

silence ['sailəns] *n* stilte *c*; *v* tot zwijgen *brengen

silencer ['sailənsə] *n* knalpot *c*

silent ['sailənt] *adj* zwijgend, stil; * **be ~** *zwijgen

silk [silk] *n* zijde *c*

silken ['silkən] *adj* zijden

silly ['sili] *adj* mal, dwaas

silver ['silvə] *n* zilver *nt*; zilveren

silversmith ['silvəsmiθ] *n* zilversmid *c*

silverware ['silvəwɛə] *n* zilverwerk *nt*

similar ['similə] *adj* dergelijk, overeenkomstig

similarity [ˌsimi'lærəti] *n* gelijkenis *c*

simple ['simpəl] *adj* simpel, eenvoudig; gewoon

simply ['simpli] *adv* eenvoudig, gewoonweg

simulate ['simjuleit] *v* huichelen

simultaneous [ˌsiməl'teiniəs] *adj* gelijktijdig; **simultaneously** *adv* tegelijkertijd

sin [sin] *n* zonde *c*

since [sins] *prep* sedert; *adv* sindsdien; *conj* sinds; aangezien

sincere [sin'siə] *adj* oprecht

sinew ['sinju:] *n* pees *c*

* **sing** [siŋ] *v* *zingen

singer ['siŋə] *n* zanger *c*; zangeres *c*

single ['siŋgəl] adj enkel; ongetrouwd
singular ['siŋgjulə] n enkelvoud nt;
adj eigenaardig
sinister ['sinistə] adj onheilspellend
sink [siŋk] n gootsteen c
*sink [siŋk] v *zinken
sip [sip] n slokje nt
siphon ['saifən] n sifon c
sir [sə:] meneer
siren ['saiərən] n sirene c
sister ['sistə] n zuster c, zus c
sister-in-law ['sistərinlɔ:] n (pl sisters-)
schoonzuster c
*sit [sit] v *zitten; ~ down *gaan zit-
ten
site [sait] n plaats c; ligging c
sitting-room ['sitiŋru:m] n zitkamer c
situated ['sitʃueitid] adj gelegen
situation [,sitʃu'eiʃən] n situatie c; ligging c
six [siks] num zes
sixteen [,siks'ti:n] num zestien
sixteenth [,siks'ti:nθ] num zestiende
sixth [siksθ] num zesde
sixty ['siksti] num zestig
size [saiz] n grootte c, maat c; afmeting c, omvang c; formaat nt
skate [skeit] v schaatsen; n schaats c
skating-rink ['skeitiŋriŋk] n kunstijsbaan c, ijsbaan c
skeleton ['skelitən] n skelet nt, geraamte nt
sketch [sketʃ] n tekening c, schets c;
v tekenen, schetsen
sketch-book ['sketʃbuk] n schetsboek
nt
ski¹ [ski:] v skiën
ski² [ski:] n (pl ~, ~s) ski c; ~ boots
skischoenen pl; ~ pants skibroek
c; ~ poles Am skistokken pl; ~
sticks skistokken pl
skid [skid] v slippen
skier ['ski:ə] n skiër c
skilful ['skilfəl] adj bekwaam, behen-

dig, vaardig
ski-lift ['ski:lift] n skilift c
skill [skil] n vaardigheid c
skilled [skild] adj vaardig, vakkundig
skin [skin] n vel nt, huid c; schil c; ~
cream huidcrème c
skip [skip] v huppelen; *overslaan
skirt [skə:t] n rok c
skull [skʌl] n schedel c
sky [skai] n hemel c; lucht c
skyscraper ['skai,skreipə] n wolken-
krabber c
slack [slæk] adj traag
slacks [slæks] pl broek c
slam [slæm] v *dichtslaan
slander ['slɑ:ndə] n laster c
slant [slɑ:nt] v hellen
slanting ['slɑ:ntiŋ] adj schuin, hellend,
scheef
slap [slæp] v *slaan; n klap c
slate [sleit] n lei nt
slave [sleiv] n slaaf c
sledge [sledʒ] n slee c, slede c
sleep [sli:p] n slaap c
*sleep [sli:p] v *slapen
sleeping-bag ['sli:piŋbæg] n slaapzak c
sleeping-car ['sli:piŋkɑ:] n slaapwagen
c
sleeping-pill ['sli:piŋpil] n slaappil c
sleepless ['sli:pləs] adj slapeloos
sleepy ['sli:pi] adj slaperig
sleeve [sli:v] n mouw c; hoes c
sleigh [slei] n slee c, ar c
slender ['slendə] adj slank
slice [slais] n snee c
slide [slaid] n glijbaan c; dia c
*slide [slaid] v *glijden
slight [slait] adj licht; gering
slim [slim] adj slank; v vermageren
slip [slip] v slippen, *uitglijden; ontglippen; n misstap c; onderrok c
slipper ['slipə] n slof c, pantoffel c
slippery ['slipəri] adj glibberig, glad
slogan ['slougən] n leus c, slagzin c

slope [sloup] *n* helling *c*; *v* glooien
sloping ['sloupiŋ] *adj* afhellend
sloppy ['slɔpi] *adj* slordig
slot [slɔt] *n* gleuf *c*
slot-machine ['slɔt,məʃi:n] *n* automaat *c*
slovenly ['slʌvənli] *adj* slordig
slow [slou] *adj* traag, langzaam; ~ **down** vertragen; afremmen
sluice [slu:s] *n* sluis *c*
slum [slʌm] *n* achterbuurt *c*
slump [slʌmp] *n* prijsdaling *c*
slush [slʌʃ] *n* sneeuwslik *nt*
sly [slai] *adj* listig
smack [smæk] *v* *slaan; *n* klap *c*
small [smɔ:l] *adj* klein; gering
smallpox ['smɔ:lpɔks] *n* pokken *pl*
smart [sma:t] *adj* chic; knap, pienter
smell [smel] *n* geur *c*
***smell** [smel] *v* *ruiken; *stinken
smelly ['smeli] *adj* stinkend
smile [smail] *v* glimlachen; *n* glimlach *c*
smith [smiθ] *n* smid *c*
smoke [smouk] *v* roken; *n* rook *c*; **no smoking** verboden te roken
smoker ['smoukə] *n* roker *c*; rookcoupé *c*
smoking-compartment ['smoukiŋkəm,pa:tmənt] *n* coupé voor rokers
smoking-room ['smoukiŋru:m] *n* rookkamer *c*
smooth [smu:ð] *adj* effen, vlak, glad; zacht
smuggle ['smʌgəl] *v* smokkelen
snack [snæk] *n* snack *c*
snack-bar ['snækba:] *n* snackbar *c*
snail [sneil] *n* slak *c*
snake [sneik] *n* slang *c*
snapshot ['snæpʃɔt] *n* kiekje *nt*, momentopname *c*
sneakers ['sni:kəz] *plAm* gymschoenen *pl*
sneeze [sni:z] *v* niezen

sniper ['snaipə] *n* sluipschutter *c*
snooty ['snu:ti] *adj* verwaand
snore [snɔ:] *v* snurken
snorkel ['snɔ:kəl] *n* snorkel *c*
snout [snaut] *n* snuit *c*
snow [snou] *n* sneeuw *c*; *v* sneeuwen
snowstorm ['snoustɔ:m] *n* sneeuwstorm *c*
snowy ['snoui] *adj* besneeuwd
so [sou] *conj* dus; *adv* zo; dermate; **and ~ on** enzovoort; ~ **far** tot zover; ~ **that** zodat, opdat
soak [souk] *v* weken, doorweken
soap [soup] *n* zeep *c*; ~ **powder** zeeppoeder *nt*
sober ['soubə] *adj* nuchter; bezonnen
so-called [,sou'kɔ:ld] *adj* zogenaamd
soccer ['sɔkə] *n* voetbal *nt*; ~ **team** elftal *nt*
social ['souʃəl] *adj* maatschappelijk, sociaal
socialism ['souʃəlizəm] *n* socialisme *nt*
socialist ['souʃəlist] *adj* socialistisch; *n* socialist *c*
society [sə'saiəti] *n* maatschappij *c*; genootschap *nt*, vereniging *c*; gezelschap *nt*
sock [sɔk] *n* sok *c*
socket ['sɔkit] *n* fitting *c*
soda-water ['soudə,wɔ:tə] *n* spuitwater *nt*, sodawater *nt*
sofa ['soufə] *n* sofa *c*
soft [sɔft] *adj* zacht; ~ **drink** frisdrank *c*
soften ['sɔfən] *v* verzachten
soil [sɔil] *n* grond *c*; bodem *c*, aarde *c*
soiled [sɔild] *adj* bevuild
sold [sould] *v* (p, pp sell); ~ **out** uitverkocht
solder ['sɔldə] *v* solderen
soldering-iron ['sɔldəriŋaiən] *n* soldeerbout *c*
soldier ['souldʒə] *n* militair *c*, soldaat *c*

sole¹ [soul] *adj* enig
sole² [soul] *n* zool *c* ; tong *c*
solely ['soulli] *adv* uitsluitend
solemn ['sɔləm] *adj* plechtig
solicitor [sə'lisitə] *n* raadsman *c*, advocaat *c*
solid ['sɔlid] *adj* stevig, solide; massief; *n* vaste stof
soluble ['sɔljubəl] *adj* oplosbaar
solution [sə'lu:ʃən] *n* oplossing *c*
solve [sɔlv] *v* oplossen
sombre ['sɔmbə] *adj* somber
some [sʌm] *adj* enige, enkele; *pron* sommige; iets; ~ **day** eens; ~ **more** nog wat; ~ **time** eens
somebody ['sʌmbədi] *pron* iemand
somehow ['sʌmhau] *adv* op de een of andere manier
someone ['sʌmwʌn] *pron* iemand
something ['sʌmθiŋ] *pron* iets
sometimes ['sʌmtaimz] *adv* soms
somewhat ['sʌmwɔt] *adv* enigszins
somewhere ['sʌmwɛə] *adv* ergens
son [sʌn] *n* zoon *c*
song [sɔŋ] *n* lied *nt*
son-in-law ['sʌninlɔ:] *n* (pl sons-) schoonzoon *c*
soon [su:n] *adv* vlug, gauw, weldra, spoedig; **as** ~ **as** zodra
sooner ['su:nə] *adv* liever
sore [sɔ:] *adj* pijnlijk, zeer; *n* zere plek; zweer *c* ; ~ **throat** keelpijn *c*
sorrow ['sɔrou] *n* droefheid *c*, leed *nt*, verdriet *nt*
sorry ['sɔri] *adj* bedroefd; **sorry!** neem me niet kwalijk!, sorry!, pardon!
sort [sɔ:t] *v* sorteren, rangschikken; *n* slag *nt*, soort *c/nt* ; **all sorts of** allerlei
soul [soul] *n* ziel *c* ; geest *c*
sound [saund] *n* klank *c*, geluid *nt* ; *v* *klinken; *adj* degelijk
soundproof ['saundpru:f] *adj* geluiddicht

soup [su:p] *n* soep *c*
soup-plate ['su:ppleit] *n* soepbord *nt*
soup-spoon ['su:pspu:n] *n* soeplepel *c*
sour [sauə] *adj* zuur
source [sɔ:s] *n* bron *c*
south [sauθ] *n* zuid *c*, zuiden *nt* ; **South Pole** zuidpool *c*
South Africa [sauθ 'æfrikə] Zuid-Afrika
south-east [,sauθ'i:st] *n* zuidoosten *nt*
southerly ['sʌðəli] *adj* zuidelijk
southern ['sʌðən] *adj* zuidelijk
south-west [,sauθ'west] *n* zuidwesten *nt*
souvenir ['su:vəniə] *n* souvenir *nt*
sovereign ['sɔvrin] *n* vorst *c*
Soviet ['souviət] *adj* Sovjet-
Soviet Union ['souviət 'ju:njən] Sovjet-Unie
***sow** [sou] *v* zaaien
spa [spa:] *n* geneeskrachtige bron
space [speis] *n* ruimte *c* ; afstand *c*, tussenruimte *c* ; *v* spatiëren
spacious ['speiʃəs] *adj* ruim
spade [speid] *n* schop *c*, spade *c*
Spain [spein] Spanje
Spaniard ['spænjəd] *n* Spanjaard *c*
Spanish ['spæniʃ] *adj* Spaans
spanking ['spæŋkiŋ] *n* pak slaag
spanner ['spænə] *n* schroefsleutel *c*
spare [spɛə] *adj* reserve-, extra; *v* missen; ~ **part** onderdeel *nt* ; ~ **room** logeerkamer *c* ; ~ **time** vrije tijd; ~ **tyre** reserveband *c* ; ~ **wheel** reservewiel *nt*
spark [spa:k] *n* vonk *c*
sparking-plug ['spa:kiŋplʌg] *n* bougie *c*
sparkling ['spa:kliŋ] *adj* fonkelend; mousserend
sparrow ['spærou] *n* mus *c*
***speak** [spi:k] *v* *spreken
spear [spiə] *n* speer *c*
special ['speʃəl] *adj* bijzonder, spe-

ciaal; ~ **delivery** expresse-
specialist ['speʃəlist] n specialist c
speciality [ˌspeʃi'æləti] n specialiteit c
specialize ['speʃəlaiz] v zich specialiseren
specially ['speʃəli] adv in het bijzonder
species ['spi:ʃi:z] n (pl ~) soort c/nt
specific [spə'sifik] adj specifiek
specimen ['spesimən] n exemplaar nt, specimen nt
speck [spek] n spat c
spectacle ['spektəkəl] n schouwspel nt; **spectacles** bril c
spectator [spek'teitə] n kijker c, toeschouwer c
speculate ['spekjuleit] v speculeren
speech [spi:tʃ] n spraak c; rede c, toespraak c; taal c
speechless ['spi:tʃləs] adj sprakeloos
speed [spi:d] n snelheid c; vaart c, spoed c; **cruising** ~ kruissnelheid c; ~ **limit** maximum snelheid, snelheidsbeperking c
* **speed** [spi:d] v hard *rijden; te hard *rijden
speeding ['spi:diŋ] n snelheidsovertreding c
speedometer [spi:'dɔmitə] n snelheidsmeter c
spell [spel] n betovering c
* **spell** [spel] v spellen
spelling ['speliŋ] n spelling c
* **spend** [spend] v *uitgeven, besteden; *doorbrengen
sphere [sfiə] n bol c; sfeer c
spice [spais] n specerij c; **spices** kruiden
spiced [spaist] adj gekruid
spicy ['spaisi] adj pikant
spider ['spaidə] n spin c; **spider's web** spinneweb nt
* **spill** [spil] v morsen
* **spin** [spin] v *spinnen; draaien
spinach ['spinidʒ] n spinazie c

spine [spain] n ruggegraat c
spinster ['spinstə] n oude vrijster
spire [spaiə] n spits c
spirit ['spirit] n geest c; bui c; **spirits** sterke drank; stemming c; ~ **stove** spiritusbrander c
spiritual ['spiritʃuəl] adj geestelijk
spit [spit] n spuug nt, speeksel nt; spit nt
* **spit** [spit] v spuwen
in spite of [in spait ɔv] ongeacht, ondanks
spiteful ['spaitfəl] adj hatelijk
splash [splæʃ] v spatten
splendid ['splendid] adj schitterend, prachtig
splendour ['splendə] n pracht c
splint [splint] n spalk c
splinter ['splintə] n splinter c
* **split** [split] v *splijten
* **spoil** [spɔil] v *bederven; verwennen
spoke[1] [spouk] v (p speak)
spoke[2] [spouk] n spaak c
sponge [spʌndʒ] n spons c
spook [spu:k] n spook nt
spool [spu:l] n spoel c
spoon [spu:n] n lepel c
sport [spɔ:t] n sport c
sports-car ['spɔ:tska:] n sportwagen c
sports-jacket ['spɔ:ts,dʒækit] n sportjasje nt
sportsman ['spɔ:tsmən] n (pl -men) sportman c
sportswear ['spɔ:tsweə] n sportkleding c
spot [spɔt] n spat c, vlek c; plek c, plaats c
spotless ['spɔtləs] adj vlekkeloos
spotlight ['spɔtlait] n schijnwerper c
spotted ['spɔtid] adj gespikkeld
spout [spaut] n straal c
sprain [sprein] v verstuiken, verzwikken; n verstuiking c
* **spread** [spred] v spreiden

spring [spriŋ] n voorjaar nt, lente c; veer c; bron c

springtime ['spriŋtaim] n voorjaar nt

sprouts [sprauts] pl spruitjes pl

spy [spai] n spion c

squadron ['skwɔdrən] n eskader nt

square [skweə] adj vierkant; n kwadraat nt, vierkant nt; plein nt

squash [skwɔʃ] n vruchtensap nt

squirrel ['skwirəl] n eekhoorn c

squirt [skwə:t] n straal c

stable ['steibəl] adj stabiel; n stal c

stack [stæk] n stapel c

stadium ['steidiəm] n stadion nt

staff [sta:f] n staf c

stage [steidʒ] n toneel nt; fase c, stadium nt; etappe c

stain [stein] v vlekken; n spat c, vlek c; **stained glass** gebrandschilderd glas; ~ **remover** vlekkenwater nt

stainless ['steinləs] adj vlekkeloos; ~ **steel** roestvrij staal

staircase ['steəkeis] n trap c

stairs [steəz] pl trap c

stale [steil] adj oudbakken

stall [stɔ:l] n kraam c; stalles pl

stamina ['stæminə] n uithoudingsvermogen nt

stamp [stæmp] n postzegel c; stempel c; v frankeren; stampen; ~ **machine** postzegelautomaat c

stand [stænd] n kraam c; tribune c

*****stand** [stænd] v *staan

standard ['stændəd] n norm c, maatstaf c; standaard-; ~ **of living** levensstandaard c

stanza ['stænzə] n couplet nt

staple ['steipəl] n nietje nt

star [sta:] n ster c

starboard ['sta:bəd] n stuurboord nt

starch [sta:tʃ] n stijfsel nt; v *stijven

stare [steə] v staren

starling ['sta:liŋ] n spreeuw c

start [sta:t] v *beginnen; n begin;

starter motor startmotor c

starting-point ['sta:tiŋpoint] n uitgangspunt nt

state [steit] n staat c; toestand c; v verklaren

the States Verenigde Staten

statement ['steitmənt] n verklaring c

statesman ['steitsmən] n (pl -men) staatsman c

station ['steiʃən] n station nt; plaats c

stationary ['steiʃənəri] adj stilstaand

stationer's ['steiʃənəz] n kantoorboekhandel c

stationery ['steiʃənəri] n schrijfbehoeften pl

station-master ['steiʃən,ma:stə] n stationschef c

statistics [stə'tistiks] pl statistiek c

statue ['stætʃu:] n standbeeld nt

stay [stei] v *blijven; logeren, *verblijven; n verblijf c

steadfast ['stedfa:st] adj standvastig

steady ['stedi] adj vast

steak [steik] n biefstuk c

*****steal** [sti:l] v *stelen

steam [sti:m] n stoom c

steamer ['sti:mə] n stoomboot c

steel [sti:l] n staal nt

steep [sti:p] adj steil

steeple ['sti:pəl] n kerktoren c

steering-column ['stiəriŋ,kɔləm] n stuurkolom c

steering-wheel ['stiəriŋwi:l] n stuurwiel nt

steersman ['stiəzmən] n (pl -men) stuurman c

stem [stem] n steel c

stenographer [ste'nɔgrəfə] n stenograaf c

step [step] n pas c, stap c; trede c; v stappen

stepchild ['steptʃaild] n (pl -children) stiefkind nt

stepfather ['step,fa:ðə] n stiefvader c

stepmother ['step,mʌðə] n stiefmoeder c

sterile ['sterail] adj steriel

sterilize ['sterilaiz] v steriliseren

steward ['stju:əd] n steward c

stewardess ['stju:ədes] n stewardess c

stick [stik] n stok c

*stick [stik] v kleven, plakken

sticky ['stiki] adj kleverig

stiff [stif] adj stijf

still [stil] adv nog; toch; adj stil

stillness ['stilnəs] n stilte c

stimulant ['stimjulənt] n stimulerend middel

stimulate ['stimjuleit] v stimuleren

sting [stiŋ] n prik c, steek c

*sting [stiŋ] v *steken

stingy ['stindʒi] adj gierig

*stink [stiŋk] v *stinken

stipulate ['stipjuleit] v bepalen

stipulation [,stipju'leiʃən] n bepaling c

stir [stə:] v *bewegen; roeren

stirrup ['stirəp] n stijgbeugel c

stitch [stitʃ] n steek c; hechting c

stock [stɔk] n voorraad c; v in voorraad *hebben; ~ exchange effectenbeurs c, beurs c; ~ market effectenbeurs c; stocks and shares effecten

stocking ['stɔkiŋ] n kous c

stole¹ [stoul] v (p steal)

stole² [stoul] n stola c

stomach ['stʌmək] n maag c

stomach-ache ['stʌməkeik] n buikpijn c, maagpijn c

stone [stoun] n steen c; edelsteen c; pit c; stenen; pumice ~ puimsteen nt

stood [stud] v (p, pp stand)

stop [stɔp] v stoppen; *ophouden met, staken; n halte c; stop! halt!

stopper ['stɔpə] n stop c

storage ['stɔ:ridʒ] n opslag c

store [stɔ:] n voorraad c; winkel c; v *opslaan

store-house ['stɔ:haus] n magazijn nt

storey ['stɔ:ri] n etage c, verdieping c

stork [stɔ:k] n ooievaar c

storm [stɔ:m] n storm c

stormy ['stɔ:mi] adj stormachtig

story ['stɔ:ri] n verhaal nt

stout [staut] adj dik, gezet, corpulent

stove [stouv] n kachel c; fornuis nt

straight [streit] adj recht; eerlijk; adv recht; ~ ahead rechtdoor; ~ away direct, meteen; ~ on rechtdoor

strain [strein] n inspanning c; spanning c; v forceren; zeven

strainer ['streinə] n vergiet nt

strange [streindʒ] adj vreemd; raar

stranger ['streindʒə] n vreemdeling c; vreemde c

strangle ['stræŋgəl] v wurgen

strap [stræp] n riem c

straw [strɔ:] n stro nt

strawberry ['strɔ:bəri] n aardbei c

stream [stri:m] n beek c; stroom c; v stromen

street [stri:t] n straat c

streetcar ['stri:tka:] nAm tram c

street-organ ['stri:,tɔ:gən] n draaiorgel nt

strength [streŋθ] n sterkte c, kracht c

stress [stres] n spanning c; nadruk c; v benadrukken

stretch [stretʃ] v rekken; n stuk nt

strict [strikt] adj strikt; streng

strife [straif] n strijd c

strike [straik] n staking c

*strike [straik] v *slaan; *toeslaan; *treffen; staken; *strijken

striking ['straikiŋ] adj frappant, opmerkelijk, opvallend

string [striŋ] n touw nt; snaar c

strip [strip] n strook c

stripe [straip] n streep c

striped [straipt] adj gestreept

stroke [strouk] n beroerte c

stroll [stroul] v wandelen; n wandeling c

strong [strɔŋ] adj sterk; krachtig

stronghold ['strɔŋhould] n burcht c

structure ['strʌktʃə] n structuur c

struggle ['strʌgəl] n strijd c, worsteling c; v worstelen, *strijden

stub [stʌb] n controlestrook c

stubborn ['stʌbən] adj hardnekkig

student ['stju:dənt] n student c; studente c

study ['stʌdi] v studeren; n studie c; studeerkamer c

stuff [stʌf] n stof c; spul nt

stuffed [stʌft] adj gevuld

stuffing ['stʌfiŋ] n vulling c

stuffy ['stʌfi] adj benauwd

stumble ['stʌmbəl] v struikelen

stung [stʌŋ] v (p, pp sting)

stupid ['stju:pid] adj dom

style [stail] n stijl c

subject[1] ['sʌbdʒikt] n onderwerp nt; onderdaan c; ~ **to** onderhevig aan

subject[2] [səb'dʒekt] v *onderwerpen

submit [səb'mit] v zich *onderwerpen

subordinate [sə'bɔ:dinət] adj ondergeschikt; bijkomstig

subscriber [səb'skraibə] n abonnee c

subscription [səb'skripʃən] n abonnement nt

subsequent ['sʌbsikwənt] adj volgend

subsidy ['sʌbsidi] n subsidie c

substance ['sʌbstəns] n substantie c

substantial [səb'stænʃəl] adj stoffelijk; werkelijk; aanzienlijk

substitute ['sʌbstitju:t] v *vervangen; n vervanging c; plaatsvervanger c

subtitle ['sʌb,taitəl] n ondertitel c

subtle ['sʌtəl] adj subtiel

subtract [səb'trækt] v *aftrekken

suburb ['sʌbə:b] n buitenwijk c, voorstad c

suburban [sə'bə:bən] adj van de voorstad

subway ['sʌbwei] nAm ondergrondse c

succeed [sək'si:d] v slagen; opvolgen

success [sək'ses] n succes nt

successful [sək'sesfəl] adj succesvol

succumb [sə'kʌm] v *bezwijken

such [sʌtʃ] adj dergelijk, zulk; adv zo; ~ **as** zoals

suck [sʌk] v *zuigen

sudden ['sʌdən] adj plotseling

suddenly ['sʌdənli] adv opeens

suede [sweid] n suède nt/c

suffer ['sʌfə] v *lijden; *ondergaan

suffering ['sʌfəriŋ] n lijden nt

suffice [sə'fais] v voldoende *zijn

sufficient [sə'fiʃənt] adj voldoende, genoeg

suffrage ['sʌfridʒ] n stemrecht nt, kiesrecht nt

sugar ['ʃugə] n suiker c

suggest [sə'dʒest] v voorstellen

suggestion [sə'dʒestʃən] n voorstel nt

suicide ['su:isaid] n zelfmoord c

suit [su:t] v schikken; aanpassen; goed *staan; n kostuum nt

suitable ['su:təbəl] adj gepast, geschikt

suitcase ['su:tkeis] n koffer c

suite [swi:t] n suite c

sum [sʌm] n som c

summary ['sʌməri] n resumé nt, samenvatting c

summer ['sʌmə] n zomer c; ~ **time** zomertijd c

summit ['sʌmit] n top c

summons ['sʌmənz] n (pl ~es) dagvaarding c

sun [sʌn] n zon c

sunbathe ['sʌnbeið] v zonnebaden

sunburn ['sʌnbə:n] n zonnebrand c

Sunday ['sʌndi] zondag c

sun-glasses ['sʌn,glɑ:siz] pl zonnebril c

sunlight ['sʌnlait] n zonlicht nt

sunny ['sʌni] adj zonnig

sunrise ['sʌnraiz] n zonsopgang c

sunset ['sʌnset] n zonsondergang c

sunshade ['sʌnʃeid] n parasol c

sunshine ['sʌnʃain] n zonneschijn c

sunstroke ['sʌnstrouk] n zonnesteek c

suntan oil ['sʌntænɔil] zonnebrandolie c

superb [su'pə:b] adj groots, prachtig

superficial [,su:pə'fiʃəl] adj oppervlakkig

superfluous [su'pə:fluəs] adj overbodig

superior [su'piəriə] adj beter, groter, hoger, superieur

superlative [su'pə:lətiv] adj overtreffend; n superlatief c

supermarket ['su:pə,ma:kit] n supermarkt c

superstition [,su:pə'stiʃən] n bijgeloof nt

supervise ['su:pəvaiz] v toezicht *houden op

supervision [,su:pə'viʒən] n controle c, toezicht nt

supervisor ['su:pəvaizə] n opzichter c

supper ['sʌpə] n avondeten nt

supple ['sʌpəl] adj soepel, lenig, buigzaam

supplement ['sʌplimənt] n supplement nt

supply [sə'plai] n aanvoer c, levering c; voorraad c; aanbod nt; v leveren, bezorgen

support [sə'pɔ:t] v ondersteunen, steunen; n steun c; ~ hose steunkousen pl

supporter [sə'pɔ:tə] n supporter c

suppose [sə'pouz] v *aannemen, veronderstellen; supposing that aangenomen dat

suppository [sə'pɔzitəri] n zetpil c

suppress [sə'pres] v onderdrukken

surcharge ['sə:tʃa:dʒ] n toeslag c

sure [ʃuə] adj zeker

surely ['ʃuəli] adv zeker

surface ['sə:fis] n oppervlakte c

surf-board ['sə:fbɔ:d] n surfplank c

surgeon ['sə:dʒən] n chirurg c; **veterinary** ~ veearts c

surgery ['sə:dʒəri] n operatie c; spreekkamer c

surname ['sə:neim] n achternaam c

surplus ['sə:pləs] n overschot nt

surprise [sə'praiz] n verrassing c; verbazing c; v verrassen; verbazen

surrender [sə'rendə] v zich *overgeven; n overgave c

surround [sə'raund] v omringen, *omgeven

surrounding [sə'raundiŋ] adj omliggend

surroundings [sə'raundiŋz] pl omgeving c

survey ['sə:vei] n overzicht nt

survival [sə'vaivəl] n overleving c

survive [sə'vaiv] v overleven

suspect[1] [sə'spekt] v *verdenken; vermoeden

suspect[2] ['sʌspekt] n verdachte c

suspend [sə'spend] v schorsen

suspenders [sə'spendəz] plAm bretels pl; **suspender belt** jarretelgordel c

suspension [sə'spenʃən] n vering c, ophanging c; ~ **bridge** hangbrug c

suspicion [sə'spiʃən] n verdenking c; wantrouwen nt, argwaan c

suspicious [sə'spiʃəs] adj verdacht; argwanend, achterdochtig

sustain [sə'stein] v *verdragen

Swahili [swə'hi:li] n Swahili nt

swallow ['swɔlou] v inslikken, slikken; n zwaluw c

swam [swæm] v (p swim)

swamp [swɔmp] n moeras nt

swan [swɔn] n zwaan c

swap [swɔp] v ruilen

***swear** [sweə] v *zweren; vloeken

sweat [swet] n zweet nt; v zweten

sweater ['swetə] n sweater c

Swede [swi:d] *n* Zweed *c*
Sweden ['swi:dən] Zweden
Swedish ['swi:diʃ] *adj* Zweeds
*****sweep** [swi:p] *v* vegen
sweet [swi:t] *adj* zoet; lief; *n* snoepje *nt*; toetje *nt*; **sweets** snoep *nt*, snoepgoed *nt*
sweeten ['swi:tən] *v* zoet maken
sweetheart ['swi:thɑ:t] *n* liefje *nt*, lieveling *c*
sweetshop ['swi:tʃɔp] *n* snoepwinkel *c*
swell [swel] *adj* prachtig
*****swell** [swel] *v* *zwellen
swelling ['sweliŋ] *n* zwelling *c*
swift [swift] *adj* snel
*****swim** [swim] *v* *zwemmen
swimmer ['swimə] *n* zwemmer *c*
swimming ['swimiŋ] *n* zwemsport *c*; ~ **pool** zwembad *nt*
swimming-trunks ['swimiŋtrʌŋks] *n* zwembroek *c*
swim-suit ['swimsu:t] *n* zwempak *nt*
swindle ['swindəl] *v* oplichten; *n* zwendelarij *c*
swindler ['swindlə] *n* oplichter *c*
swing [swiŋ] *n* schommel *c*
*****swing** [swiŋ] *v* zwaaien; schommelen
Swiss [swis] *adj* Zwitsers; *n* Zwitser *c*
switch [switʃ] *n* schakelaar *c*; *v* omwisselen; ~ **off** uitschakelen; ~ **on** inschakelen
switchboard ['switʃbɔ:d] *n* schakelbord *nt*
Switzerland ['switsələnd] Zwitserland
sword [sɔ:d] *n* zwaard *nt*
swum [swʌm] *v* (pp swim)
syllable ['siləbəl] *n* lettergreep *c*
symbol ['simbəl] *n* symbool *nt*
sympathetic [,simpə'θetik] *adj* hartelijk, begrijpend
sympathy ['simpəθi] *n* sympathie *c*; medegevoel *nt*
symphony ['simfəni] *n* symfonie *c*
symptom ['simtəm] *n* symptoom *nt*

synagogue ['sinəgɔg] *n* synagoge *c*
synonym ['sinənim] *n* synoniem *nt*
synthetic [sin'θetik] *adj* synthetisch
syphon ['saifən] *n* sifon *c*
Syria ['siriə] Syrië
Syrian ['siriən] *adj* Syrisch; *n* Syriër *c*
syringe [si'rindʒ] *n* spuit *c*
syrup ['sirəp] *n* stroop *c*, siroop *c*
system ['sistəm] *n* systeem *nt*; stelsel *nt*; **decimal** ~ tientallig stelsel
systematic [,sistə'mætik] *adj* systematisch

T

table ['teibəl] *n* tafel *c*; tabel *c*; ~ **of contents** inhoudsopgave *c*; ~ **tennis** tafeltennis
table-cloth ['teibəlklɔθ] *n* tafellaken *nt*
tablespoon ['teibəlspu:n] *n* eetlepel *c*
tablet ['tæblit] *n* tablet *nt*
taboo [tə'bu:] *n* taboe *nt*
tactics ['tæktiks] *pl* tactiek *c*
tag [tæg] *n* etiket *nt*
tail [teil] *n* staart *c*
tail-light ['teillait] *n* achterlicht *nt*
tailor ['teilə] *n* kleermaker *c*
tailor-made ['teiləmeid] *adj* op maat gemaakt
*****take** [teik] *v* *nemen; pakken; *brengen; *begrijpen, snappen; ~ **away** *meenemen; *afnemen, *wegnemen; ~ **off** starten; ~ **out** *wegnemen; ~ **over** *overnemen; ~ **place** *plaatshebben; ~ **up** *innemen
take-off ['teikɔf] *n* start *c*
tale [teil] *n* verhaal *nt*, vertelling *c*
talent ['tælənt] *n* aanleg *c*, talent *nt*
talented ['tæləntid] *adj* begaafd
talk [tɔ:k] *v* *spreken, praten; *n* gesprek *nt*

talkative ['tɔ:kətiv] *adj* spraakzaam

tall [tɔ:l] *adj* hoog; lang, groot

tame [teim] *adj* mak, tam; *v* temmen

tampon ['tæmpən] *n* tampon *c*

tangerine [,tændʒə'ri:n] *n* mandarijn *c*

tangible ['tændʒibəl] *adj* tastbaar

tank [tæŋk] *n* tank *c*

tanker ['tæŋkə] *n* tankschip *nt*

tanned [tænd] *adj* gebruind

tap [tæp] *n* kraan *c*; klop *c*; *v* kloppen

tape [teip] *n* band *c*; lint *nt*; **adhesive ~** plakband *nt*; hechtpleister *c*

tape-measure ['teip,meʒə] *n* centimeter *c*

tape-recorder ['teipri,kɔ:də] *n* bandrecorder *c*

tapestry ['tæpistri] *n* wandkleed *nt*, gobelin *c*

tar [ta:] *n* teer *c/nt*

target ['ta:git] *n* doel *nt*, mikpunt *nt*

tariff ['tærif] *n* tarief *nt*

tarpaulin [ta:'pɔ:lin] *n* dekzeil *nt*

task [ta:sk] *n* taak *c*

taste [teist] *n* smaak *c*; *v* smaken; proeven

tasteless ['teistləs] *adj* smakeloos

tasty ['teisti] *adj* lekker, smakelijk

taught [tɔ:t] *v* (p, pp teach)

tavern ['tævən] *n* herberg *c*

tax [tæks] *n* belasting *c*; *v* belasten

taxation [tæk'seiʃən] *n* belasting *c*

tax-free ['tæksfri:] *adj* belastingvrij

taxi ['tæksi] *n* taxi *c*; **~ rank** taxistandplaats *c*; **~ stand** *Am* taxistandplaats *c*

taxi-driver ['tæksi,draivə] *n* taxichauffeur *c*

taxi-meter ['tæksi,mi:tə] *n* taximeter *c*

tea [ti:] *n* thee *c*

*teach [ti:tʃ] *v* leren, *onderwijzen

teacher ['ti:tʃə] *n* docent *c*, leraar *c*; lerares *c*; onderwijzer *c*, meester *c*, schoolmeester *c*

teachings ['ti:tʃiŋz] *pl* leer *c*

tea-cloth ['ti:klɔθ] *n* theedoek *c*

teacup ['ti:kʌp] *n* theekopje *nt*

team [ti:m] *n* equipe *c*, ploeg *c*

teapot ['ti:pɔt] *n* theepot *c*

tear¹ [tiə] *n* traan *c*

tear² [teə] *n* scheur *c*; ***tear** *v* scheuren

tear-jerker ['tiə,dʒə:kə] *n* smartlap *c*

tease [ti:z] *v* plagen

tea-set ['ti:set] *n* theeservies *nt*

tea-shop ['ti:ʃɔp] *n* tearoom *c*

teaspoon ['ti:spu:n] *n* theelepel *c*

teaspoonful ['ti:spu:n,ful] *n* theelepel *c*

technical ['teknikəl] *adj* technisch

technician [tek'niʃən] *n* technicus *c*

technique [tek'ni:k] *n* techniek *c*

technology [tek'nɔlədʒi] *n* technologie *c*

teenager ['ti:,neidʒə] *n* tiener *c*

teetotaller [ti:'toutələ] *n* geheelonthouder *c*

telegram ['teligræm] *n* telegram *nt*

telegraph ['teligra:f] *v* telegraferen

telepathy [ti'lepəθi] *n* telepathie *c*

telephone ['telifoun] *n* telefoon *c*; **~ book** *Am* telefoongids *c*, telefoonboek *nt*; **~ booth** telefooncel *c*; **~ call** telefoongesprek *nt*; **~ directory** telefoonboek *nt*, telefoongids *c*; **~ exchange** telefooncentrale *c*; **~ operator** telefoniste *c*

telephonist [ti'lefənist] *n* telefoniste *c*

television ['telviʒən] *n* televisie *c*; **~ set** televisietoestel *nt*

telex ['teleks] *n* telex *c*

*tell [tel] *v* *zeggen; vertellen

temper ['tempə] *n* boosheid *c*

temperature ['temprətʃə] *n* temperatuur *c*

tempest ['tempist] *n* storm *c*

temple ['tempəl] *n* tempel *c*; slaap *c*

temporary ['tempərəri] *adj* voorlopig, tijdelijk

tempt [tempt] v *aantrekken
temptation [temp'teiʃən] n verleiding c
ten [ten] num tien
tenant ['tenənt] n huurder c
tend [tend] v de neiging *hebben; verzorgen; ~ **to** neigen tot
tendency ['tendənsi] n neiging c, tendens c
tender ['tendə] adj teder, teer; mals
tendon ['tendən] n pees c
tennis ['tenis] n tennis nt; ~ **shoes** tennisschoenen pl
tennis-court ['teniskɔ:t] n tennisbaan c
tense [tens] adj gespannen
tension ['tenʃən] n spanning c
tent [tent] n tent c
tenth [tenθ] num tiende
tepid ['tepid] adj lauw
term [tə:m] n term c; periode c, termijn c; voorwaarde c
terminal ['tə:minəl] n eindpunt nt
terrace ['terəs] n terras nt
terrain [te'rein] n terrein nt
terrible ['teribəl] adj verschrikkelijk, ontzettend, vreselijk
terrific [tə'rifik] adj geweldig
terrify ['terifai] v schrik *aanjagen; **terrifying** angstwekkend
territory ['teritəri] n gebied nt
terror ['terə] n angst c
terrorism ['terərizəm] n terrorisme nt, terreur c
terrorist ['terərist] n terrorist c
terylene ['terəli:n] n terylene nt
test [test] n proef c, test c; v proberen, testen
testify ['testifai] v getuigen
text [tekst] n tekst c
textbook ['tekstbuk] n leerboek nt
textile ['tekstail] n textiel c/nt
texture ['tekstʃə] n structuur c
Thai [tai] adj Thailands; n Thailander c

Thailand ['tailænd] Thailand
than [ðæn] conj dan
thank [θæŋk] v bedanken, danken; ~ **you** dank u
thankful ['θæŋkfəl] adj dankbaar
that [ðæt] adj die, dat; conj dat
thaw [θɔ:] v dooien, ontdooien; n dooi c
the [ðə,ði] art de art; **the ... the** hoe ... hoe
theatre ['θiətə] n schouwburg c, theater nt
theft [θeft] n diefstal c
their [ðeə] adj hun
them [ðem] pron hen
theme [θi:m] n thema nt, onderwerp nt
themselves [ðəm'selvz] pron zich; zelf
then [ðen] adv toen; vervolgens, dan
theology [θi'ɔlədʒi] n theologie c
theoretical [θiə'retikəl] adj theoretisch
theory ['θiəri] n theorie c
therapy ['θerəpi] n therapie c
there [ðeə] adv daar; daarheen
therefore ['ðeəfɔ:] conj daarom
thermometer [θə'mɔmitə] n thermometer c
thermostat ['θə:məstæt] n thermostaat c
these [ði:z] adj deze
thesis ['θi:sis] n (pl theses) stelling c
they [ðei] pron ze
thick [θik] adj dik; dicht
thicken ['θikən] v verdikken
thickness ['θiknəs] n dikte c
thief [θi:f] n (pl thieves) dief c
thigh [θai] n dij c
thimble ['θimbəl] n vingerhoed c
thin [θin] adj dun; mager
thing [θiŋ] n ding nt
*think [θiŋk] v *denken; *nadenken; ~ **of** *denken aan; *bedenken; ~ **over** *overdenken
thinker ['θiŋkə] n denker c

third [θə:d] *num* derde
thirst [θə:st] *n* dorst *c*
thirsty ['θə:sti] *adj* dorstig
thirteen [,θə:'ti:n] *num* dertien
thirteenth [,θə:'ti:nθ] *num* dertiende
thirtieth ['θə:tiəθ] *num* dertigste
thirty ['θə:ti] *num* dertig
this [ðis] *adj* dit, deze
thistle ['θisəl] *n* distel *c*
thorn [θɔ:n] *n* doorn *c*
thorough ['θʌrə] *adj* grondig, degelijk
thoroughbred ['θʌrəbred] *adj* volbloed
thoroughfare ['θʌrəfeə] *n* hoofdweg *c*, hoofdstraat *c*
those [ðouz] *adj* die
though [ðou] *conj* hoewel, ofschoon, alhoewel; *adv* overigens
thought[1] [θɔ:t] *v* (p, pp think)
thought[2] [θɔ:t] *n* gedachte *c*
thoughtful ['θɔ:tfəl] *adj* nadenkend; zorgzaam
thousand ['θauzənd] *num* duizend
thread [θred] *n* draad *c*; garen *nt*; *v* *rijgen
threadbare ['θredbeə] *adj* versleten
threat [θret] *n* dreigement *nt*, bedreiging *c*
threaten ['θretən] *v* dreigen, bedreigen; **threatening** dreigend
three [θri:] *num* drie
three-quarter [,θri:'kwɔ:tə] *adj* driekwart
threshold ['θreʃould] *n* drempel *c*
threw [θru:] *v* (p throw)
thrifty ['θrifti] *adj* zuinig
throat [θrout] *n* keel *c*; hals *c*
throne [θroun] *n* troon *c*
through [θru:] *prep* door
throughout [θru:'aut] *adv* overal
throw [θrou] *n* gooi *c*
*throw [θrou] *v* *werpen, gooien
thrush [θrʌʃ] *n* lijster *c*
thumb [θʌm] *n* duim *c*
thumbtack ['θʌmtæk] *nAm* punaise *c*

thump [θʌmp] *v* stampen
thunder ['θʌndə] *n* donder *c*; *v* donderen
thunderstorm ['θʌndəstɔ:m] *n* onweer *nt*
thundery ['θʌndəri] *adj* onweerachtig
Thursday ['θə:zdi] donderdag *c*
thus [ðʌs] *adv* zo
thyme [taim] *n* tijm *c*
tick [tik] *n* streepje *nt*; ~ **off** aanstrepen
ticket ['tikit] *n* kaartje *nt*; bon *c*; ~ **collector** conducteur *c*; ~ **machine** kaartenautomaat *c*
tickle ['tikəl] *v* kietelen
tide [taid] *n* getij *nt*; **high** ~ hoog water; **low** ~ laag water
tidings ['taidiŋz] *pl* nieuws *nt*
tidy ['taidi] *adj* net; ~ **up** opruimen
tie [tai] *v* knopen, *binden; *n* das *c*
tiger ['taigə] *n* tijger *c*
tight [tait] *adj* strak; nauw, krap; *adv* vast
tighten ['taitən] *v* aanhalen, *aantrekken; strakker maken; strakker *worden
tights [taits] *pl* maillot *c*
tile [tail] *n* tegel *c*; dakpan *c*
till [til] *prep* tot aan, tot; *conj* tot, totdat
timber ['timbə] *n* timmerhout *nt*
time [taim] *n* tijd *c*; maal *c*, keer *c*; **all the** ~ aldoor; **in** ~ op tijd; ~ **of arrival** aankomsttijd *c*; ~ **of departure** vertrektijd *c*
time-saving ['taim,seiviŋ] *adj* tijdbesparend
timetable ['taim,teibəl] *n* dienstregeling *c*
timid ['timid] *adj* bedeesd
timidity [ti'midəti] *n* verlegenheid *c*
tin [tin] *n* tin *nt*; bus *c*, blik *nt*; **tinned food** conserven *pl*
tinfoil ['tinfɔil] *n* zilverpapier *nt*

tin-opener ['ti,noupənə] n blikopener c

tiny ['taini] adj minuscuul

tip [tip] n punt c; fooi c

tire¹ [taiə] n band c

tire² [taiə] v vermoeien

tired [taiəd] adj vermoeid, moe; ~ **of** beu

tiring ['taiəriŋ] adj vermoeiend

tissue ['tiʃu:] n weefsel nt; papieren zakdoek

title ['taitəl] n titel c

to [tu:] prep tot; aan, voor, bij, naar; om te

toad [toud] n pad c

toadstool ['toudstu:l] n paddestoel c

toast [toust] n toast c

tobacco [tə'bækou] n (pl ~s) tabak c; ~ **pouch** tabakszak c

tobacconist [tə'bækənist] n sigaren-winkelier c; **tobacconist's** tabaks-winkel c

today [tə'dei] adv vandaag

toddler ['tɔdlə] n peuter c

toe [tou] n teen c

toffee ['tɔfi] n toffee c

together [tə'geðə] adv bijeen, samen

toilet ['tɔilət] n toilet nt; ~ **case** toi-lettas c

toilet-paper ['tɔilət,peipə] n closetpa-pier nt, toiletpapier nt

toiletry ['tɔilətri] n toiletbenodigdhe-den pl

token ['toukən] n teken nt; bewijs nt; munt c

told [tould] v (p, pp tell)

tolerable ['tɔlərəbəl] adj draaglijk

toll [toul] n tol c

tomato [tə'ma:tou] n (pl ~es) tomaat c

tomb [tu:m] n graf nt

tombstone ['tu:mstoun] n grafsteen c

tomorrow [tə'mɔrou] adv morgen

ton [tʌn] n ton c

tone [toun] n toon c; klank c

tongs [tɔŋz] pl tang c

tongue [tʌŋ] n tong c

tonic ['tɔnik] n tonicum nt

tonight [tə'nait] adv vannacht, van-avond

tonsilitis [,tɔnsə'laitis] n amandelont-steking c

tonsils ['tɔnsəlz] pl amandelen

too [tu:] adv te; ook

took [tuk] v (p take)

tool [tu:l] n werktuig nt, gereedschap nt; ~ **kit** gereedschapskist c

toot [tu:t] vAm claxonneren

tooth [tu:θ] n (pl teeth) tand c

toothache ['tu:θeik] n tandpijn c

toothbrush ['tu:θbrʌʃ] n tandenborstel c

toothpaste ['tu:θpeist] n tandpasta c/nt

toothpick ['tu:θpik] n tandestoker c

toothpowder ['tu:θ,paudə] n tandpoe-der nt/c

top [tɔp] n top c; bovenkant c; deksel nt; bovenst; **on** ~ **of** bovenop; ~ **side** bovenkant c

topcoat ['tɔpkout] n overjas c

topic ['tɔpik] n onderwerp nt

topical ['tɔpikəl] adj actueel

torch [tɔ:tʃ] n fakkel c; zaklantaarn c

torment¹ [tɔ:'ment] v kwellen

torment² ['tɔ:ment] n kwelling c

torture ['tɔ:tʃə] n marteling c; v mar-telen

toss [tɔs] v gooien

tot [tɔt] n kleuter c

total ['toutəl] adj totaal; geheel, vol-slagen; n totaal nt

totalitarian [,toutæli'tɛəriən] adj totali-tair

totalizator ['toutəlaizeitə] n totalisator c

touch [tʌtʃ] v aanraken; *betreffen; n contact nt, aanraking c; tastzin c

touching ['tʌtʃiŋ] adj aandoenlijk

tough [tʌf] adj taai

tour [tuə] n rondreis c

tourism ['tuərizəm] n toerisme nt

tourist ['tuərist] n toerist c; ~ **class** toeristenklasse c; ~ **office** verkeersbureau nt

tournament ['tuənəmənt] n toernooi nt

tow [tou] v slepen

towards [tə'wɔ:dz] prep naar; jegens

towel [tauəl] n handdoek c

towelling ['tauəliŋ] n badstof c

tower [tauə] n toren c

town [taun] n stad c; ~ **centre** stadscentrum nt; ~ **hall** stadhuis nt

townspeople ['taunz,pi:pəl] pl stadsmensen pl

toxic ['tɔksik] adj vergiftig

toy [tɔi] n speelgoed nt

toyshop ['tɔiʃɔp] n speelgoedwinkel c

trace [treis] n spoor nt; v opsporen

track [træk] n spoor nt; renbaan c

tractor ['træktə] n tractor c

trade [treid] n koophandel c, handel c; ambacht nt, vak nt; v handel *drijven

trademark ['treidma:k] n handelsmerk nt

trader ['treidə] n handelaar c

tradesman ['treidzmən] n (pl -men) handelaar c

trade-union [,treid'ju:njən] n vakbond c

tradition [trə'diʃən] n traditie c

traditional [trə'diʃənəl] adj traditioneel

traffic ['træfik] n verkeer nt; ~ **jam** verkeersopstopping c; ~ **light** stoplicht nt

trafficator ['træfikeitə] n richtingaanwijzer c

tragedy ['trædʒədi] n tragedie c

tragic ['trædʒik] adj tragisch

trail [treil] n spoor nt, pad nt

trailer ['treilə] n aanhangwagen c;

nAm kampeerwagen c

train [trein] n trein c; v dresseren, trainen; **stopping** ~ stoptrein c; **through** ~ doorgaande trein

training ['treiniŋ] n training c

trait [treit] n trek c

traitor ['treitə] n verrader c

tram [træm] n tram c

tramp [træmp] n landloper c, vagebond c; v *rondtrekken

tranquil ['træŋkwil] adj rustig

tranquillizer ['træŋkwilaizə] n kalmerend middel

transaction [træn'zækʃən] n transactie c

transatlantic [,trænzət'læntik] adj transatlantisch

transfer [træns'fə:] v *overbrengen

transform [træns'fɔ:m] v veranderen

transformer [træns'fɔ:mə] n transformator c

transition [træn'siʃən] n overgang c

translate [træns'leit] v vertalen

translation [træns'leiʃən] n vertaling c

translator [træns'leitə] n vertaler c

transmission [trænz'miʃən] n uitzending c

transmit [trænz'mit] v *uitzenden

transmitter [trænz'mitə] n zender c

transparent [træn'spɛərənt] adj doorzichtig

transport¹ ['trænspɔ:t] n vervoer nt

transport² [træn'spɔ:t] v transporteren

transportation [,trænspɔ:'teiʃən] n transport nt

trap [træp] n val c

trash [træʃ] n rommel c; ~ **can** Am vuilnisbak c

travel ['trævəl] v reizen; ~ **agency** reisbureau nt; ~ **agent** reisagent c; ~ **insurance** reisverzekering c; **travelling expenses** reiskosten pl

traveller ['trævələ] n reiziger c; **traveller's cheque** reischeque c

tray [trei] *n* dienblad *nt*

treason ['tri:zən] *n* verraad *nt*

treasure ['treʒə] *n* schat *c*

treasurer ['treʒərə] *n* penningmeester *c*

treasury ['treʒəri] *n* schatkist *c*

treat [tri:t] *v* behandelen

treatment ['tri:tmənt] *n* behandeling *c*

treaty ['tri:ti] *n* verdrag *nt*

tree [tri:] *n* boom *c*

tremble ['trembəl] *v* rillen, beven; trillen

tremendous [tri'mendəs] *adj* enorm

trespasser ['trespəsə] *n* indringer *c*

trial [traiəl] *n* rechtszaak *c*; proef *c*

triangle ['traiæŋgəl] *n* driehoek *c*

triangular [trai'æŋgjulə] *adj* driehoekig

tribe [traib] *n* stam *c*

tributary ['tribjutəri] *n* zijrivier *c*

tribute ['tribju:t] *n* hulde *c*

trick [trik] *n* streek *c*; foefje *nt*, kunstje *nt*

trigger ['trigə] *n* trekker *c*

trim [trim] *v* bijknippen

trip [trip] *n* uitstapje *nt*, reis *c*

triumph ['traiəmf] *n* triomf *c*; *v* zegevieren

triumphant [trai'ʌmfənt] *adj* triomfantelijk

trolley-bus ['trɔlibʌs] *n* trolleybus *c*

troops [tru:ps] *pl* troepen *pl*

tropical ['trɔpikəl] *adj* tropisch

tropics ['trɔpiks] *pl* tropen *pl*

trouble ['trʌbəl] *n* zorg *c*, moeite *c*, last *c*; *v* storen

troublesome ['trʌbəlsəm] *adj* lastig

trousers ['trauzəz] *pl* broek *c*

trout [traut] *n* (pl ~) forel *c*

truck [trʌk] *nAm* vrachtwagen *c*

true [tru:] *adj* waar; werkelijk, echt; getrouw, trouw

trumpet ['trʌmpit] *n* trompet *c*

trunk [trʌŋk] *n* koffer *c*; stam *c*; *nAm* kofferruimte *c*; **trunks** *pl*
gymnastiekbroek *c*

trunk-call ['trʌŋkkɔ:l] *n* interlokaal gesprek

trust [trʌst] *v* vertrouwen; *n* vertrouwen *nt*

trustworthy ['trʌst,wə:ði] *adj* betrouwbaar

truth [tru:θ] *n* waarheid *c*

truthful ['tru:θfəl] *adj* waarheidsgetrouw

try [trai] *v* proberen; trachten, pogen; *n* poging *c*; ~ **on** passen

tube [tju:b] *n* pijp *c*, buis *c*; tube *c*

tuberculosis [tju:,bə:kju'lousis] *n* tuberculose *c*

Tuesday ['tju:zdi] dinsdag *c*

tug [tʌg] *v* slepen; *n* sleepboot *c*; ruk *c*

tuition [tju:'iʃən] *n* onderwijs *nt*

tulip ['tju:lip] *n* tulp *c*

tumbler ['tʌmblə] *n* beker *c*

tumour ['tju:mə] *n* gezwel *nt*, tumor *c*

tuna ['tju:nə] *n* (pl ~, ~s) tonijn *c*

tune [tju:n] *n* wijs *c*, melodie *c*; ~ **in**
afstemmen

tuneful ['tju:nfəl] *adj* melodieus

tunic ['tju:nik] *n* tuniek *c*

Tunisia [tju:'niziə] Tunesië

Tunisian [tju:'niziən] *adj* Tunesisch; *n*
Tunesiër *c*

tunnel ['tʌnəl] *n* tunnel *c*

turbine ['tə:bain] *n* turbine *c*

turbojet [,tə:bou'dʒet] *n* straalvliegtuig *nt*

Turk [tə:k] *n* Turk *c*

Turkey ['tə:ki] Turkije

turkey ['tə:ki] *n* kalkoen *c*

Turkish ['tə:kiʃ] *adj* Turks; ~ **bath**
Turks bad

turn [tə:n] *v* draaien, keren; omkeren, omdraaien; *n* wending *c*, draai *c*;
bocht *c*; beurt *c*; ~ **back** terugkeren; ~ **down** *verwerpen; ~ **into**
veranderen in; ~ **off** dichtdraaien;

~ **on** aanzetten; opendraaien; ~
over omkeren; ~ **round** omkeren;
zich omdraaien

turning ['tə:niŋ] *n* bocht *c*

turning-point ['tə:niŋpɔint] *n* keerpunt
nt

turnover ['tə:,nouvə] *n* omzet *c*; ~ **tax**
omzetbelasting *c*

turnpike ['tə:npaik] *nAm* tolweg *c*

turpentine ['tə:pəntain] *n* terpentijn *c*

turtle ['tə:təl] *n* schildpad *c*

tutor ['tju:tə] *n* huisonderwijzer *c*;
voogd *c*

tuxedo [tʌk'si:dou] *nAm* (pl ~s, ~es)
smoking *c*

tweed [twi:d] *n* tweed *nt*

tweezers ['twi:zəz] *pl* pincet *c*

twelfth [twelfθ] *num* twaalfde

twelve [twelv] *num* twaalf

twentieth ['twentiəθ] *num* twintigste

twenty ['twenti] *num* twintig

twice [twais] *adv* tweemaal

twig [twig] *n* twijg *c*

twilight ['twailait] *n* schemering *c*

twine [twain] *n* touw *nt*

twins [twinz] *pl* tweeling *c*; **twin beds**
lits-jumeaux *nt*

twist [twist] *v* *winden; draaien; *n*
draai *c*

two [tu:] *num* twee

two-piece [,tu:'pi:s] *adj* tweedelig

type [taip] *v* tikken, typen; *n* type *nt*

typewriter ['taipraitə] *n* schrijfmachine *c*

typewritten ['taipritən] getypt

typhoid ['taifɔid] *n* tyfus *c*

typical ['tipikəl] *adj* kenmerkend, typisch

typist ['taipist] *n* typiste *c*

tyrant ['taiərənt] *n* tiran *c*

tyre [taiə] *n* band *c*; ~ **pressure** bandenspanning *c*

U

ugly ['ʌgli] *adj* lelijk

ulcer ['ʌlsə] *n* zweer *c*

ultimate ['ʌltimət] *adj* laatst

ultraviolet [,ʌltrə'vaiələt] *adj* ultraviolet

umbrella [ʌm'brelə] *n* paraplu *c*

umpire ['ʌmpaiə] *n* scheidsrechter *c*

unable [ʌ'neibəl] *adj* onbekwaam

unacceptable [,ʌnək'septəbəl] *adj* onaanvaardbaar

unaccountable [,ʌnə'kauntəbəl] *adj* onverklaarbaar

unaccustomed [,ʌnə'kʌstəmd] *adj* niet
gewend

unanimous [ju:'næniməs] *adj* unaniem

unanswered [,ʌ'nɑ:nsəd] *adj* onbeantwoord

unauthorized [,ʌ'nɔ:θəraizd] *adj* onbevoegd

unavoidable [,ʌnə'vɔidəbəl] *adj* onvermijdelijk

unaware [,ʌnə'wɛə] *adj* onbewust

unbearable [ʌn'bɛərəbəl] *adj* ondraaglijk

unbreakable [,ʌn'breikəbəl] *adj* onbreekbaar

unbroken [,ʌn'broukən] *adj* heel

unbutton [ʌn'bʌtən] *v* losknopen

uncertain [ʌn'sə:tən] *adj* onzeker

uncle ['ʌŋkəl] *n* oom *c*

unclean [,ʌn'kli:n] *adj* onrein

uncomfortable [ʌn'kʌmfətəbəl] *adj* ongemakkelijk

uncommon [ʌn'kɔmən] *adj* ongewoon,
zeldzaam

unconditional [,ʌnkən'diʃənəl] *adj* onvoorwaardelijk

unconscious [ʌn'kɔnʃəs] *adj* bewusteloos

uncork [,ʌn'kɔ:k] *v* ontkurken

uncover [ʌn'kʌvə] *v* blootleggen

uncultivated [,ʌn'kʌltiveitid] *adj* onbebouwd

under ['ʌndə] *prep* beneden, onder

undercurrent ['ʌndə,kʌrənt] *n* onderstroom *c*

underestimate [,ʌndə'restimeit] *v* onderschatten

underground ['ʌndəgraund] *adj* ondergronds; *n* metro *c*

underline [,ʌndə'lain] *v* onderstrepen

underneath [,ʌndə'ni:θ] *adv* beneden

underpants ['ʌndəpænts] *plAm* onderbroek *c*

undershirt ['ʌndəʃə:t] *n* hemd *nt*

undersigned ['ʌndəsaind] *n* ondergetekende *c*

* **understand** [,ʌndə'stænd] *v* *begrijpen

understanding [,ʌndə'stændiŋ] *n* begrip *nt*

* **undertake** [,ʌndə'teik] *v* *ondernemen

undertaking [,ʌndə'teikiŋ] *n* onderneming *c*

underwater ['ʌndə,wɔ:tə] *adj* onderwater-

underwear ['ʌndəwɛə] *n* ondergoed *nt*

undesirable [,ʌndi'zaiərəbəl] *adj* ongewenst

* **undo** [,ʌn'du:] *v* losmaken

undoubtedly [ʌn'dautidli] *adv* ongetwijfeld

undress [,ʌn'dres] *v* zich uitkleden

undulating ['ʌndjuleitiŋ] *adj* golvend

unearned [,ʌ'nə:nd] *adj* onverdiend

uneasy [ʌ'ni:zi] *adj* onbehaaglijk

uneducated [,ʌ'nedjukeitid] *adj* ongeschoold

unemployed [,ʌnim'plɔid] *adj* werkeloos

unemployment [,ʌnim'plɔimənt] *n* werkeloosheid *c*

unequal [,ʌ'ni:kwəl] *adj* ongelijk

uneven [,ʌ'ni:vən] *adj* ongelijk, oneffen

unexpected [,ʌnik'spektid] *adj* onvoorzien, onverwacht

unfair [,ʌn'fɛə] *adj* oneerlijk, onbillijk

unfaithful [,ʌn'feiθfəl] *adj* ontrouw

unfamiliar [,ʌnfə'miljə] *adj* onbekend

unfasten [,ʌn'fɑ:sən] *v* losmaken

unfavourable [,ʌn'feivərəbəl] *adj* ongunstig

unfit [,ʌn'fit] *adj* ongeschikt

unfold [ʌn'fould] *v* ontvouwen

unfortunate [ʌn'fɔ:tʃənət] *adj* ongelukkig

unfortunately [ʌn'fɔ:tʃənətli] *adv* helaas, ongelukkigerwijs

unfriendly [,ʌn'frendli] *adj* onvriendelijk

unfurnished [,ʌn'fə:niʃt] *adj* ongemeubileerd

ungrateful [ʌn'greitfəl] *adj* ondankbaar

unhappy [ʌn'hæpi] *adj* ongelukkig

unhealthy [ʌn'helθi] *adj* ongezond

unhurt [,ʌn'hə:t] *adj* heelhuids

uniform ['ju:nifɔ:m] *n* uniform *nt/c*; *adj* uniform

unimportant [,ʌnim'pɔ:tənt] *adj* onbelangrijk

uninhabitable [,ʌnin'hæbitəbəl] *adj* onbewoonbaar

uninhabited [,ʌnin'hæbitid] *adj* onbewoond

unintentional [,ʌnin'tenʃənəl] *adj* onopzettelijk

union ['ju:njən] *n* vereniging *c*; verbond *nt*, unie *c*

unique [ju:'ni:k] *adj* uniek

unit ['ju:nit] *n* eenheid *c*

unite [ju:'nait] *v* verenigen

United States [ju:'naitid steits] Verenigde Staten

unity ['ju:nəti] *n* eenheid *c*

universal [,ju:ni'və:səl] *adj* algemeen, universeel

universe ['ju:nivə:s] *n* heelal *nt*

university [ju:ni'və:səti] *n* universiteit *c*

unjust [,ʌn'dʒʌst] *adj* onrechtvaardig

unkind [ʌn'kaind] *adj* onaardig, onvriendelijk

unknown [,ʌn'noun] *adj* onbekend

unlawful [,ʌn'lɔ:fəl] *adj* onwettig

unlearn [,ʌn'lə:n] *v* afleren

unless [ən'les] *conj* tenzij

unlike [,ʌn'laik] *adj* verschillend

unlikely [ʌn'laikli] *adj* onwaarschijnlijk

unlimited [ʌn'limitid] *adj* grenzeloos, onbeperkt

unload [,ʌn'loud] *v* lossen, *uitladen

unlock [,ʌn'lɔk] *v* openen

unlucky [ʌn'lʌki] *adj* ongelukkig

unnecessary [ʌn'nesəsəri] *adj* onnodig

unoccupied [,ʌ'nɔkjupaid] *adj* onbezet

unofficial [,ʌnə'fiʃəl] *adj* officieus

unpack [,ʌn'pæk] *v* uitpakken

unpleasant [ʌn'plezənt] *adj* onaangenaam, onplezierig; naar, vervelend

unpopular [,ʌn'pɔpjulə] *adj* impopulair, onbemind

unprotected [,ʌnprə'tektid] *adj* onbeschermd

unqualified [,ʌn'kwɔlifaid] *adj* onbevoegd

unreal [,ʌn'riəl] *adj* onwerkelijk

unreasonable [ʌn'ri:zənəbəl] *adj* onredelijk

unreliable [,ʌnri'laiəbəl] *adj* onbetrouwbaar

unrest [,ʌn'rest] *n* onrust *c*; rusteloosheid *c*

unsafe [,ʌn'seif] *adj* onveilig

unsatisfactory [,ʌnsætis'fæktəri] *adj* onbevredigend

unscrew [,ʌn'skru:] *v* losschroeven

unselfish [,ʌn'selfiʃ] *adj* onzelfzuchtig

unskilled [,ʌn'skild] *adj* ongeschoold

unsound [,ʌn'saund] *adj* ongezond

unstable [,ʌn'steibəl] *adj* labiel

unsteady [,ʌn'stedi] *adj* wankel, onvast; onevenwichtig

unsuccessful [,ʌnsək'sesfəl] *adj* mislukt

unsuitable [,ʌn'su:təbəl] *adj* ongepast

unsurpassed [,ʌnsə'pɑ:st] *adj* onovertroffen

untidy [ʌn'taidi] *adj* slordig

untie [,ʌn'tai] *v* losknopen

until [ən'til] *prep* tot

untrue [,ʌn'tru:] *adj* onwaar

untrustworthy [,ʌn'trʌst,wə:ði] *adj* onbetrouwbaar

unusual [ʌn'ju:ʒuəl] *adj* ongebruikelijk, ongewoon

unwell [,ʌn'wel] *adj* onwel

unwilling [,ʌn'wiliŋ] *adj* onwillig

unwise [,ʌn'waiz] *adj* onverstandig

unwrap [,ʌn'ræp] *v* uitpakken

up [ʌp] *adv* naar boven, omhoog, op

upholster [ʌp'houlstə] *v* bekleden

upkeep ['ʌpki:p] *n* onderhoud *nt*

uplands ['ʌpləndz] *pl* hoogvlakte *c*

upon [ə'pɔn] *prep* op

upper ['ʌpə] *adj* hoger, bovenst

upright ['ʌprait] *adj* rechtopstaand; *adv* overeind

upset [ʌp'set] *v* verstoren; *adj* overstuur

upside-down [,ʌpsaid'daun] *adv* ondersteboven

upstairs [,ʌp'stɛəz] *adv* boven; naar boven

upstream [,ʌp'stri:m] *adv* stroomopwaarts

upwards ['ʌpwədz] *adv* naar boven

urban ['ə:bən] *adj* stedelijk

urge [ə:dʒ] *v* aansporen; *n* drang *c*

urgency ['ə:dʒənsi] *n* urgentie *c*

urgent ['ə:dʒənt] *adj* dringend

urine ['juərin] *n* urine *c*

Uruguay ['juərəgwai] Uruguay

Uruguayan [,juərə'gwaiən] *adj* Uruguayaans; *n* Uruguayaan *c*

us [ʌs] *pron* ons

usable ['ju:zəbəl] *adj* bruikbaar

usage ['ju:zidʒ] *n* gebruik *nt*

use¹ [ju:z] *v* gebruiken; *be used to gewoon *zijn; ~ up verbruiken

use² [ju:s] *n* gebruik *nt*; nut *nt*; *be of ~ baten

useful ['ju:sfəl] *adj* bruikbaar, nuttig

useless ['ju:sləs] *adj* nutteloos

user ['ju:zə] *n* gebruiker *c*

usher ['ʌʃə] *n* suppoost *c*

usherette [,ʌʃə'ret] *n* ouvreuse *c*

usual ['ju:ʒuəl] *adj* gebruikelijk

usually ['ju:ʒuəli] *adv* gewoonlijk

utensil [ju:'tensəl] *n* gereedschap *nt*, werktuig *nt*; gebruiksvoorwerp *nt*

utility [ju:'tiləti] *n* nut *nt*

utilize ['ju:tilaiz] *v* benutten

utmost ['ʌtmoust] *adj* uiterst

utter ['ʌtə] *adj* volslagen, totaal; *v* uiten

V

vacancy ['veikənsi] *n* vacature *c*

vacant ['veikənt] *adj* vacant

vacate [və'keit] *v* ontruimen

vacation [və'keiʃən] *n* vakantie *c*

vaccinate ['væksineit] *v* inenten

vaccination [,væksi'neiʃən] *n* inenting *c*

vacuum ['vækjuəm] *n* vacuüm *nt*; *vAm* stofzuigen; ~ **cleaner** stofzuiger *c*; ~ **flask** thermosfles *c*

vagrancy ['veigrənsi] *n* landloperij *c*

vague [veig] *adj* vaag

vain [vein] *adj* ijdel; vergeefs; **in ~** vergeefs, tevergeefs

valet ['vælit] *n* bediende *c*

valid ['vælid] *adj* geldig

valley ['væli] *n* dal *nt*, vallei *c*

valuable ['væljubəl] *adj* waardevol, kostbaar; **valuables** *pl* kostbaarheden *pl*

value ['vælju:] *n* waarde *c*; *v* schatten

valve [vælv] *n* ventiel *nt*

van [væn] *n* bestelauto *c*

vanilla [və'nilə] *n* vanille *c*

vanish ['væniʃ] *v* *verdwijnen

vapour ['veipə] *n* damp *c*

variable ['vɛəriəbəl] *adj* veranderlijk

variation [,vɛəri'eiʃən] *n* afwisseling *c*; verandering *c*

varied ['vɛərid] *adj* gevarieerd

variety [və'raiəti] *n* verscheidenheid *c*; ~ **show** variétévoorstelling *c*; ~ **theatre** variététheater *nt*

various ['vɛəriəs] *adj* allerlei, verscheidene

varnish ['vɑ:niʃ] *n* lak *c*, vernis *nt/c*; *v* lakken

vary ['vɛəri] *v* variëren, afwisselen; veranderen; verschillen

vase [vɑ:z] *n* vaas *c*

vaseline ['væsəli:n] *n* vaseline *c*

vast [vɑ:st] *adj* onmetelijk, uitgestrekt

vault [vɔ:lt] *n* gewelf *nt*; kluis *c*

veal [vi:l] *n* kalfsvlees *nt*

vegetable ['vedʒətəbəl] *n* groente *c*; ~ **merchant** groenteboer *c*

vegetarian [,vedʒi'tɛəriən] *n* vegetariër *c*

vegetation [,vedʒi'teiʃən] *n* plantengroei *c*

vehicle ['vi:əkəl] *n* voertuig *nt*

veil [veil] *n* sluier *c*

vein [vein] *n* ader *c*; **varicose ~** spatader *c*

velvet ['velvit] *n* fluweel *nt*

velveteen [,velvi'ti:n] *n* katoenfluweel *nt*

venerable ['venərəbəl] *adj* eerbiedwaardig

venereal disease [vi'niəriəl di'zi:z] geslachtsziekte *c*

Venezuela [,veni'zweilə] Venezuela
Venezuelan [,veni'zweilən] adj Venezolaans; n Venezolaan c
ventilate ['ventileit] v ventileren; luchten
ventilation [,venti'leiʃən] n ventilatie c; luchtverversing c
ventilator ['ventileitə] n ventilator c
venture ['ventʃə] v wagen
veranda [və'rændə] n veranda c
verb [və:b] n werkwoord nt
verbal ['və:bəl] adj mondeling
verdict ['və:dikt] n vonnis nt, uitspraak c
verge [və:dʒ] n rand c
verify ['verifai] v verifiëren
verse [və:s] n vers nt
version ['və:ʃən] n versie c; vertaling c
versus ['və:səs] prep contra
vertical ['və:tikəl] adj verticaal
vertigo ['və:tigou] n duizeling c
very ['veri] adv erg, zeer; adj precies, waar, werkelijk; uiterst
vessel ['vesəl] n vaartuig nt, schip nt; vat nt
vest [vest] n hemd nt; nAm vest nt
veterinary surgeon ['vetrinəri 'sə:dʒən] dierenarts c
via [vaiə] prep via
viaduct ['vaiədʌkt] n viaduct c/nt
vibrate [vai'breit] v trillen
vibration [vai'breiʃən] n vibratie c
vicar ['vikə] n predikant c
vicarage ['vikəridʒ] n pastorie c
vice-president [,vais'prezidənt] n vice-president c
vicinity [vi'sinəti] n nabijheid c, buurt c
vicious ['viʃəs] adj boosaardig
victim ['viktim] n slachtoffer nt; dupe c
victory ['viktəri] n overwinning c
view [vju:] n uitzicht nt; opvatting c,

mening c; v *bekijken
view-finder ['vju:,faində] n zoeker c
vigilant ['vidʒilənt] adj waakzaam
villa ['vilə] n villa c
village ['vilidʒ] n dorp nt
villain ['vilən] n boef c
vine [vain] n wijnstok c
vinegar ['vinigə] n azijn c
vineyard ['vinjəd] n wijngaard c
vintage ['vintidʒ] n wijnoogst c
violation [vaiə'leiʃən] n schending c
violence ['vaiələns] n geweld nt
violent ['vaiələnt] adj gewelddadig; hevig, heftig
violet ['vaiələt] n viooltje nt; adj violet
violin [vaiə'lin] n viool c
virgin ['və:dʒin] n maagd c
virtue ['və:tʃu:] n deugd c
visa ['vi:zə] n visum nt
visibility [,vizə'biləti] n zicht nt
visible ['vizəbəl] adj zichtbaar
vision ['viʒən] n visie c
visit ['vizit] v *bezoeken; n visite c, bezoek nt; **visiting hours** bezoekuren pl
visiting-card ['vizitiŋka:d] n visitekaartje nt
visitor ['vizitə] n bezoeker c
vital ['vaitəl] adj essentieel
vitamin ['vitəmin] n vitamine c
vivid ['vivid] adj levendig
vocabulary [və'kæbjuləri] n vocabulaire nt, woordenschat c; woordenlijst c
vocal ['voukəl] adj vocaal
vocalist ['voukəlist] n zanger c
voice [vois] n stem c
void [void] adj nietig
volcano [vɔl'keinou] n (pl ~es, ~s) vulkaan c
volt [voult] n volt c
voltage ['voultidʒ] n voltage c/nt
volume ['vɔljum] n volume nt; deel nt

voluntary ['vɔləntəri] *adj* vrijwillig
volunteer [,vɔlən'tiə] *n* vrijwilliger *c*
vomit ['vɔmit] *v* braken, *overgeven
vote [vout] *v* stemmen; *n* stem *c*; stemming *c*
voucher ['vautʃə] *n* bon *c*, bewijs *nt*
vow [vau] *n* gelofte *c*, eed *c*; *v* *zweren
vowel [vauəl] *n* klinker *c*
voyage ['vɔiidʒ] *n* reis *c*
vulgar ['vʌlgə] *adj* vulgair; volks-, ordinair
vulnerable ['vʌlnərəbəl] *adj* kwetsbaar
vulture ['vʌltʃə] *n* gier *c*

W

wade [weid] *v* waden
wafer ['weifə] *n* wafel *c*
waffle ['wɔfəl] *n* wafel *c*
wages ['weidʒiz] *pl* loon *nt*
waggon ['wægən] *n* wagon *c*
waist [weist] *n* taille *c*, middel *nt*
waistcoat ['weiskout] *n* vest *nt*
wait [weit] *v* wachten; ~ **on** bedienen
waiter ['weitə] *n* ober *c*, kelner *c*
waiting *n* het wachten
waiting-list ['weitiŋlist] *n* wachtlijst *c*
waiting-room ['weitiŋru:m] *n* wachtkamer *c*
waitress ['weitris] *n* serveerster *c*
***wake** [weik] *v* wekken; ~ **up** ontwaken, wakker *worden
walk [wɔ:k] *v* *lopen; wandelen; *n* wandeling *c*; loop *c*; **walking** te voet
walker ['wɔ:kə] *n* wandelaar *c*
walking-stick ['wɔ:kiŋstik] *n* wandelstok *c*
wall [wɔ:l] *n* muur *c*; wand *c*
wallet ['wɔlit] *n* portefeuille *c*
wallpaper ['wɔ:l,peipə] *n* behang *nt*

walnut ['wɔ:lnʌt] *n* walnoot *c*
waltz [wɔ:ls] *n* wals *c*
wander ['wɔndə] *v* *rondzwerven, *zwerven
want [wɔnt] *v* *willen; wensen; *n* behoefte *c*; gebrek *nt*, gemis *nt*
war [wɔ:] *n* oorlog *c*
warden ['wɔ:dən] *n* bewaker *c*, opzichter *c*
wardrobe ['wɔ:droub] *n* klerenkast *c*, garderobe *c*
warehouse ['wɛəhaus] *n* magazijn *nt*, pakhuis *nt*
wares [wɛəz] *pl* waren *pl*
warm [wɔ:m] *adj* heet, warm; *v* verwarmen
warmth [wɔ:mθ] *n* warmte *c*
warn [wɔ:n] *v* waarschuwen
warning ['wɔ:niŋ] *n* waarschuwing *c*
wary ['wɛəri] *adj* behoedzaam
was [wɔz] *v* (p be)
wash [wɔʃ] *v* *wassen; ~ **and wear** zelfstrijkend; ~ **up** afwassen
washable ['wɔʃəbəl] *adj* wasbaar
wash-basin ['wɔʃ,beisən] *n* wasbekken *nt*
washing ['wɔʃiŋ] *n* was *c*; wasgoed *nt*
washing-machine ['wɔʃiŋmə,ʃi:n] *n* wasmachine *c*
washing-powder ['wɔʃiŋ,paudə] *n* waspoeder *nt*
washroom ['wɔʃru:m] *nAm* toilet *nt*
wash-stand ['wɔʃstænd] *n* wastafel *c*
wasp [wɔsp] *n* wesp *c*
waste [weist] *v* verspillen; *n* verspilling *c*; *adj* braak
wasteful ['weistfəl] *adj* verkwistend
wastepaper-basket [weist'peipə,bɑ:-skit] *n* prullenmand *c*
watch [wɔtʃ] *v* *kijken naar, *gadeslaan; letten op; *n* horloge *nt*; ~ **for** *uitkijken naar; ~ **out** *uitkijken
watch-maker ['wɔtʃ,meikə] *n* horloge-

maker c
watch-strap ['wɔtʃstræp] n horloge-bandje nt
water ['wɔːtə] n water nt; **iced ~** ijs-water nt; **running ~** stromend wa-ter; **~ pump** waterpomp c; **~ ski** waterski c
water-colour ['wɔːtə,kʌlə] n waterverf c; aquarel c
watercress ['wɔːtəkres] n waterkers c
waterfall ['wɔːtəfɔːl] n waterval c
watermelon ['wɔːtə,melən] n watermeloen c
waterproof ['wɔːtəpruːf] adj water-dicht
water-softener [,wɔːtə,sɔfnə] n wasver-zachter c
waterway ['wɔːtəwei] n vaarwater nt
watt [wɔt] n watt c
wave [weiv] n golf c; v zwaaien
wave-length ['weivleŋθ] n golflengte c
wavy ['weivi] adj golvend
wax [wæks] n was c
waxworks ['wækswəːks] pl wassenbeel-denmuseum nt
way [wei] n manier c, wijze c; weg c; kant c, richting c; afstand c; **any ~** hoe dan ook; **by the ~** tussen twee haakjes; **one-way traffic** eenrich-tingsverkeer nt; **out of the ~** afge-legen; **the other ~ round** anders-om; **~ back** terugweg c; **~ in** in-gang c; **~ out** uitgang c
wayside ['weisaid] n wegkant c
we [wiː] pron we
weak [wiːk] adj zwak; slap
weakness ['wiːknəs] n zwakheid c
wealth [welθ] n rijkdom c
wealthy ['welθi] adj rijk
weapon ['wepən] n wapen nt
* **wear** [weə] v *aanhebben, *dragen; **~ out** *verslijten
weary ['wiəri] adj moe, vermoeid
weather ['weðə] n weer nt; **~ fore-cast** weerbericht nt

* **weave** [wiːv] v *weven
weaver ['wiːvə] n wever c
wedding ['wediŋ] n huwelijk nt, brui-loft c
wedding-ring ['wediŋriŋ] n trouwring c
wedge [wedʒ] n wig c
Wednesday ['wenzdi] woensdag c
weed [wiːd] n onkruid nt
week [wiːk] n week c
weekday ['wiːkdei] n weekdag c
weekly ['wiːkli] adj wekelijks
* **weep** [wiːp] v huilen
weigh [wei] v *wegen
weighing-machine ['weiiŋmə,ʃiːn] n weegschaal c
weight [weit] n gewicht c
welcome ['welkəm] adj welkom; n welkom nt; v verwelkomen
weld [weld] v lassen
welfare ['welfeə] n welzijn nt
well[1] [wel] adv goed; adj gezond; **as ~** ook, eveneens; **as ~ as** evenals; **well!** welnu!
well[2] [wel] n bron c, put c
well-founded [,wel'faundid] adj ge-grond
well-known ['welnoun] adj bekend
well-to-do [,weltə'duː] adj bemiddeld
went [went] v (p go)
were [wəː] v (p be)
west [west] n west c, westen nt
westerly ['westəli] adj westelijk
western ['westən] adj westers
wet [wet] adj nat; vochtig
whale [weil] n walvis c
wharf [wɔːf] n (pl ~s, wharves) kade c
what [wɔt] pron wat; **~ for** waarom
whatever [wɔ'tevə] pron wat dan ook
wheat [wiːt] n tarwe c
wheel [wiːl] n wiel nt
wheelbarrow ['wiːl,bærou] n kruiwa-gen c

wheelchair ['wi:ltʃɛə] n rolstoel c
when [wen] adv wanneer; conj als, toen, wanneer
whenever [we'nevə] conj wanneer ook
where [wɛə] adv waar; conj waar
wherever [wɛə'revə] conj waar ook
whether ['weðə] conj of; **whether ... or** of ... of
which [witʃ] pron welk; dat
whichever [wi'tʃevə] adj welk ook
while [wail] conj terwijl; n poosje nt
whilst [wailst] conj terwijl
whim [wim] n gril c, bevlieging c
whip [wip] n zweep c; v kloppen
whiskers ['wiskəz] pl bakkebaarden pl
whisper ['wispə] v fluisteren; n gefluister nt
whistle ['wisəl] v *fluiten; n fluitje nt
white [wait] adj wit; blank
whitebait ['waitbeit] n witvis c
whiting ['waitiŋ] n (pl ~) wijting c
Whitsun ['witsən] Pinksteren
who [hu:] pron wie; die
whoever [hu:'evə] pron wie ook
whole [houl] adj geheel, heel; n geheel nt
wholesale ['houlseil] n groothandel c; ~ **dealer** grossier c
wholesome ['houlsəm] adj gezond
wholly ['houlli] adv helemaal
whom [hu:m] pron wie
whore [hɔ:] n hoer c
whose [hu:z] pron wiens; van wie
why [wai] adv waarom
wicked ['wikid] adj slecht
wide [waid] adj wijd, breed
widen ['waidən] v verwijden
widow ['widou] n weduwe c
widower ['widouə] n weduwnaar c
width [widθ] n breedte c
wife [waif] n (pl wives) echtgenote c, vrouw c
wig [wig] n pruik c
wild [waild] adj wild; woest

will [wil] n wil c; testament nt
***will** [wil] v *willen; *zullen
willing ['wiliŋ] adj bereid
willingly ['wiliŋli] adv graag
will-power ['wilpauə] n wilskracht c
***win** [win] v *winnen
wind [wind] n wind c
***wind** [waind] v kronkelen; *opwinden, *winden
winding ['waindiŋ] adj kronkelig
windmill ['windmil] n molen c, windmolen c
window ['windou] n raam nt
window-sill ['windousil] n vensterbank c
windscreen ['windskri:n] n voorruit c; ~ **wiper** ruitenwisser c
windshield ['windʃi:ld] nAm voorruit c; ~ **wiper** Am ruitenwisser c
windy ['windi] adj winderig
wine [wain] n wijn c
wine-cellar ['wain,selə] n wijnkelder c
wine-list ['wainlist] n wijnkaart c
wine-merchant ['wain,mə:tʃənt] n wijnkoper c
wine-waiter ['wain,weitə] n wijnkelner c
wing [wiŋ] n vleugel c
winkle ['wiŋkəl] n alikruik c
winner ['winə] n winnaar c
winning ['winiŋ] adj winnend; **winnings** pl winst c
winter ['wintə] n winter c; ~ **sports** wintersport c
wipe [waip] v vegen, afvegen
wire [waiə] n draad c; ijzerdraad nt
wireless ['waiələs] n radio c
wisdom ['wizdəm] n wijsheid c
wise [waiz] adj wijs
wish [wiʃ] v verlangen, wensen; n verlangen nt, wens c
witch [witʃ] n heks c
with [wið] prep met; bij; van
***withdraw** [wið'drɔ:] v *terugtrekken

within [wi'ðin] *prep* binnen; *adv* van binnen

without [wi'ðaut] *prep* zonder

witness ['witnəs] *n* getuige *c*

wits [wits] *pl* verstand *nt*

witty ['witi] *adj* geestig

wolf [wulf] *n* (pl wolves) wolf *c*

woman ['wumən] *n* (pl women) vrouw *c*

womb [wu:m] *n* baarmoeder *c*

won [wʌn] *v* (p, pp win)

wonder ['wʌndə] *n* wonder *nt*; verwondering *c*; *v* zich *afvragen

wonderful ['wʌndəfəl] *adj* prachtig, verrukkelijk; heerlijk

wood [wud] *n* hout *nt*; bos *nt*

wood-carving ['wud,ka:viŋ] *n* houtsnijwerk *nt*

wooded ['wudid] *adj* bebost

wooden ['wudən] *adj* houten; ~ **shoe** klomp *c*

woodland ['wudlənd] *n* bebost gebied *nt*

wool [wul] *n* wol *c*; **darning** ~ stopgaren *nt*

woollen ['wulən] *adj* wollen

word [wə:d] *n* woord *nt*

wore [wɔ:] *v* (p wear)

work [wə:k] *n* werk *nt*; arbeid *c*; *v* werken; functioneren; **working day** werkdag *c*; ~ **of art** kunstwerk *nt*; ~ **permit** werkvergunning *c*

worker ['wə:kə] *n* arbeider *c*

working ['wə:kiŋ] *n* werking *c*

workman ['wə:kmən] *n* (pl -men) arbeider *c*

works [wə:ks] *pl* fabriek *c*

workshop ['wə:kʃɔp] *n* werkplaats *c*

world [wə:ld] *n* wereld *c*; ~ **war** wereldoorlog *c*

world-famous [,wə:ld'feiməs] *adj* wereldberoemd

world-wide ['wə:ldwaid] *adj* wereldomvattend

worm [wə:m] *n* worm *c*

worn [wɔ:n] *adj* (pp wear) versleten

worn-out [,wɔ:n'aut] *adj* versleten

worried ['wʌrid] *adj* ongerust

worry ['wʌri] *v* zich ongerust maken; *n* zorg *c*, bezorgdheid *c*

worse [wə:s] *adj* slechter; *adv* erger

worship ['wə:ʃip] *v* *aanbidden; *n* eredienst *c*

worst [wə:st] *adj* slechtst; *adv* ergst

worsted ['wustid] *n* kamgaren *nt*

worth [wə:θ] *n* waarde *c*; *be ~ waard *zijn; *be worth-while de moeite waard *zijn

worthless ['wə:θləs] *adj* waardeloos

worthy of ['wə:ði əv] waard

would [wud] *v* (p will) gewoon *zijn

wound[1] [wu:nd] *n* wond *c*; *v* kwetsen, verwonden

wound[2] [waund] *v* (p, pp wind)

wrap [ræp] *v* inpakken

wreck [rek] *n* wrak *nt*; *v* vernielen

wrench [rentʃ] *n* sleutel *c*; ruk *c*; *v* verdraaien

wrinkle ['riŋkəl] *n* rimpel *c*

wrist [rist] *n* pols *c*

wrist-watch ['ristwɔtʃ] *n* polshorloge *nt*

***write** [rait] *v* *schrijven; **in writing** schriftelijk; ~ **down** *opschrijven

writer ['raitə] *n* schrijver *c*

writing-pad ['raitiŋpæd] *n* blocnote *c*, schrijfblok *nt*

writing-paper ['raitiŋ,peipə] *n* schrijfpapier *nt*

written ['ritən] *adj* (pp write) schriftelijk

wrong [rɔŋ] *adj* verkeerd, fout; *n* onrecht *nt*; *v* onrecht *aandoen; *be ~ ongelijk *hebben

wrote [rout] *v* (p write)

X

Xmas ['krisməs] Kerstmis
X-ray ['eksrei] *n* röntgenfoto *c* ; *v* doorlichten

Y

yacht [jɔt] *n* jacht *nt*
yacht-club ['jɔtklʌb] *n* zeilclub *c*
yachting ['jɔtiŋ] *n* zeilsport *c*
yard [jɑːd] *n* erf *nt*
yarn [jɑːn] *n* garen *nt*
yawn [jɔːn] *v* gapen, geeuwen
year [jiə] *n* jaar *nt*
yearly ['jiəli] *adj* jaarlijks
yeast [jiːst] *n* gist *c*
yell [jel] *v* gillen ; *n* gil *c*
yellow ['jelou] *adj* geel
yes [jes] ja
yesterday ['jestədi] *adv* gisteren
yet [jet] *adv* nog ; *conj* toch, echter, maar
yield [jiːld] *v* *opbrengen ; *toegeven
yoke [jouk] *n* juk *nt*

yolk [jouk] *n* dooier *c*
you [juː] *pron* je ; jou ; u ; jullie
young [jʌŋ] *adj* jong
your [jɔː] *adj* uw ; jouw ; jullie
yourself [jɔːˈself] *pron* je ; zelf
yourselves [jɔːˈselvz] *pron* je ; zelf
youth [juːθ] *n* jeugd *c* ; ~ **hostel** jeugdherberg *c*
Yugoslav [ˌjuːgəˈslɑːv] *n* Joegoslaaf *c*
Yugoslavia [ˌjuːgəˈslɑːviə] Joegoslavië

Z

zeal [ziːl] *n* ijver *c*
zealous ['zeləs] *adj* ijverig
zebra ['ziːbrə] *n* zebra *c*
zenith ['zeniθ] *n* zenit *nt* ; toppunt *nt*
zero ['ziərou] *n* (pl ~s) nul *c*
zest [zest] *n* animo *c*
zinc [ziŋk] *n* zink *nt*
zip [zip] *n* ritssluiting *c* ; ~ **code** *Am* postcode *c*
zipper ['zipə] *n* ritssluiting *c*
zodiac ['zoudiæk] *n* dierenriem *c*
zone [zoun] *n* zone *c* ; gebied *nt*
zoo [zuː] *n* (pl ~s) dierentuin *c*
zoology [zouˈɔlədʒi] *n* zoölogie *c*

Culinaire woordenlijst

Spijzen

almond amandel
anchovy ansjovis
angel food cake witte, ronde cake, gemaakt van suiker, eiwit en bloem
angels on horseback geroosterde, met spek omwikkelde oesters
appetizer borrelhapje
apple appel
  ~ **charlotte** lagen van appels en sneetjes boord met vanille en slagroom
  ~ **dumpling** appelbol
  ~ **sauce** appelmoes
apricot abrikoos
Arbroath smoky gerookte schelvis
artichoke artisjok
asparagus asperge
  ~ **tip** aspergepunt
aspic koude schotel in gelei
assorted gevarieerd, gemengd
bacon spek
  ~ **and eggs** spiegeleieren met spek
bagel klein kransvormig broodje
baked in de oven gebakken, gebraden
  ~ **Alaska** omelette sibérienne
  ~ **beans** witte bonen in tomatensaus

  ~ **potato** hele, ongeschilde aardappel, in de oven gebakken
Bakewell tart amandeltaart met jam
baloney worstsoort
banana banaan
  ~ **split** in de lengte gehalveerde banaan met ijs, noten en overgoten met vruchtensiroop of vloeibare chocolade
barbecue 1) gehakt rundvlees in tomatensaus in een broodje geserveerd 2) maaltijd van geroosterd vlees in de open lucht
  ~ **sauce** zeer scherpe tomatensaus
barbecued geroosterd op houtskool
basil basilicum
bass baars
bean boon
beef rundvlees
  ~ **olive** blinde vink
beefburger gehakte, geroosterde biefstuk geserveerd in een broodje
beet, beetroot rode biet
bilberry blauwe bosbes
bill rekening
  ~ **of fare** menu

biscuit 1) koekje (GB) 2) broodje (US)

black pudding bloedworst

blackberry braam

blackcurrant zwarte bes

bloater verse bokking

blood sausage bloedworst

blueberry blauwe bosbes

boiled gekookt

Bologna (sausage) worstsoort

bone bot

boned ontbeend

Boston baked beans witte bonen met stukjes spek en stroop

Boston cream pie taart met vla-vulling en chocoladeglazuur

brains hersenen

braised gestoofd

bramble pudding bramenpudding, vaak met schijfjes appel erin

braunschweiger gerookte lever-worst

bread brood

breaded gepaneerd

breakfast ontbijt

bream brasem

breast borst (stuk)

brisket borststuk

broad bean tuinboon

broth bouillon

brown Betty afwisselende lagen appel, perzik of kers en paneer-meel, met suiker en kruiderijen, in de oven gebakken

brunch ontbijt en lunch gecombineerd

brussels sprout spruitje

bubble and squeak soort panne-koek van gebakken aardappe-len en kool, soms met vlees

bun 1) krentebroodje (GB) 2) klein, luchtig broodje (US)

butter boter

buttered beboterd

cabbage kool

Caesar salad sla met gerooster-de, naar knoflook smakende brooddobbelsteentjes, anjovis en geraspte kaas

cake gebak, koek, cake, taart

cakes koekjes, taartjes

calf kalfsvlees

Canadian bacon gerookt spek in dikke plakken gesneden

canapé belegd sneetje brood

cantaloupe wratmeloen, kante-loep

caper kappertje

capercaillie, capercailzie auer-hoen

carp karper

carrot wortel

cashew vrucht van de cajouboom

casserole gestoofd

catfish meerval (vis)

catsup ketchup

cauliflower bloemkool

celery selderie

cereal graansoorten voor bij het ontbijt, zoals maïsvlokken, ha-vermout, met melk en suiker
hot ∼ havermoutpap

chateaubriand dubbele biefstuk van de haas

check rekening

Cheddar (cheese) stevige kaas met een milde, zurige smaak

cheese kaas
∼ **board** kaasassortiment
∼ **cake** kaaskoekje

cheeseburger gehakte, gerooster-de biefstuk met schijfje kaas, opgediend in een broodje

chef's salad salade van ham, kip, eieren, tomaten, sla en kaas

cherry kers

chestnut tamme kastanje

chicken kip

chicory 1) Brussels lof (GB) 2) andijvie (US)

chili con carne gehakt rundvlees gestoofd met bruine bonen, Spaanse pepers en komijn

chili pepper rode Spaanse pepers

chips 1) patates frites (GB) 2) aardappel chips (US)

chitt(er)lings varkenspens

chive bieslook

chocolate chocolade

~ **pudding** 1) chocoladepudding bereid met verkruimelde koekjes, suiker, eieren en bloem (GB) 2) chocolademousse (US)

choice keus

chop kotelet

~ **suey** gerecht, bereid uit fijngesneden varkensvlees en kip, groenten en rijst (tjap tjoy)

chopped fijngehakt

chowder dikke soep van vis, schaal- en schelpdieren of kip, met groenten

Christmas pudding speciaal Kerstgebak, soms geflambeerd

chutney sterke Indische kruiderij

cinnamon kaneel

clam steenmossel

club sandwich dubbele sandwich met kip, spek, sla, tomaat en mayonaise

cobbler vruchtenmoes met deeg, soms met ijs

cock-a-leekie soup preisoep met kip

coconut kokosnoot

cod kabeljauw

Colchester oyster beste soort Engelse oester

cold cuts/meat koud vlees

coleslaw koolsla

compote vruchten op sap

condiment kruiderij

consommé heldere soep

cooked gekookt

cookie koekje

corn 1) koren (GB) 2) maïs (US)

~ **on the cob** maïskolf

cornflakes maïsvlokken

cottage cheese witte, verse kaas

cottage pie gehakt vlees met uien, bedekt met aardappelpuree in de oven gebakken

course gerecht

cover charge couvert

crab krab

cracker droog beschuit van bladerdeeg

cranberry veenbes

~ **sauce** veenbessengelei

crawfish, crayfish 1) rivierkreeft 2) langoest (GB) 3) steurgarnaal (US)

cream 1) room 2) vlaai (dessert) 3) gebonden soep

~ **cheese** roomkaas

~ **puff** roomsoes

creamed potatoes aardappelen in witte roomsaus

creole op Creoolse wijze bereid; over het algemeen zeer pikant, met tomaten, paprika's en uien, geserveerd met rijst

cress waterkers

crisps chips

croquette kroket

crumpet rond, licht broodje, geroosterd en beboterd

cucumber komkommer

Cumberland ham zeer fijne, gerookte Engelse ham

Cumberland sauce rode bessengelei, op smaak gemaakt met wijn, sinaasappelsap en kruiderijen

cupcake klein rond gebakje

cured gezouten, gerookt, gepekeld (vis en vlees)

currant krent
curried met kerrie
curry kerrie
custard custardvla
cutlet vleeslapje, kotelet
dab schar
Danish pastry soort luchtig koffie-brood
date dadel
Derby cheese gele kaas met pikante smaak
devilled sterk gekruid
devil's food cake machtige chocoladetaart
devils on horseback gekookte pruimen, gevuld met amandelen en ansjovis, omwikkeld met spek, geroosterd en geserveerd op toost
Devonshire cream dikke, klonterige room
diced in dobbelsteentjes gesneden
diet food volgens voedselleer bereid
dill dille
dinner diner, avondeten
dish schotel, gerecht
donut, doughnut soort oliebol
double cream volle room
Dover sole tong uit Dover, in Engeland zeer gewaardeerd
dressing 1) slasaus 2) vulsel voor kalkoen (US)
Dublin Bay prawn steurgarnaal
duck eend
duckling jonge eend
dumpling knoedel
Dutch apple pie appeltaart bedekt met een mengsel van boter en bruine suiker
éclair langwerpig, met chocolade of caramel geglaceerd roomtaartje
eel paling

egg ei
  boiled ~ gekookt
  fried ~ spiegelei
  hard-boiled ~ hardgekookt
  poached ~ gepocheerd
  scrambled ~ roerei
  soft-boiled ~ zachtgekookt
eggplant aubergine, eierplant
endive 1) andijvie (GB) 2) Brussels lof (US)
entrecôte tussenrib
entrée 1) voorgerecht (GB) 2) hoofdgerecht (US)
escalope schnitzel
fennel venkel
fig vijg
filet mignon kalfs- of varkenshaasje
fillet filet van vlees of vis
finnan haddock gerookte schelvis
fish vis
  ~ **and chips** gebakken vis met frites
  ~ **cake** viskoekje
flan vla, ronde taart met vruchten
flapjack (appel)flap
flounder bot
forcemeat farce, gehakt
fowl gevogelte
frankfurter knakworst
French bean slaboon
French bread stokbrood
French dressing 1) slasaus in olie, azijn en tuinkruiden (GB) 2) romige slasaus met ketchup (US)
french fries patates frites
French toast wentelteefje
fresh vers
fricassée ragoût, vleeshachee
fried gebakken in een koekepan of in de olie
fritter beignet, poffertje
frogs' legs kikkerbilletjes

frosting suikerglazuur
fruit vrucht
fry bakken
game wild
gammon gerookte ham
garfish geep (snoekachtige zeevis)
garlic knoflook
garnish garnituur
gherkin augurkje
giblets afval van gevogelte
ginger gember
goose gans
 ~ **berry** kruisbes
grape druif
 ~ **fruit** pompelmoes
grated geraspt
gravy vleesjus
grayling vlagzalm
green bean slaboon
green pepper groene paprika
green salad sla
greens groenten
grilled geroosterd
grilse jonge zalm
grouse korhoen
gumbo 1) groente van Afrikaanse afkomst 2) Creools gerecht van vlees, kip of vis, met *okra*zaden, uien, tomaten en kruiden
haddock gerookte schelvis
haggis hart, longen en lever van een schaap fijn gehakt en in de maag gekookt met reuzel, havermeel en uien
hake stokvis
halibut heilbot
ham and eggs spiegeleieren met ham
hamburger gehakt, geroosterd rundvlees opgediend in een broodje
hare haas
haricot bean prinsessenboon, witte boon

hash 1) gehakt of fijngesneden vlees 2) hachee met aardappelen en groenten
hazelnut hazelnoot
heart hart
herb tuinkruid
herring haring
home-made eigengemaakt, van het huis
hominy grits brij van maïsgrutten
honey honing
 ~ **dew melon** zoete meloen met geelgroen vruchtvlees
hors-d'œuvre voorgerecht (Engeland)
horse-radish mierikswortel
hot 1) heet, warm 2) sterk gekruid
 ~ **cross bun** fijn broodje gevuld met rozijnen en kruisvormig bedekt met glazuur, wordt in de vastentijd gegeten (brioche)
 ~ **dog** hot dog, warme worst in een broodje
huckleberry blauwe bosbes
hush puppy beignet van maïsmeel en uien
ice-cream ijs
iced gekoeld
icing suikerglazuur
Idaho baked potato soort bintje, ongeschild in de oven gepoft
Irish stew hutspot van schapevlees, aardappelen en uien
Italian dressing slasaus van olie, azijn en tuinkruiden
jellied in gelei
Jell-O gelatinedessert
jelly jam; gelei
Jerusalem artichoke aardpeer
John Dory zonnevis (zeevis)
jugged hare hazepeper
juice sap
juniper berry jeneverbes
junket gestremde melk (wrongel),

gesuikerd
kale boerenkool
kedgeree stukjes vis met rijst, eieren, boter, wordt vaak als warm gerecht aan het ontbijt geserveerd
kidney nier
kipper bokking
lamb lamsvlees
Lancashire hot pot schotel in de oven van ragoût van lamsvlees en nieren met uien, kruiderijen en aardappelen
larded gelardeerd
lean mager
leek prei
leg bout
lemon citroen
~ **sole** scharretong
lentil linze
lettuce kropsla, veldsla
lima bean tuinboon
lime limoen, kleine groene citroen
liver lever
loaf brood
lobster kreeft
loin lendestuk
Long Island duck eend van Long Island, in de VS zeer goed bekend staande soort
low-calorie laag caloriegehalte
lox gerookte zalm
macaroon bitterkoekje
mackerel makreel
maize maïs
mandarin mandarijntje
maple syrup ahornstroop
marinated gemarineerd
marjoram marjolein
marmalade marmelade van sinaasappelen of andere citrusvruchten
marrow beenmerg
~ **bone** mergpijp

marshmallow Amerikaans snoepgoed; *marshmallows* worden vaak aan warme chocola en allerlei soorten desserts toegevoegd
marzipan marsepein
mashed potatoes aardappelpuree
meal maaltijd
meat vlees
~ **ball** gehaktbal
~ **loaf** gehaktbrood
~ **pâté** vleespastei
medium (done) net gaar
melon meloen
melted gesmolten
Melton Mowbray pie pastei bestaande uit gehakt vlees en kruiden
meringue schuimgebak, schuimpje
milk melk
mince fijnhakken
~ **pie** pasteitje met krenten, rozijnen, fijngehakte geconfijte vruchten en appelen (met of zonder vlees)
minced fijngehakt
~ **meat** fijngehakt vlees
mint munt (kruid)
minute steak kort gebakken biefstuk
mixed gemengd
~ **grill** aan een stokje geregen, geroosterde stukjes vlees
molasses melasse, stroop
morel morille, zeer gewaardeerde paddestoelsoort
mousse 1) dessert van geklopte eieren en slagroom 2) luchtig pasteitje
mulberry moerbei
mullet harder (vis gelijkend op een karper)
mulligatawny soup zeer sterk ge-

kruide soep van Indische afkomst met wortels, uien, *chutney* en kip met kerrie
mushroom paddestoel
muskmelon meloen
mussel mossel
mustard mosterd
mutton schapevlees
noodle noedel
nut noot
oatmeal (porridge) havermoutpap
oil olie
okra zaad van de *gumbo*, wordt gebruikt om soepen en ragoûtsausen aan te dikken
olive olijf
onion ui
orange sinaasappel
ox tongue ossetong
oxtail ossestaart
oyster oester
pancake pannekoek
Parmesan (cheese) Parmezaanse kaas
parsley peterselie
parsnip pastinaak, witte peen
partridge patrijs
pastry banket, gebakje, taartje
pasty pastei
pea doperwt
peach perzik
peanut olienoot, pinda
    ~ **butter** pindakaas
pear peer
pearl barley parelgerst
pepper peper
    ~**mint** pepermunt
perch baars
persimmon dadelpruim
pheasant fazant
pickerel jonge snoek
pickle 1) groente of geconfijte vrucht in pekelzuur 2) in het bijzonder augurkje (US)

pickled in pekel bewaard
pie pastei, vaak met een deksel van bladerdeeg, gevuld met vlees, groenten of vruchten
pig varken
pigeon duif
pike snoek
pineapple ananas
plaice schol
plain natuur, zonder iets erin
plate bord, schaal
plum pruim
    ~ **pudding** speciaal Kerstgebak, soms geflambeerd
poached gepocheerd
popcorn gepofte maïskorrels
popover klein, luchtig broodje
pork varkensvlees
porridge havermoutpap
porterhouse steak biefstuk van de haas
pot roast met groenten gesmoord rundvlees
potato aardappel
    ~ **chips** 1) patates frites (GB) 2) aardappel chips (US)
    ~ **in its jacket** aardappel in de schil gekookt en opgediend
potted shrimps garnalen in gesmolten boter, koud opgediend in een vorm
poultry gevogelte, pluimvee
prawn grote garnaal
prune gedroogde pruim
ptarmigan sneeuwhoen
pudding soepel of stevig beslag van meel en eieren, gegarneerd met vlees, vis, groenten of vruchten, in de oven gebakken of gaargestoomd; nagerecht
pumpernickel zwart roggebrood
pumpkin pompoen
quail kwartel
quince kweepeer

rabbit konijn
radish radijs
rainbow trout regenboogforel
raisin rozijn
rare ongaar
raspberry framboos
raw rauw
red mullet soort harder (zeevis)
red (sweet) pepper rode paprika
redcurrant rode bes
relish kruiderij gemaakt van fijngesneden groente in azijn
rhubarb rabarber
rib (of beef) ribstuk (van het rund)
ribe-eye steak entrecôte
rice rijst
rissole vlees- of viskroket
river trout rivierforel
roast braadstuk
roasted gebraden
Rock Cornish hen piepkuiken
roe viskuit
roll broodje
rollmop herring rolmops, gemari-
  neerde haringfilet
round steak runderschijf
Rubens sandwich cornedbeef op
  een toostje, met zuurkool, kaas
  en slasaus; warm opgediend
rump steak biefstuk
rusk beschuit
rye bread roggebrood
saddle lendestuk
saffron saffraan
sage salie
salad sla
  ～ **bar** verschillende soorten
    slaatjes, tomaten, prinsessen-
    bonen
  ～ **cream** slasaus, licht gezoet
  ～ **dressing** slasaus
salmon zalm
  ～ **trout** zalmforel
salt zout

salted gezouten
sardine sardien
sauce saus
sauerkraut zuurkool
sausage worst
sauté(ed) snel in boter, olie of vet
  gebakken
scallop 1) kamschelp 2) kalfslapje
scampi steurgarnaal
scone zacht broodje, warm geserveerd, met boter en jam
Scotch broth runder- of schape-
  bouillon met groenten
Scotch woodcock toost met roerei
  en ansjovis
sea bass zeebaars
sea kale zeekool
seafood zeebanket
(in) season (in het) seizoen
seasoning kruiderij
service bediening
  ～ **charge** bedieningstarief
  ～ **included** inclusief bediening
  ～ **not included** exclusief bedie-
    ning
set menu menu van de dag
shad elft (zeevis)
shallot sjalot
shellfish schelp- en schaaldieren
sherbet sorbet
shoulder schouderstuk
shredded wheat gesponnen tarwe,
  wordt bij het ontbijt gegeten
shrimp garnaal
silverside (of beef) onderste deel
  van runderschenkel
sirloin steak lendestuk (van het
  rund)
skewer vleespen
slice sneet(je), plak
sliced in plakken gesneden
sloppy Joe gehakt vlees in scherpe
  tomatensaus, geserveerd in een
  broodje

smelt spiering
smoked gerookt
snack hapje, snack
sole tong (vis)
soup soep
sour zuur
soused herring gepekelde haring
spare rib krabbetje
spice kruiderij
spinach spinazie
spiny lobster langoest
(on a) spit (aan het) spit
sponge cake Moscovisch gebak
sprat sprot
squash mergpompoen
starter voorgerecht
steak and kidney pie pastei in bladerdeeg van niertjes en rundvlees
steamed gekookt
stew stoofschotel
Stilton (cheese) een van de beste Engelse kazen, wit of blauw geaderd
strawberry aardbei
string bean slaboon
stuffed gevuld
stuffing vulling
suck(l)ing pig speenvarken
sugar suiker
sugarless zonder suiker
sundae roomijs met vruchten, noten, slagroom en siroop
supper avondmaaltijd
swede knolraap
sweet 1) zoet 2) dessert
~ **corn** zoete maïs
~ **potato** bataat, knol van een oorspronkelijk tropisch gewas, rijk aan zetmeel en suiker
sweetbread zwezerik
Swiss cheese Emmentaler kaas
Swiss roll opgerold gebak met jam ertussen (koninginnebrood)

Swiss steak met groenten en kruiderijen gestoofde runderlappen
T-bone steak lendestuk van het rund met een T-vormig bot erin
table d'hôte open tafel in een hotel
tangerine mandarijntje
tarragon dragon
tart (vruchten)taart
tenderloin filet van vlees
Thousand Island dressing slasaus, bestaande uit mayonaise met piment, noten, olijven, selderie, uien, peterselie en eieren
thyme tijm
toad-in-the-hole rundvlees (of worstjes) in beslag gedoopt en in de oven gebakken
toast geroosterd brood
toasted getoost
~ **cheese** toost met gesmolten kaas
tomato tomaat
tongue tong (vlees)
tournedos ossehaas in dikke plakken
treacle melasse, stroop
trifle cake met amandelen en gelei, in sherry (of brandewijn) gedrenkt, opgediend met vla of slagroom
tripe pens
trout forel
truffle truffel (paddestoel)
tuna, tunny tonijn
turbot tarbot
turkey kalkoen
turnip raap, knol
turnover flap
turtle schildpad
underdone ongaar
vanilla vanille
veal kalfsvlees
~ **bird** blinde vink
~ **escalope** kalfsoester

vegetable groente
  ~ **marrow** mergpompoen, courgette
venison wildbraad
vichyssoise preisoep, koud geserveerd
vinegar azijn
Virginia baked ham ham in de oven geroosterd, in inkepingen in het vel worden stukjes ananas, kersen en kruidnagels gestoken waarna de ham met het vruchtensap geglaceerd wordt
wafer wafeltje
waffle warme wafel met boter, stroop of honing
walnut walnoot
water ice sorbet
watercress waterkers

watermelon watermeloen
well-done gaar
Welsh rabbit/rarebit gesmolten kaas op geroosterd brood
whelk kinkhoorn (wulk)
whipped cream slagroom
whitebait witvis
wine list wijnkaart
woodcock (hout)snip
Worcestershire sauce zoetzure saus bestaande uit soja en vele andere ingrediënten
York ham zeer goed bekend staande ham, opgediend in dunne plakken
Yorkshire pudding knappend gebakken deeg, geserveerd met rosbief
zucchini mergpompoen, courgette
zwieback beschuit

Dranken

ale donker, zoetachtig bier, onder hoge temperatuur gegist
  bitter ~ bitter bier, nogal zwaar
  brown ~ gebotteld, zoetachtig donker bier
  light ~ gebotteld licht bier
  mild ~ donker bier van het vat met een zeer uitgesproken smaak
  pale ~ gebotteld licht bier
applejack Amerikaanse appelbrandewijn
Athol Brose haver vermengd met kokend water, honing en whisky

Bacardi cocktail cocktail van rum en gin met grenadinesiroop en limoensap
barley water frisdrank gemaakt van parelgerst met citroensmaak
barley wine donker bier met hoog alcoholgehalte
beer bier
  bottled ~ gebotteld bier
  draft, draught ~ getapt bier, bier van het vat
bitters kruidenaperitieven, de spijsvertering bevorderende alcoholische dranken

black velvet champagne met toevoeging van *stout* (vaak ter begeleiding van oesters)

bloody Mary cocktail van wodka, tomatesap en kruiderijen

bourbon Amerikaanse whisky, hoofdzakelijk van maïs gestookt

brandy 1) verzamelnaam voor brandewijnsoorten gemaakt van druiven en andere vruchten 2) cognac

~ **Alexander** cocktail van brandewijn, crème de cacao en room

British wines wijnen in Engeland gegist; gemaakt van geïmporteerde druiven (of van geïmporteerd druivesap)

cherry brandy kersenlikeur

chocolate chocolademelk

cider cider

~ **cup** mengsel van cider, kruiderijen, suiker en ijs

claret rode Bordeauxwijn

cobbler *long drink* gemaakt van vruchten, waaraan men wijn of alcohol toevoegt

coffee koffie

~ **with cream** met room

black ~ zonder melk

caffeine-free ~ cafeïnevrij

white ~ half koffie, half melk; koffie verkeerd

cordial hartversterking

cream room

cup verfrissende drank gemaakt van gekoelde wijn, sodawater en een likeur of andere sterkedrank met een schijfje citroen of sinaasappel

daiquiri cocktail van rum, suiker, limoensap

double dubbele portie

Drambuie likeur gemaakt van whisky en honing

dry martini 1) droge vermouth (GB) 2) cocktail van droge vermouth en gin (US)

egg-nog alcoholische drank op basis van rum of andere sterkedrank, vermengd met geklopt eigeel en suiker

gin and it gin met Italiaanse vermouth

gin-fizz gin met citroensap, sodawater en suiker

ginger ale frisdrank met gembersmaak

ginger beer gemberbier

grasshopper cocktail van crème de menthe, crème de cacao en room

Guinness (stout) donker zoetsmakend bier met een hoog mout- en hopgehalte

half pint ongeveer 3 dl

highball alcoholische drank, zoals whisky, vermengd met water, sodawater of *ginger ale*

iced gekoeld, ijskoud

Irish coffee koffie met suiker en slagroom, waaraan men een scheut Ierse whisky toevoegt

Irish Mist Ierse likeur van whisky en honing

Irish whiskey Ierse whisky minder scherp dan Schotse whisky, bevat naast gerst ook rogge, haver en tarwe

juice sap

lager licht bier, koud geserveerd

lemon squash kwast

lemonade limonade

lime juice limoensap

liqueur likeur

liquor sterkedrank

long drink sterkedrank met tonic, sodawater of gewoon water en ijsblokjes

madeira madera

Manhattan cocktail van Amerikaanse whisky en vermouth met angostura

milk melk

mineral water mineraalwater

mulled wine bisschopswijn; warme, gekruide wijn

neat onvermengd. puur, zonder water of ijs

old-fashioned cocktail van whisky, angostura, sinaasappel schijfje, suiker en maraskijnkersen

on the rocks met ijsblokjes

Ovaltine ovomaltine

Pimm's cup(s) sterkedrank met vruchtesap, eventueel aangelengd met sodawater

~ **No. 1** met gin
~ **No. 2** met whisky
~ **No. 3** met rum
~ **No. 4** met brandewijn

pink champagne roze champagne

pink lady cocktail van eiwit, calvados, citroensap, grenadine en gin

pint ongeveer 6 dl

porter donker, bitter bier

quart 1,14 l (US 0,95 l)

root beer gezoete frisdrank met aromat uit plantenwortels en kruiden

rye (whiskey) whisky uit rogge gestookt; zwaarder en scherper van smaak dan *bourbon*

scotch (whisky) Schotse whisky, een uit gerst en maïs (grain whisky) gestookte sterkedrank,

vaak vermengd met malt whisky, uitsluitend uit gemoute gerst gestookt

screwdriver wodka met sinaasappelsap

shandy *bitter ale* vermengd met limonade of met *ginger beer*

short drink sterkedrank, onverdund gedronken

shot scheut sterkedrank

sloe   gin-fizz sleepruimlikeur (vrucht van de sleedoorn) met citroensap en sodawater

soda water sodawater, spuitwater

soft drink frisdrank

spirits spiritualiën, gedistilleerde dranken

stinger cognac en crème de menthe

stout donker bier met veel hop gebrouwen

straight sterkedrank onverdund gedronken, puur

tea thee

toddy grog

Tom Collins *long drink* van gin, citroensap, spuitwater en suiker

tonic (water) tonic, spuitwater met kininesmaak

vodka wodka

whisky   sour whisky, citroensap, suiker en sodawater

wine wijn
   dessert ~ zoete
   dry ~ droge
   red ~ rode
   sparkling ~ mousserende
   sweet ~ zoete (dessertwijn)
   white ~ witte

Engelse onregelmatige werkwoorden

De onderstaande lijst geeft de Engelse onregelmatige werkwoorden aan. De samengestelde werkwoorden of werkwoorden met een voorvoegsel worden als de grondwerkwoorden vervoegd, bijvoorbeeld: *withdraw* wordt vervoegd als *draw* en *rebuild* als *build*.

Onbepaalde wijs	Onvoltooid verleden tijd	Verleden deelwoord	
arise	arose	arisen	*opstaan*
awake	awoke	awoken	*ontwaken*
be	was	been	*zijn*
bear	bore	borne	*dragen*
beat	beat	beaten	*slaan*
become	became	become	*worden*
begin	began	begun	*aanvangen*
bend	bent	bent	*buigen*
bet	bet	bet	*wedden*
bid	bade/bid	bidden/bid	*verzoeken*
bind	bound	bound	*binden*
bite	bit	bitten	*bijten*
bleed	bled	bled	*bloeden*
blow	blew	blown	*blazen*
break	broke	broken	*breken*
breed	bred	bred	*fokken*
bring	brought	brought	*brengen*
build	built	built	*bouwen*
burn	burnt/burned	burnt/burned	*branden*
burst	burst	burst	*barsten*
buy	bought	bought	*kopen*
can*	could	—	*kunnen*
cast	cast	cast	*werpen*
catch	caught	caught	*vangen*
choose	chose	chosen	*kiezen*
cling	clung	clung	*vastklemmen*
clothe	clothed/clad	clothed/clad	*kleden*
come	came	come	*komen*
cost	cost	cost	*kosten*
creep	crept	crept	*kruipen*
cut	cut	cut	*snijden*
deal	dealt	dealt	*uitdelen*
dig	dug	dug	*graven*
do (he does)	did	done	*doen*
draw	drew	drawn	*trekken*
dream	dreamt/dreamed	dreamt/dreamed	*dromen*
drink	drank	drunk	*drinken*
drive	drove	driven	*rijden*
dwell	dwelt	dwelt	*vertoeven*

* tegenwoordige tijd

eat	ate	eaten	*eten*
fall	fell	fallen	*vallen*
feed	fed	fed	*voeden*
feel	felt	felt	*voelen*
fight	fought	fought	*vechten*
find	found	found	*vinden*
flee	fled	fled	*vluchten*
fling	flung	flung	*werpen*
fly	flew	flown	*vliegen*
forsake	forsook	forsaken	*verzaken*
freeze	froze	frozen	*vriezen*
get	got	got	*krijgen*
give	gave	given	*geven*
go	went	gone	*gaan*
grind	ground	ground	*malen*
grow	grew	grown	*groeien*
hang	hung	hung	*(op)hangen*
have	had	had	*hebben*
hear	heard	heard	*horen*
hew	hewed	hewed/hewn	*hakken*
hide	hid	hidden	*verstoppen*
hit	hit	hit	*slaan*
hold	held	held	*houden*
hurt	hurt	hurt	*pijn doen*
keep	kept	kept	*houden*
kneel	knelt	knelt	*knielen*
knit	knitted/knit	knitted/knit	*breien*
know	knew	known	*weten*
lay	laid	laid	*leggen*
lead	led	led	*leiden*
lean	leant/leaned	leant/leaned	*leunen*
leap	leapt/leaped	leapt/leaped	*springen*
learn	learnt/learned	learnt/learned	*leren*
leave	left	left	*verlaten*
lend	lent	lent	*lenen(aan)*
let	let	let	*laten*
lie	lay	lain	*liggen*
light	lit/lighted	lit/lighted	*aansteken*
lose	lost	lost	*verliezen*
make	made	made	*maken*
may*	might	—	*mogen, kunnen*
mean	meant	meant	*bedoelen*
meet	met	met	*ontmoeten*
mow	mowed	mowed/mown	*maaien*
must*	—	—	*moeten*
ought (to)*	—	—	*moeten*
pay	paid	paid	*betalen*
put	put	put	*zetten*
read	read	read	*lezen*

* tegenwoordige tijd

rid	rid	rid	*zich ontdoen (van)*
ride	rode	ridden	*rijden*
ring	rang	rung	*bellen*
rise	rose	risen	*opstaan*
run	ran	run	*rennen*
saw	sawed	sawn	*zagen*
say	said	said	*zeggen*
see	saw	seen	*zien*
seek	sought	sought	*zoeken*
sell	sold	sold	*verkopen*
send	sent	sent	*verzenden*
set	set	set	*zetten*
sew	sewed	sewed/sewn	*naaien*
shake	shook	shaken	*schudden*
shall*	should	—	*zullen*
shed	shed	shed	*vergieten*
shine	shone	shone	*schijnen*
shoot	shot	shot	*schieten*
show	showed	shown	*tonen*
shrink	shrank	shrunk	*krimpen*
shut	shut	shut	*sluiten*
sing	sang	sung	*zingen*
sink	sank	sunk	*zinken*
sit	sat	sat	*zitten*
sleep	slept	slept	*slapen*
slide	slid	slid	*glijden*
sling	slung	slung	*slingeren*
slink	slunk	slunk	*sluipen*
slit	slit	slit	*opensnijden*
smell	smelled/smelt	smelled/smelt	*ruiken*
sow	sowed	sown/sowed	*zaaien*
speak	spoke	spoken	*spreken*
speed	sped/speeded	sped/speeded	*zich haasten*
spell	spelt/spelled	spelt/spelled	*spellen*
spend	spent	spent	*uitgeven*
spill	spilt/spilled	spilt/spilled	*morsen*
spin	spun	spun	*spinnen*
spit	spat	spat	*spuwen*
split	split	split	*splijten*
spoil	spoilt/spoiled	spoilt/spoiled	*bederven*
spread	spread	spread	*spreiden*
spring	sprang	sprung	*ontspringen*
stand	stood	stood	*staan*
steal	stole	stolen	*stelen*
stick	stuck	stuck	*kleven*
sting	stung	stung	*steken*
stink	stank/stunk	stunk	*stinken*
strew	strewed	strewed/strewn	*strooien*
stride	strode	stridden	*schrijden*

* tegenwoordige tijd

strike	struck	struck/stricken	*slaan*
string	strung	strung	*rijgen*
strive	strove	striven	*streven*
swear	swore	sworn	*zweren*
sweep	swept	swept	*vegen*
swell	swelled	swollen	*zwellen*
swim	swam	swum	*zwemmen*
swing	swung	swung	*slingeren*
take	took	taken	*nemen*
teach	taught	taught	*onderwijzen*
tear	tore	torn	*scheuren*
tell	told	told	*vertellen*
think	thought	thought	*denken*
throw	threw	thrown	*werpen*
thrust	thrust	thrust	*duwen*
tread	trod	trodden	*treden*
wake	woke/waked	woken/waked	*wekken*
wear	wore	worn	*dragen*
weave	wove	woven	*weven*
weep	wept	wept	*huilen*
will*	would	—	*zullen*
win	won	won	*winnen*
wind	wound	wound	*opwinden*
wring	wrung	wrung	*wringen*
write	wrote	written	*schrijven*

---

* tegenwoordige tijd

Engelse afkortingen

AA	*Automobile Association*	Britse Automobielclub
AAA	*American Automobile Association*	Amerikaanse Automobielclub
ABC	*American Broadcasting Company*	Amerikaanse radio- en televisiemaatschappij
A.D.	*anno Domini*	na Christus
Am.	*America ; American*	Amerika ; Amerikaans
a.m.	*ante meridiem (before noon)*	de tijd tussen 0 en 12 uur
Amtrak	*American railroad corporation*	Amerikaanse spoorwegmaatschappij
AT & T	*American Telephone and Telegraph Company*	Amerikaanse telefoon- en telegraafmaatschappij
Ave.	*avenue*	avenue
BBC	*British Broadcasting Corporation*	Britse radio- en televisie- maatschappij
B.C.	*before Christ*	voor Christus
bldg.	*building*	gebouw
Blvd.	*boulevard*	boulevard
B.R.	*British Rail*	Britse Spoorwegen
Brit.	*Britain ; British*	Groot-Brittannië, Brits
Bros.	*brothers*	gebroeders
¢	*cent*	1/100 van een dollar
Can.	*Canada ; Canadian*	Canada ; Canadees
CBS	*Columbia Broadcasting System*	Amerikaanse radio- en televisiemaatschappij
CID	*Criminal Investigation Department*	afdeling criminele recherche van Scotland Yard
CNR	*Canadian National Railway*	Canadese Nationale Spoorwegen
c/o	*(in) care of*	per adres
Co.	*company*	maatschappij
Corp.	*corporation*	vennootschap
CPR	*Canadian Pacific Railways*	Canadese spoorweg- maatschappij
D.C.	*District of Columbia*	district in de V.S. waarin de hoofdstad Washington ligt
DDS	*Doctor of Dental Science*	doctor in de tandheelkunde
dept.	*department*	departement, afdeling
EEC	*European Economic Community*	EEG, Europese Economische Gemeenschap
e.g.	*for instance*	bijvoorbeeld

Eng.	*England; English*	Engeland; Engels
excl.	*excluding; exclusive*	exclusief
ft.	*foot/feet*	voet
GB	*Great Britain*	Groot-Brittannië
H.E.	*His/Her Excellency;*	Zijne/Hare Excellentie;
	His Eminence	Zijne Eminentie
H.H.	*His Holiness*	Zijne Heiligheid
H.M.	*His/Her Majesty*	Zijne/Hare Majesteit
H.M.S.	*Her Majesty's ship*	Harer Majesteits schip
		(Brits oorlogsschip)
hp	*horsepower*	paardekracht
Hwy	*highway*	autoweg
i.e.	*that is to say*	d.w.z., dat wil zeggen
in.	*inch*	duim (2,54 cm)
Inc.	*incorporated*	naamloze vennootschap
incl.	*including, inclusive*	inclusief
£	*pound sterling*	pond sterling
L.A.	*Los Angeles*	Los Angeles
Ltd.	*limited*	naamloze vennootschap
M.D.	*Doctor of Medicine*	arts
M.P.	*Member of Parliament*	lid van het Lagerhuis
		(Engeland)
mph	*miles per hour*	Engelse mijl per uur
Mr.	*Mister*	meneer
Mrs.	*Missis*	mevrouw
Ms.	*Missis/Miss*	mevrouw/mejuffrouw
nat.	*national*	nationaal
NBC	*National Broadcasting*	Amerikaanse radio- en
	Company	televisiemaatschappij
No.	*number*	nummer
N.Y.C.	*New York City*	New York City
O.B.E.	*Officer (of the Order)*	Officier in de Orde
	of the British Empire	van het Britse Imperium
p.	*page; penny/pence*	bladzijde; 1/100 van een pond
p.a.	*per annum*	per jaar
Ph.D.	*Doctor of Philosophy*	doctor in de wijsbegeerte
p.m.	*post meridiem*	de tijd tussen 12 en 24 uur
	(after noon)	
PO	*Post Office*	postkantoor
POO	*post office order*	postorder
pop.	*population*	bevolking
P.T.O.	*please turn over*	zie ommezijde, a.u.b.
RAC	*Royal Automobile Club*	Koninklijke Britse
		Automobielclub

RCMP	*Royal Canadian Mounted Police*	Koninklijke Canadese Bereden Politie
Rd.	*road*	weg
ref.	*reference*	verwijzing
Rev.	*reverend*	dominee
RFD	*rural free delivery*	landelijke postbus
RR	*railroad*	spoorweg
RSVP	*please reply*	verzoeke gaarne antwoord
$	*dollar*	dollar
Soc.	*society*	maatschappij, genootschap
St.	*saint ; street*	sint ; straat
STD	*Subscriber Trunk Dialling*	automatisch telefoonverkeer
UN	*United Nations*	V.N., Verenigde Naties
UPS	*United Parcel Service*	Amerikaanse pakketdienst
US	*United States*	Verenigde Staten
USS	*United States Ship*	Amerikaans oorlogsschip
VAT	*value added tax*	B.T.W.
VIP	*very important person*	zeer belangrijke persoon
Xmas	*Christmas*	Kerstmis
yd.	*yard*	yard (91,44 cm)
YMCA	*Young Men's Christian Association*	Christelijke Jongeren Vereniging
YWCA	*Young Women's Christian Association*	Christelijke Meisjes Vereniging
ZIP	*ZIP code*	postnummer

Telwoorden

Hoofdtelwoorden		Rangtelwoorden	
0	zero	1st	first
1	one	2nd	second
2	two	3rd	third
3	three	4th	fourth
4	four	5th	fifth
5	five	6th	sixth
6	six	7th	seventh
7	seven	8th	eighth
8	eight	9th	ninth
9	nine	10th	tenth
10	ten	11th	eleventh
11	eleven	12th	twelfth
12	twelve	13th	thirteenth
13	thirteen	14th	fourteenth
14	fourteen	15th	fifteenth
15	fifteen	16th	sixteenth
16	sixteen	17th	seventeenth
17	seventeen	18th	eighteenth
18	eighteen	19th	nineteenth
19	nineteen	20th	twentieth
20	twenty	21st	twenty-first
21	twenty-one	22nd	twenty-second
22	twenty-two	23rd	twenty-third
23	twenty-three	24th	twenty-fourth
24	twenty-four	25th	twenty-fifth
25	twenty-five	26th	twenty-sixth
30	thirty	27th	twenty-seventh
40	forty	28th	twenty-eighth
50	fifty	29th	twenty-ninth
60	sixty	30th	thirtieth
70	seventy	40th	fortieth
80	eighty	50th	fiftieth
90	ninety	60th	sixtieth
100	a/one hundred	70th	seventieth
230	two hundred and thirty	80th	eightieth
1,000	a/one thousand	90th	ninetieth
10,000	ten thousand	100th	hundredth
100,000	a/one hundred thousand	230th	two hundred and thirtieth
1,000,000	a/one million	1,000th	thousandth

Tijd

De Engelsen en Amerikanen gebruiken het twaalf-uren systeem. De uitdrukking *a.m. (ante meridiem)* duidt op de uren tussen middernacht
en 12 uur 's middags; *p.m. (post meridiem)* op de uren tussen 12 uur 's
middags en middernacht. Engeland gaat momenteel geleidelijk over op
het continentale systeem.

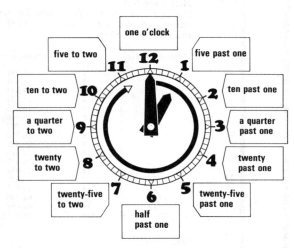

I'll come at seven a.m.   Ik kom om 7 uur 's morgens.
I'll come at two p.m.   Ik kom om 2 uur 's middags.
I'll come at eight p.m.   Ik kom om 8 uur 's avonds.

Dagen van de week

Sunday	zondag	*Thursday*	donderdag
Monday	maandag	*Friday*	vrijdag
Tuesday	dinsdag	*Saturday*	zaterdag
Wednesday	woensdag		

160

Conversion tables/Omrekentabellen

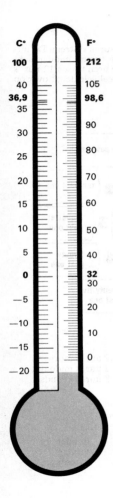

Meters en voeten
Het middelste cijfer geeft zowel meters als voeten aan, bijvoorbeeld 1 meter = 3,281 voet en 1 voet = 0,30 m.

Metres and feet
The figure in the middle stands for both metres and feet, e.g. 1 metre = 3.281 ft. and 1 foot = 0.30 m.

Meters/Metres		Voeten/Feet
0.30	1	3.281
0.61	2	6.563
0.91	3	9.843
1.22	4	13.124
1.52	5	16.403
1.83	6	19.686
2.13	7	22.967
2.44	8	26.248
2.74	9	29.529
3.05	10	32.810
3.66	12	39.372
4.27	14	45.934
6.10	20	65.620
7.62	25	82.023
15.24	50	164.046
22.86	75	246.069
30.48	100	328.092

Temperatuur
Voor het omrekenen van Celsius in Fahrenheit, moet u het aantal graden Celsius met 1,8 vermenigvuldigen en er dan 32 bij optellen.
Voor het omrekenen van Fahrenheit in Celsius, moet u 32 van het aantal graden Fahrenheit aftrekken en dan delen door 1,8.

Temperature
To convert Centigrade to Fahrenheit, multiply by 1.8 and add 32.
To convert Fahrenheit to Centigrade, subtract 32 from Fahrenheit and divide by 1.8.

Enkele nuttige zinnen	Some Basic Phrases
Alstublieft.	Please.
Hartelijk dank.	Thank you very much.
Niets te danken.	Don't mention it.
Goedemorgen.	Good morning.
Goedemiddag.	Good afternoon.
Goedenavond.	Good evening.
Goedenacht.	Good night.
Tot ziens.	Good-bye.
Tot straks.	See you later.
Waar is/Waar zijn...?	Where is/Where are...?
Hoe noemt u dit?	What do you call this?
Wat betekent dat?	What does that mean?
Spreekt u Engels?	Do you speak English?
Spreekt u Duits?	Do you speak German?
Spreekt u Frans?	Do you speak French?
Spreekt u Spaans?	Do you speak Spanish?
Spreekt u Italiaans?	Do you speak Italian?
Kunt u wat langzamer spreken, alstublieft?	Could you speak more slowly, please?
Ik begrijp het niet.	I don't understand.
Mag ik...hebben?	Can I have...?
Kunt u mij...tonen?	Can you show me...?
Kunt u mij zeggen...?	Can you tell me...?
Kunt u me helpen?	Can you help me, please?
Ik wil graag...	I'd like...
Wij willen graag...	We'd like...
Geeft u me..., alstublieft.	Please give me...
Brengt u me..., alstublieft.	Please bring me...
Ik heb honger.	I'm hungry.
Ik heb dorst.	I'm thirsty.
Ik ben verdwaald.	I'm lost.
Vlug!	Hurry up!
Er is/Er zijn...	There is/There are...
Er is geen/Er zijn geen...	There isn't/There aren't...

Aankomst

Uw paspoort, alstublieft.

Hebt u iets aan te geven?

Nee, helemaal niets.

Kunt u me met mijn bagage helpen, alstublieft?

Waar is de bus naar het centrum?

Hierlangs, alstublieft.

Waar kan ik een taxi krijgen?

Wat kost het naar…?

Breng me naar dit adres, alstublieft.

Ik heb haast.

Hotel

Mijn naam is…

Hebt u gereserveerd?

Ik wil graag een kamer met bad.

Hoeveel kost het per nacht?

Mag ik de kamer zien?

Wat is mijn kamernummer?

Er is geen warm water.

Mag ik de directeur spreken, alstublieft?

Heeft er iemand voor mij opgebeld?

Is er post voor mij?

Mag ik de rekening, alstublieft?

Uit eten

Hebt u een menu à prix fixe?

Mag ik de spijskaart zien?

Kunt u ons een asbak brengen, alstublieft?

Arrival

Your passport, please.

Have you anything to declare?

No, nothing at all.

Can you help me with my luggage, please?

Where's the bus to the centre of town, please?

This way, please.

Where can I get a taxi?

What's the fare to…?

Take me to this address, please.

I'm in a hurry.

Hotel

My name is…

Have you a reservation?

I'd like a room with a bath.

What's the price per night?

May I see the room?

What's my room number, please?

There's no hot water.

May I see the manager, please?

Did anyone telephone me?

Is there any mail for me?

May I have my bill (check), please?

Eating out

Do you have a fixed-price menu?

May I see the menu?

May we have an ashtray, please?

Waar is het toilet?	Where's the toilet, please?
Ik wil graag een voorgerecht.	I'd like an hors d'œuvre (starter).
Hebt u soep?	Have you any soup?
Ik wil graag vis.	I'd like some fish.
Wat voor vis hebt u?	What kind of fish do you have?
Ik wil graag een biefstuk.	I'd like a steak.
Wat voor groenten hebt u?	What vegetables have you got?
Niets meer, dank u.	Nothing more, thanks.
Wat wilt u drinken?	What would you like to drink?
Een pils, alstublieft.	I'll have a beer, please.
Ik wil graag een fles wijn.	I'd like a bottle of wine.
Mag ik de rekening, alstublieft?	May I have the bill (check), please?
Is de bediening inbegrepen?	Is service included?
Dank u, het was een uitstekende maaltijd.	Thank you, that was a very good meal.

Reizen

Travelling

Waar is het station?	Where's the railway station, please?
Waar is het loket?	Where's the ticket office, please?
Ik wil graag een kaartje naar…	I'd like a ticket to…
Eerste of tweede klas?	First or second class?
Eerste klas, alstublieft.	First class, please.
Enkele reis of retour?	Single or return (one way or roundtrip)?
Moet ik overstappen?	Do I have to change trains?
Van welk perron vertrekt de trein naar…?	What platform does the train for… leave from?
Waar is het dichtstbijzijnde metrostation?	Where's the nearest underground (subway) station?
Waar is het busstation?	Where's the bus station, please?
Hoe laat vertrekt de eerste bus naar…?	When's the first bus to…?
Wilt u me bij de volgende halte laten uitstappen?	Please let me off at the next stop.

Ontspanning

Wat wordt er in de bioscoop
gegeven?

Hoe laat begint de film?

Zijn er nog plaatsen vrij voor
vanavond?

Waar kunnen we gaan dansen?

Ontmoetingen

Dag mevrouw/juffrouw/
mijnheer.

Hoe maakt u het?

Uitstekend, dank u. En u?

Mag ik u... voorstellen?

Mijn naam is...

Prettig kennis met u te maken.

Hoelang bent u al hier?

Het was mij een genoegen.

Hindert het u als ik rook?

Hebt u een vuurtje, alstublieft?

Mag ik u iets te drinken
aanbieden?

Mag ik u vanavond ten eten
uitnodigen?

Waar spreken we af?

Winkels en diensten

Waar is de dichtstbijzijnde bank?

Waar kan ik reischeques
inwisselen?

Kunt u me wat kleingeld geven,
alstublieft?

Waar is de dichtstbijzijnde
apotheek?

Hoe kom ik daar?

Is het te lopen?

Relaxing

What's on at the cinema (movies)?

What time does the film begin?

Are there any tickets for tonight?

Where can we go dancing?

Meeting people

How do you do.

How are you?

Very well, thank you. And you?

May I introduce...?

My name is...

I'm very pleased to meet you.

How long have you been here?

It was nice meeting you.

Do you mind if I smoke?

Do you have a light, please?

May I get you a drink?

May I invite you for dinner
tonight?

Where shall we meet?

Shops, stores and services

Where's the nearest bank, please?

Where can I cash some travellers'
cheques?

Can you give me some small
change, please?

Where's the nearest chemist's
(pharmacy)?

How do I get there?

Is it within walking distance?

Kunt u mij helpen, alstublieft? — Can you help me, please?

Hoeveel kost dit? En dat? — How much is this? And that?

Het is niet precies wat ik zoek. — It's not quite what I want.

Het bevalt me. — I like it.

Kunt u mij iets tegen zonnebrand aanbevelen? — Can you recommend something for sunburn?

Knippen, alstublieft. — I'd like a haircut, please.

Ik wil een manicure, alstublieft. — I'd like a manicure, please.

De weg vragen

Kunt u mij op de kaart aanwijzen waar ik ben? — Can you show me on the map where I am?

U bent op de verkeerde weg. — You are on the wrong road.

Rij/Ga rechtuit. — Go/Walk straight ahead.

Het is aan de linkerkant/aan de rechterkant. — It's on the left/on the right.

Street directions

Spoedgevallen

Roep vlug een dokter. — Call a doctor quickly.

Roep een ambulance. — Call an ambulance.

Roep de politie, alstublieft. — Please call the police.

Emergencies

dutch-english

nederlands-engels

Introduction

The dictionary has been designed to take account of your practical needs. Unnecessary linguistic information has been avoided. The entries are listed in alphabetical order regardless of whether the entry word is printed in a single word, is hyphened or is in two or more separate words. The only exception to this rule, reflexive verbs, are listed as main entries alphabetically according to the verb, e. g. *zich afvragen* is found under **a.**

When an entry is followed by sub-entries such as expressions and locutions, these, too, have been listed in alphabetical order.

Each main-entry word is followed by a phonetic transcription (see Guide to pronunciation). Following the transcription is the part of speech of the entry word whenever applicable. When an entry word may be used as more then one part of speech, the translations are grouped together after the respective part of speech.

Considering the complexity of the rules for constructing the plural of Dutch nouns, we have supplied the plural form whenever in current use.

Each time an entry word is repeated in plurals or in sub-entries, a tilde (~) is used to represent the full entry word.

In plurals of long words, only the part that changes is written out fully, whereas the unchanged part is represented by a hyphen.

Entry: beker (pl ~s)
    kind (pl ~eren)
    leslokaal (pl -kalen)

Plural: bekers
    kinderen
    leslokalen

An asterisk (*) in front of a verb indicates that the verb is irregular. For details, refer to the lists of irregular verbs.

Abbreviations

adj	adjective	*p*	past tense
adv	adverb	*pl*	plural
Am	American	*plAm*	plural (American)
art	article	*pp*	past participle
c	common gender	*pr*	present tense
conj	conjunction	*pref*	prefix
n	noun	*prep*	preposition
nAm	noun (American)	*pron*	pronoun
nt	neuter	*v*	verb
num	numeral	*vAm*	verb (American)

Guide to Pronunciation

Each main entry in this part of the dictionary is followed by a phonetic transcription which shows you how to pronounce the words. This transcription should be read as if it were English. It is based on Standard British pronunciation, though we have tried to take account of General American pronunciation also. Below, only those letters and symbols are explained which we consider likely to be ambiguous or not immediately understood.

The syllables are separated by hyphens, and stressed syllables are printed in *italics*.

Of course, the sounds of any two languages are never exactly the same, but if you follow carefully our indications, you should be able to pronounce the foreign words in such a way that you'll be understood. To make your task easier, our transcriptions occasionally simplify slightly the sound system of the language while still reflecting the essential sound differences.

Consonants

g	a g-sound where the tongue doesn't quite close the air passage between itself and the roof of the mouth, so that the escaping air produces audible friction; often fairly hard, so that it resembles **kh**
kh	like **g**, but based on a **k**-sound; therefore hard and voiceless, like **ch** in Scottish lo**ch**
ñ	as in Spanish se**ñ**or, or like **ni** in o**ni**on
s	always hard, as in **s**o
zh	a soft, voiced **sh**, like **s** in plea**s**ure

1) In everyday speech, the **n** in the ending of verbs and plurals of nouns is usually dropped.

2) We use the transcription **v** for two different sounds (written **v** and **w** in Dutch) because the difference between them is often inaudible to foreigners.

Vowels and Diphthongs

aa	long **a**, as in c**a**r, without any **r**-sound
ah	a short version of **aa**; between **a** in c**a**t and **u** in c**u**t
ai	like **air**, without any **r**-sound

Dutch for English:

eh	like **e** in g**e**t
er	as in oth**er**, without any **r**-sound
ew	a "rounded **ee**-sound"; say the vowel sound **ee** (as in s**ee**), and while saying it, round your lips as for **oo** (as in s**oo**n), without moving your tongue; when your lips are in the **oo** position, but your tongue is in the **ee** position, you should be pronouncing the correct sound
i	like **i** in b**i**t
igh	as in s**igh**
o	always as in h**o**t (British pronunciation)
ou	as in l**ou**d
ur	as in f**ur**, but with rounded lips and no **r**-sound

1) A bar over a vowel symbol (e.g. $\overline{oo}$) shows that this sound is long.

2) Raised letters (e.g. **aa**[ee], **t**[y], [y]**eh**) should be pronounced only fleetingly.

3) Dutch vowels (i.e. not diphthongs) are pure. Therefore, you should try to read a transcription like $\overline{oa}$ without moving tongue or lips while pronouncing the sound.

4) Some Dutch words borrowed from French contain nasal vowels, which we transcribe with a vowel symbol plus **ng** (e.g. **ahng**). This **ng** should *not* be pronounced, and serves solely to indicate nasal quality of the preceding vowel. A nasal vowel is pronounced simultaneously through the mouth and the nose.

A

aal (aal) *c* (pl alen) eel

aambeien (*aam*-bay-ern) *pl* haemorrhoids *pl*, piles *pl*

aan (aan) *prep* to; on

aanbetaling (*aam*-ber-taa-ling) *c* (pl ~en) down payment

* aanbevelen (*aam*-ber-vāy-lern) *v* recommend

aanbeveling (*aam*-ber-vāy-ling) *c* (pl ~en) recommendation

aanbevelingsbrief (*aam*-ber-vāy-lings-breef) *c* (pl -brieven) letter of recommendation

* aanbidden (aam-*bi*-dern) *v* worship

* aanbieden (*aam*-bee-dern) *v* offer; present

aanbieding (*aam*-bee-ding) *c* (pl ~en) offer

aanblik (*aam*-blik) *c* sight; appearance

aanbod (*aam*-bot) *nt* offer; supply

aanbranden (*aam*-brahn-dern) *v* *burn

aandacht (*aan*-dahkht) *c* attention; notice, consideration; ~ **besteden aan** attend to

aandeel (*aan*-dāyl) *nt* (pl -delen) share

aandenken (*aan*-dehng-kern) *nt* (pl ~s) remembrance

aandoening (*aan*-dōō-ning) *c* (pl ~en) affection

aandoenlijk (aan-*dōōn*-lerk) *adj* touching

* aandrijven (*aan*-dray-vern) *v* propel

* aandringen (*aan*-dri-ngern) *v* insist

aanduiden (*aan*-dur^{ew}-dern) *v* indicate

* aangaan (*aang*-gaan) *v* concern

aangaande (aang-*gaan*-der) *prep* as regards

aangeboren (aang-ger-bōā-rern) *adj* natural

aangelegenheid (aang-ger-*lāy*-gern-hayt) *c* (pl -heden) matter, concern; affair, business

aangenaam (*aang*-ger-naam) *adj* agreeable, pleasing, pleasant

aangesloten (*aang*-ger-slōā-tern) *adj* affiliated

* aangeven (*aang*-gāy-vern) *v* indicate; declare; *give, hand, pass

aangezien (aang-ger-*zeen*) *conj* as, since; because

aangifte (*aang*-gif-ter) *c* (pl ~n) declaration

aangrenzend (aang-*grehn*-zernt) *adj* neighbouring

aanhalen (*aan*-haa-lern) *v* tighten; quote

aanhalingstekens (*aan*-haa-lings-tāy-kerns) *pl* quotation marks

aanhangwagen (*aan*-hahng-vaa-gern) *c* (pl ~s) trailer

aanhankelijk (aan-*hahng*-ker-lerk) *adj*

affectionate

*aanhebben (*aan*-heh-bern) *v* *wear

aanhechten (*aan*-hehkh-tern) *v* attach

aanhoren (*aan*-hōa-rern) *v* listen

*aanhouden (*aan*-hou-dern) *v* insist;
aanhoudend constant

aanhouding (*aan*-hou-dıng) *c* (pl ~en)
arrest

*aankijken (*aang*-kay-kern) *v* look at

aanklacht (*aang*-klahkht) *c* (pl ~en)
charge

aanklagen (*aang*-klaa-gern) *v* accuse,
charge

aankleden (*aang*-klāy-dern) *v* dress;
*get dressed

*aankomen (*aang*-kōa-mern) *v* arrive

aankomst (*aang*-komst) *c* arrival

aankomsttijd (*aang*-koms-tayt) *c* (pl
~en) time of arrival

aankondigen (*aang*-kon-der-gern) *v*
announce

aankondiging (*aang*-kon-der-gıng) *c*
(pl ~en) notice, announcement

aankoop (*aang*-kōap) *c* (pl -kopen)
purchase

aankruisen (*aang*-krur^(ew)-sern) *v* mark

aanleg (*aan*-lehkh) *c* talent

aanleggen (*aan*-leh-gern) *v* dock

aanleiding (*aan*-lay-dıng) *c* (pl ~en)
cause, occasion

aanlengen (*aan*-leh-ngern) *v* dilute

zich aanmelden (*aan*-mehl-dern) report

aanmerkelijk (aa-*mehr*-ker-lerk) *adj*
considerable

aanmerken (aa-*mehr*-kern) *v* comment

aanmoedigen (aa-*mōō*-der-gern) *v* encourage

*aannemen (aa-*nāy*-mern) *v* accept;
assume, suppose; adopt; **aangenomen dat** supposing that

aannemer (aa-*nāy*-merr) *c* (pl ~s)
contractor

aanpak (*aam*-pahk) *c* method, ap-

proach

aanpassen (*aam*-pah-sern) *v* adapt;
suit; adjust

aanplakbiljet (*aam*-plahk-bıl-^(y)eht) *nt*
(pl ~ten) placard

*aanprijzen (*aam*-pray-zern) *v* recommend

*aanraden (*aan*-raa-dern) *v* advise,
recommend

aanraken (*aan*-raa-kern) *v* touch

aanraking (*aan*-raa-kıng) *c* (pl ~en)
touch; contact

aanranden (*aan*-rahn-dern) *v* assault

aanrichten (*aan*-rıkh-tern) *v* cause

aanrijding (*aan*-ray-dıng) *c* (pl ~en)
collision

aanschaffen (*aan*-skhah-fern) *v* *buy

*aansluiten (*aan*-slur^(ew)-tern) *v* connect

aansluiting (*aan*-slur^(ew)-tıng) *c* (pl
~en) connection

aansporen (*aan*-spōa-rern) *v* incite;
urge

aanspraak (*aan*-spraak) *c* (pl -spra-
ken) claim

aansprakelijk (aan-*spraa*-ker-lerk) *adj*
liable; responsible

aansprakelijkheid (aan-*spraa*-ker-lerk-
hayt) *c* liability; responsibility

*aanspreken (*aan*-sprāy-kern) *v* address

aanstekelijk (aan-*stāy*-ker-lerk) *adj*
contagious

*aansteken (*aan*-stāy-kern) *v* *light;
infect

aansteker (*aan*-stāy-kerr) *c* (pl ~s)
lighter, cigarette-lighter

aanstellen (*aan*-steh-lern) *v* appoint

aanstoot (*aan*-stōat) *c* offence

aanstootgevend (aan-stōat-*khāy*-vernt)
adj offensive

aanstrepen (*aan*-strāy-pern) *v* tick off

aantal (*aan*-tahl) *nt* (pl ~len) number; quantity

aantekenen (*aan*-tāy-ker-nern) *v* record; register

aantekening (*aan*-tāy-ker-nɪng) *c* (pl ~en) note

aantonen (*aan*-tōa-nern) *v* prove; demonstrate, *show

aantrekkelijk (aan-*treh*-ker-lerk) *adj* attractive

***aantrekken** (*aan*-treh-kern) *v* attract; tempt; *put on; tighten

aantrekking (*aan*-treh-kɪng) *c* attraction

aanvaarden (aan-*vaar*-dern) *v* accept

aanval (*aan*-vahl) *c* (pl ~len) attack; fit

***aanvallen** (*aan*-vah-lern) *v* attack; assault

aanvang (*aan*-vahng) *c* beginning

***aanvangen** (*aan*-vah-ngern) *v* *begin

aanvankelijk (aan-*vahng*-ker-lerk) *adv* originally, at first

aanvaring (*aan*-vaa-rɪng) *c* (pl ~en) collision

aanvoer (*aan*-vōor) *c* supply

aanvoerder (aan-*vōor*-derr) *c* (pl ~s) leader

aanvraag (*aan*-vraakh) *c* (pl -vragen) application

aanwezig (aan-*vāy*-zerkh) *adj* present

aanwezigheid (aan-*vāy*-zerkh-hayt) *c* presence

***aanwijzen** (*aan*-vay-zern) *v* point out; designate

aanwijzing (*aan*-vay-zɪng) *c* (pl ~en) indication

aanzetten (*aan*-zeh-tern) *v* turn on

aanzien (*aan*-zeen) *nt* aspect; esteem; **ten ~ van** regarding

aanzienlijk (aan-*zeen*-lerk) *adj* considerable, substantial

aap (aap) *c* (pl apen) monkey

aard (aart) *c* nature

aardappel (*aar*-dah-perl) *c* (pl ~s, ~en) potato

aardbei (*aart*-bay) *c* (pl ~en) strawberry

aardbeving (*aart*-bāy-vɪng) *c* (pl ~en) earthquake

aardbol (*aart*-bol) *c* globe

aarde (*aar*-der) *c* earth; soil

aardewerk (*aar*-der-vehrk) *nt* crockery, pottery, faience, earthenware, ceramics *pl*

aardig (*aar*-derkh) *adj* pleasant; nice, kind

aardrijkskunde (*aar*-drayks-kern-der) *c* geography

aartsbisschop (*aarts*-bɪ-skhop) *c* (pl ~pen) archbishop

aarzelen (*aar*-zer-lern) *v* hesitate

aas (aass) *nt* bait

abces (ahp-*sehss*) *nt* (pl ~sen) abscess

abdij (ahb-*day*) *c* (pl ~en) abbey

abnormaal (ahp-nor-*maal*) *adj* abnormal

abonnee (ah-bo-*nāy*) *c* (pl ~s) subscriber

abonnement (ah-bo-ner-*mehnt*) *nt* (pl ~en) subscription

abonnementskaart (ah-bo-ner-*mehnts*-kaart) *c* (pl ~en) season-ticket

abortus (ah-*bor*-terss) *c* (pl ~sen) abortion

abrikoos (ah-bree-*kōass*) *c* (pl -kozen) apricot

absoluut (ahp-sōa-*lēwt*) *adj* sheer; *adv* absolutely

abstract (ahp-*strahkt*) *adj* abstract

absurd (ahp-*serrt*) *adj* absurd

abuis (aa-*burewss*) *nt* (pl abuizen) mistake

academie (aa-kaa-*dāy*-mee) *c* (pl ~s) academy

accent (ahk-*sehnt*) *nt* (pl ~en) accent

accepteren (ahk-sehp-*tāy*-rern) *v* accept

accessoires (ahk-seh-*svaa*-rerss) *pl* accessories *pl*

accijns (ahk-*sayns*) c (pl -cijnzen) Customs duty

accommodatie (ah-ko-mōa-*daa*-tsee) c accommodation

accu (*ah*-ke͞w) c (pl ~'s) battery

acht (ahkht) *num* eight

achteloos (*ahkh*-ter-lōass) *adj* careless

achten (*ahkh*-tern) v esteem; count

achter (*ahkh*-terr) *prep* behind; after

achteraan (ahkh-ter-*raan*) *adv* behind

achterbuurt (*ahkh*-terr-bēwrt) c (pl ~en) slum

achterdochtig (ahkh-terr-*dokh*-terkh) *adj* suspicious

achtergrond (*ahkh*-terr-gront) c (pl ~en) background

achterkant (*ahkh*-terr-kahnt) c (pl ~en) rear

*****achterlaten** (*ahkh*-terr-laa-tern) v *leave behind

achterlicht (*ahkh*-terr-lıkht) *nt* (pl ~en) tail-light, rear-light

achternaam (*ahkh*-terr-naam) c (pl -namen) family name, surname

achterstallig (ahkh-terr-*stah*-lerkh) *adj* overdue

achteruit (ahkh-ter-*rur^(ew)*t) *adv* backwards

*****achteruitrijden** (ahkh-ter-*rur^(ew)*t-ray-dern) v reverse

achterwerk (*ahkh*-terr-vehrk) *nt* (pl ~en) bottom

achting (*ahkh*-tıng) c respect, esteem

achtste (*ahkht*-ster) *num* eighth

achttien (*ahkh*-teen) *num* eighteen

achttiende (*ahkh*-teen-der) *num* eighteenth

acne (*ahk*-nāy) c acne

acquisitie (ah-kvee-*zee*-tsee) c (pl ~s) acquisition

acteur (ahk-*tūr̄*r) c (pl ~s) actor

actie (*ahk*-see) c (pl ~s) action

actief (ahk-*teef*) *adj* active

activiteit (ahk-tee-vee-*tayt*) c (pl ~en) activity

actrice (ahk-*tree*-ser) c (pl ~s) actress

actueel (ahk-tēw-*vāyl*) *adj* topical

acuut (ah-*kewt*) *adj* acute

adel (*aa*-derl) c nobility

adellijk (*aa*-der-lerk) *adj* noble

adem (*aa*-derm) c breath

ademen (*aa*-der-mern) v breathe

ademhaling (*aa*-derm-haa-lıng) c breathing, respiration

adequaat (ah-dāy-*kvaat*) *adj* adequate

ader (*aa*-derr) c (pl ~s, ~en) vein

administratie (aht-mee-nee-*straa*-tsee) c (pl ~s) administration

administratief (aht-mee-nee-straa-*teef*) *adj* administrative

admiraal (aht-mee-*raal*) c (pl ~s) admiral

adopteren (ah-dop-*tāy*-rern) v adopt

adres (aa-*drehss*) *nt* (pl ~sen) address

adresseren (aa-dreh-*sāy*-rern) v address

advertentie (aht-ferr-*tehn*-see) c (pl ~s) advertisement

advies (aht-*feess*) *nt* (pl adviezen) advice

adviseren (aht-fee-*zāy*-rern) v advise

advocaat (aht-fōa-*kaat*) c (pl -caten) lawyer; barrister; solicitor; attorney

af (ahf) *adv* off; finished; ~ en toe occasionally

afbeelding (*ahf*-bāyl-dıng) c (pl ~en) picture

afbetalen (*ahf*-ber-taa-lern) v *pay on account

afbetaling (*ahf*-ber-taa-lıng) c (pl ~en) instalment

*****afblijven** (*ahf*-blay-vern) v *keep off

afbraak (*ahf*-braak) c demolition

*****afbreken** (*ahf*-brāy-kern) v chip

afdaling (*ahf*-daa-lıng) c (pl ~en) descent

afdanken (*ahf*-dahng-kern) v discard

afdeling (*ahf*-dāy-ling) *c* (pl ~en) division, department; section

*****afdingen** (*ahf*-di-ngern) *v* bargain

afdrogen (*ahf*-drōa-gern) *v* dry

afdruk (*ahf*-drerk) *c* (pl ~ken) print

*****afdwingen** (*ahf*-dvi-ngern) *v* extort

affaire (ah-*fai*-rer) *c* (pl ~s) deal; affair

affiche (ah-*fee*-sher) *nt* (pl ~s) poster

afgeladen (*ahf*-kher-laa-dern) *adj* chock-full

afgelegen (*ahf*-kher-lāy-gern) *adj* remote, far-off, out of the way

afgelopen (*ahf*-kher-lōā-pern) *adj* past

afgerond (*ahf*-kher-ront) *adj* rounded

afgevaardigde (*ahf*-kher-vaar-derg-der) *c* (pl ~n) deputy

afgezien van (*ahf*-kher-zeen vahn) apart from

afgod (*ahf*-khot) *c* (pl ~en) idol

afgrijzen (*ahf*-khray-zern) *nt* horror

afgrond (*ahf*-khront) *c* (pl ~en) precipice, abyss

afgunst (*ahf*-khernst) *c* envy

afgunstig (ahf-*khern*-sterkh) *adj* envious

afhalen (*ahf*-haa-lern) *v* collect, fetch

afhandelen (*ahf*-hahn-der-lern) *v* settle

*****afhangen van** (*ahf*-hah-ngern) depend on

afhankelijk (ahf-*hahng*-ker-lerk) *adj* dependant

afhellend (*ahf*-heh-lernt) *adj* sloping

afkeer (*ahf*-kāyr) *c* dislike; antipathy

afkerig (ahf-*kāy*-rerkh) *adj* averse

afkeuren (*ahf*-kūr-rern) *v* disapprove; reject

afknippen (*ahf*-kni-pern) *v* *cut off

afkondigen (*ahf*-kon-der-gern) *v* proclaim

afkorting (*ahf*-kor-ting) *c* (pl ~en) abbreviation

afleiden (*ahf*-lay-dern) *v* deduce, infer

afleiding (*ahf*-lay-ding) *c* diversion

afleren (*ahf*-lāy-rern) *v* unlearn

afleveren (*ahf*-lāy-ver-rern) *v* deliver

afloop (*ahf*-lōāp) *c* expiry

aflopen (*ahf*-lōā-pern) *v* end; expire

aflossen (*ahf*-lo-sern) *v* relieve; *pay off

afluisteren (*ahf*-lur^(ew)-ster-rern) *v* eavesdrop

afmaken (*ahf*-maa-kern) *v* finish

afmeting (*ahf*-māy-ting) *c* (pl ~en) size

*****afnemen** (*ahf*-nāy-mern) *v* decrease; *take away

afpersing (*ahf*-pehr-sing) *c* (pl ~en) extortion

*****afraden** (*ahf*-raa-dern) *v* dissuade from

afremmen (*ahf*-reh-mern) *v* slow down

Afrika (aa-*free*-kaa) Africa

Afrikaan (aa-free-*kaan*) *c* (pl -kanen) African

Afrikaans (aa-free-*kaans*) *adj* African

afschaffen (*ahf*-skhah-fern) *v* abolish

afscheid (*ahf*-skhayt) *nt* parting

afschrift (*ahf*-skhrift) *nt* (pl ~en) copy

afschuw (*ahf*-skhew^(oo)) *c* horror

afschuwelijk (ahf-*skhew*-ver-lerk) *adj* horrible, awful; hideous

*****afsluiten** (*ahf*-slur^(ew)-tern) *v* *cut off

*****afsnijden** (*ahf*-snay-dern) *v* *cut off; chip

afspraak (*ahf*-spraak) *c* (pl -spraken) date, appointment; engagement

afstammeling (*ahf*-stah-mer-ling) *c* (pl ~en) descendant

afstamming (*ahf*-stah-ming) *c* origin

afstand (*ahf*-stahnt) *c* (pl ~en) distance; space, way

afstandsmeter (*ahf*-stahnts-māy-terr) *c* (pl ~s) range-finder

afstellen (*ahf*-steh-lern) *v* adjust

afstemmen (*ahf*-steh-mern) *v* tune in

afstotelijk (ahf-*stōā*-ter-lerk) *adj* repellent

aftekenen (ahf-tāy-ker-nern) v endorse

aftrap (ahf-trahp) c kick-off

*aftrekken (ahf-treh-kern) v deduct; subtract

afvaardiging (ah-faar-der-ging) c (pl ~en) delegation

afval (ah-fahl) nt garbage, litter, rubbish, refuse

afvegen (ah-fāy-gern) v wipe

afvoer (ah-fōōr) c drain

zich *afvragen (ah-fraa-gern) v wonder

afwachten (ahf-vahkh-tern) v await

afwassen (ahf-vah-sern) v wash up

afwateren (ahf-vaa-ter-rern) v drain

afwenden (ahf-vehn-dern) v avert

afwezig (ahf-vāy-zerkh) adj absent

afwezigheid (ahf-vāy-zerkh-hayt) c absence

*afwijken (ahf-vay-kern) v deviate

afwijking (ahf-vay-king) c (pl ~en) aberration

*afwijzen (ahf-vay-zern) v reject

afwisselen (ahf-vi-ser-lern) v vary; **afwisselend** alternate

afwisseling (ahf-vi-ser-ling) c variation

*afzeggen (ahf-seh-gern) v cancel

afzetting (ahf-seh-ting) c (pl ~en) deposit

afzonderlijk (ahf-son-derr-lerk) adj individual; separate; adv apart

agenda (aa-gehn-daa) c (pl ~'s) diary; agenda

agent (aa-gehnt) c (pl ~en) policeman; distributor, agent

agentschap (aa-gehnt-skhahp) nt (pl ~pen) agency

agrarisch (aa-graa-reess) adj agrarian

agressief (ah-greh-seef) adj aggressive

akelig (aa-ker-lerkh) adj nasty

akker (ah-kerr) c (pl ~s) field

akkoord (ah-kōārt) nt (pl ~en) agreement

akte (ahk-ter) c (pl ~n, ~s) act, certificate

aktentas (ahk-tern-tahss) c (pl ~sen) briefcase, attaché case

al (ahl) adj all; adv already

alarm (aa-lahrm) nt alarm

alarmeren (aa-lahr-māy-rern) v alarm

album (ahl-berm) nt (pl ~s) album

alcohol (ahl-kōā-hol) c alcohol

alcoholisch (ahl-kōā-hōā-leess) adj alcoholic

aldoor (ahl-dōār) adv all the time

alfabet (ahl-faa-beht) nt alphabet

algebra (ahl-ger-braa) c algebra

algemeen (ahl-ger-māyn) adj general; universal, public; **in het ~** in general

Algerije (ahl-ger-ray-er) Algeria

Algerijn (ahl-ger-rayn) c (pl ~en) Algerian

Algerijns (ahl-ger-rayns) adj Algerian

alhoewel (ahl-hōō-vehl) conj though

alikruik (aa-lee-krur^ewk) c (pl ~en) winkle

alimentatie (ah-lee-mehn-taa-tsee) c alimony

alinea (aa-lee-nāy-aa) c (pl ~'s) paragraph

alledaags (ah-ler-daakhs) adj ordinary; everyday

alleen (ah-lāyn) adv only; alone

allemaal (ah-ler-maal) num ALL

allergie (ah-lehr-gee) c (pl ~ën) allergy

allerlei (ah-lerr-lay) adj various; all sorts of

alles (ah-lerss) pron everything

almachtig (ahl-mahkh-terkh) adj omnipotent

almanak (ahl-maa-nahk) c (pl ~ken) almanac

als (ahls) conj if; when; as, like

alsof (ahl-zof) conj as if; ***doen ~** pretend

alstublieft (ahl-stēw-bleeft) here you

are; please

alt (ahlt) *c* (pl ~en) alto

altaar (*ahl*-taar) *nt* (pl altaren) altar

alternatief (ahl-terr-naa-*teef*) *nt* (pl -tieven) alternative

altijd (*ahl*-tayt) *adv* always, ever

amandel (aa-*mahn*-derl) *c* (pl ~en, ~s) almond; **amandelen** tonsils *pl*

amandelontsteking (aa-*mahn*-derl-ont-stāy-kıng) *c* (pl ~en) tonsilitis

ambacht (*ahm*-bahkht) *nt* (pl ~en) trade

ambassade (ahm-bah-*saa*-der) *c* (pl ~s) embassy

ambassadeur (ahm-bah-saa-*dūr*) *c* (pl ~s) ambassador

ambitieus (ahm-bee-*tsᵛūrss*) *adj* ambitious

ambt (ahmt) *nt* (pl ~en) office

ambtenaar (*ahm*-ter-naar) *c* (pl -naren) civil servant

ambulance (ahm-bēw-*lahn*-ser) *c* (pl ~s) ambulance

Amerika (aa-*māy*-ree-kaa) America

Amerikaan (aa-*māy*-ree-kaan) *c* (pl -kanen) American

Amerikaans (aa-māy-ree-*kaans*) *adj* American

amethist (ah-mer-*tist*) *c* (pl ~en) amethyst

amicaal (aa-mee-*kaal*) *adj* friendly

ammonia (ah-*mōa*-nee-ᵛaa) *c* ammonia

amnestie (ahm-nehss-*tee*) *c* amnesty

amulet (aa-mēw-*leht*) *c* (pl ~ten) lucky charm, charm

amusant (aa-mēw-*zahnt*) *adj* amusing; entertaining

amusement (aa-mēw-zer-*mehnt*) *nt* amusement; entertainment

amuseren (aa-mēw-*zāy*-rern) *v* amuse

analfabeet (ahn-ahl-faa-*bāyt*) *c* (pl -beten) illiterate

analist (ah-naa-*list*) *c* (pl ~en) analyst

analyse (ah-naa-*lee*-zer) *c* (pl ~n, ~s) analysis

analyseren (ah-naa-lee-*zāy*-rern) *v* analyse

analyticus (ah-naa-*lee*-tee-kerss) *c* (pl -ci) analyst, psychoanalyst

ananas (*ah*-nah-nahss) *c* (pl ~sen) pineapple

anarchie (ah-nahr-*khee*) *c* anarchy

anatomie (ah-naa-tōa-*mee*) *c* anatomy

ander (*ahn*-derr) *adj* other; different; **een ~** another; **onder andere** among other things

anders (*ahn*-derrs) *adv* else; otherwise

andersom (ahn-derr-*som*) *adv* the other way round

angst (ahngst) *c* (pl ~en) fright, fear; terror

angstig (*ahng*-sterkh) *adj* afraid

angstwekkend (ahngst-*veh*-kernt) *adj* terrifying

animo (*aa*-nee-mōa) *c* zest

anker (*ahng*-kerr) *nt* (pl ~s) anchor

annexeren (ah-nehk-*sāy*-rern) *v* annex

annonce (ah-*nawng*-ser) *c* (pl ~s) advertisement

annuleren (ah-nēw-*lāy*-rern) *v* cancel

annulering (ah-nēw-*lāy*-rıng) *c* (pl ~en) cancellation

anoniem (ah-*nōa*-neem) *adj* anonymous

ansichtkaart (*ahn*-zıkht-kaart) *c* (pl ~en) postcard, picture postcard

ansjovis (ahn-*shōa*-vıss) *c* (pl ~sen) anchovy

antenne (ahn-*teh*-ner) *c* (pl ~s) aerial

antibioticum (ahn-tee-bee-ᵛōa-tee-kerm) *nt* (pl -ca) antibiotic

antiek (ahn-*teek*) *adj* antique

antipathie (ahn-tee-paa-*tee*) *c* dislike

antiquair (ahn-tee-*kair*) *c* (pl ~s) antique dealer

antiquiteit (ahn-tee-kvee-*tayt*) *c* (pl ~en) antique

antivries (ahn-tee-*vreess*) *c* antifreeze

antwoord (*ahnt*-vōart) *nt* (pl ~en) reply, answer; **als ~** in reply

antwoorden (*ahnt*-vōar-dern) *v* reply, answer

apart (aa-*pahrt*) *adv* apart, separately

aperitief (aa-pāy-ree-*teef*) *nt/c* (pl -tieven) aperitif

apotheek (aa-pōa-*tāyk*) *c* (pl -theken) pharmacy, chemist's; drugstore *nAm*

apotheker (aa-pōa-*tāy*-kerr) *c* (pl ~s) chemist

apparaat (ah-paa-*raat*) *nt* (pl -raten) appliance; machine; apparatus

appartement (ah-pahr-ter-*mehnt*) *nt* (pl ~en) apartment *nAm*

appel (*ah*-perl) *c* (pl ~s) apple

applaudisseren (ah-plou-dee-*sāy*-rern) *v* clap

applaus (ah-*plouss*) *nt* applause

april (ah-*pril*) April

aquarel (aa-kvaa-*rehl*) *c* (pl ~len) water-colour

ar (ahr) *c* (pl ~ren) sleigh

Arabier (aa-raa-*beer*) *c* (pl ~en) Arab

Arabisch (aa-*raa*-beess) *adj* Arab

arbeid (*ahr*-bayt) *c* labour, work

arbeidbesparend (*ahr*-bayt-ber-spaa-rernt) *adj* labour-saving

arbeider (*ahr*-bay-derr) *c* (pl ~s) labourer, workman, worker

arbeidsbureau (*ahr*-bayts-bēw-rōa) *nt* (pl ~s) employment exchange

archeologie (ahr-khāy-ōa-lōa-*gee*) *c* archaeology

archeoloog (ahr-khāy-ōa-*lōakh*) *c* (pl -logen) archaeologist

archief (ahr-*kheef*) *nt* (pl -chieven) archives *pl*

architect (ahr-shee-*tehkt*) *c* (pl ~en) architect

architectuur (ahr-shee-tehk-*tēwr*) *c* architecture

arena (aa-*rāy*-naa) *c* (pl ~'s) bullring

arend (*aa*-rernt) *c* (pl ~en) eagle

Argentijn (ahr-gern-*tayn*) *c* (pl ~en) Argentinian

Argentijns (ahr-gern-*tayns*) *adj* Argentinian

Argentinië (ahr-gern-*tee*-nee-Yer) Argentina

argument (ahr-gēw-*mehnt*) *nt* (pl ~en) argument

argumenteren (ahr-gēw-mehn-*tāy*-rern) *v* argue

argwaan (*ahrkh*-vaan) *c* suspicion

argwanend (*ahrkh-vaa*-nernt) *adj* suspicious

arm[1] (ahrm) *adj* poor

arm[2] (ahrm) *c* (pl ~en) arm

armband (*ahrm*-bahnt) *c* (pl ~en) bracelet; bangle

armoede (*ahr*-mōo-der) *c* poverty

armoedig (ahr-*mōo*-derkh) *adj* poor

aroma (aa-*rōa*-maa) *nt* aroma

arrestatie (ah-rehss-*taa*-tsee) *c* (pl ~s) arrest

arresteren (ah-rehss-*tāy*-rern) *v* arrest

arrogant (ah-rōa-*gahnt*) *adj* presumptuous

artikel (ahr-*tee*-kerl) *nt* (pl ~en, ~s) article; item

artisjok (ahr-tee-*shok*) *c* (pl ~ken) artichoke

artistiek (ahr-tıss-*teek*) *adj* artistic

arts (ahrts) *c* (pl ~en) doctor

as[1] (ahss) *c* (pl ~sen) axle

as[2] (ahss) *c* ash

asbak (*ahss*-bahk) *c* (pl ~ken) ashtray

asbest (*ahss*-behst) *nt* asbestos

asfalt (*ahss*-fahlt) *nt* asphalt

asiel (aa-*zeel*) *c* asylum

aspect (ahss-*pehkt*) *nt* (pl ~en) aspect

asperge (ahss-*pehr*-zher) *c* (pl ~s) asparagus

aspirine (ahss-pee-*ree*-ner) *c* aspirin

assistent (ah-see-*stehnt*) *c* (pl ~en)

assistant

associëren (ah-sōa-*shāy*-rern) v associate

assortiment (ah-sor-tee-*mehnt*) nt (pl ~en) assortment

assurantie (ah-sēw-*rahn*-see) c (pl -ties, -tiën) insurance

astma (*ahss*-maa) nt asthma

atheïst (aa-tāy-*ist*) c (pl ~en) atheist

Atlantische Oceaan (aht-*lahn*-tee-ser ōa-say-*aan*) Atlantic

atleet (aht-*lāyt*) c (pl -leten) athlete

atletiek (aht-lāy-*teek*) c athletics pl

atmosfeer (aht-moss-*fāyr*) c atmosphere

atomisch (aa-*tōa*-meess) adj atomic

atoom (aa-*tōam*) nt (pl atomen) atom; **atoom-** atomic

attent (ah-*tehnt*) adj considerate

attest (ah-*tehst*) nt (pl ~en) certificate

attractie (ah-*trahk*-see) c (pl ~s) attraction

aubergine (ōa-behr-*zhee*-ner) c (pl ~s) eggplant

augustus (ou-*gerss*-terss) August

aula (*ou*-laa) c (pl ~'s) auditorium

Australië (ou-*straa*-lee-Yer) Australia

Australiër (ou-*straa*-lee-Yerr) c (pl ~s) Australian

Australisch (ou-*straa*-leess) adj Australian

auteur (ōa-*tūrr*) c (pl ~s) author

authentiek (ōa-tehn-*teek*) adj authentic

auto (*ōa*-tōa) c (pl ~'s) car; motorcar, automobile

automaat (ōa-tōa-*maat*) c (pl -maten) slot-machine

automatisch (ōa-tōa-*maa*-teess) adj automatic

automatisering (ōa-tōa-maa-tee-*zāy*-ring) c automation

automobielclub (ōa-tōa-mōa-*beel*-klerp) c (pl ~s) automobile club

automobilisme (ōa-tōa-mōa-bee-*liss*-mer) nt motoring

automobilist (ōa-tōa-mōa-bee-*list*) c (pl ~en) motorist

autonoom (ōa-tōa-*nōam*) adj autonomous

autoped (ōa-tōa-*peht*) c (pl ~s) scooter

autopsie (ōa-*top-see*) c autopsy

***autorijden** (ōa-tōa-ray-dern) v motor

autorit (ōa-tōa-rit) c (pl ~ten) drive

autoritair (ōa-tōa-ree-*tair*) adj authoritarian

autoriteiten (ōa-tōa-ree-*tay*-tern) pl authorities pl

autoverhuur (ōa-tōa-verr-*hēwr*) c car hire; car rental Am

autoweg (*ōa*-tōa-vehkh) c (pl ~en) highway nAm

avond c (pl ~en) night, evening

avondeten (*aa*-vernt-āy-tern) nt dinner; supper

avondkleding (*aa*-vernt-klāy-ding) c evening dress

avondschemering (*aa*-vernt-skhāy-mer-ring) c dusk

avontuur (aa-von-*tēwr*) nt (pl -turen) adventure

Aziaat (aa-zee-*Yaat*) c (pl Aziaten) Asian

Aziatisch (aa-zee-*Yaa*-teess) adj Asian

Azië (*aa*-zee-Yer) Asia

azijn (aa-*zayn*) c vinegar

B

baai (baa^ee) c (pl ~en) bay

baan (baan) c (pl banen) job

baard (baart) c (pl ~en) beard

baarmoeder (*baar*-mōō-derr) c womb

baars (baars) c (pl baarzen) bass,

perch

baas (baass) *c* (pl bazen) boss; master

baat (baat) *c* benefit; profit

babbelen (*bah*-ber-lern) *v* chat

babbelkous (*bah*-berl-kouss) *c* (pl ~en) chatterbox

babbeltje (*bah*-berl-t^yer) *nt* (pl ~s) chat

baby (*baȳ*-bee) *c* (pl ~'s) baby

bacil (bah-*sıl*) *c* (pl ~len) germ

bacterie (bahk-*taȳ*-ree) *c* (pl -riën) bacterium

bad (baht) *nt* (pl ~en) bath; **een ~ ⃰nemen** bathe

baden (*baa*-dern) *v* bathe

badhanddoek (*baht*-hahn-dōōk) *c* (pl ~en) bath towel

badjas (*baht*-^yahss) *c* (pl ~sen) bathrobe

badkamer (*baht*-kaa-merr) *c* (pl ~s) bathroom

badmuts (*baht*-merts) *c* (pl ~en) bathing-cap

badpak (*baht*-pahk) *nt* (pl ~ken) bathing-suit

badplaats (*baht*-plaats) *c* (pl ~en) seaside resort

badstof (*baht*-stof) *c* towelling

badzout (*baht*-sout) *nt* bath salts

bagage (bah-*gaa*-zher) *c* baggage; luggage

bagagedepot (bah-*gaa*-zher-daȳ-pōa) *nt* (pl ~s) left luggage office; baggage deposit office *Am*

bagagenet (bah-*gaa*-zher-neht) *nt* (pl ~ten) luggage rack

bagageoverschot (bah-*gaa*-zher-ōa-verr-skhot) *nt* overweight

bagagerek (bah-*gaa*-zher-rehk) *nt* (pl ~ken) luggage rack

bagageruimte (bah-*gaa*-zher-rur^{ew}m-ter) *c* (pl ~n, ~s) boot

bagagewagen (bah-*gaa*-zher-vaa-gern) *c* (pl ~s) luggage van

bakboord (*bahk*-bōart) *nt* port

baken (*baa*-kern) *nt* (pl ~s) landmark

bakermat (*baa*-kerr-maht) *c* cradle

bakkebaarden (*bah*-ker-baar-dern) *pl* whiskers *pl*, sideburns *pl*

⃰**bakken** (*bah*-kern) *v* bake; fry

bakker (*bah*-kerr) *c* (pl ~s) baker

bakkerij (bah-ker-*ray*) *c* (pl ~en) bakery

baksteen (*bahk*-staȳn) *c* (pl -stenen) brick

bal¹ (bahl) *c* (pl ~len) ball

bal² (bahl) *nt* (pl ~s) ball

balans (bah-*lahns*) *c* (pl ~en) balance

baldadig (bahl-*daa*-derkh) *adj* rowdy

balie (*baa*-lee) *c* (pl ~s) counter

balk (bahlk) *c* (pl ~en) beam

balkon (bahl-*kon*) *nt* (pl ~s) balcony; circle

ballet (bah-*leht*) *nt* (pl ~ten) ballet

balling (*bah*-lıng) *c* (pl ~en) exile

ballingschap (*bah*-lıng-skhahp) *c* exile

ballon (bah-*lon*) *c* (pl ~s) balloon

ballpoint (*bol*-po^ynt) *c* (pl ~s) ballpoint-pen; Biro

bamboe (bahm-*bōō*) *nt* bamboo

banaan (baa-*naan*) *c* (pl bananen) banana

band (bahnt) *c* (pl ~en) tape; band; tyre, tire; **lekke ~** flat tyre, puncture

bandenspanning (*bahn*-der-spah-nıng) *c* tyre pressure

bandepech (*bahn*-der-pehkh) *c* blowout, puncture

bandiet (bahn-*deet*) *c* (pl ~en) bandit

bandrecorder (*bahnt*-rer-kor-derr) *c* (pl ~s) tape-recorder, recorder

bang (bahng) *adj* frightened, afraid

bank (bahngk) *c* (pl ~en) bank; bench

bankbiljet (*bahngk*-bıl-^yeht) *nt* (pl ~ten) banknote

banket (bahng-*keht*) *nt* (pl ~ten) banquet

banketbakker (bahng-*keht*-bah-kerr) *c* (pl ~s) confectioner

banketbakkerij (bahng-keht-bah-ker-*ray*) *c* (pl ~en) pastry shop

banketzaal (bahng-*keht*-saal) *c* (pl -zalen) banqueting-hall

bankrekening (*bahngk*-rāy-ker-ning) *c* (pl ~en) bank account

bankroet (bahngk-*rōōt*) *adj* bankrupt

bar (bahr) *c* (pl ~s) bar; saloon

baret (baa-*reht*) *c* (pl ~ten) beret

bariton (*baa*-ree-ton) *c* (pl ~s) baritone

barjuffrouw (*bahr*-ʸer-frou) *c* (pl ~en) barmaid

barman (*bahr*-mahn) *c* (pl ~nen) bartender, barman

barmhartig (bahr-*mahr*-terkh) *adj* merciful

barnsteen (*bahrn*-stāyn) *nt* amber

barok (baa-*rok*) *adj* baroque

barometer (bah-rōā-*māy*-terr) *c* (pl ~s) barometer

barrière (bah-ree-*ʸai*-rer) *c* (pl ~s) barrier

barst (bahrst) *c* (pl ~en) crack

* **barsten** (*bahrs*-tern) *v* crack, *burst, *split; *get cracked

bas (bahss) *c* (pl ~sen) bass

baseren (baa-*zāy*-rern) *v* base

basiliek (baa-zee-*leek*) *c* (pl ~en) basilica

basis (*baa*-zerss) *c* (pl bases) basis; base

basiscrème (*baa*-zerss-kraim) *c* (pl ~s) foundation cream

bast (bahst) *c* (pl ~en) bark

bastaard (*bahss*-taart) *c* (pl ~en, ~s) bastard

baten (*baa*-tern) *v* *be of use

batterij (bah-ter-*ray*) *c* (pl ~en) battery

beambte (ber-*ahm*-ter) *c* (pl ~n) clerk

beantwoorden (ber-*ahnt*-vōar-dern) *v* answer

bebost (ber-*bost*) *adj* wooded

bebouwen (ber-*bou*-ern) *v* cultivate

bed (beht) *nt* (pl ~den) bed

bedaard (ber-*daart*) *adj* quiet

bedachtzaam (ber-*dahkht*-saam) *adj* cautious

bedanken (ber-*dahng*-kern) *v* thank

bedaren (ber-*daa*-rern) *v* calm down

beddegoed (*beh*-der-gōōt) *nt* bedding

bedeesd (ber-*dāyst*) *adj* timid

bedekken (ber-*deh*-kern) *v* cover

bedelaar (*bāy*-der-laar) *c* (pl ~s) beggar

bedelen (*bāy*-der-lern) *v* beg

* **bedelven** (ber-*dehl*-vern) *v* bury

* **bedenken** (ber-*dehng*-kern) *v* *think of

* **bederven** (ber-*dehr*-vern) *v* *spoil; mess up

bedevaart (*bāy*-der-vaart) *c* (pl ~en) pilgrimage

bediende (ber-*deen*-der) *c* (pl ~n, ~s) domestic, servant; valet; boy

bedienen (ber-*dee*-nern) *v* serve; wait on; attend on

bediening (ber-*dee*-ning) *c* service

bedieningsgeld (ber-*dee*-nings-khehlt) *nt* service charge

bedoelen (ber-*dōō*-lern) *v* *mean; intend

bedoeling (ber-*dōō*-ling) *c* (pl ~en) purpose, intention

bedrag (ber-*drahkh*) *nt* (pl ~en) amount

* **bedragen** (ber-*draa*-gern) *v* amount to

bedreigen (ber-*dray*-gern) *v* threaten

bedreiging (ber-*dray*-ging) *c* (pl ~en) threat

* **bedriegen** (ber-*dree*-gern) *v* deceive; cheat

bedrijf (ber-*drayf*) *nt* (pl bedrijven)

business, concern; plant; act

bedrijvig (ber-*dray*-verkh) *adj* active

bedroefd (ber-*drooft*) *adj* sad, sorry

bedroefdheid (ber-*droof*-hayt) *c* sadness; grief

bedrog (ber-*drokh*) *nt* deceit; fraud

beëindigen (ber-*ayn*-der-gern) *v* end, finish

beek (bayk) *c* (pl beken) brook, stream

beeld (baylt) *nt* (pl ~en) picture, image

beeldhouwer (*baylt*-hou-err) *c* (pl ~s) sculptor

beeldhouwwerk (*baylt*-hou-vehrk) *nt* (pl ~en) sculpture

beeldscherm (*baylt*-skhehrm) *nt* (pl ~en) screen

been¹ (bayn) *nt* (pl benen) leg

been² (bayn) *nt* (pl beenderen, benen) bone

beer (bayr) *c* (pl beren) bear

beest (bayst) *nt* (pl ~en) beast

beestachtig (*bayst*-ahkh-terkh) *adj* brutal

beet (bayt) *c* (pl beten) bite

beetje (*bay*-t'er) *nt* bit

***beetnemen** (*bayt*-nāy-mern) *v* kid

beetwortel (*bayt*-vor-terl) *c* (pl ~s, ~en) beetroot

befaamd (ber-*faamt*) *adj* noted

begaafd (ber-*gaaft*) *adj* gifted, talented

***begaan** (ber-*gaan*) *v* commit

begeerlijk (ber-*gāyr*-lerk) *adj* desirable

begeerte (ber-*gāyr*-ter) *c* (pl ~n) desire

begeleiden (ber-ger-*lay*-dern) *v* accompany; conduct

begeren (ber-*gāy*-rern) *v* desire

begin (ber-*gin*) *nt* start, beginning; **begin-** initial

beginneling (ber-*gi*-ner-ling) *c* (pl ~en) learner, beginner

***beginnen** (ber-*gi*-nern) *v* start, commence, *begin

beginner (ber-*gi*-nerr) *c* (pl ~s) learner

beginsel (ber-*gin*-serl) *nt* (pl ~en, ~s) principle

begraafplaats (ber-*graaf*-plaats) *c* (pl ~en) cemetery

begrafenis (ber-*graa*-fer-niss) *c* (pl ~sen) burial; funeral

***begraven** (ber-*graa*-vern) *v* bury

***begrijpen** (ber-*gray*-pern) *v* *understand; *see, *take; **begrijpend** sympathetic

begrip (ber-*grip*) *nt* (pl ~pen) notion; idea, conception; understanding

begroeid (ber-*grooee*t) *adj* overgrown

begroting (ber-*groa*-ting) *c* (pl ~en) budget

begunstigde (ber-*gern*-sterkh-der) *c* (pl ~n) payee

begunstigen (ber-*gern*-ster-gern) *v* favour

beha (bay-*haa*) *c* (pl ~'s) brassiere, bra

behalen (ber-*haa*-lern) *v* obtain

behalve (ber-*hahl*-ver) *prep* but, except; beyond, besides

behandelen (ber-*hahn*-der-lern) *v* treat, handle

behandeling (ber-*hahn*-der-ling) *c* (pl ~en) treatment

behang (ber-*hahng*) *nt* wallpaper

beheer (ber-*hāyr*) *nt* management; administration

beheersen (ber-*hāyr*-sern) *v* master

beheksen (ber-*hehk*-sern) *v* bewitch

zich *behelpen met (ber-*hehl*-pern) *make do with

behendig (ber-*hehn*-derkh) *adj* skilful

beheren (ber-*hāy*-rern) *v* manage

behoedzaam (ber-*hoot*-saam) *adj* wary

behoefte (ber-*hoof*-ter) *c* (pl ~n) need, want

behoeven (ber-*hōō*-vern) *v* need; **ten behoeve van** on behalf of

behoorlijk (ber-*hōar*-lerk) *adj* proper

behoren (ber-*hōa*-rern) *v* belong to; *ought

behoudend (ber-*hou*-dernt) *adj* conservative

beide (*bay*-der) *adj* both; either; **een van ~** either; **geen van ~** neither

beige (*bai*-zher) *adj* beige

beïnvloeden (ber-*ın*-vlōō-dern) *v* influence; affect

beitel (*bay*-terl) *c* (pl ~s) chisel

bejaard (ber-*Yaart*) *adj* aged; elderly

bek (behk) *c* (pl ~ken) mouth; beak

bekend (ber-*kehnt*) *adj* well-known

bekende (ber-*kehn*-der) *c* (pl ~n) acquaintance

bekendmaken (ber-*kehnt*-maa-kern) *v* announce

bekendmaking (ber-*kehnt*-maa-kıng) *c* (pl ~en) announcement

bekennen (ber-*keh*-nern) *v* admit, confess

bekentenis (ber-*kehn*-ter-nıss) *c* (pl ~sen) confession

beker (*bay*-kerr) *c* (pl ~s) mug; tumbler; cup

bekeren (ber-*kāy*-rern) *v* convert

*****bekijken** (ber-*kay*-kern) *v* regard, view

bekken (*beh*-kern) *nt* (pl ~s) basin; pelvis

beklagen (ber-*klaa*-gern) *v* pity

bekleden (ber-*klāy*-dern) *v* upholster

beklemmen (ber-*kleh*-mern) *v* oppress

*****beklimmen** (ber-*klı*-mern) *v* ascend

beklimming (ber-*klı*-mıng) *c* (pl ~en) ascent

beknopt (ber-*knopt*) *adj* concise; brief

zich bekommeren om (ber-*ko*-mer-rern) care about

bekoring (ber-*kōa*-rıng) *c* (pl ~en) attraction, charm

bekritiseren (ber-kree-tee-*zāy*-rern) *v* criticize

bekrompen (ber-*krom*-pern) *adj* narrow-minded

bekronen (ber-*krōa*-nern) *v* crown

bekwaam (ber-*kvaam*) *adj* able, capable; skilful

bekwaamheid (ber-*kvaam*-hayt) *c* (pl -heden) ability, faculty, capacity

bel (behl) *c* (pl ~len) bell; bubble

belachelijk (ber-*lah*-kher-lerk) *adj* ridiculous, ludicrous

belang (ber-*lahng*) *nt* (pl ~en) interest; importance; **van ~** *zijn matter

belangrijk (ber-*lahng*-rayk) *adj* important; capital

belangstellend (ber-lahng-*steh*-lernt) *adj* interested

belangstelling (ber-*lahng*-steh-lıng) *c* interest

belastbaar (ber-*lahst*-baar) *adj* dutiable

belasten (ber-*lahss*-tern) *v* charge; tax; **belast met** in charge of

belasting (ber-*lahss*-tıng) *c* (pl ~en) charge; tax; taxation

belastingvrij (ber-lahss-tıng-*vray*) *adj* duty-free; tax-free

beledigen (ber-*lāy*-der-gern) *v* insult; offend; **beledigend** offensive

belediging (ber-*lāy*-der-gıng) *c* (pl ~en) insult; offence

beleefd (ber-*lāyft*) *adj* polite; civil

belegering (ber-*lāy*-ger-rıng) *c* (pl ~en) siege

beleggen (ber-*leh*-gern) *v* invest

belegging (ber-*leh*-gıng) *c* (pl ~en) investment

beleid (ber-*layt*) *nt* policy

belemmeren (ber-*leh*-mer-rern) *v* impede

beletsel (ber-*leht*-serl) *nt* (pl ~s, ~en) impediment

beletten (ber-*leh*-tern) *v* prevent

beleven (ber-*lāy*-vern) *v* experience

Belg (behlkh) *c* (pl ~en) Belgian

België (*behl*-gee-^Yer) Belgium

Belgisch (*behl*-geess) *adj* Belgian

belichting (ber-*likh*-ting) *c* exposure

belichtingsmeter (ber-*likh*-tings-māy-terr) *c* (pl ~s) exposure meter

* **belijden** (ber-*lay*-dern) *v* confess

bellen (*beh*-lern) *v* *ring

belofte (ber-*lof*-ter) *c* (pl ~n) promise

belonen (ber-*lōā*-nern) *v* reward

beloning (ber-*lōā*-ning) *c* (pl ~en) reward; prize

beloven (ber-*lōā*-vern) *v* promise

bemachtigen (ber-*mahkh*-ter-gern) *v* secure

bemanning (ber-*mah*-ning) *c* (pl ~en) crew

bemerken (ber-*mehr*-kern) *v* notice; perceive

bemiddelaar (ber-*mi*-der-laar) *c* (pl ~s) mediator

bemiddeld (ber-*mi*-derlt) *adj* well-to-do

bemiddelen (ber-*mi*-der-lern) *v* mediate

bemind (ber-*mint*) *adj* beloved

zich bemoeien met (ber-*mōō*^{ee}-ern) interfere with

benadrukken (ber-*naa*-drer-kern) *v* emphasize, stress

benaming (ber-*naa*-ming) *c* (pl ~en) denomination

benauwd (ber-*nout*) *adj* stuffy

bende (*behn*-der) *c* (pl ~n, ~s) gang

beneden (ber-*nāy*-dern) *prep* under, below; *adv* underneath, beneath; below; downstairs; **naar ~** downwards, down; downstairs

benieuwd (ber-*nee*^{oo}t) *adj* curious

benijden (ber-*nay*-dern) *v* envy

benoemen (ber-*nōō*-mern) *v* nominate, appoint

benoeming (ber-*nōō*-ming) *c* (pl ~en) nomination, appointment

benutten (ber-*ner*-tern) *v* utilize

benzine (behn-*zee*-ner) *c* petrol; fuel; gasoline *nAm*, gas *nAm*

benzinepomp (behn-*zee*-ner-pomp) *c* (pl ~en) petrol pump; fuel pump *Am*; gas pump *Am*

benzinestation (behn-*zee*-ner-staa-shon) *nt* (pl ~s) service station, petrol station, filling station; gas station *Am*

benzinetank (behn-*zee*-ner-tehngk) *c* (pl ~s) petrol tank

beoefenen (ber-*ōō*-fer-nern) *v* practise

beogen (ber-*ōā*-gern) *v* aim at

beoordelen (ber-*ōār*-dāy-lern) *v* judge

beoordeling (ber-*ōār*-dāy-ling) *c* (pl ~en) judgment

bepaald (ber-*paalt*) *adj* definite; certain

bepalen (ber-*paa*-lern) *v* define, determine; stipulate

bepaling (ber-*paa*-ling) *c* (pl ~en) stipulation; definition

beperken (ber-*pehr*-kern) *v* limit

beperking (ber-*pehr*-king) *c* (pl ~en) restriction

beproeven (ber-*prōō*-vern) *v* attempt

beraad (ber-*raat*) *nt* deliberation

beraadslagen (ber-*raat*-slaa-gern) *v* deliberate

beramen (ber-*raa*-mern) *v* devise

bereid (ber-*rayt*) *adj* prepared, willing

bereiden (ber-*ray*-dern) *v* cook

bereidwillig (ber-rayt-*vi*-lerkh) *adj* co-operative

bereik (ber-*rayk*) *nt* reach; range

bereikbaar (ber-*rayk*-baar) *adj* attainable

bereiken (ber-*ray*-kern) *v* reach; achieve, accomplish, attain

berekenen (ber-*rāy*-ker-nern) *v* calculate; charge

berekening (ber-*rāy*-ker-nɪng) *c* (pl ~en) calculation

berg (behrkh) *c* (pl ~en) mountain; mount

bergachtig (*behrkh*-ahkh-terkh) *adj* mountainous

bergketen (*behrkh*-kāy-tern) *c* (pl ~s) mountain range

bergkloof (*behrkh*-klōāf) *c* (pl -kloven) glen

bergpas (*behrkh*-pahss) *c* (pl ~sen) mountain pass

bergplaats (*behrkh*-plaats) *c* (pl ~en) depository

bergrug (*behrkh*-rerg) *c* (pl ~gen) ridge

bergsport (*behrkh*-sport) *c* mountaineering

bericht (ber-*rɪkht*) *nt* (pl ~en) message; notice

berispen (ber-*rɪss*-pern) *v* reprimand, scold

berk (behrk) *c* (pl ~en) birch

beroemd (ber-*rōōmt*) *adj* famous

beroep (ber-*rōōp*) *nt* (pl ~en) profession; appeal; **beroeps-** professional

beroerd (ber-*rōōrt*) *adj* miserable

beroerte (ber-*rōōr*-ter) *c* (pl ~n, ~s) stroke

berouw (ber-*rou*) *nt* repentance

beroven (ber-*rōā*-vern) *v* rob

beroving (ber-*rōā*-vɪng) *c* (pl ~en) robbery

berucht (ber-*rerkht*) *adj* notorious

bes (behss) *c* (pl ~sen) berry; currant; **zwarte ~** black-currant

beschaafd (ber-*skhaaft*) *adj* civilized; cultured

beschaamd (ber-*skhaamt*) *adj* ashamed

beschadigen (ber-*skhaa*-der-gern) *v* damage

beschaving (ber-*skhaa*-vɪng) *c* (pl ~en) civilization; culture

bescheiden (ber-*skhay*-dern) *adj* modest

bescheidenheid (ber-*skhay*-dern-hayt) *c* modesty

beschermen (ber-*skhehr*-mern) *v* protect

bescherming (ber-*skhehr*-mɪng) *c* protection

beschikbaar (ber-*skhɪk*-baar) *adj* available

beschikken over (ber-*skhɪ*-kern) dispose of

beschikking (ber-*skhɪ*-kɪng) *c* disposal

beschimmeld (ber-*skhɪ*-merlt) *adj* mouldy

beschouwen (ber-*skhou*-ern) *v* consider; regard; reckon

***beschrijven** (ber-*skhray*-vern) *v* describe

beschrijving (ber-*skhray*-vɪng) *c* (pl ~en) description

beschuldigen (ber-*skherl*-der-gern) *v* accuse; blame

beschutten (ber-*skher*-tern) *v* shelter

beschutting (ber-*skher*-tɪng) *c* cover, shelter

beseffen (ber-*seh*-fern) *v* realize

beslag (ber-*slahkh*) *nt* batter; **beslag leggen op** impound, confiscate

beslissen (ber-*slɪ*-sern) *v* decide

beslissing (ber-*slɪ*-sɪng) *c* (pl ~en) decision

beslist (ber-*slɪst*) *adv* without fail

besluit (ber-*slur*^(ew)t) *nt* (pl ~en) decision

***besluiten** (ber-*slur*^(ew)-tern) *v* decide

besmettelijk (ber-*smeh*-ter-lerk) *adj* contagious, infectious

besmetten (ber-*smeh*-tern) *v* infect

besneeuwd (ber-*snāy*^(oo)t) *adj* snowy

bespelen (ber-*spāy*-lern) *v* play

bespottelijk (ber-*spo*-ter-lerk) *adj* ridiculous, ludicrous

bespotten (ber-*spo*-tern) v ridicule; mock

*bespreken (ber-*spray*-kern) v engage, reserve; discuss

bespreking (ber-*spray*-kıng) c (pl ~en) booking; review; discussion

best (behst) adj best

bestaan (ber-*staan*) nt existence

*bestaan (ber-*staan*) v exist; ~ **uit** consist of

bestanddeel (ber-*stahn*-dayl) nt (pl -delen) ingredient; element

besteden (ber-*stay*-dern) v *spend

bestek (ber-*stehk*) nt (pl ~ken) cutlery

bestelauto (ber-*stehl*-oa-toa) c (pl ~'s) van; delivery van, pick-up van

bestelformulier (ber-*stehl*-for-mew-leer) nt (pl ~en) order-form

bestellen (ber-*steh*-lern) v order

bestelling (ber-*steh*-lıng) c (pl ~en) order

bestemmen (ber-*steh*-mern) v destine

bestemming (ber-*steh*-mıng) c (pl ~en) destination

bestendig (ber-*stehn*-derkh) adj permanent

*bestijgen (ber-*stay*-gern) v mount

bestraten (ber-*straa*-tern) v pave

*bestrijden (ber-*stray*-dern) v combat

besturen (ber-*stew*-rern) v *drive

bestuur (ber-*stewr*) nt (pl besturen) direction; board; rule

bestuurlijk (ber-*stewr*-lerk) adj administrative

bestuursrecht (ber-*stewrs*-rehkht) nt administrative law

betalen (ber-*taa*-lern) v *pay

betaling (ber-*taa*-lıng) c (pl ~en) payment

betasten (ber-*tahss*-tern) v *feel

betekenen (ber-*tay*-ker-nern) v *mean

betekenis (ber-*tay*-ker-nıss) c (pl ~sen) meaning; sense

beter (*bay*-terr) adj better; superior

beteugelen (ber-*tur*-ger-lern) v curb

betogen (ber-*toa*-gern) v demonstrate

betoging (ber-*toa*-gıng) c (pl ~en) demonstration

beton (ber-*ton*) nt concrete

betoveren (ber-*toa*-ver-rern) v bewitch; **betoverend** enchanting, glamorous

betovering (ber-*toa*-ver-rıng) c (pl ~en) spell

betrappen (ber-*trah*-pern) v *catch

*betreden (ber-*tray*-dern) v enter

*betreffen (ber-*treh*-fern) v concern; affect, touch; **wat betreft** as regards

betreffende (ber-*treh*-fern-der) prep as regards, regarding, about, concerning

betrekkelijk (ber-*treh*-ker-lerk) adj relative

*betrekken (ber-*treh*-kern) v implicate, *get involved; obtain

betrekking (ber-*treh*-kıng) c (pl ~en) post, position, job; reference; **met** ~ **tot** regarding, with reference to

betreuren (ber-*trur*-rern) v regret

betrokken (ber-*tro*-kern) adj cloudy, overcast; concerned, involved

betrouwbaar (ber-*trou*-baar) adj trustworthy, reliable

betuigen (ber-*tur*ᵉʷ-gern) v express

betwijfelen (ber-*tvay*-fer-lern) v doubt, query

betwisten (ber-*tvıss*-tern) v dispute

beu (bur) adj tired of, fed up with

beuk (burk) c (pl ~en) beech

beul (burl) c (pl ~en) executioner

beurs (burrs) c (pl beurzen) purse; stock exchange; fair; grant

beurt (burrt) c (pl ~en) turn

bevaarbaar (ber-*vaar*-baar) adj navigable

*bevallen (ber-*vah*-lern) v please

bevallig (ber-*vah*-lerkh) *adj* graceful

bevalling (ber-*vah*-ling) *c* (pl ~en) delivery, childbirth

*bevaren (ber-*vaa*-rern) *v* sail

bevatten (ber-*vah*-tern) *v* contain; include

bevel (ber-*vehl*) *nt* (pl ~en) command, order

*bevelen (ber-*vāy*-lern) *v* command, order

bevelhebber (ber-*vehl*-heh-berr) *c* (pl ~s) commander

beven (*bāy*-vern) *v* tremble

bever (*bāy*-verr) *c* (pl ~s) beaver

bevestigen (ber-*vehss*-ter-gern) *v* acknowledge, confirm; fasten; **bevestigend** affirmative

bevestiging (ber-*vehss*-ter-ging) *c* (pl ~en) confirmation

zich *bevinden (ber-*vin*-dern) *be

bevlieging (ber-*vlee*-ging) *c* (pl ~en) whim

bevochtigen (ber-*vokh*-ter-gern) *v* damp, moisten

bevoegd (ber-*vookht*) *adj* qualified

bevoegdheid (ber-*vookht*-hayt) *c* (pl -heden) qualification

bevolking (ber-*vol*-king) *c* population

bevoorrechten (ber-*vōā*-raykh-tern) *v* favour

bevorderen (ber-*vor*-der-rern) *v* promote

bevredigen (ber-*vrāy*-der-gern) *v* satisfy

bevrediging (ber-*vrāy*-der-ging) *c* (pl ~en) satisfaction

*bevriezen (ber-*vree*-zern) *v* *freeze

bevrijding (ber-*vray*-ding) *c* liberation

bevuild (ber-*vur*ᵉʷ/lt) *adj* soiled

bewaken (ber-*vaa*-kern) *v* guard

bewaker (ber-*vaa*-kerr) *c* (pl ~s) guard; warden

bewapenen (ber-*vaa*-per-nern) *v* arm

bewaren (ber-*vaa*-rern) *v* *hold; preserve; *keep

bewaring (ber-*vaa*-ring) *c* preservation

beweeglijk (ber-*vāykh*-lerk) *adj* mobile

beweegreden (ber-*vāykh*-rāy-dern) *c* (pl ~en) cause

*bewegen (ber-*vāy*-gern) *v* move; stir

beweging (ber-*vāy*-ging) *c* (pl ~en) movement; motion

beweren (ber-*vāy*-rern) *v* claim

bewijs (ber-*vayss*) *nt* (pl bewijzen) proof, evidence; token; voucher

*bewijzen (ber-*vay*-zern) *v* prove

bewind (ber-*vint*) *nt* rule, government

bewolking (ber-*vol*-king) *c* clouds

bewolkt (ber-*volkt*) *adj* cloudy

bewonderen (ber-*von*-der-rern) *v* admire

bewondering (ber-*von*-der-ring) *c* admiration

bewonen (ber-*vōā*-nern) *v* inhabit

bewoner (ber-*vōā*-nerr) *c* (pl ~s) inhabitant; occupant

bewoonbaar (ber-*vōān*-baar) *adj* habitable, inhabitable

bewust (ber-*verst*) *adj* conscious, aware

bewusteloos (ber-*verss*-ter-lōass) *adj* unconscious

bewustzijn (ber-*verst*-sayn) *nt* consciousness

bezem (*bāy*-zerm) *c* (pl ~s) broom

bezeren (ber-*zāy*-rern) *v* *hurt

bezet (ber-*zeht*) *adj* engaged, occupied

bezetten (ber-*zeh*-tern) *v* occupy

bezetting (ber-*zeh*-ting) *c* (pl ~en) occupation

bezielen (ber-*zee*-lern) *v* inspire

bezienswaardigheid (ber-zeen-*svaar*-derkh-hayt) *c* (pl -heden) sight

bezig (*bāy*-zerkh) *adj* engaged, busy

zich *bezighouden met (*bāy*-zerkh-hou-dern) attend to

bezinksel (ber-*zingk*-serl) *nt* (pl ~s) deposit

bezit (ber-*zɪt*) *nt* property; possession
***bezitten** (ber-*zɪ*-tern) *v* possess, own
bezitter (ber-*zɪ*-terr) *c* (pl ~s) owner
bezittingen (ber-*zɪ*-tɪng-ern) *pl* belongings *pl*
bezoek (ber-*zōōk*) *nt* (pl ~en) call, visit
***bezoeken** (ber-*zōō*-kern) *v* visit; call on
bezoeker (ber-*zōō*-kerr) *c* (pl ~s) visitor
bezoekuren (ber-*zōōk*-ēw-rern) *pl* visiting hours
bezonnen (ber-*zo*-nern) *adj* sober
bezorgd (ber-*zorkht*) *adj* anxious, concerned
bezorgdheid (ber-*zorkht*-hayt) *c* worry, anxiety
bezorgen (ber-*zor*-gern) *v* deliver; supply
bezorging (ber-*zor*-gɪng) *c* delivery
bezwaar (ber-*zvaar*) *nt* (pl bezwaren) objection; ~ ***hebben tegen** object to; mind
***bezwijken** (ber-*zvay*-kern) *v* collapse; succumb
bibberen (*bɪ*-ber-rern) *v* shiver
bibliotheek (bee-blee-*Yōā*-*tāyk*) *c* (pl -theken) library
***bidden** (*bɪ*-dern) *v* pray
biecht (beekht) *c* (pl ~en) confession
biechten (*beekh*-tern) *v* confess
***bieden** (*bee*-dern) *v* offer
biefstuk (*beef*-sterk) *c* (pl ~ken) steak
bier (beer) *nt* (pl ~en) beer; ale
bies (beess) *c* (pl biezen) rush
bieslook (*beess*-lōāk) *nt* chives *pl*
biet (beet) *c* (pl ~en) beet
big (bɪkh) *c* (pl ~gen) piglet
bij[1] (bay) *prep* near, at, with, by; to
bij[2] (bay) *c* (pl ~en) bee
bijbel (*bay*-berl) *c* (pl ~s) bible
bijbetekenis (*bay*-ber-*tāy*-ker-nɪss) *c* (pl ~sen) connotation

bijdrage (*bay*-draa-ger) *c* (pl ~n) contribution
bijeen (bay-*āyn*) *adv* together
***bijeenbrengen** (bay-*āyn*-breh-ngern) *v* assemble
***bijeenkomen** (bay-*āyng*-kōā-mern) *v* gather
bijeenkomst (bay-*āyng*-komst) *c* (pl ~en) meeting; rally; assembly, congress
bijenkorf (*bay*-er-korf) *c* (pl -korven) beehive
bijgebouw (*bay*-ger-bou) *nt* (pl ~en) annex
bijgeloof (*bay*-ger-lōāf) *nt* superstition
bijgevolg (bay-ger-*volkh*) *adv* consequently
***bijhouden** (*bay*-hou-dern) *v* *keep up with
bijknippen (*bay*-knɪ-pern) *v* trim
bijkomend (*bay*-kōā-mernt) *adj* additional
bijkomstig (bay-*kom*-sterkh) *adj* additional; subordinate
bijl (bayl) *c* (pl ~en) axe
bijlage (*bay*-laa-ger) *c* (pl ~n) annex; enclosure
bijna (*bay*-naa) *adv* nearly, almost
bijnaam (*bay*-naam) *c* (pl -namen) nickname
bijouterie (bee-zhōō-ter-*ree*) *c* jewellery
***bijsluiten** (*bay*-slur^ew-tern) *v* enclose
***bijstaan** (*bay*-staan) *v* assist, aid
bijstand (*bay*-stahnt) *c* assistance
***bijten** (*bay*-tern) *v* *bite
bijvoegen (*bay*-vōō-gern) *v* attach
bijvoeglijk naamwoord (bay-*vōōkh*-lerk *naam*-vōārt) adjective
bijvoorbeeld (ber-*vōār*-bāylt) *adv* for instance, for example
bijwonen (*bay*-vōā-nern) *v* assist at, attend
bijwoord (*bay*-vōārt) *nt* (pl ~en) ad-

verb

bijziend (bay-*zeent*) adj short-sighted

bijzonder (bee-*zon*-derr) adj special, particular; peculiar; **in het ~** in particular, specially

bijzonderheid (bee-*zon*-derr-hayt) c (pl -heden) detail

bil (bıl) c (pl ~len) buttock

biljart (bıl-*Yahrt*) nt billiards pl

billijk (*bı*-lerk) adj right, fair, reasonable

*****binden** (*bın*-dern) v *bind; tie

binnen (*bı*-nern) prep within, inside; adv inside, indoors; in; indoor; **naar ~** inwards; **van ~** within, inside

binnenband (*bı*-ner-bahnt) c (pl ~en) inner tube

*****binnengaan** (*bı*-ner-gaan) v enter, *go in

binnenkant (*bı*-ner-kahnt) c interior, inside

*****binnenkomen** (*bı*-nern-*kōā*-mern) v enter

binnenkomst (*bı*-ner-komst) c entrance

binnenkort (bı-ner-*kort*) adv shortly

binnenlands (*bı*-ner-lahnts) adj domestic

binnenst (*bı*-nerst) adj inside; **binnenste buiten** adv inside out

*****binnenvallen** (*bı*-ner-vah-lern) v invade

biologie (bee-*Yōā*-lōā-*gee*) c biology

bioscoop (bee-*Yoss*-*kōāp*) c (pl -scopen) cinema; pictures; movie theater Am, movies Am

biscuit (bıss-*kvee*) nt (pl ~s) cookie nAm

bisschop (*bıss*-khop) c (pl ~pen) bishop

bitter (*bı*-terr) adj bitter

blaar (blaar) c (pl blaren) blister

blaas (blaass) c (pl blazen) bladder;

blister

blaasontsteking (*blaass*-ont-*stāy*-kıng) c (pl ~en) cystitis

blad[1] (blaht) nt (pl ~eren, blaren) leaf

blad[2] (blaht) nt (pl ~en) sheet; magazine

bladgoud (*blaht*-khout) nt gold leaf

bladzijde (*blaht*-say-der) c (pl ~n) page

blaffen (*blah*-fern) v bark; bay

blanco (*blahng*-kōā) adj blank

blank (blahngk) adj white

blankvoren (*blahngk*-fōā-rern) c (pl ~s) roach

blauw (blou) adj blue

*****blazen** (*blaa*-zern) v *blow

blazer (*blāy*-zerr) c (pl ~s) blazer

bleek (blāyk) adj pale

bleken (*blāy*-kern) v bleach

blessure (bleh-*sēw*-rer) c (pl ~s) injury

blij (blay) adj glad; happy, joyful

blijkbaar (*blayk*-baar) adv apparently

*****blijken** (*blay*-kern) v prove; appear

blijspel (*blay*-spehl) nt (pl ~en) comedy

*****blijven** (*blay*-vern) v stay, remain; *keep; **blijvend** lasting; permanent

blik (blık) nt (pl ~ken) tin, can; c look; glimpse, glance; **een ~** *werpen glance

blikopener (*blık*-ōā-per-nerr) c (pl ~s) tin-opener, can opener

bliksem (*blık*-serm) c lightning

blind[1] (blınt) nt (pl ~en) shutter

blind[2] (blınt) adj blind

blindedarm (blın-der-*dahrm*) c (pl ~en) appendix

blindedarmontsteking (blın-der-*dahrm*-ont-*stāy*-kıng) c (pl ~en) appendicitis

*****blinken** (*blıng*-kern) v *shine; **blinkend** bright

blocnote (*blok*-nōāt) c (pl ~s) writing-pad

bloed (bloot) *nt* blood

bloedarmoede (*bloot*-ahr-moo-der) *c* anaemia

bloeddruk (*bloo*-drerk) *c* blood pressure

bloeden (*bloo*-dern) *v* *bleed

bloeding (*bloo*-ding) *c* (pl ~en) haemorrhage

bloedsomloop (*bloot*-som-loap) *c* circulation

bloedvat (*bloot*-faht) *nt* (pl ~en) blood-vessel

bloedvergiftiging (*bloot*-ferr-gif-ter-ging) *c* blood-poisoning

bloem[1] (bloom) *c* flour

bloem[2] (bloom) *c* (pl ~en) flower

bloemblad (*bloom*-blaht) *nt* (pl ~en) petal

bloembol (*bloom*-bol) *c* (pl ~len) bulb

bloemenwinkel (*bloo*-mer-ving-kerl) *c* (pl ~s) flower-shop

bloemist (bloo-*mist*) *c* (pl ~en) florist

bloemkool (*bloom*-koal) *c* (pl -kolen) cauliflower

bloemlezing (*bloom*-lay-zing) *c* (pl ~en) anthology

bloemperk (*bloom*-pehrk) *nt* (pl ~en) flowerbed

blok (blok) *nt* (pl ~ken) block; **blokje** *nt* cube

blokkeren (blo-*kay*-rern) *v* block

blond (blont) *adj* fair

blondine (blon-*dee*-ner) *c* (pl ~s) blonde

bloot (bloat) *adj* bare; naked

blootleggen (*bloat*-leh-gern) *v* uncover

blootstelling (*bloat*-steh-ling) *c* (pl ~en) exposure

blouse (*bloo*-zer) *c* (pl ~s) blouse

blozen (*bloa*-zern) *v* blush

blussen (*bler*-sern) *v* extinguish

bocht (bokht) *c* (pl ~en) turning, bend; curve, turn

bode (*boa*-der) *c* (pl ~n, ~s) messenger

bodem (*boa*-derm) *c* (pl ~s) bottom; ground; soil

boef (boof) *c* (pl boeven) villain

boei (boo^ee^) *c* (pl ~en) buoy

boeien (*boo^ee^*-ern) *v* fascinate

boek (book) *nt* (pl ~en) book

boeken (*boo*-kern) *v* book

boekenstalletje (*boo*-ker-stah-ler-t^Y^er) *nt* (pl ~s) bookstand

boeket (boo-*keht*) *nt* (pl ~ten) bouquet

boekhandel (*book*-hahn-derl) *c* (pl ~s) bookstore

boekhandelaar (*book*-hahn-der-laar) *c* (pl -laren) bookseller

boekwinkel (*book*-ving-kerl) *c* (pl ~s) bookstore

boel (bool) *c* lot

boer (boor) *c* (pl ~en) farmer; peasant; knave

boerderij (boor-der-*ray*) *c* (pl ~en) farm; farmhouse

boerin (boo-*rin*) *c* (pl ~nen) farmer's wife

boete (*boo*-ter) *c* (pl ~n, ~s) penalty, fine

boetseren (boot-*say*-rern) *v* model

bof (bof) *c* mumps

bok (bok) *c* (pl ~ken) goat

boksen (*bok*-sern) *v* box

bokswedstrijd (*boks*-veht-strayt) *c* (pl ~en) boxing match

bol (bol) *c* (pl ~len) bulb; sphere

Boliviaan (boa-lee-vee-*Y*aan) *c* (pl -vianen) Bolivian

Boliviaans (boa-lee-vee-*Y*aans) *adj* Bolivian

Bolivië (boa-*lee*-vee-*Y*er) Bolivia

bom (bom) *c* (pl ~men) bomb

bombarderen (bom-bahr-*day*-rern) *v* bomb

bon (bon) *c* (pl ~nen) coupon; ticket; voucher

bonbon (bom-*bon*) c (pl ~s) chocolate

bond (bont) c (pl ~en) league, federation

bondgenoot (*bont*-kher-nōāt) c (pl -noten) associate

bondgenootschap (*bont*-kher-nōāt-skhahp) nt (pl ~pen) alliance

bons (bons) c (pl bonzen) bump

bont (bont) adj gay, colourful; nt furs

bontjas (*bon*-tⁱahss) c (pl ~sen) fur coat

bontwerker (*bon*-tvehr-kerr) c (pl ~s) furrier

bonzen (*bon*-zern) v bump

boodschap (*bōāt*-skhahp) c (pl ~pen) errand; message

boodschappentas (*bōāt*-skhah-per-tahss) c (pl ~sen) shopping bag

boog (bōākh) c (pl bogen) arch; bow

boogvormig (*bōākh*-for-merkh) adj arched

boom (bōām) c (pl bomen) tree

boomgaard (*bōām*-gaart) c (pl ~en) orchard

boomkwekerij (bōām-kvāy-ker-*ray*) c (pl ~en) nursery

boon (bōān) c (pl bonen) bean

boor (bōār) c (pl boren) drill

boord (bōārt) nt/c (pl ~en) collar; **aan boord** aboard; **van boord *gaan** disembark

boordeknoopje (*bōār*-der-knōā-pⁱer) nt (pl ~s) collar stud

boos (bōāss) adj cross

boosaardig (bōā-*zaar*-derkh) adj malicious, vicious

boosheid (*bōāss*-hayt) c anger, temper

boot (bōāt) c (pl boten) boat

bootje (*bōā*-tⁱer) nt (pl ~s) dinghy

boottocht (*bōā*-tokht) c (pl ~en) cruise

bord (bort) nt (pl ~en) dish, plate; board

bordeel (bor-*dāyl*) nt (pl -delen) brothel

borduren (bor-*dēw*-rern) v embroider

borduurwerk (bor-*dēwr*-vehrk) nt (pl ~en) embroidery

boren (*bōā*-rern) v drill, bore

borg (borkh) c (pl ~en) guarantor

borgsom (*borkh*-som) c (pl ~men) bail

borrel (*boa*-rerl) c (pl ~s) drink

borrelhapje (*bo*-rerl-hahp-ⁱer) nt (pl ~s) appetizer

borst (borst) c (pl ~en) chest; breast, bosom

borstel (*bor*-sterl) c (pl ~s) brush

borstelen (*bor*-ster-lern) v brush

borstkas (*borst*-kahss) c (pl ~sen) chest

bos (boss) nt (pl ~sen) forest, wood; c bunch

bosje (*bo*-sher) nt (pl ~s) grove

boswachter (*boss*-vahkh-terr) c (pl ~s) forester

bot¹ (bot) adj dull, blunt

bot² (bot) nt (pl ~ten) bone

boter (*bōā*-terr) c butter

boterham (*bōā*-terr-hahm) c (pl ~men) sandwich

botsen (*bot*-sern) v bump; collide, crash

botsing (*bot*-sing) c (pl ~en) collision, crash

bougie (bōō-*zhee*) c (pl ~s) sparking-plug

bout (bout) c (pl ~en) bolt

boutique (bōō-*teek*) c (pl ~s) boutique

bouw (bou) c construction

bouwen (*bou*-ern) v *build; construct

bouwkunde (*bou*-kern-der) c architecture

bouwvallig (bou-*vah*-lerkh) adj dilapidated

boven (*bōā*-vern) prep above, over;

adv above; upstairs; **naar** ~ upwards, up; upstairs
bovendek (*bōā*-vern-dehk) *nt* main deck
bovendien (*bōā*-vern-*deen*) *adv* furthermore, moreover, besides
bovenkant (*bōā*-verng-kahnt) *c* (pl ~en) top side, top
bovenop (bōā-vern-*op*) *prep* on top of
bovenst (*bōā*-verst) *adj* upper, top
braaf (braaf) *adj* good
braak (braak) *adj* waste
braam (braam) *c* (pl bramen) blackberry
*braden (*braa*-dern) *v* fry; roast
braken (*braa*-kern) *v* vomit
brand (brahnt) *c* (pl ~en) fire
brandalarm (*brahnt*-aa-lahrm) *nt* fire-alarm
brandblusapparaat (*brahnt*-blerss-ah-paa-raat) *nt* (pl -raten) fire-extinguisher
branden (*brahn*-dern) *v* *burn
brandkast (*brahnt*-kahst) *c* (pl ~en) safe
brandmerk (*brahnt*-mehrk) *nt* (pl ~en) brand
brandpunt (*brahnt*-pernt) *nt* (pl ~en) focus
brandspiritus (*brahnt*-spee-ree-terss) *c* methylated spirits
brandstof (*brahnt*-stof) *c* (pl ~fen) fuel
brandtrap (*brahn*-trahp) *c* (pl ~pen) fire-escape
brandvrij (*brahnt*-fray) *adj* fireproof
brandweer (*brahn*-tvayr) *c* fire-brigade
brandwond (*brahn*-tvont) *c* (pl ~en) burn
brasem (*braa*-serm) *c* (pl ~s) bream
Braziliaan (braa-zee-lee-*yaan*) *c* (pl -lianen) Brazilian
Braziliaans (braa-zee-lee-*yaans*) *adj*

Brazilian
Brazilië (braa-*zee*-lee-*yer*) Brazil
breed (brayt) *adj* broad, wide
breedte (*bray*-ter) *c* (pl ~n, ~s) breadth, width
breedtegraad (*bray*-ter-graat) *c* (pl -graden) latitude
breekbaar (*brayk*-baar) *adj* fragile
breekijzer (*bray*-kay-zerr) *nt* (pl ~s) crowbar
breien (bray-ern) *v* *knit
*breken (*bray*-kern) *v* *break; *burst, crack; fracture
*brengen (*breh*-ngern) *v* *bring; *take
bres (brehss) *c* (pl ~sen) gap, breach
bretels (brer-*tehls*) *pl* braces *pl*; suspenders *plAm*
breuk (brurk) *c* (pl ~en) break; fracture; hernia
brief (breef) *c* (pl brieven) letter; **aangetekende** ~ registered letter
briefkaart (*breef*-kaart) *c* (pl ~en) card, postcard
briefopener (*breef*-ōā-per-nerr) *c* (pl ~s) paper-knife
briefpapier (*breef*-paa-peer) *nt* notepaper
briefwisseling (*breef*-vi-ser-ling) *c* correspondence
bries (breess) *c* breeze
brievenbus (*bree*-ver-berss) *c* (pl ~sen) letter-box, pillar-box; mailbox *nAm*
bril (bril) *c* (pl ~len) spectacles, glasses
briljant (bril-*yahnt*) *adj* brilliant
Brit (brit) *c* (pl ~ten) Briton
Brits (brits) *adj* British
broche (bro-sher) *c* (pl ~s) brooch
brochure (bro-*shew*-rer) *c* (pl ~s) brochure
broeder (*brōō*-derr) *c* (pl ~s) brother
broederschap (*brōō*-derr-skhahp) *c*

fraternity

broeikas (*broo͞ee*-kahss) *c* (pl ~sen) greenhouse

broek (broo͞k) *c* (pl ~en) trousers *pl*, slacks *pl*; pants *plAm*; **korte ~** shorts *pl*

broekpak (*broo͞k*-pahk) *nt* (pl ~ken) pant-suit

broer (broo͞r) *c* (pl ~s) brother

brok (brok) *nt* (pl ~ken) morsel; lump

bromfiets (*brom*-feets) *c* (pl ~en) moped

brommer (*bro*-merr) *c* (pl ~s) motorbike *nAm*

bron (bron) *c* (pl ~nen) well; fountain, source, spring; **geneeskrachtige ~** spa

bronchitis (brong-*khee*-terss) *c* bronchitis

brons (brons) *nt* bronze

bronzen (*bron*-zern) *adj* bronze

brood (broāt) *nt* (pl broden) bread; loaf

broodje (*broā*-t^{Yer}) *nt* (pl ~s) roll, bun

broos (broās) *adj* fragile

brouwen (*brou*-ern) *v* brew

brouwerij (brou-er-*ray*) *c* (pl ~en) brewery

brug (brerkh) *c* (pl ~gen) bridge

bruid (brur^{ew}t) *c* (pl ~en) bride

bruidegom (*brur^{ew}*-der-gom) *c* (pl ~s) bridegroom

bruikbaar (*brur^{ew}k*-baar) *adj* usable; useful

bruiloft (*brur^{ew}*-loft) *c* (pl ~en) wedding

bruin (brur^{ew}n) *adj* brown

brullen (*brer*-lern) *v* roar

brunette (brew-*neh*-ter) *c* (pl ~s) brunette

brutaal (brew-*taal*) *adj* bold, impertinent, insolent

bruto (*broo͞*-toā) *adj* gross

budget (ber-*jeht*) *nt* (pl ~ten, ~s) budget

buffet (bew-*feht*) *nt* (pl ~ten) buffet

bui (bur^{ew}) *c* (pl ~en) shower; spirit

buidel (*bur^{ew}*-derl) *c* (pl ~s) pouch

buigbaar (*bur^{ew}kh*-baar) *adj* flexible

***buigen** (*bur^{ew}*-gern) *v* *bend; bow

buigzaam (*bur^{ew}kh*-saam) *adj* supple

buik (bur^{ew}k) *c* (pl ~en) belly

buikpijn (*bur^{ew}k*-payn) *c* stomachache

buis (bur^{ew}ss) *c* (pl buizen) tube

buiten (*bur^{ew}*-tern) *prep* outside, out of; *adv* out; outside, outdoors; **naar ~** outwards

buitengewoon (*bur^{ew}*-ter-ger-voān) *adj* extraordinary, exceptional

buitenhuis (*bur^{ew}*-ter-hur^{ew}ss) *nt* (pl -huizen) cottage

buitenkant (*bur^{ew}*-ter-kahnt) *c* (pl ~en) outside, exterior

in het buitenland (in ert *bur^{ew}*-tern-lahnt) abroad

buitenlander (*bur^{ew}*-ter-lahn-derr) *c* (pl ~s) alien, foreigner

buitenlands (*bur^{ew}*-ter-lahnts) *adj* alien, foreign

buitensporig (bur^{ew}-ter-*spoā*-rerkh) *adj* excessive

buitenwijk (*bur^{ew}*-ter-vayk) *c* (pl ~en) suburb; outskirts *pl*

zich bukken (ber-kern) *bend down

Bulgaar (berl-*gaar*) *c* (pl -garen) Bulgarian

Bulgaars (berl-*gaars*) *adj* Bulgarian

Bulgarije (berl-gaa-*ray*-er) Bulgaria

bult (berlt) *c* (pl ~en) lump

bumper (*berm*-perr) *c* (pl ~s) bumper, fender

bundel (*bern*-derl) *c* (pl ~s) bundle

bundelen (*bern*-der-lern) *v* bundle

burcht (berrkht) *c* (pl ~en) stronghold

bureau (bew-*roā*) *nt* (pl ~s) agency, office; bureau, desk; **~ voor ge-**

vonden voorwerpen lost property office

bureaucratie (bew-rōā-kraa-*tsee*) c bureaucracy

burgemeester (berr-ger-*māy̆ss*-terr) c (pl ~s) mayor

burger (*berr*-gerr) c (pl ~s) citizen; civilian; **burger-** civilian, civic

burgerlijk (*berr*-gerr-lerk) adj bourgeois, middle-class; ~ **recht** civil law

bus (berss) c (pl ~sen) coach, bus; tin, canister

buste (*bew̆*-ster) c (pl ~s, ~n) bust

bustehouder (*bew̆*-ster-hou-derr) c (pl ~s) brassiere, bra

buur (bew̆r) c (pl buren) neighbour

buurman (*bew̆r*-mahn) c neighbour

buurt (bew̆rt) c (pl ~en) neighbourhood, vicinity

C

cabaret (kaa-baa-*reht*) nt (pl ~s) cabaret

cabine (kaa-*bee*-ner) c (pl ~s) cabin

cadeau (kaa-*dōā*) nt (pl ~s) gift, present

café (kah-*fáy̆*) nt (pl ~s) café; public house, pub

cafetaria (kah-fer-*taa*-ree-Ύaa) c (pl ~'s) cafeteria

caissière (kah-*shai*-rer) c (pl ~s) cashier

cake (kāy̆k) c (pl ~s) cake

calcium (*kahl*-see-Ύerm) nt calcium

calorie (kah-lōā-*ree*) c (pl ~ën) calorie

calvinisme (kahl-vee-*niss*-mer) nt Calvinism

camee (kaa-*máy̆*) c (pl ~ën) cameo

campagne (kahm-*pah*-ñer) c (pl ~s) campaign

camping (*kehm*-pıng) c (pl ~s) camping site, camping

Canada (*kaa*-naa-daa) Canada

Canadees (kaa-naa-*dáy̆ss*) adj Canadian

capabel (kaa-*paa*-berl) adj able

capaciteit (kaa-paa-see-*tayt*) c (pl ~en) capacity

cape (kāy̆p) c (pl ~s) cape

capitulatie (kah-pee-tew̆-*laa*-tsee) c (pl ~s) capitulation

capsule (kahp-*sew̆*-ler) c (pl ~s) capsule

caravan (*keh*-rer-vern) c (pl ~s) caravan

carbonpapier (kahr-*bon*-paa-peer) nt carbon paper

carburateur (kahr-bew̆-raa-*tūrr*) c (pl ~s) carburettor

carillon (kaa-rıl-Ύon) nt (pl ~s) chimes pl

carnaval (*kahr*-naa-vahl) nt carnival

carrière (kah-ree-Ύai-rer) c (pl ~s) career

carrosserie (kah-ro-ser-*ree*) c (pl ~ën) coachwork; motor body Am

carter (*kahr*-terr) nt crankcase

casino (kaa-*zee*-nōā) nt (pl ~'s) casino

catacombe (kah-tah-*kom*-ber) c (pl ~n) catacomb

catalogus (kah-*taa*-lōā-gerss) c (pl -gussen, -gi) catalogue

catarre (kaa-*tahr*) c catarrh

catastrofe (kaa-taa-*straw*-fer) c (pl ~s) catastrophe, disaster

categorie (kaa-ter-gōā-*ree*) c (pl ~ën) category

cavia (*kaa*-vee-Ύaa) c (pl ~'s) guinea-pig

cel (sehl) c (pl ~len) cell

celibaat (sāy̆-lee-*baat*) nt celibacy

cellofaan (seh-loa-*faan*) nt cellophane

celsius (*sehl*-see-Ύerss) centigrade

cement (ser-*mehnt*) nt cement

censuur (sehn-*zēwr*) c censorship

centimeter (*sehn*-tee-*māy*-terr) c (pl ~s) centimetre; tape-measure

centraal (sehn-*traal*) adj central; ~ **station** central station; **centrale verwarming** central heating

centraliseren (sehn-traa-lee-*zāy*-rern) v centralize

centrifuge (sehn-tree-*fēw*-zher) c (pl ~s) dryer

centrum (*sehn*-trerm) nt (pl centra) centre

ceramiek (sāy-raa-*meek*) c ceramics pl

ceremonie (sāy-rer-*mōā*-nee) c (pl -niën, -nies) ceremony

certificaat (sehr-tee-fee-*kaat*) nt (pl -caten) certificate

chalet (shaa-*leht*) nt (pl ~s) chalet

champagne (shahm-*pah*-ñer) c (pl ~s) champagne

champignon (shahm-pee-*ñon*) c (pl ~s) mushroom

chantage (shahn-*taa*-zher) c blackmail

chanteren (shahn-*tāy*-rern) v blackmail

chaos (*khaa*-oss) c chaos

chaotisch (khaa-*ōā*-teess) adj chaotic

charlatan (*shahr*-laa-tahn) c (pl ~s) quack

charmant (shahr-*mahnt*) adj charming

charme (*shahr*-mer) c (pl ~s) charm; glamour

chartervlucht (*chahr*-terr-vlerkht) c (pl ~en) charter flight

chassis (shah-*see*) nt (pl ~) chassis

chauffeur (shōā-*fūrr*) c (pl ~s) driver, chauffeur

chef (shehf) c (pl ~s) boss, manager, chief

chef-kok (shehf-*kok*) c (pl ~s) chef

chemie (khāy-*mee*) c chemistry

chemisch (*khāy*-meess) adj chemical

cheque (shehk) c (pl ~s) cheque; check nAm

chequeboekje (shehk-bōō-k^yer) nt (pl ~s) cheque-book; check-book nAm

chic (sheek) adj smart

Chileen (shee-*lāyn*) c (pl -lenen) Chilean

Chileens (shee-*lāyns*) adj Chilean

Chili (*shee*-lee) Chile

China (*shee*-naa) China

Chinees (shee-*nāyss*) adj Chinese

chirurg (shee-*rerrkh*) c (pl ~en) surgeon

chloor (khlōar) nt chlorine

chocola (shōā-kōā-*laa*) c chocolate

chocolademelk (shōā-kōā-*laa*-der-mehlk) c chocolate

christelijk (*kriss*-ter-lerk) adj Christian

christen (*kriss*-tern) c (pl ~en) Christian

Christus (*kriss*-terss) Christ

chronisch (*khrōā*-neess) adj chronic

chronologisch (khrōa-nōā-*lōā*-geess) adj chronological

chroom (khrōam) nt chromium

cijfer (*say*-ferr) nt (pl ~s) number, figure; digit; mark

cilinder (see-*lin*-derr) c (pl ~s) cylinder

cilinderkop (see-*lin*-derr-kop) c (pl ~pen) cylinder head

cipier (see-*peer*) c (pl ~s) jailer

circa (*sir*-kaa) adv approximately

circulatie (sir-kēw-*laa*-tsee) c circulation

circus (*sir*-kerss) nt (pl ~sen) circus

cirkel (*sir*-kerl) c (pl ~s) circle

citaat (see-*taat*) nt (pl citaten) quotation

citeren (see-*tāy*-rern) v quote

citroen (see-*trōōn*) c (pl ~en) lemon

civiel (see-*veel*) adj civil

clausule (klou-*sēw*-ler) c (pl ~s) clause

clavecimbel (klaa-ver-*sim*-berl) c (pl ~s) harpsichord

claxon (*klahk*-son) *c* (pl ~s) horn, hooter

claxonneren (klahk-so-*nay*-rern) *v* hoot; toot *vAm*, honk *vAm*

clementie (klay-*mehn*-tsee) *c* mercy

cliënt (klee-*Yehnt*) *c* (pl ~en) customer, client

closetpapier (kloa-*zeht*-pah-peer) *nt* toilet-paper

cocaïne (koa-kaa-*ee*-ner) *c* cocaine

code (*koa*-der) *c* (pl ~s) code

coffeïne (ko-fay-*ee*-ner) *c* caffeine

coffeïnevrij (ko-fay-*ee*-ner-vray) *adj* decaffeinated

cognac (ko-*ñahk*) *c* cognac

coiffure (kvah-*few*-rer) *c* (pl ~s) hairdo

colbert (kol-*bair*) *c* (pl ~s) jacket

collectant (ko-lehk-*tahnt*) *c* (pl ~en) collector

collecteren (ko-lehk-*tay*-rern) *v* collect

collectie (ko-*lehk*-see) *c* (pl ~s) collection

collectief (ko-lehk-*teef*) *adj* collective

collega (ko-*lay*-gaa) *c* (pl ~'s) colleague

college (ko-*lay*-zher) *nt* (pl ~s) lecture

Colombia (koa-*lom*-bee-Yaa) Colombia

Colombiaan (koa-lom-bee-*Yaan*) *c* (pl -bianen) Colombian

Colombiaans (koa-lom-bee-*Yaans*) *adj* Colombian

coma (*koa*-maa) *nt* coma

combinatie (kom-bee-*naa*-tsee) *c* (pl ~s) combination

combineren (kom-bee-*nay*-rern) *v* combine

comfortabel (kom-for-*taa*-berl) *adj* comfortable

comité (ko-mee-*tay*) *nt* (pl ~s) committee

commentaar (ko-mehn-*taar*) *nt* (pl -taren) comment

commercieel (ko-mehr-*shayl*) *adj* commercial

commissie (ko-*mi*-see) *c* (pl ~s) committee; commission

commode (ko-*moa*-der) *c* (pl ~s) bureau *nAm*

commune (ko-*mew*-ner) *c* (pl ~s) commune

communicatie (ko-mew-nee-*kaa*-tsee) *c* communication

communiqué (ko-mew-nee-*kay*) *nt* (pl ~s) communiqué

communisme (ko-mew-*niss*-mer) *nt* communism

communist (ko-mew-*nist*) *c* (pl ~en) communist

compact (kom-*pahkt*) *adj* compact

compagnon (kom-pah-*ñon*) *c* (pl ~s) partner

compensatie (kom-pehn-*zaa*-tsee) *c* (pl ~s) compensation

compenseren (kom-pehn-*zay*-rern) *v* compensate

compleet (kom-*playt*) *adj* complete

complex (kom-*plehks*) *nt* (pl ~en) complex

compliment (kom-plee-*mehnt*) *nt* (pl ~en) compliment

componist (kom-poa-*nist*) *c* (pl ~en) composer

compositie (kom-poa-*zee*-tsee) *c* (pl ~s) composition

compromis (kom-proa-*mee*) *nt* (pl ~sen) compromise

concentratie (kon-sehn-*traa*-tsee) *c* (pl ~s) concentration

concentreren (kon-sehn-*tray*-rern) *v* concentrate

conceptie (kon-*sehp*-see) *c* conception

concert (kon-*sehrt*) *nt* (pl ~en) concert

concertzaal (kon-*sehrt*-saal) *c* (pl -zalen) concert hall

concessie (kon-*seh*-see) *c* (pl ~s) concession

concierge (kon-*shehr*-zheh) *c* (pl ~s)
janitor; caretaker, concierge

conclusie (kong-*klew*-zee) *c* (pl ~s)
conclusion

concreet (kong-*krayt*) *adj* concrete

concurrent (kong-*kew-rehnt*) *c* (pl
~en) competitor; rival

concurrentie (kong-*kew-rehn*-tsee) *c*
competition; rivalry

conditie (kon-*dee*-tsee) *c* (pl ~s) condition

conducteur (kon-derk-*turr*) *c* (pl ~s)
conductor; ticket collector

conferencier (kon-fer-rahng-*shay*) *c* (pl
~s) entertainer

conferentie (kon-fer-*rehn*-see) *c* (pl
~s) conference

conflict (kon-*flikt*) *nt* (pl ~en) conflict

congregatie (kong-*gray-gaa*-tsee) *c* (pl
~s) congregation

congres (kong-*grehss*) *nt* (pl ~sen)
congress

consequentie (kon-ser-*kvehn*-see) *c*
(pl ~s) consequence

conservatief (kon-zerr-vaa-*teef*) *adj*
conservative

conservatorium (kon-zerr-vaa-*tōa*-ree-
Yerm) *nt* (pl -ria) music academy

conserven (kon-*sehr*-vern) *pl* tinned
food

consideratie (kon-see-der-*raa*-tsee) *c*
consideration

constant (kon-*stahnt*) *adj* even

constateren (koan-staa-*tay*-rern) *v*
note, ascertain; diagnose

constipatie (kon-stee-*paa*-tsee) *c* constipation

constructie (kon-*strerk*-see) *c* (pl ~s)
construction

construeren (kon-strew°°-*ay*-rern) *v*
construct

consul (*kon*-zerl) *c* (pl ~s) consul

consulaat (kon-zew-*laat*) *nt* (pl -laten)
consulate

consult (kon-*zerlt*) *nt* (pl ~en) consultation

consultatiebureau (kon-zerl-*taa*-tsee-
bew-rōa) *nt* (pl ~s) health centre

consument (kon-zew-*mehnt*) *c* (pl
~en) consumer

contact (kon-*tahkt*) *nt* (pl ~en) contact; touch

contactlenzen (kon-*tahkt*-lehn-zern) *pl*
contact lenses

contanten (kon-*tahn*-tern) *pl* cash

continent (kon-tee-*nehnt*) *nt* (pl ~en)
continent

continentaal (kon-tee-nehn-*taal*) *adj*
continental

contra (*kon*-traa) *prep* versus

contract (kon-*trahkt*) *nt* (pl ~en)
agreement, contract

contrast (kon-*trahst*) *nt* (pl ~en) contrast

controle (kon-*traw*-ler) *c* (pl ~s) control; supervision, inspection

controleren (kon-trōa-*lay*-rern) *v* control, check

controlestrook (kon-*traw*-ler-strōak) *c*
(-stroken) counterfoil, stub

controversieel (kon-trōa-vehr-*zhayl*)
adj controversial

conversatie (kon-verr-*zaa*-tsee) *c* (pl
~s) conversation

coöperatie (kōa-ōa-per-*raa*-tsee) *c* (pl
~s) co-operative

coöperatief (kōa-ōa-per-raa-*teef*) *adj*
co-operative

coördinatie (kōa-or-dee-*naa*-tsee) *c* co-
ordination

coördineren (kōa-or-dee-*nay*-rern) *v*
co-ordinate

corpulent (kor-pew-*lehnt*) *adj* corpulent, stout

correct (ko-*rehkt*) *adj* correct

correctie (ko-*rehk*-see) *c* (pl ~s) correction

correspondent (ko-rehss-pon-*dehnt*) *c*

(pl ~en) correspondent

correspondentie (ko-rehss-pon-*dehn*-see) *c* correspondence

corresponderen (ko-rehss-pon-*day*-rern) *v* correspond

corrigeren (ko-ree-*zhay*-rern) *v* correct

corrupt (ko-*rerpt*) *adj* corrupt

couchette (kōō-*sheh*-ter) *c* (pl ~s) berth

coupé (kōō-*pay*) *c* (pl ~s) compartment; ~ **voor rokers** smoking-compartment

couplet (kōō-*pleht*) *nt* (pl ~ten) stanza

coupon (kōō-*pon*) *c* (pl ~s) coupon

crèche (krehsh) *c* (pl ~s) nursery

crediteren (kray-dee-*tay*-rern) *v* credit

creëren (kray-*ay*-rern) *v* create

crematie (kray-*maa*-tsee) *c* (pl ~s) cremation

crème (kraim) *c* (pl ~s) cream; **vochtinbrengende** ~ moisturizing cream

cremeren (kray-*may*-rern) *v* cremate

criminaliteit (kree-mee-naa-lee-*tayt*) *c* criminality

crimineel (kree-mee-*nayl*) *adj* criminal

crisis (*kree*-serss) *c* (pl -ses) crisis

criticus (*kree*-tee-kerss) *c* (pl -ci) critic

croquant (krōa-*kahnt*) *adj* crisp

Cuba (*kew*-baa) Cuba

Cubaan (kew-*baan*) *c* (pl -banen) Cuban

Cubaans (kew-*baans*) *adj* Cuban

cultuur (kerl-*tewr*) *c* (pl -turen) culture

cursiefschrift (kerr-*zeef*-skhrıft) *nt* italics *pl*

cursus (*kerr*-zerss) *c* (pl ~sen) course

cyclus (*see*-klerss) *c* (pl ~sen) cycle

D

daad (daat) *c* (pl daden) deed, act

daar (daar) *adv* there

daarheen (*daar*-hayn) *adv* there

daarom (*daa*-rom) *conj* therefore

dadel (*daa*-derl) *c* (pl ~s) date

dadelijk (*daa*-der-lerk) *adv* at once, immediately; presently

dag (dahkh) *c* (pl ~en) day; **dag!** hello!; good-bye!; **per** ~ per day

dagblad (*dahkh*-blaht) *nt* (pl ~en) daily

dagboek (*dahkh*-bōōk) *nt* (pl ~en) diary

dagelijks (*daa*-ger-lerks) *adj* daily

dageraad (*daa*-ger-raat) *c* daybreak, dawn

daglicht (*dahkh*-lıkht) *nt* daylight

dagvaarding (*dahkh*-vaar-dıng) *c* (pl ~en) summons

dak (dahk) *nt* (pl ~en) roof

dakpan (*dahk*-pahn) *c* (pl ~nen) tile

dal (dahl) *nt* (pl ~en) valley

dalen (*daa*-lern) *v* descend

dam (dahm) *c* (pl ~men) dam; dike

dambord (*dahm*-bort) *nt* (pl ~en) draught-board

dame (*daa*-mer) *c* (pl ~s) lady

damestoilet (*daa*-merss-tvah-leht) *nt* (pl ~ten) powder-room, ladies' room

damp (dahmp) *c* (pl ~en) vapour

damspel (*dahm*-spehl) *nt* draughts; checkers *plAm*

dan (dahn) *adv* then; *conj* than; **nu en** ~ occasionally

dankbaar (*dahngk*-baar) *adj* grateful, thankful

dankbaarheid (*dahngk*-baar-hayt) *c* gratitude

danken (*dahng*-kern) *v* thank; **dank u**

thank you; **te ~ *hebben aan** owe

dans (dahns) *c* (pl ~en) dance

dansen (*dahn*-sern) *v* dance

danszaal (*dahn*-saal) *c* (pl -zalen) ball-room

dapper (*dah*-perr) *adj* brave, courageous

dapperheid (*dah*-perr-hayt) *c* courage

darm (dahrm) *c* (pl ~en) gut, intestine; **darmen** bowels *pl*

das (dahss) *c* (pl ~sen) necktie, tie; scarf

dat (daht) *pron* which; *conj* that

datum (*daa*-term) *c* (pl data) date

dauw (dou) *c* dew

de (der) *art* the *art*

debat (der-*baht*) *nt* (pl ~ten) discussion, debate

debatteren (dāȳ-bah-*tāȳ*-rern) *v* argue

debet (*dāȳ*-beht) *nt* debit

december (dāȳ-*sehm*-berr) December

deeg (dāȳkh) *nt* dough

deel (dāȳl) *nt* (pl delen) part; share; volume

*deelnemen (*dāȳl*-nāȳ-mern) *v* participate

deelnemer (*dāȳl*-nāȳ-merr) *c* (pl ~s) participant

deels (dāȳls) *adv* partly

Deen (dāȳn) *c* (pl Denen) Dane

Deens (dāȳns) *adj* Danish

defect[1] (der-*fehkt*) *adj* defective, faulty

defect[2] (der-*fehkt*) *nt* (pl ~en) fault

defensie (dāȳ-*fehn*-zee) *c* defence

definiëren (dāȳ-fi-ni-*āȳ*-rern) *v* define

definitie (dāȳ-fee-*nee*-tsee) *c* (pl ~s) definition

degelijk (*dāȳ*-ger-lerk) *adj* thorough; sound

dek (dehk) *nt* deck

deken (*dāȳ*-kern) *c* (pl ~s) blanket

dekhut (*dehk*-hert) *c* (pl ~ten) deck cabin

deksel (*dehk*-serl) *nt* (pl ~s) lid; cover, top

dekzeil (*dehk*-sayl) *nt* (pl ~en) tarpaulin

delegatie (dāȳ-ler-*gaa*-tsee) *c* (pl ~s) delegation

delen (*dāȳ*-lern) *v* divide; share

delfstof (*dehlf*-stof) *c* (pl ~fen) mineral

delicatessen (dāȳ-lee-kaa-*teh*-sern) *pl* delicatessen

delicatessenwinkel (dāȳ-lee-kaa-*teh*-ser-ving-kerl) *c* (pl ~s) delicatessen

delikaat (dāȳ-lee-*kaat*) *adj* delicate

deling (*dāȳ*-ling) *c* (pl ~en) division

delinquent (dāȳ-ling-*kvehnt*) *c* (pl ~en) criminal

*delven (*dehl*-vern) *v* *dig

democratie (dāȳ-mōa-kraa-*tsee*) *c* (pl ~ën) democracy

democratisch (dāȳ-mōa-*kraa*-teess) *adj* democratic

demonstratie (dāȳ-mon-*straa*-tsee) *c* (pl ~s) demonstration

demonstreren (dāȳ-mon-*strāȳ*-rern) *v* demonstrate

den (dehn) *c* (pl ~nen) fir-tree

Denemarken (*dāȳ*-ner-mahr-kern) Denmark

denkbeeld (*dehngk*-bāȳld) *nt* (pl ~en) idea

denkbeeldig (dehngk-*bāȳl*-derkh) *adj* imaginary

*denken (*dehng*-kern) *v* *think; guess, reckon; **~ aan** *think of

denker (*dehng*-kerr) *c* (pl ~s) thinker

denneboom (*dehn*-ner-bōam) *c* (pl -bomen) fir-tree

deodorant (dāȳ-ᵞōa-dōa-*rahnt*) *c* deodorant

departement (dāȳ-pahr-ter-*mehnt*) *nt* (pl ~en) department

deponeren (dāȳ-pōa-*nāȳ*-rern) *v* bank

depressie (dāȳ-*preh*-see) *c* (pl ~s) de-

pression
deprimeren (dāy-pree-*māy*-rern) v depress
derde (*dehr*-der) num third
dergelijk (*dehr*-ger-lerk) adj such; similar
dermate (*dehr*-maa-ter) adv so
dertien (*dehr*-teen) num thirteen
dertiende (*dehr*-teen-der) num thirteenth
dertig (*dehr*-terkh) num thirty
dertigste (*dehr*-terkh-ster) num thirtieth
deserteren (dāy-zehr-*tāy*-rern) v desert
deskundig (dehss-*kern*-derkh) adj expert
deskundige (dehss-*kern*-der-ger) c (pl ~n) expert
dessert (deh-*sair*) nt (pl ~s) dessert
detail (dāy-*tigh*) nt (pl ~s) detail
detailhandel (dāy-*tigh*-hahn-derl) c retail trade
detaillist (dāy-tah-*Yɪst*) c (pl ~en) retailer
detectiveroman (dāy-*tehk*-tɪf-rōa-mahn) c (pl ~s) detective story
deugd (dūrkht) c (pl ~en) virtue
deugniet (*dūrkh*-neet) c (pl ~en) rascal
deuk (dūrk) c (pl ~en) dent
deur (dūrr) c (pl ~en) door
deurbel (*dūrr*-behl) c (pl ~len) doorbell
deurwaarder (*dūrr*-vaar-derr) c (pl ~s) bailiff
devaluatie (dāy-vaa-lēw-*vaa*-tsee) c (pl ~s) devaluation
devalueren (dāy-vaa-lēw-*vāy*-rern) v devalue
devies (der-*veess*) nt (pl deviezen) motto
deze (*dāy*-zer) pron this; these
dia (*dee*-Yaa) c (pl ~'s) slide
diabetes (dee-Yaa-*bāy*-terss) c diabetes

diabeticus (dee-Yaa-*bāy*-tee-kerss) c (pl -ci) diabetic
diagnose (dee-Yahkh-*nōa*-zer) c (pl ~n, ~s) diagnosis; **een ~ stellen** diagnose
diagonaal[1] (dee-Yaa-gōa-*naal*) adj diagonal
diagonaal[2] (dee-Yaa-gōa-*naal*) c (pl -nalen) diagonal
dialect (dee-Yaa-*lehkt*) nt (pl ~en) dialect
diamant (dee-Yaa-*mahnt*) c (pl ~en) diamond
diarree (dee-Yah-*rāy*) c diarrhoea
dicht (dɪkht) adj dense; thick; closed, shut
dichtbevolkt (dɪkht-ber-*volkt*) adj populous
dichtbij (dɪkht-*bay*) adj near
dichtdraaien (*dɪkh*-draaᵉᵉ-ern) v turn off
dichter (*dɪkh*-terr) c (pl ~s) poet
dichtkunst (*dɪkht*-kernst) c poetry
*dichtslaan (*dɪkht*-slaan) v slam
dictaat (dɪk-*taat*) nt (pl -taten) dictation
dictafoon (dɪk-taa-*fōan*) c (pl ~s) dictaphone
dictator (dɪk-*taa*-tor) c (pl ~s) dictator
dictee (dɪk-*tāy*) nt (pl ~s) dictation
dicteren (dɪk-*tāy*-rern) v dictate
die (dee) pron that; those; who
dieet (dee-*Yāyt*) nt diet
dief (deef) c (pl dieven) robber, thief
diefstal (*deef*-stahl) c (pl ~len) robbery, theft
dienblad (*deen*-blaht) nt (pl ~en) tray
dienen (*dee*-nern) v serve
dienst (deenst) c (pl ~en) service; **in ~ *nemen** engage
dienstplichtige (deenst-*plɪkh*-ter-ger) c (pl ~n) conscript
dienstregeling (*deenst*-rāy-ger-lɪng) c (pl ~en) schedule, timetable

diep (deep) *adj* deep; low

diepte (*deep*-ter) *c* (pl ~n, ~s) depth

diepvrieskast (*deep*-freess-kahst) *c* (pl ~en) deep-freeze

diepzinnig (deep-*sı*-nerkh) *adj* profound

dier (deer) *nt* (pl ~en) animal

dierbaar (*deer*-baar) *adj* dear; precious

dierenarts (*dee*-rern-ahrts) *c* (pl ~en) veterinary surgeon

dierenriem (*dee*-rer-reem) *c* zodiac

dierentuin (*dee*-rer-tur^{ew}n) *c* (pl ~en) zoological gardens; zoo

diesel (*dee*-serl) *c* diesel

difterie (dif-ter-*ree*) *c* diphtheria

dij (day) *c* (pl ~en) thigh

dijk (dayk) *c* (pl ~en) dike; dam

dik (dık) *adj* corpulent; thick; fat, stout, big

dikte (*dık*-ter) *c* (pl ~n, ~s) thickness; fatness

dikwijls (*dık*-verls) *adv* frequently, often

ding (dıng) *nt* (pl ~en) thing

dinsdag (*dıns*-dahkh) *c* Tuesday

diploma (dee-*plōā*-maa) *nt* (pl ~'s) certificate, diploma; **een ~ behalen** graduate

diplomaat (dee-plōā-*maat*) *c* (pl -maten) diplomat

direct (dee-*rehkt*) *adj* direct; *adv* straight away

directeur (dee-rerk-*tūrr*) *c* (pl ~en, ~s) executive, manager, director; headmaster, principal

directie (dee-*rehk*-see) *c* (pl ~s) management

dirigent (dee-ree-*gehnt*) *c* (pl ~en) conductor

dirigeren (dee-ree-*gāy*-rern) *v* conduct

discipline (di-see-*plee*-ner) *c* discipline

disconto (dıss-*kon*-tōā) *nt* (pl ~'s) bank-rate

discreet (dıss-*krāyt*) *adj* modest

discussie (dıss-*ker*-see) *c* (pl ~s) discussion, argument

discussiëren (dıss-ker-*shāy*-rern) *v* discuss; argue

distel (*dıss*-terl) *c* (pl ~s) thistle

district (dıss-*trıkt*) *nt* (pl ~en) district

dit (dıt) *pron* this

divan (*dee*-vahn) *c* (pl ~s) couch

docent (dōā-*sehnt*) *c* (pl ~en) teacher

doch (dokh) *conj* but

dochter (*dokh*-terr) *c* (pl ~s) daughter

doctor (*dok*-tor) *c* (pl ~en, ~s) doctor

document (dōā-kew-*mehnt*) *nt* (pl ~en) document

dodelijk (*dōā*-der-lerk) *adj* mortal, fatal

doden (*dōā*-dern) *v* kill

doek (dōōk) *c* (pl ~en) cloth; *nt* curtain

doel (dōōl) *nt* (pl ~en) objective, aim, purpose; object, goal, design, target

doelman (*dōōl*-mahn) *c* (pl ~nen) goalkeeper

doelmatig (dōōl-*maa*-terkh) *adj* efficient

doelpunt (*dōōl*-pernt) *nt* (pl ~en) goal

doeltreffend (dōōl-*treh*-fernt) *adj* effective

*doen (dōōn) *v* *do; cause to

dof (dof) *adj* mat, dim

dok (dok) *nt* (pl ~ken) dock

dokter (*dok*-terr) *c* (pl ~s) doctor, physician

dom¹ (dom) *adj* dumb, stupid

dom² (dom) *c* cathedral

dominee (*dōā*-mee-nāy) *c* (pl ~s) clergyman, parson, rector

dompelaar (*dom*-per-laar) *c* (pl ~s) immersion heater

donateur (dōā-naa-*tūrr*) *c* (pl ~s) donor

donder (*don*-derr) *c* thunder

donderdag (*don*-derr-dahkh) *c* Thursday

donderen (*don*-der-rern) v thunder

donker (*dong*-kerr) adj dark, dim

dons (dons) nt down; **donzen dek-bed** eiderdown

dood (dōat) adj dead; c death

doodstraf (*dōat*-strahf) c death penalty

doof (dōaf) adj deaf

dooi (dōā*ee*) c thaw

dooien (*dōā*ee*-ern) v thaw

dooier (*dōā*ee*-serl) c (pl ~s) yolk

doolhof (*dōāl*-hof) nt (pl -hoven) maze; labyrinth

doop (dōap) c baptism, christening

doopsel (*dōap*-serl) nt baptism

door (dōar) prep through; by

doorboren (dōar-*bōa*-rern) v pierce

*__doorbrengen__ (*dōar*-breh-ngern) v *spend

doordat (dōar-*daht*) conj because

*__doordringen__ (*dōar*-drı-ngern) v penetrate

*__doorgaan__ (*dōar*-gaan) v continue, *go on; carry on; *go ahead; ~ **met** *keep on

doorgang (*dōar*-gahng) c (pl ~en) passage

doorlichten (dōar-lıkh-tern) v X-ray

doorlopend (dōar-*lōā*-pernt) adj continuous

doormaken (*dōar*-maa-kern) v *go through

doorn (dōärn) c (pl ~en, ~s) thorn

doorreis (*dōā*-rayss) c passage

doorslag (*dōār*-slahkh) c (pl ~en) carbon copy

doorweken (dōar-*vāy*-kern) v soak

doorzichtig (dōar-*zıkh*-terkh) adj transparent, sheer

*__doorzoeken__ (dōar-*zōō*-kern) v search

doos (dōass) c (pl dozen) box

dop (dop) c (pl ~pen) shell

dopen (*dōā*-pern) v baptize, christen

dor (dor) adj arid

dorp (dorp) nt (pl ~en) village

dorst (dorst) c thirst

dorstig (dors-terkh) adj thirsty

dosis (*dōā*-zerss) c (pl doses) dose

dossier (do-*shāy*) nt (pl ~s) file

douane (dōō-*vaa*-ner) c Customs pl

douanebeambte (dōō-*vaa*-ner-ber-ahm-ter) c (pl ~n) Customs officer

douche (dōōsh) c (pl ~s) shower

doven (*dōā*-vern) v extinguish

dozijn (dōā-*zayn*) nt (pl ~en) dozen

draad (draat) c (pl draden) thread; wire

draagbaar (*draakh*-baar) adj portable

draaglijk (*draakh*-lerk) adj tolerable

draai (draa*ee*) c (pl ~en) turn; twist

draaideur (*draa*ee*-dūrr) c (pl ~en) revolving door

draaien (*draa*ee*-ern) v turn; twist; *spin

draaimolen (*draa*ee*-mōā-lern) c (pl ~s) merry-go-round

draaiorgel (*draa*ee*-or-gerl) nt (pl ~s) street-organ

draak (draak) c (pl draken) dragon

*__dragen__ (*draa*-gern) v carry, *bear; *wear

drager (*draa*-gerr) c (pl ~s) bearer

drama (*draa*-maa) nt (pl ~'s) drama

dramatisch (draa-*maa*-teess) adj dramatic

drang (drahng) c urge

drank (drahngk) c (pl ~en) drink, beverage; **sterke** ~ spirits, liquor

dreigement (dray-ger-*mernt*) nt (pl ~en) threat

dreigen (*dray*-gern) v threaten

drek (drehk) c muck

drempel (*drehm*-perl) c (pl ~s) threshold

dresseren (dreh-*sāy*-rern) v train

drie (dree) num three

driehoek (*dree*-hōōk) c (pl ~en) triangle

driehoekig (dree-*hoo*-kerkh) adj triangular

driekwart (dree-kvahrt) adj three-quarter

driemaandelijks (dree-maan-der-lerks) adj quarterly

drift (drɪft) c passion

driftig (drɪf-terkh) adj quick-tempered; hot-tempered, irascible

drijfkracht (drayf-krahkht) c driving force

*__drijven__ (dray-vern) v float

*__dringen__ (drɪ-ngern) v push; **dringend** pressing, urgent

drinkbaar (drɪngk-baar) adj for drinking

*__drinken__ (drɪng-kern) v *drink

drinkwater (drɪngk-vaa-terr) nt drinking-water

droefheid (*droof*-hayt) c sorrow

droevig (*droo*-verkh) adj sad

drogen (*droa*-gern) v dry

drogisterij (droa-gɪss-ter-*ray*) c (pl ~en) pharmacy, chemist's; drugstore nAm

dromen (*droa*-mern) v *dream

dronken (drong-kern) adj drunk; intoxicated

droog (droakh) adj dry

droogleggen (*droakh*-leh-gern) v drain

droogte (*droakh*-ter) c drought

droom (droam) c (pl dromen) dream

droombeeld (*droam*-baylt) nt (pl ~en) illusion

drop (drop) c liquorice

druiven (drur*ew*-vern) pl grapes pl

druk (drerk) adj busy; crowded; c pressure

drukken (drer-kern) v press; print

drukknop (drer-knop) c (pl ~pen) push-button

drukte (drerk-ter) c bustle; fuss, excitement

drukwerk (drerk-vehrk) nt printed matter

druppel (drer-perl) c (pl ~s) drop

dubbel (der-berl) adj double

dubbelzinnig (der-berl-zɪ-nerkh) adj ambiguous

duidelijk (dur*ew*-der-lerk) adj distinct, plain, clear; apparent, evident; obvious

duif (dur*ew*f) c (pl duiven) pigeon

duikbril (dur*ew*k-brɪl) c (pl ~len) goggles pl

*__duiken__ (dur*ew*-kern) v dive

duim (dur*ew*m) c (pl ~en) thumb

duin (dur*ew*n) nt (pl ~en) dune

duister (dur*ew*-sterr) adj obscure, dark; nt gloom

duisternis (dur*ew*-sterr-nɪss) c dark

Duits (dur*ew*ts) adj German

Duitser (dur*ew*t-serr) c (pl ~s) German

Duitsland (dur*ew*ts-lahnt) Germany

duivel (dur*ew*-verl) c (pl ~s) devil

duizelig (dur*ew*-zer-lerkh) adj giddy, dizzy

duizeligheid (dur*ew*-zer-lerkh-hayt) c giddiness, dizziness

duizeling (dur*ew*-zer-lɪng) c (pl ~en) vertigo

duizend (dur*ew*-zernt) num thousand

dulden (derl-dern) v *bear

dun (dern) adj thin; sheer

dupe (de*w*-per) c (pl ~s) victim

duren (de*w*-rern) v last

durf (derrf) c nerve

durven (derr-vern) v dare

dus (derss) conj so

dutje (der-t*y*er) nt (pl ~s) nap

duur (de*w*r) adj dear, expensive; c duration

duurzaam (de*w*r-zaam) adj lasting, permanent

duw (de*w*ᵒᵒ) c (pl ~en) push

duwen (de*w*ᵒᵒ-ern) v push

dwaas[1] (dvaass) *adj* foolish, crazy, silly

dwaas[2] (dvaass) *c* (pl dwazen) fool

dwalen (*dvaa*-lern) *v* err

dwerg (dvehrkh) *c* (pl ~en) dwarf

***dwingen** (*dvɪ*-ngern) *v* force; compel

dynamo (dee-*naa*-mōa) *c* (pl ~'s) dynamo

dysenterie (dee-sehn-ter-*ree*) *c* dysentery

E

eb (ehp) *c* low tide

ebbehout (*eh*-ber-hout) *nt* ebony

echo (*eh*-khōa) *c* (pl ~'s) echo

echt (ehkht) *adj* genuine, true, authentic, real; *adv* really; *c* matrimony

echtelijk (*ehkh*-ter-lerk) *adj* matrimonial

echter (*ehkh*-terr) *conj* however, yet

echtgenoot (*ehkht*-kher-nōat) *c* (pl -noten) husband

echtgenote (*ehkht*-kher-nōa-ter) *c* (pl ~n) wife

echtpaar (*ehkht*-paar) *nt* (pl -paren) married couple

echtscheiding (*ehkht*-skhay-dɪng) *c* (pl ~en) divorce

economie (āy-kōa-nōa-*mee*) *c* economy

economisch (āy-kōa-*nōa*-meess) *adj* economic

econoom (āy-kōa-*nōam*) *c* (pl -nomen) economist

Ecuador (āy-kvaa-*dor*) Ecuador

Ecuadoriaan (āy-kvaa-dōa-ree-*ᵞaan*) *c* (pl -rianen) Ecuadorian

eczeem (ehk-*sāym*) *nt* eczema

edel (*āy*-derl) *adj* noble

edelmoedigheid (āy-derl-*mōō*-derkh-hayt) *c* generosity

edelsteen (*āy*-derl-stāyn) *c* (pl -stenen) gem, stone

editie (āy-*dee*-tsee) *c* (pl ~s) edition

eed (āyt) *c* (pl eden) oath, vow

eekhoorn (*āyk*-hōarn) *c* (pl ~s) squirrel

eelt (āylt) *nt* callus

een[1] (ern) *art* a *art*

een[2] (āyn) *num* one

eenakter (*āyn*-ahk-terr) *c* (pl ~s) one-act play

eend (āynt) *c* (pl ~en) duck

eender (*āyn*-derr) *adj* alike

eenheid (*āyn*-hayt) *c* (pl -heden) unit; unity

eenmaal (*āyn*-maal) *adv* once

eenrichtingsverkeer (āyn-*rɪkh*-tɪngs-ferr-kāyr) *nt* one-way traffic

eens (āyns) *adv* once; some time, some day; **het ~ *zijn** agree

eentonig (āyn-*tōa*-nerkh) *adj* monotonous

eenvoudig (āyn-*vou*-derkh) *adj* plain, simple; *adv* simply

eenzaam (*āyn*-zaam) *adj* lonely

eenzijdig (āyn-*zay*-derkh) *adj* one-sided

eer (āyr) *c* honour; glory

eerbied (*āyr*-beet) *c* respect

eerbiedig (āyr-*bee*-derkh) *adj* respectful

eerbiedwaardig (āyr-beet-*vaar*-derkh) *adj* venerable

eerder (*āyr*-derr) *adv* before; rather

eergevoel (*āyr*-ger-vōōl) *nt* sense of honour

eergisteren (*āyr*-gɪss-ter-rern) *adv* the day before yesterday

eerlijk (*āyr*-lerk) *adj* honest; fair, straight

eerlijkheid (*āyr*-lerk-hayt) *c* honesty

eerst (āyrst) *adj* first; primary, initial; *adv* at first

eersteklas (*āyr*-ster-klahss) *adj* first-class

eersterangs (āyr-ster-rahngs) adj first-rate

eerstvolgend (āyrst-fol-gernt) adj following

eervol (āyr-vol) adj honourable

eerzaam (āyr-zaam) adj respectable; honourable

eerzuchtig (āyr-zerkh-terkh) adj ambitious

eetbaar (āyt-baar) adj edible

eetkamer (āyt-kaa-merr) c (pl ~s) dining-room

eetlepel (āyt-lāy-perl) c (pl ~s) tablespoon

eetlust (āyt-lerst) c appetite

eetservies (āyt-sehr-veess) nt (pl -viezen) dinner-service

eetzaal (āyt-saal) c (pl -zalen) dining-room

eeuw (āyᵒᵒ) c (pl ~en) century

eeuwig (āyᵒᵒ-erkh) adj eternal

eeuwigheid (āyᵒᵒ-erkh-hayt) c eternity

effect (eh-fehkt) nt (pl ~en) effect; **effecten** stocks and shares

effectenbeurs (eh-fehk-term-būrrs) c (pl -beurzen) stock market, stock exchange

effectief (eh-fehk-teef) adj effective

effen (eh-fern) adj level; smooth, even

efficiënt (eh-fee-shehnt) adj efficient

egaal (āy-gaal) adj level

egaliseren (āy-gaa-lee-zāy-rern) v level

egel (āy-gerl) c (pl ~s) hedgehog

egocentrisch (āy-gōa-sehn-treess) adj self-centred

egoïsme (āy-gōa-viss-mer) nt selfishness

egoïstisch (āy-gōa-viss-teess) adj selfish

Egypte (āy-gɪp-ter) Egypt

Egyptenaar (āy-gɪp-ter-naar) c (pl -naren) Egyptian

Egyptisch (āy-gɪp-teess) adj Egyptian

ei (ay) nt (pl ~eren) egg

eierdooier (ay-err-dōaᵉᵉ-err) c (pl ~s) egg-yolk

eierdopje (ay-err-dop-ʸer) nt (pl ~s) egg-cup

eigen (ay-gern) adj own

eigenaar (ay-ger-naar) c (pl ~s, -naren) owner, proprietor

eigenaardig (ay-ger-naar-derkh) adj singular, peculiar

eigenaardigheid (ay-ger-naar-derkh-hayt) c (pl -heden) peculiarity

eigendom (ay-gern-dom) nt (pl ~men) property; possessions

eigengemaakt (ay-gern-ger-maakt) adj home-made

eigenlijk (ay-gern-lerk) adj actual; adv as a matter of fact, really

eigenschap (ay-gern-skhahp) c (pl ~pen) property, quality

eigentijds (ay-gern-tayts) adj contemporary

eigenwijs (ay-gern-vayss) adj pig-headed

eik (ayk) c (pl ~en) oak

eikel (ay-kerl) c (pl ~s) acorn

eiland (ay-lahnt) nt (pl ~en) island

einde (ayn-der) nt end, finish; ending, issue

eindelijk (ayn-der-lerk) adv at last

eindigen (ayn-der-gern) v finish

eindpunt (aynt-pernt) nt (pl ~en) terminal

eindstreep (aynt-strāyp) c (pl -strepen) finish

eis (ayss) c (pl ~en) demand, claim

eisen (ay-sern) v demand

eiwit (ay-vɪt) nt (pl ~ten) protein

ekster (ehk-sterr) c (pl ~s) magpie

eksteroog (ehk-sterr-ōakh) nt (pl -ogen) corn

eland (āy-lahnt) c (pl ~en) moose

elastiek (āy-lahss-teek) nt (pl ~en) rubber band, elastic

elastisch (āy-*lahss*-teess) *adj* elastic

elders (*ehl*-derrs) *adv* elsewhere

elegant (āy-ler-*gahnt*) *adj* elegant

elegantie (āy-ler-*gahnt*-see) *c* elegance

elektricien (āy-lehk-tree-*shang*) *c* (pl ~s) electrician

elektriciteit (āy-lehk-tree-see-*tayt*) *c* electricity

elektriciteitscentrale (āy-lehk-tree-see-*tayt*-sehn-traa-ler) *c* power-station

elektrisch (āy-*lehk*-treess) *adj* electric

elektronisch (āy-lehk-*trōa*-neess) *adj* electronic

element (āy-ler-*mehnt*) *nt* (pl ~en) element

elementair (āy-ler-mehn-*tair*) *adj* primary

elf¹ (ehlf) *num* eleven

elf² (ehlf) *c* (pl ~en) elf

elfde (*ehlf*-der) *num* eleventh

elftal (*ehlf*-tahl) *nt* (pl ~len) soccer team

elimineren (āy-lee-mee-*nāy*-rern) *v* eliminate

elk (ehlk) *adj* each, every

elkaar (ehl-*kaar*) *pron* each other

elleboog (eh-ler-*bōakh*) *c* (pl -bogen) elbow

ellende (eh-*lehn*-der) *c* misery

ellendig (eh-*lehn*-derkh) *adj* miserable

email (āy-*migh*) *nt* enamel

emailleren (eh-migh-āy-rern) *v* glaze

emancipatie (āy-mahn-see-*paa*-tsee) *c* emancipation

embargo (ehm-*bahr*-gōa) *nt* embargo

embleem (ehm-*blāym*) *nt* (pl -blemen) emblem

emigrant (āy-mee-*grahnt*) *c* (pl ~en) emigrant

emigratie (āy-mee-*graa*-tsee) *c* emigration

emigreren (āy-mee-*grāy*-rern) *v* emigrate

eminent (āy-mee-*nehnt*) *adj* outstanding

emmer (*eh*-merr) *c* (pl ~s) bucket, pail

emotie (āy-*mōa*-tsee) *c* (pl ~s) emotion

employé (ahm-plvah-*ʸāy*) *c* (pl ~s) employee

en (ehn) *conj* and

encyclopedie (ehn-see-klōa-pāy-*dee*) *c* (pl ~ën) encyclopaedia

endeldarm (*ehn*-derl-dahrm) *c* (pl ~en) rectum

endosseren (ahn-do-*sāy*-rern) *v* endorse

energie (āy-nehr-*zhee*) *c* energy; power

energiek (āy-nehr-*zheek*) *adj* energetic

eng (ehng) *adj* narrow; creepy

engel (*eh*-ngerl) *c* (pl ~en) angel

Engeland (*eh*-nger-lahnt) England; Britain

Engels (*eh*-ngerls) *adj* English; British

Engelsman (*eh*-ngerls-mahn) *c* (pl Engelsen) Englishman; Briton

enig (*āy*-nerkh) *adj* sole, only; *pron* any; **enige** *pron* some

enigszins (*āy*-nerkh-sıns) *adv* somewhat

enkel¹ (*ehng*-kerl) *adj* single; **enkele** *pron* some

enkel² (*ehng*-kerl) *c* (pl ~s) ankle

enkeling (*ehng*-ker-lıng) *c* (pl ~en) individual

enkelvoud (*ehng*-kerl-vout) *nt* singular

enorm (āy-*norm*) *adj* tremendous, enormous, huge

enquête (ahng-*kai*-ter) *c* (pl ~s) enquiry

enthousiasme (ahn-tōō-*zhahss*-mer) *nt* enthusiasm

enthousiast (ahn-tōō-*zhahst*) *adj* enthusiastic; keen

entree (ahn-*trāy*) *c* entry; entrance-fee

entresol (ahng-trer-*sol*) *c* (pl ~s) mezzanine

envelop (ahng-ver-*lop*) *c* (pl ~pen) envelope

enzovoort (*ehn*-zōa-vōart) and so on, etcetera

epidemie (āy-pee-der-*mee*) *c* (pl ~ën) epidemic

epilepsie (āy-pee-lehp-*see*) *c* epilepsy

epiloog (āy-pee-*lōakh*) *c* (pl -logen) epilogue

episch (*āy*-peess) *adj* epic

episode (āy-pee-*zōa*-der) *c* (pl ~n, ~s) episode

epos (*āy*-poss) *nt* (pl epen, ~sen) epic

equipe (āy-*keep*) *c* (pl ~s) team

equivalent (āy-kvee-vaa-*lehnt*) *adj* equivalent

er (ehr) *adv* there; *pron* of them

erbarmelijk (ehr-*bahr*-mer-lerk) *adj* lamentable

eredienst (*āy*-rer-deenst) *c* (pl ~en) worship

eren (*āy*-rern) *v* honour

erf (ehrf) *nt* (pl erven) yard

erfelijk (ehr-fer-lerk) *adj* hereditary

erfenis (*ehr*-fer-niss) *c* (pl ~sen) inheritance; legacy

erg (ehrkh) *adj* bad; *adv* very; **erger** worse; **ergst** worst

ergens (*ehr*-gerns) *adv* somewhere

ergeren (*ehr*-ger-rern) *v* annoy

ergernis (*ehr*-gerr-niss) *c* annoyance

erkennen (ehr-*keh*-nern) *v* recognize; acknowledge

erkenning (ehr-keh-ning) *c* (pl ~en) recognition

erkentelijk (ehr-*kehn*-ter-lerk) *adj* grateful

ernst (ehrnst) *c* seriousness; gravity

ernstig (*ehrn*-sterkh) *adj* serious; grave, bad, severe

erts (ehrts) *nt* (pl ~en) ore

*****ervaren** (ehr-*vaa*-rern) *v* experience

ervaring (ehr-*vaa*-ring) *c* (pl ~en) experience

erven (*ehr*-vern) *v* inherit

erwt (ehrt) *c* (pl ~en) pea

escorte (ehss-*kor*-ter) *nt* (pl ~s) escort

escorteren (ehss-kor-*tāy*-rern) *v* escort

esdoorn (*ehss*-dōarn) *c* (pl ~s) maple

eskader (ehss-*kaa*-derr) *nt* (pl ~s) squadron

essay (eh-*sāy*) *nt* (pl ~s) essay

essentie (eh-*sehn*-see) *c* essence

essentieel (eh-sehn-*shāy*l) *adj* vital, essential

etage (āy-*taa*-zher) *c* (pl ~s) floor, storey; apartment *nAm*

etalage (āy-taa-*laa*-zher) *c* (pl ~s) shop-window

etappe (āy-*tah*-per) *c* (pl ~n, ~s) stage

eten (*āy*-tern) *nt* food

*****eten** (*āy*-tern) *v* *eat

ether (*āy*-terr) *c* ether

Ethiopië (āy-tee-*Yōa*-pee-Yer) Ethiopia

Ethiopiër (āy-tee-*Yōa*-pee-Yerr) *c* (pl ~s) Ethiopian

Ethiopisch (āy-tee-*Yōa*-peess) *adj* Ethiopian

etiket (āy-tee-*keht*) *nt* (pl ~ten) label, tag

etiketteren (āy-tee-keh-*tāy*-rern) *v* label

etmaal (*eht*-maal) *nt* (pl -malen) twenty-four hours

ets (ehts) *c* (pl ~en) etching

ettelijk (*eh*-ter-lerk) *adj* several

etter (*eh*-terr) *c* pus

etui (āy-*tvee*) *nt* (pl ~s) case

Europa (ūr-*rōa*-paa) Europe

Europeaan (ūr-rōa-pāy-*aan*) *c* (pl -anen) European

Europees (ūr-rōa-*pāy*ss) *adj* European

evacueren (āy-vaa-kēw-*vāy*-rern) *v* evacuate

evangelie (āy-vahng-*gāy*-lee) *nt* (pl -liën, ~s) gospel

even (*āy*-vern) *adj* even; *adv* equally, as

evenaar (*āy*-ver-*naar*) *c* equator

evenals (*āy*-ver-nahls) *conj* as well as

evenaren (*āy*-ver-*naa*-rern) *v* equal

eveneens (*āy*-ver-*nāyns*) *adv* as well, likewise, also

evenredig (*āy*-ver-*rāy*-derkh) *adj* proportional

eventueel (*āy*-vern-tew-*vāyl*) *adj* possible, eventual

evenveel (*āy*-ver-*vāyl*) *adv* as much

evenwel (*āy*-ver-*vehl*) *adv* however

evenwicht (*āy*-ver-vıkht) *nt* balance

evenwijdig (*āy*-ver-*vay*-derkh) *adj* parallel

evenzeer (*āy*-ver-*zāyr*) *adv* as much

evenzo (*āy*-ver-*zōa*) *adv* likewise

evolutie (*āy*-vōa-*lew*-tsee) *c* (pl ~s) evolution

exact (ehk-*sahkt*) *adj* precise

examen (ehk-*saa*-mern) *nt* (pl ~s) examination

excentriek (ehk-sehn-*treek*) *adj* eccentric

exces (ehk-*sehss*) *nt* (pl ~sen) excess

exclusief (ehks-klew-*zeef*) *adj* exclusive

excursie (ehks-*kerr*-zee) *c* (pl ~s) day trip, excursion

excuseren (ehks-kew-*zāy*-rern) *v* excuse

excuus (ehks-*kewss*) *nt* (pl excuses) apology, excuse

exemplaar (ehk-serm-*plaar*) *nt* (pl -plaren) specimen; copy

exotisch (ehk-*sōa*-teess) *adj* exotic

expeditie (ehks-per-*dee*-tsee) *c* (pl ~s) expedition

experiment (ehks-pāy-ree-*mehnt*) *nt* (pl ~en) experiment

experimenteren (ehks-pāy-ree-mehn-*tāy*-rern) *v* experiment

expert (ehks-*pair*) *c* (pl ~s) expert

expliciet (ehks-plee-*seet*) *adj* explicit

exploiteren (ehks-plvah-*tāy*-rern) *v* exploit

explosie (ehks-*plōa*-zee) *c* (pl ~s) blast, explosion

explosief (ehks-plōa-*zeef*) *adj* explosive

export (*ehk*-sport) *c* exports *pl*, export

exporteren (ehk-spor-*tāy*-rern) *v* export

expositie (ehks-spōa-*zee*-tsee) *c* (pl ~s) exhibition; display

expresse- (ehk-*spreh*-ser) express; special delivery

extase (ehk-*staa*-zer) *c* ecstasy

extra (*ehk*-straa) *adj* additional, extra; spare

extravagant (ehk-straa-vaa-*gahnt*) *adj* extravagant

extreem (ehk-*strāym*) *adj* extreme

ezel (*āy*-zerl) *c* (pl ~s) ass; donkey

F

faam (faam) *c* fame

fabel (*faa*-berl) *c* (pl ~s, ~en) fable

fabriceren (faa-bree-*sāy*-rern) *v* manufacture

fabriek (faa-*breek*) *c* (pl ~en) factory; mill, works *pl*

fabrikant (faa-bree-*kahnt*) *c* (pl ~en) manufacturer

faciliteit (faa-see-lee-*tayt*) *c* (pl ~en) facility

factor (*fahk*-tor) *c* (pl ~en) factor

factureren (fahk-tew-*rāy*-rern) *v* bill

factuur (fahk-*tēwr*) *c* (pl -turen) invoice

facultatief (faa-kerl-taa-*teef*) *adj* optional

faculteit (faa-kerl-*tayt*) *c* (pl ~en) faculty

faience (faa-^Yahng-ser) c faience

failliet (fah-^Yeet) adj bankrupt

fakkel (fah-kerl) c (pl ~s) torch

falen (faa-lern) v fail

familiaar (fah-mee-lee-^Yaar) adj familiar

familie (faa-mee-lee) c (pl ~s) family

familielid (faa-mee-lee-lıt) nt (pl -leden) relative

fanatiek (faa-naa-teek) adj fanatical

fanfarekorps (fahm-faa-rer-korps) nt (pl ~en) brass band

fantasie (fahn-taa-zee) c (pl ~ën) fantasy, fancy

fantastisch (fahn-tahss-teess) adj fantastic

farce (fahrs) c (pl ~n) farce

farmacologie (fahr-maa-kōa-lōa-gee) c pharmacology

fascinerend (fah-see-nāy-rernt) adj glamorous

fascisme (fah-sıss-mer) nt fascism

fascist (fah-sıst) c (pl ~en) fascist

fascistisch (fah-sıss-teess) adj fascist

fase (faa-zer) c (pl ~s, ~n) stage, phase

fataal (faa-taal) adj fatal

fatsoen (faht-sōōn) nt decency

fatsoenlijk (faht-sōōn-lerk) adj decent

fauteuil (fōa-tur^{ew}) c (pl ~s) armchair

favoriet (faa-vōa-reet) c (pl ~en) favourite

fazant (faa-zahnt) c (pl ~en) pheasant

februari (fāy-brēw-vaa-ree) February

federaal (fāy-der-raal) adj federal

federatie (fāy-der-raa-tsee) c (pl ~s) federation

fee (fāy) c (pl ~ën) fairy

feest (fāyst) nt (pl ~en) feast

feestdag (fáyss-dahkh) c (pl ~en) holiday

feestelijk (fáy-ster-lerk) adj festive

feestje (fáy-sher) nt (pl ~s) party

feilloos (fay-lōass) adj faultless

feit (fayt) nt (pl ~en) fact; **in feite** in fact

feitelijk (fay-ter-lerk) adj factual; adv as a matter of fact, actually, in effect

fel (fehl) adj fierce

felicitatie (fāy-lee-see-taa-tsee) c (pl ~s) congratulation

feliciteren (fāy-lee-see-tāy-rern) v congratulate; compliment

feodaal (fāy-^Yōa-daal) adj feudal

festival (fehss-tee-vahl) nt (pl ~s) festival

feuilleton (fur^{ew}-er-ton) nt (pl ~s) serial

fiasco (fee-^Yahss-kōa) nt (pl ~'s) failure

fiche (fee-sher) c (pl ~s) chip

fictie (fık-see) c (pl ~s) fiction

fiets (feets) c (pl ~en) cycle, bicycle

fietser (fee-tserr) c (pl ~s) cyclist

figuur (fee-gēwr) c (pl -guren) figure; diagram

fijn (fayn) adj enjoyable; fine; delicate

fijnhakken (fayn-hah-kern) v mince

* **fijnmalen** (fayn-maa-lern) v *grind

fijnproever (faym-prōō-verr) c (pl ~s) gourmet

fijnstampen (fayn-stahm-pern) v mash

filiaal (fee-lee-^Yaal) nt (-ialen) branch

Filippijn (fee-lı-payn) c (pl ~en) Filipino

Filippijnen (fee-lı-pay-nern) pl Philippines pl

Filippijns (fee-lı-payns) adj Philippine

film (fılm) c (pl ~s) film; movie

filmcamera (fılm-kaa-mer-raa) c (pl ~'s) camera

filmen (fıl-mern) v film

filmjournaal (fılm-zhōōr-naal) nt newsreel

filosofie (fee-lōa-zōa-fee) c (pl ~ën) philosophy

filosoof (fee-lōā-*zōāf*) c (pl -sofen) philosopher

filter (*fil*-terr) nt (pl ~s) filter

Fin (fɪn) c (pl ~nen) Finn

financieel (fee-nahn-*shāy*l) adj financial

financiën (fee-*nahn*-see-Yern) pl finances pl

financieren (fee-nahn-*see*-rern) v finance

Finland (*fin*-lahnt) Finland

Fins (fɪns) adj Finnish

firma (*fir*-maa) c (pl ~'s) company, firm

fitting (*fi*-tɪng) c (pl ~en) socket

fjord (fYort) c (pl ~en) fjord

flacon (flaa-*kon*) c (pl ~s) flask

flamingo (flaa-*mɪng*-gōā) c (pl ~'s) flamingo

flanel (flaa-*nehl*) nt flannel

flat (fleht) c (pl ~s) flat; apartment nAm

flatgebouw (*fleht*-kher-bou) nt (pl ~en) block of flats; apartment house Am

flauw (flou) adj faint

***flauwvallen** (*flou*-vah-lern) v faint

fles (flehss) c (pl ~sen) bottle

flesopener (*fleh*-zōā-per-nerr) c (pl ~s) bottle opener

flessehals (*fleh*-ser-hahls) c bottleneck

flets (flehts) adj dull

flink (flɪngk) adj considerable; brave, plucky

flits (flɪts) c (pl ~en) flash

flitslampje (*flɪts*-lahm-pYer) nt (pl ~s) flash-bulb

fluisteren (*flurew*ss-ter-rern) v whisper

fluit (flurewt) c (pl ~en) flute

***fluiten** (*flurew*-tern) v whistle

fluitje (*flurew*-tYer) nt (pl ~s) whistle

fluweel (flēw-*vāy*l) nt velvet

foefje (*fōō*-fYer) nt (pl ~s) trick

foei! (fōōee) shame!

fok (fok) c (pl ~ken) foresail

fokken (*fo*-kern) v *breed; raise

folklore (fol-*klōā*-rer) c folklore

fonds (fons) nt (pl ~en) fund

fonetisch (fōā-*nāy*-teess) adj phonetic

fonkelend (*fong*-ker-lernt) adj sparkling

fontein (fon-*tayn*) c (pl ~en) fountain

fooi (fōāee) c (pl ~en) tip; gratuity

foppen (*fo*-pern) v fool

forceren (for-*sāy*-rern) v strain; force

forel (fōā-*rehl*) c (pl ~len) trout

forens (fōā-*rehns*) c (pl ~en, forenzen) commuter

formaat (for-*maat*) nt (pl -maten) size

formaliteit (for-maa-lee-*tayt*) c (pl ~en) formality

formeel (for-*māy*l) adj formal

formule (for-*mēw*-ler) c (pl ~s) formula

formulier (for-mēw-*leer*) nt (pl ~en) form

fornuis (for-*nurew*ss) nt (pl -nuizen) cooker, stove

fors (fors) adj robust

fort (fort) nt (pl ~en) fort

fortuin (for-*turew*n) nt (pl ~en) fortune

foto (*fōā*-tōā) c (pl ~'s) photograph, photo

fotocopie (fōā-tōā-kōā-*pee*) c (pl ~ën) photostat

fotograaf (fōā-tōā-*graaf*) c (pl -grafen) photographer

fotograferen (fōā-tōā-graa-*fāy*-rern) v photograph

fotografie (fōā-tōā-graa-*fee*) c photography

fototoestel (*fōā*-tōā-tōō-stehl) nt (pl ~len) camera

fotowinkel (*fōā*-tōā-vɪng-kerl) c (pl ~s) camera shop

fouilleren (fōō-Yāy-rern) v search

fout¹ (fout) adj mistaken, wrong

fout² (fout) *c* (pl ~en) error, mistake, fault

foutloos (*fout*-lōass) *adj* faultless

foyer (fvah-*Yāy*) *c* (pl ~s) foyer; lobby

fractie (*frahk*-see) *c* (pl ~s) fraction

fragment (frahkh-*mehnt*) *nt* (pl ~en) fragment; extract

framboos (frahm-*bōass*) *c* (pl -bozen) raspberry

franje (*frah*-ñer) *c* (pl ~s) fringe

frankeren (frahng-*kāy*-rern) *v* stamp

frankering (frahng-*kāy*-rɪng) *c* (pl ~en) postage

franko (*frahng*-kōa) *adj* postage paid, post-paid

Frankrijk (*frahng*-krayk) France

Frans (frahns) *adj* French

Fransman (*frahns*-mahn) *c* (pl Fransen) Frenchman

frappant (frah-*pahnt*) *adj* striking

fraude (*frou*-der) *c* (pl ~s) fraud

frequent (frer-*kvehnt*) *adj* frequent

frequentie (frer-*kvehn*-tsee) *c* (pl ~s) frequency

fris (frɪss) *adj* fresh

frisdrank (*frɪss*-drahngk) *c* soft drink

frites (freet) *pl* chips

fruit (frur^ewt) *nt* fruit

fuif (fur^ewf) *c* (pl fuiven) party

functie (*ferngk*-see) *c* (pl ~s) function

functioneren (ferngk-shōa-*nāy*-rern) *v* work

fundamenteel (fern-daa-mehn-*tāyl*) *adj* fundamental, basic

fusie (*fēw*-zee) *c* (pl ~s) merger

fysica (*fee*-zee-kaa) *c* physics

fysiek (fee-*zeek*) *adj* physical

fysiologie (fee-zee-*Yōa*-lōa-*gee*) *c* physiology

G

*gaan (gaan) *v* *go; * ~ **door** pass through

gaarne (*gaar*-ner) *adv* gladly

gaas (gaass) *nt* gauze

*gadeslaan (*gaa*-der-slaan) *v* watch

gal (gahl) *c* gall, bile

galblaas (*gahl*-blaass) *c* (pl -blazen) gall bladder

galerij (gah-ler-*ray*) *c* (pl ~en) arcade; gallery

galg (gahlkh) *c* (pl ~en) gallows *pl*

galop (gaa-*lop*) *c* gallop

galsteen (*gahl*-stāyn) *c* (pl -stenen) gallstone

gammel (*gah*-merl) *adj* ramshackle, shaky

gang (gahng) *c* (pl ~en) corridor; gait, pace; course

gangbaar (*gahng*-baar) *adj* current

gangpad (*gahng*-paht) *nt* (pl ~en) aisle

gans (gahns) *c* (pl ganzen) goose

gapen (*gaa*-pern) *v* yawn

garage (gaa-*raa*-zher) *c* (pl ~s) garage

garanderen (gaa-rahn-*dāy*-rern) *v* guarantee

garantie (gaa-*rahn*-tsee) *c* (pl ~s) guarantee

garderobe (gahr-der-*raw*-ber) *c* (pl ~s) wardrobe, cloakroom; checkroom *nAm*

garen (*gaa*-rern) *nt* (pl ~s) thread, yarn; **garen- en bandwinkel** haberdashery

garnaal (gahr-*naal*) *c* (pl -nalen) prawn, shrimp

gas (gahss) *nt* (pl ~sen) gas

gasfabriek (*gahss*-faa-breek) *c* (pl ~en) gasworks

gasfornuis (*gahss*-for-nur^ewss) *nt* (pl

-nuizen) gas cooker

gaskachel (*gahss*-kah-kherl) *c* (pl ~s)
gas stove

gaspedaal (*gahss*-per-daal) *nt* (pl -da-
len) accelerator

gasstel (*gah*-stehl) *nt* (pl ~len) gas
cooker

gast (gahst) *c* (pl ~en) guest

gastheer (*gahst*-hāyr) *c* (pl -heren)
host

gastvrij (gahst-*fray*) *adj* hospitable

gastvrijheid (gahst-*fray*-hayt) *c* hospitality

gastvrouw (*gahst*-frou) *c* (pl ~en)
hostess

gat (gaht) *nt* (pl ~en) hole

gauw (gou) *adv* soon

gave (*gaa*-ver) *c* (pl ~n) gift, faculty

gazon (gaa-*zon*) *nt* (pl ~s) lawn

geadresseerde (ger-ah-dreh-*sāyr*-der) *c*
(pl ~n) addressee

geaffecteerd (ger-ah-fehk-*tāyrt*) *adj* affected

Geallieerden (ger-ah-lee-*Yāyr*-dern) *pl*
Allies *pl*

gearmd (ger-*ahrmt*) *adv* arm-in-arm

gebaar (ger-*baar*) *nt* (pl gebaren) sign

gebak (ger-*bahk*) *nt* cake, pastry

gebaren (ger-*baa*-rern) *v* gesticulate

gebed (ger-*beht*) *nt* (pl ~en) prayer

gebergte *nt* mountain range

gebeuren (ger-*bur*-rern) *v* occur; happen

gebeurtenis (ger-*burr*-ter-nɪss) *c* (pl
~sen) event; happening, occurrence

gebied (ger-*beet*) *nt* (pl ~en) region;
zone, area, field, territory

geblokt (ger-*blokt*) *adj* chequered

gebogen (ger-*bōā*-gern) *adj* curved

geboorte (ger-*bōār*-ter) *c* (pl ~n) birth

geboorteland (ger-*bōār*-ter-lahnt) *nt*
native country

geboorteplaats (ger-*bōār*-ter-plaats) *c*
place of birth

geboren (ger-*bōā*-rern) *adj* born

gebouw (ger-*bou*) *nt* (pl ~en) construction, building

gebrek (ger-*brehk*) *nt* (pl ~en) deficiency, fault; want, lack, shortage

gebrekkig (ger-*breh*-kerkh) *adj* defective, faulty

gebruik (ger-*brur*ᵉʷk) *nt* (pl ~en) use,
usage; custom

gebruikelijk (ger-*brur*ᵉʷ-ker-lerk) *adj*
customary; common, usual

gebruiken (ger-*brur*ᵉʷ-kern) *v* use;
employ; apply

gebruiker (ger-*brur*ᵉʷ-kerr) *c* (pl ~s)
user

gebruiksaanwijzing (ger-*brur*ᵉʷk-saan-
vay-zɪng) *c* (pl ~en) directions for
use

gebruiksvoorwerp (ger-*brur*ᵉʷks-fōar-
vehrp) *nt* (pl ~en) utensil

gebruind (ger-*brur*ᵉʷnt) *adj* tanned

gebrul (ger-*brerl*) *nt* roar

gecompliceerd (ger-kom-plee-*sāyrt*)
adj complicated

gedachte (ger-*dahkh*-ter) *c* (pl ~n)
thought; idea

gedachtenstreepje (ger-*dahkh*-ter-
strāyp-ʸer) *nt* (pl ~s) dash

gedeelte (ger-*dāyl*-ter) *nt* (pl ~n, ~s)
part

gedeeltelijk (ger-*dāyl*-ter-lerk) *adj* partial; *adv* partly

gedelegeerde (ger-dāy-ler-*gāyr*-der) *c*
(pl ~n) delegate

gedenkteken (ger-*dehngk*-tāy-kern) *nt*
(pl ~s) memorial; monument

gedenkwaardig (ger-dehngk-*vaar*-
derkh) *adj* memorable

gedetailleerd (ger-dāy-tah-*Yāyrt*) *adj*
detailed

gedetineerde (ger-dāy-tee-*nāyr*-der) *c*
(pl ~n) prisoner

gedicht (ger-*dɪkht*) *nt* (pl ~en) poem

geding (ger-*dɪng*) *nt* (pl ~en) lawsuit

gediplomeerd (ger-dee-plōā-*māȳrt*) *adj* qualified

gedrag (ger-*drahkh*) *nt* conduct, behaviour

zich *gedragen (ger-*draa*-gern) act, behave

geduld (ger-*derlt*) *nt* patience

geduldig (ger-*derl*-derkh) *adj* patient

gedurende (ger-*dēw*-rern-der) *prep* during; for

gedurfd (ger-*derrft*) *adj* daring

geel (gāȳl) *adj* yellow

geelkoper (*gāȳl*-kōā-perr) *nt* brass

geelzucht (*gāȳl*-zerkht) *c* jaundice

geëmailleerd (ger-āȳ-mah-*ʸāȳrt*) *adj* enamelled

geen (gāȳn) *adj* no

geenszins (*gāȳn*-sɪns) *adv* by no means

geest (gāȳst) *c* (pl ~en) spirit, mind; soul; ghost

geestelijk (*gāȳ*-ster-lerk) *adj* spiritual, mental

geestelijke (*gāȳ*-ster-ler-ker) *c* (pl ~n) clergyman

geestig (*gāȳ*-sterkh) *adj* witty, humorous

geeuwen (*gāȳᵒᵒ*-ern) *v* yawn

gefluister (ger-*flurᵉʷ*-sterr) *nt* whisper

gegadigde (ger-*gaa*-derkh-der) *c* (pl ~n) candidate

gegeneerd (ger-zher-*nāȳrt*) *adj* embarrassed

gegeven (ger-*gāȳ*-vern) *nt* (pl ~s) data *pl*

gegrond (ger-*gront*) *adj* well-founded

gehandicapt (ger-*hehn*-dee-kehpt) *adj* disabled

geheel (ger-*hāȳl*) *adj* entire, whole, total; *adv* completely; *nt* whole

geheelonthouder (ger-*hāȳl*-ont-houderr) *c* (pl ~s) teetotaller

geheim¹ (ger-*haym*) *adj* secret

geheim² (ger-*haym*) *nt* (pl ~en) secret

geheimzinnig (ger-haym-zɪ-nerkh) *adj* mysterious

geheugen (ger-*hūr*-gern) *nt* memory

gehoor (ger-*hōar*) *nt* hearing

gehoorzaam (ger-*hōar*-zaam) *adj* obedient

gehoorzaamheid (ger-*hōar*-zaam-hayt) *c* obedience

gehoorzamen (ger-*hōar*-zaa-mern) *v* obey

gehorig (ger-*hōā*-rerkh) *adj* noisy

gehucht (ger-*herkht*) *nt* (pl ~en) hamlet

geïnteresseerd (ger-ɪn-trer-*sāȳrt*) *adj* interested

geïsoleerd (ger-ee-zōā-*lāȳrt*) *adj* isolated

geit (gayt) *c* (pl ~en) goat

geiteleer (*gay*-ter-lāȳr) *nt* kid

gek¹ (gehk) *adj* crazy, mad

gek² (gehk) *c* (pl ~ken) fool

geklets (ger-*klehts*) *nt* chat; rubbish

gekleurd (ger-*klūrrt*) *adj* coloured

gekraak (ger-*kraak*) *nt* crack

gekruid (ger-*krurᵉʷt*) *adj* spiced

gelaatstrek (ger-*laats*-trehk) *c* (pl ~ken) feature

gelach (ger-*lahkh*) *nt* laughter

geld (gehlt) *nt* money; **buitenlands ~** foreign currency; **contant ~** cash

geldbelegging (*gehlt*-ber-leh-gɪng) *c* (pl ~en) investment

*gelden (*gehl*-dern) *v* apply

geldig (*gehl*-derkh) *adj* valid

geldstuk (*gehlt*-sterk) *nt* (pl ~ken) coin

geleden (ger-*lāȳ*-dern) ago; **kort ~** recently

geleerde (ger-*lāȳr*-der) *c* (pl ~n) scholar, scientist

gelegen (ger-*lay*-gern) *adj* situated

gelegenheid (ger-*lāȳ*-gern-hayt) *c* (pl -heden) occasion, chance, opportunity

gelei (zher-*lay*) c (pl ~en) jelly

geleidehond (ger-*lay*-der-hont) c (pl ~en) guide-dog

geleidelijk (ger-*lay*-der-lerk) adj gradual

gelijk (ger-*layk*) adj equal, like, alike; level, even; ~ ***hebben** * be right; ~ **maken** equalize

gelijkenis (ger-*lay*-ker-niss) c (pl ~sen) resemblance, similarity

gelijkgezind (ger-layk-kher-*zint*) adj like-minded

gelijkheid (ger-*layk*-hayt) c equality

gelijkstroom (ger-*layk*-stroam) c direct current

gelijktijdig (ger-layk-*tay*-derkh) adj simultaneous

gelijkwaardig (ger-layk-*vaar*-derkh) adj equivalent

gelofte (ger-*lof*-ter) c (pl ~n) vow

geloof (ger-*lōaf*) nt belief; faith

geloofwaardig (ger-lōaf-*vaar*-derkh) adj credible

geloven (ger-*lōa*-vern) v believe

geluid (ger-*lur*ewt) nt (pl ~en) sound; noise

geluiddicht (ger-lur*ew*-*dikht*) adj soundproof

geluk (ger-*lerk*) nt happiness; luck, fortune

gelukkig (ger-*ler*-kerkh) adj happy; fortunate

gelukwens (ger-*lerk*-vehns) c (pl ~en) congratulation

gelukwensen (ger-*lerk*-vehn-sern) v congratulate, compliment

gemak (ger-*mahk*) nt leisure; ease; comfort

gemakkelijk (ger-*mah*-ker-lerk) adj easy; convenient

gematigd (ger-*maa*-terkht) adj moderate

gember (*gehm*-berr) c ginger

gemeen (ger-*māyn*) adj foul, mean

gemeenschap (ger-*māyn*-skhahp) c (pl ~pen) community

gemeenschappelijk (ger-māyn-*skhah*-per-lerk) adj common

gemeente (ger-*māyn*-ter) c (pl ~n, ~s) congregation

gemeentebestuur (ger-*māyn*-ter-ber-stēwr) nt municipality

gemeentelijk (ger-*māyn*-ter-lerk) adj municipal

gemêleerd (ger-meh-*lāyrt*) adj mixed

gemengd (ger-*mehngt*) adj mixed; miscellaneous

gemiddeld (ger-*mi*-derlt) adj average, medium; adv on the average

gemiddelde (ger-*mi*-derl-der) nt (pl ~n) average, mean

gemis (ger-*miss*) nt want, lack

genade (ger-*naa*-der) c mercy; grace

geneeskunde (ger-*nāyss*-kern-der) c medicine

geneeskundig (ger-nāyss-*kern*-derkh) adj medical

geneesmiddel (ger-*nāyss*-mi-derl) nt (pl ~en) medicine; remedy, drug

genegen (ger-*nāy*-gern) adj inclined

genegenheid (ger-*nāy*-gern-hayt) c affection

geneigd (ger-*naykht*) adj inclined

generaal (gāy-ner-*raal*) c (pl ~s) general

generatie (gāy-ner-*raa*-tsee) c (pl ~s) generation

generator (gāy-ner-*raa*-tor) c (pl ~en, ~s) generator

***genezen** (ger-*nāy*-zern) v heal; cure; ‹ recover

genezing (ger-*nāy*-zing) c (pl ~en) cure; recovery

genie (zher-*nee*) nt (pl ~ën) genius

***genieten van** (ger-*nee*-tern) enjoy

genoeg (ger-*nōōkh*) adv enough; sufficient

genoegen (ger-*nōō*-gern) nt (pl ~s)

pleasure

genootschap (ger-*nōāt*-skhahp) *nt* (pl ~pen) society; association

genot (ger-*not*) *nt* joy; delight; enjoyment

geologie (gāy-ᵛōā-lōā-*gee*) *c* geology

gepast (ger-*pahst*) *adj* suitable, proper

gepensioneerd (ger-pehn-shōā-*nāyrt*) *adj* retired

geraamte (ger-*raam*-ter) *nt* (pl ~n, ~s) skeleton

geraas (ger-*raass*) *nt* roar

gerecht (ger-*rehkht*) *nt* (pl ~en) dish; law court

gerechtigheid (ger-*rehkh*-terkh-hayt) *c* justice

gereed (ger-*rāyt*) *adj* ready

gereedschap (ger-*rāyt*-skhahp) *nt* (pl ~pen) tool; utensil, implement

gereedschapskist (ger-*rāyt*-skhahps-kıst) *c* (pl ~en) tool kit

geregeld (ger-*rāy*-gerlt) *adj* regular

gereserveerd (ger-rāy-zehr-*vāyrt*) *adj* reserved

gerief (ger-*reef*) *nt* comfort

gerieflijk (ger-*ree*-fer-lerk) *adj* comfortable, easy; convenient

gering (ger-*rıng*) *adj* minor; slight, small; **geringst** least

geroddel (ger-*ro*-derl) *nt* gossip

gerst (gehrst) *c* barley

gerucht (ger-*rerkht*) *nt* (pl ~en) rumour

geruit (ger-*rurᵉʷt*) *adj* chequered

gerust (ger-*rerst*) *adj* confident

geruststellen (ger-*rerst*-steh-lern) *v* reassure

gescheiden (ger-*skhay*-dern) *adj* separate

geschenk (ger-*skhehngk*) *nt* (pl ~en) gift, present

geschiedenis (ger-*skhee*-der-nıss) *c* history

geschiedkundig (ger-skheet-*kern*-

derkh) *adj* historical

geschiedkundige (ger-skheet-*kern*-der-ger) *c* (pl ~n) historian

geschikt (ger-*skhıkt*) *adj* convenient, suitable, proper, appropriate, fit; ~ ***zijn** qualify

geschil (ger-*skhıl*) *nt* (pl ~len) dispute

geslacht (ger-*slahkht*) *nt* (pl ~en) sex; gender

geslachtsziekte (ger-*slahkht*-seek-ter) *c* (pl ~n, ~s) venereal disease

gesloten (ger-*slōā*-tern) *adj* closed, shut

gesp (gehsp) *c* (pl ~en) buckle

gespannen (ger-*spah*-nern) *adj* tense

gespierd (ger-*speert*) *adj* muscular

gespikkeld (ger-*spı*-kerlt) *adj* spotted

gesprek (ger-*sprehk*) *nt* (pl ~ken) discussion, conversation, talk; **interlokaal** ~ trunk-call; **lokaal** ~ local call

gestalte (ger-*stahl*-ter) *c* (pl ~n, ~s) figure

gesticht (ger-*stıkht*) *nt* (pl ~en) asylum

gestorven (ger-*stor*-vern) *adj* dead

gestreept (ger-*strāypt*) *adj* striped

getal (ger-*tahl*) *nt* (pl ~len) number

getij (ger-*tay*) *nt* (pl ~en) tide

getrouw (ger-*trou*) *adj* true

getuige (ger-*turᵉʷ*-ger) *c* (pl ~n) witness

getuigen (ger-*turᵉʷ*-gern) *v* testify

getuigschrift (ger-*turᵉʷ*kh-skhrıft) *nt* (pl ~en) certificate

getypt (ger-*teept*) *adj* typewritten

geur (gūrr) *c* (pl ~en) smell, odour; scent

gevaar (ger-*vaar*) *nt* (pl -varen) danger; risk, peril

gevaarlijk (ger-*vaar*-lerk) *adj* dangerous; perilous

geval (ger-*vahl*) *nt* (pl ~len) case; instance; event; **in elk** ~ at any rate, anyway; **in ~ van** in case of

gevangene (ger-*vah*-nger-ner) *c* (pl ~n) prisoner

gevangenis (ger-*vah*-nger-niss) *c* (pl ~sen) prison; gaol, jail

gevangenschap (ger-*vah*-ngern-skhahp) *c* imprisonment

gevarieerd (ger-vaa-ree-*ᵞaᵧrt*) *adj* varied

gevecht (ger-*vehkht*) *nt* (pl ~en) combat, battle, fight

gevel (*gaᵧ*-verl) *c* (pl ~s) façade

geveltop (*gaᵧ*-verl-top) *c* (pl ~pen) gable

***geven** (*gaᵧ*-vern) *v* *give; ~ **om** mind

gevoel (ger-*vool*) *nt* feeling; sensation

gevoelig (ger-*voo*-lerkh) *adj* sensitive

gevoelloos (ger-*voo*-lōass) *adj* numb

gevogelte (ger-*vōa*-gerl-ter) *nt* fowl; poultry

gevolg (ger-*volkh*) *nt* (pl ~en) result, consequence; issue, effect; **ten gevolge van** owing to

gevolgtrekking (ger-*volkh*-treh-king) *c* (pl ~en) conclusion

gevorderd (ger-*vor*-derrt) *adj* advanced

gevuld (ger-*verlt*) *adj* stuffed

gewaad (ger-*vaat*) *nt* (pl gewaden) robe

gewaagd (ger-*vaakht*) *adj* risky

gewaarwording (ger-*vaar*-vor-ding) *c* (pl ~en) perception; sensation

gewapend (ger-*vaa*-pernt) *adj* armed

geweer (ger-*vaᵧr*) *nt* (pl geweren) rifle, gun

gewei (ger-*vay*) *nt* (pl ~en) antlers *pl*

geweld (ger-*vehlt*) *nt* violence; force

gewelddaad (ger-*vehl*-daat) *c* (pl -daden) outrage

gewelddadig (ger-vehl-*daa*-derkh) *adj* violent

geweldig (ger-*vehl*-derkh) *adj* terrific;

huge

gewelf (ger-*vehlf*) *nt* (pl gewelven) arch, vault

gewend (ger-*vehnt*) *adj* accustomed

gewest (ger-*vehst*) *nt* (pl ~en) province

geweten (ger-*vaᵧ*-tern) *nt* conscience

gewicht (ger-*vikht*) *nt* (pl ~en) weight

gewichtig (ger-*vikh*-terkh) *adj* important; big

gewillig (ger-*vi*-lerkh) *adj* co-operative

gewond (ger-*vont*) *adj* injured

gewoon (ger-*vōan*) *adj* normal, ordinary; common, regular, plain, simple; customary, habitual; accustomed; ~ **zijn** *be used to; would

gewoonlijk (ger-*vōan*-lerk) *adj* customary; *adv* as a rule, usually

gewoonte (ger-*vōan*-ter) *c* (pl ~n, ~s) habit; custom

gewoonweg (ger-*vōan*-vehkh) *adv* simply

gewricht (ger-*vrikht*) *nt* (pl ~en) joint

gezag (ger-*zahkh*) *nt* authority

gezagvoerder (ger-*zahkh*-fōr-derr) *c* (pl ~s) captain

gezamenlijk (ger-*zaa*-mer-lerk) *adj* joint

gezang (ger-*zahng*) *nt* (pl ~en) hymn

gezant (ger-*zahnt*) *c* (pl ~en) envoy

gezellig (ger-*zeh*-lerkh) *adj* cosy

gezelschap (ger-*zehl*-skhahp) *nt* (pl ~pen) company; society

gezet (ger-*zeht*) *adj* corpulent; stout

gezicht (ger-*zikht*) *nt* (pl ~en) face; sight

gezichtscrème (ger-*zikhts*-kraim) *c* (pl ~s) face-cream

gezichtsmassage (ger-*zikhts*-mah-saa-zher) *c* (pl ~s) face massage

gezichtspoeder (ger-*zikhts*-pōo-derr) *nt/c* (pl ~s) face-powder

gezien (ger-*zeen*) *prep* considering

gezin (ger-*zin*) *nt* (pl ~nen) family

handkoffertje (*hahnt*-ko-ferr-t^yer) *nt* (pl ~s) grip *nAm*

handpalm (*hahnt*-pahlm) *c* (pl ~en) palm

handrem (*hahnt*-rehm) *c* (pl ~men) hand-brake

handschoen (*hahnt*-skhoon) *c* (pl ~en) glove

handschrift (*hahnt*-skhrift) *nt* (pl ~en) handwriting

handtas (*hahn*-tahss) *c* (pl ~sen) handbag, bag

handtekening (*hahn*-tāy-ker-ning) *v* (pl ~en) signature

handvat (*hahnt*-faht) *nt* (pl ~ten) handle

handvol (*hahnt*-fol) *c* handful

handwerk (*hahnt*-vehrk) *nt* handwork, handicraft; needlework

hangbrug (*hahng*-brerkh) *c* (pl ~gen) suspension bridge

hangen (*hah*-ngern) *v* *hang

hangmat (*hahng*-maht) *c* (pl ~ten) hammock

hangslot (*hahng*-slot) *nt* (pl ~en) padlock

hanteerbaar (hahn-*tāy*r-baar) *adj* manageable

hanteren (hahn-*tāy*-rern) *v* handle

hap (hahp) *c* (pl ~pen) bite

hard (hahrt) *adj* hard; loud

harddraverij (hahr-draa-ver-*ray*) *c* (pl ~en) horserace

hardnekkig (hahrt-*neh*-kerkh) *adj* obstinate, dogged, stubborn

hardop (hahrt-*op*) *adv* aloud

harig (*haa*-rerkh) *adj* hairy

haring (*haa*-ring) *c* (pl ~en) herring

hark (hahrk) *c* (pl ~en) rake

harmonie (hahr-mōa-*nee*) *c* harmony

harnas (*hahr*-nahss) *nt* (pl ~sen) armour

harp (hahrp) *c* (pl ~en) harp

hars (hahrs) *nt/c* resin

hart (hahrt) *nt* (pl ~en) heart

hartaanval (*hahr*-taan-vahl) *c* (pl ~len) heart attack

hartelijk (*hahr*-ter-lerk) *adj* hearty, cordial; sympathetic

harteloos (*hahr*-ter-lōass) *adj* heartless

hartklopping (*hahrt*-klo-ping) *c* (pl ~en) palpitation

hartstocht (*hahrts*-tokht) *c* passion

hartstochtelijk (hahrts-*tokh*-ter-lerk) *adj* passionate

hatelijk (*haa*-ter-lerk) *adj* spiteful

haten (*haa*-tern) *v* hate

haven (*haa*-vern) *c* (pl ~s) port, harbour

havenarbeider (*haa*-vern-ahr-bay-derr) *c* (pl ~s) docker

haver (*haa*-verr) *c* oats *pl*

havik (*haa*-vik) *c* (pl ~en) hawk

hazelnoot (*haa*-zerl-nōat) *c* (pl -noten) hazelnut

hazewind (haa-zer-*vint*) *c* (pl ~en) greyhound

hebben (*heh*-bern) *v* *have

Hebreeuws (hāy-*bráy*ooss) *nt* Hebrew

hebzucht (*hehp*-serkht) *c* greed

hebzuchtig (hehp-*serkh*-terkh) *adj* greedy

hechten (*hehkh*-tern) *v* attach; sew up

hechtenis (*hehkh*-ter-niss) *c* custody

hechting (*hehkh*-ting) *c* (pl ~en) stitch

hechtpleister (*hehkht*-play-sterr) *c* (pl ~s) adhesive tape

heden (*hāy*-dern) *nt* present

hedendaags (*hāy*-dern-daakhs) *adj* contemporary

heel (hāyl) *adj* entire, whole; unbroken; *adv* quite

heelal (hāy-*lahl*) *nt* universe

heelhuids (*hāy*l-hur^{ew}ts) *adj* unhurt

heengaan (*hāy*ng-gaan) *v* depart

heer (hāyr) *c* (pl heren) gentleman

heerlijk (*hāy*r-lerk) *adj* lovely, wonderful; delightful, delicious

heerschappij (hā̄yr-skhah-*pay*) c (pl ~en) rule; dominion

heersen (*hā̄y*r-sern) v rule

heerser (*hā̄y*r-serr) c (pl ~s) ruler

hees (hā̄yss) adj hoarse

heet (hā̄yt) adj hot; warm

hefboom (hehf-bōam) c (pl -bomen) lever

*heffen (heh-fern) v raise

heftig (hehf-terkh) adj violent

heg (hehkh) c (pl ~gen) hedge

heide (hay-der) c (pl ~n) heath; moor; heather

heiden (hay-dern) c (pl ~en) heathen, pagan

heidens (hay-derns) adj heathen, pagan

heiig (hay-erkh) adj hazy

heilbot (hayl-bot) c (pl ~ten) halibut

heilig (hay-lerkh) adj holy, sacred

heiligdom (hay-lerkh-dom) nt (pl ~men) shrine

heilige (hay-ler-ger) c (pl ~n) saint

heiligschennis (hay-lerkh-skheh-nerss) c sacrilege

heimwee (haym-vā̄y) nt homesickness

hek (hehk) nt (pl ~ken) fence; gate; railing

hekel (hā̄y-kerl) c dislike; **een ~ *hebben aan** hate, dislike

heks (hehks) c (pl ~en) witch

hel (hehl) c hell

helaas (hā̄y-*laass*) adv unfortunately

held (hehlt) c (pl ~en) hero

helder (hehl-derr) adj clear; serene; bright

heleboel (hā̄y-ler-*bōōl*) c plenty

helemaal (hā̄y-ler-maal) adv entirely, altogether, completely, wholly; quite; at all

helft (hehlft) c (pl ~en) half

hellen (heh-lern) v slant; **hellend** slanting

helling (heh-lɪng) c (pl ~en) slope; hillside; gradient, incline

helm (hehlm) c (pl ~en) helmet

*helpen (hehl-pern) v help; assist, aid

helper (hehl-perr) c (pl ~s) helper

hem (hehm) pron him

hemd (hehmt) nt (pl ~en) shirt; vest; undershirt

hemel (hā̄y-merl) c (pl ~s, ~en) sky; heaven

hen¹ (hehn) pron them

hen² (hehn) c (pl ~nen) hen

hendel (hehn-derl) c (pl ~s) lever

hengel (heh-ngerl) c (pl ~s) fishing rod

hengelen (heh-nger-lern) v angle, fish

hennep (heh-nerp) c hemp

herberg (hehr-behrkh) c (pl ~en) hostel, tavern, inn

herbergen (hehr-behr-gern) v lodge

herbergier (hehr-behr-*geer*) c (pl ~s) inn-keeper

herdenking (hehr-*dehng*-kɪng) c (pl ~en) commemoration

herder (hehr-derr) c (pl ~s) shepherd

herenhuis (hā̄y-rern-hurᵉʷss) nt (pl -huizen) mansion, manor-house

herenigen (heh-*rā̄y*-ner-gern) v reunite

herentoilet (hā̄y-rern-tvah-leht) nt (pl ~ten) men's room

herfst (hehrfst) c autumn; fall nAm

herhalen (hehr-*haa*-lern) v repeat

herhaling (hehr-*haa*-lɪng) c (pl ~en) repetition

herinneren (heh-rɪ-ner-rern) v remind; **zich ~** remember, recollect, recall

herinnering (heh-rɪ-ner-rɪng) c (pl ~en) memory; remembrance

herkennen (hehr-keh-nern) v recognize

herkomst (hehr-komst) c origin

hernia (hehr-nee-ʸaa) c slipped disc

herrie (heh-ree) c noise; fuss

*herroepen (heh-rōō-pern) v recall

hersenen (*hehr*-ser-nern) *pl* brain

hersenschudding (*hehr*-sern-skher-dıng) *c* (pl ~en) concussion

herstel (hehr-*stehl*) *nt* repair; recovery; revival

herstellen (hehr-*steh*-lern) *v* repair, mend; **zich** ~ recover

hert (hehrt) *nt* (pl ~en) deer

hertog (*hehr*-tokh) *c* (pl ~en) duke

hertogin (hehr-*tōā*-gın) *c* (pl ~nen) duchess

hervatten (hehr-*vah*-tern) *v* resume, recommence

* **herzien** (hehr-*zeen*) *v* revise

herziening (hehr-*zee*-nıng) *c* (pl ~en) revision

het (heht, ert) *art* the; *pron* it

* **heten** (*hāy*-tern) *v* *be called

heteroseksueel (hāy-ter-rōā-sehk-sew-*vāyl*) *adj* heterosexual

hetzij ... hetzij (heht-*say*) either ... or

heup (hūrp) *c* (pl ~en) hip

heuvel (*hūr*-verl) *c* (pl ~s) hill; mound

heuvelachtig (*hūr*-ver-lahkh-terkh) *adj* hilly

heuveltop (*hūr*-verl-top) *c* (pl ~pen) hilltop

hevig (*hāy*-verkh) *adj* severe, violent; intense

hiel (heel) *c* (pl ~en) heel

hier (heer) *adv* here

hiërarchie (hee-ʸer-rahr-*khee*) *c* (pl ~ën) hierarchy

hij (hay) *pron* he

hijgen (*hay*-gern) *v* pant

* **hijsen** (*hay*-sern) *v* hoist

hijskraan (*hayss*-kraan) *c* (pl -kranen) crane

hik (hık) *c* hiccup

hinderen (*hın*-der-rern) *v* hinder; bother, embarrass

hinderlaag (*hın*-derr-laakh) *c* (pl -lagen) ambush

hinderlijk (hın-*derr*-lerk) *adj* annoying

hindernis (hın-*derr*-nıss) *c* (pl ~sen) obstacle

hinken (*hıng*-kern) *v* limp

historisch (hee-*stōā*-reess) *adj* historic

hitte (*hı*-ter) *c* heat

hobbelig (*ho*-ber-lerkh) *adj* bumpy

hobby (*ho*-bee) *c* (pl ~'s) hobby

hoe (hōō) *adv* how; ~ ... **hoe** the ... the; ~ **dan ook** anyhow, any way; at any rate

hoed (hōōt) *c* (pl ~en) hat

hoede (*hōō*-der) *c* custody

zich hoeden (*hōō*-dern) beware

hoef (hōōf) *c* (pl hoeven) hoof

hoefijzer (*hōōf*-ay-zerr) *nt* (pl ~s) horseshoe

hoek (hōōk) *c* (pl ~en) corner; angle

hoer (hōōr) *c* (pl ~en) whore

hoes (hōōss) *c* (pl hoezen) sleeve

hoest (hōōst) *c* cough

hoesten (*hōōss*-tern) *v* cough

hoeveel (hōō-*vāyl*) *pron* how much; how many

hoeveelheid (hōō-*vāyl*-hayt) *c* (pl -heden) quantity; amount

hoeven (*hōō*-vern) *v* need

hoewel (hōō-*vehl*) *conj* although, though

hof (hof) *nt* (pl hoven) court

hoffelijk (*ho*-fer-lerk) *adj* courteous

hokje (*ho*-kʸer) *nt* (pl ~s) booth

hol¹ (hol) *nt* (pl ~en) den; cavern

hol² (hol) *adj* hollow

Holland (*ho*-lahnt) Holland

Hollander (*ho*-lahn-derr) *c* (pl ~s) Dutchman

Hollands (*ho*-lahnts) *adj* Dutch

holte (*hol*-ter) *c* (pl ~s, ~n) cavity

homoseksueel (hōā-mōā-sehk-sew-*vāyl*) *adj* homosexual

hond (hont) *c* (pl ~en) dog

hondehok (*hon*-der-hok) *nt* (pl ~ken) kennel

honderd (*hon*-derrt) *num* hundred

hondsdolheid (honts-*dol*-hayt) *c* rabies

Hongaar (hong-*gaar*) *c* (pl -garen) Hungarian

Hongaars (hong-*gaars*) *adj* Hungarian

Hongarije (hong-gaa-*ray*-er) Hungary

honger (*ho*-ngerr) *c* hunger

hongerig (*ho*-nger-rerkh) *adj* hungry

honing (*hōa*-ning) *c* honey

honkbal (*hongk*-bahl) *nt* baseball

honorarium (hōa-nōa-*raa*-ree-ᵛerm) *nt* (pl -ria) fee

hoofd (hōaft) *nt* (pl ~en) head; **het ~ *bieden aan** face; **hoofd-** primary, main, chief; cardinal, capital; **over het ~ *zien** overlook; **uit het ~** by heart; **uit het ~ leren** memorize

hoofdkussen (*hōaft*-ker-sern) *nt* (pl ~s) pillow

hoofdkwartier (*hōaft*-kvahr-teer) *nt* (pl ~en) headquarters *pl*

hoofdleiding (*hōaft*-lay-ding) *c* (pl ~en) mains *pl*

hoofdletter (*hōaft*-leh-terr) *c* (pl ~s) capital letter

hoofdlijn (*hōaft*-layn) *c* (pl ~en) main line

hoofdonderwijzer (*hōaft*-on-derr-vay-zerr) *c* (pl ~s) head teacher

hoofdpijn (*hōaft*-payn) *c* headache

hoofdstad (*hōaft*-staht) *c* (pl -steden) capital

hoofdstraat (*hōaft*-straat) *c* (pl -straten) main street, thoroughfare

hoofdweg (*hōaft*-vehkh) *c* (pl ~en) main road, thoroughfare; highway

hoofdzakelijk (hōaft-*saa*-ker-lerk) *adv* mainly

hoog (hōakh) *adj* high; tall; **hoger** upper; superior; **hoogst** foremost, extreme

hooghartig (hōakh-*hahr*-terkh) *adj* haughty

hoogleraar (hōakh-*lāy*-raar) *c* (pl -leraren, ~s) professor

hoogmoedig (hōakh-*mōō*-derkh) *adj* proud

hoogovens (*hōakh*-ōā-verns) *pl* ironworks

hoogseizoen (*hōakh*-say-zōōn) *nt* high season, peak season

hoogstens (*hōakh*-sterns) *adv* at most

hoogte (*hōakh*-ter) *c* (pl ~n, ~s) height; altitude

hoogtepunt (*hōakh*-ter-pernt) *nt* (pl ~en) height

hooguit (hōakh-*urᵉʷt*) *adv* at most

hoogvlakte (*hōakh*-flahk-ter) *c* (pl ~n, ~s) uplands *pl*; plateau

hooi (hōaᵉᵉ) *nt* hay

hooikoorts (*hōaᵉᵉ*-kōarts) *c* hay fever

hoon (hōan) *c* scorn

hoop¹ (hōap) *c* (pl hopen) heap, lot

hoop² (hōap) *c* hope

hoopvol (*hōap*-fol) *adj* hopeful

hoorbaar (*hōar*-baar) *adj* audible

hoorn (*hōa*-rern) *c* (pl ~en, ~s) horn

hop (hop) *c* hop

hopeloos (*hōa*-per-lōass) *adj* hopeless

hopen (*hōa*-pern) *v* hope

horen (*hōa*-rern) *v* *hear

horizon (*hōa*-ree-zon) *c* horizon

horizontaal (hōa-ree-zon-*taal*) *adj* horizontal

horloge (hor-*lōa*-zher) *nt* (pl ~s) watch

horlogebandje (hor-*lōa*-zher-bahn-tᵛer) *nt* (pl ~s) watch-strap

horlogemaker (hor-*lōa*-zher-maa-kerr) *c* (pl ~s) watch-maker

hors d'œuvre (awr-*dū̄r*-vrer) *c* (pl ~s) hors-d'œuvre

hospes (*hoss*-perss) *c* (pl ~sen) landlord

hospita (*hoss*-pee-taa) *c* (pl ~'s) landlady

hospitaal (*hoss*-pee-taal) *nt* (pl -talen) hospital

hotel (hōā-*tehl*) *nt* (pl ~s) hotel

*houden (*hou*-dern) *v* *hold; *keep; ~ **van** love; like, care for, *be fond of; **niet** ~ **van** dislike

houding (*hou*-ding) *c* (pl ~en) position; attitude

hout (hout) *nt* wood

houtblok (*hout*-blok) *nt* (pl ~ken) log

houten (*hou*-tern) *adj* wooden

houtskool (*houts*-kōal) *c* charcoal

*houtsnijden (*hout*-snay-dern) *v* carve

houtsnijwerk (*hout*-snay-vehrk) *nt* wood-carving

houtzagerij (hout-saa-ger-*ray*) *c* (pl ~en) saw-mill

houvast (hou-*vahst*) *nt* grip

houweel (hou-*vāyl*) *nt* (pl -welen) pick-axe

huichelaar (*hurew*-kher-laar) *c* (pl ~s) hypocrite

huichelachtig (*hurew*-kherl-ahkh-terkh) *adj* hypocritical

huichelarij (hurew-kher-laa-*ray*) *c* hypocrisy

huichelen (*hurew*-kher-lern) *v* simulate

huid (hurewt) *c* (pl ~en) skin; hide

huidcrème (*hurewt*-kraim) *c* (pl ~s) skin cream

huidig (*hurew*-derkh) *adj* current

huiduitslag (*hurewt*-ur-ewt-slahkh) *c* rash

huilen (*hurew*-lern) *v* cry, *weep

huis (hurewss) *nt* (pl huizen) house; home; **naar** ~ home

huisarts (*hurewss*-ahrts) *c* (pl ~en) general practitioner

huisbaas (*hurewss*-baass) *c* (pl -bazen) landlord

huisdier (*hurewss*-deer) *nt* (pl ~en) pet

huiselijk (*hurew*-ser-lerk) *adj* domestic

huishouden (*hurewss*-hou-dern) *nt* (pl ~s) household; housework, housekeeping

huishoudster (*hurewss*-hout-sterr) *c* (pl ~s) housekeeper

huiskamer (*hurewss*-kaa-merr) *c* (pl ~s) living-room

huisonderwijzer (*hurewss*-on-derr-vay-zerr) *c* (pl ~s) tutor

huissleutel (*hurew*-slur-terl) *c* (pl ~s) latchkey

huisvrouw (*hurewss*-frou) *c* (pl ~en) housewife

huizenblok (*hurew*-zern-blok) *nt* (pl ~ken) house block *Am*

hulde (*herl*-der) *c* tribute, homage

huldigen (*herl*-der-gern) *v* honour

hulp (herlp) *c* help; assistance, aid; **eerste** ~ first-aid; **eerste hulppost** first-aid post

hulpvaardig (herlp-*faar*-derkh) *adj* helpful

humeur (hew-*mūrr*) *nt* (pl ~en) mood

humor (*hew*-mor) *c* humour

humoristisch (hew-mōa-*riss*-teess) *adj* humorous

hun (hern) *pron* their

huppelen (*her*-per-lern) *v* hop, skip

huren (*hew*-rern) *v* hire, rent; lease

hut (hert) *c* (pl ~ten) hut; cabin

huur (hewr) *c* (pl huren) rent; **te** ~ for hire

huurcontract (*hewr*-kon-trahkt) *nt* (pl ~en) lease

huurder (*hewr*-derr) *c* (pl ~s) tenant

huurkoop (*hewr*-kōap) *c* hire-purchase

huwelijk (*hew*-ver-lerk) *nt* (pl ~en) wedding, marriage

huwelijksreis (*hew*-ver-lerks-rayss) *c* (pl -reizen) honeymoon

huwen (*hewoo*-ern) *v* marry

hygiëne (hee-gee-*yāy*-ner) *c* hygiene

hygiënisch (hee-gee-*yāy*-neess) *adj* hygienic

hypocriet (hee-pōa-*kreet*) *adj* hypocritical

hypotheek (hee-pōa-*tāyk*) *c* (pl -theken) mortgage

hysterisch (hee-*stāy*-reess) *adj* hysterical

I

ideaal[1] (ee-dāy-*Yaal*) *adj* ideal
ideaal[2] (ee-dāy-*Yaal*) *nt* (pl idealen) ideal
idee (ee-*dāy*) *nt/c* (pl ~ën, ~s) idea
identiek (ee-dehn-*teek*) *adj* identical
identificatie (ee-dehn-tee-fi-*kaa*-tsee) *c* identification
identificeren (ee-dehn-tee-fee-*sāy*-rern) *v* identify
identiteit (ee-dehn-ti-*tayt*) *c* identity
identiteitskaart (ee-dehn-tee-*tayts*-kaart) *c* (pl ~en) identity card
idiomatisch (ee-dee-Yōa-*maa*-teess) *adj* idiomatic
idioom (ee-dee-*Yōam*) *nt* (pl idiomen) idiom
idioot[1] (ee-dee-*Yōat*) *adj* idiotic
idioot[2] (ee-dee-*Yōat*) *c* (pl idioten) idiot
idool (ee-*dōal*) *nt* (pl idolen) idol
ieder (ee-derr) *pron* each, every; everyone
iedereen (ee-der-*rāyn*) *pron* everyone, everybody; anyone
iemand (ee-mahnt) *pron* someone, somebody
iep (eep) *c* (pl ~en) elm
ler (eer) *c* (pl ~en) Irishman
lerland (eer-lahnt) Ireland
lers (eers) *adj* Irish
iets (eets) *pron* something; some
ijdel (ay-derl) *adj* vain; idle
ijs (ayss) *nt* ice; ice-cream
ijsbaan (ayss-baan) *c* (pl -banen) skating-rink
ijsje (ay-sher) *nt* (pl ~s) ice-cream
ijskast (ayss-kahst) *c* (pl ~en) fridge, refrigerator
ijskoud (ayss-kout) *adj* freezing
IJsland (ayss-lahnt) Iceland
IJslander (ayss-lahn-derr) *c* (pl ~s) Icelander
IJslands (ayss-lahnts) *adj* Icelandic
ijswater (ayss-vaa-terr) *nt* iced water
ijver (ay-verr) *c* zeal; diligence
ijverig (ay-ver-rerkh) *adj* zealous; diligent
ijzer (ay-zerr) *nt* iron
ijzerdraad (ay-zerr-draat) *nt* wire
ijzeren (ay-zer-rern) *adj* iron
ijzerwaren (ay-zerr-vaa-rern) *pl* hardware
ik (ɪk) *pron* I
ikoon (ee-*kōan*) *c* (pl ikonen) icon
illegaal (ee-ler-*gaal*) *adj* illegal
illusie (ɪ-*lēw*-zee) *c* (pl ~s) illusion
illustratie (ɪ-lēw-*straa*-tsee) *c* (pl ~s) illustration
illustreren (ɪ-lēw-*strāy*-rern) *v* illustrate
imitatie (ee-mee-*taa*-tsee) *c* (pl ~s) imitation
imiteren (ee-mee-*tāy*-rern) *v* imitate
immigrant (ɪ-mee-*grahnt*) *c* (pl ~en) immigrant
immigratie (ɪ-mee-*graa*-tsee) *c* immigration
immigreren (ɪ-mee-*grāy*-rern) *v* immigrate
immuniteit (ɪ-mēw-nee-*tayt*) *c* immunity
impliceren (ɪm-plee-*sāy*-rern) *v* imply, involve
imponeren (ɪm-pōa-*nāy*-rern) *v* impress
impopulair (ɪm-pōa-pēw-*lair*) *adj* unpopular
import (*ɪm*-port) *c* import
importeren (ɪm-por-*tāy*-rern) *v* import
importeur (ɪm-por-*tŭrr*) *c* (pl ~s) importer

impotent (im-pōa-*tehnt*) *adj* impotent

impotentie (im-pōa-*tehn*-see) *c* impotence

improviseren (im-prōa-vee-sáy-rern) *v* improvise

impuls (im-*perls*) *c* (pl ~en) impulse

impulsief (im-perl-*zeef*) *adj* impulsive

in (in) *prep* in; into, inside; at

inademen (*in*-aa-der-mern) *v* inhale

inbegrepen (in-ber-gráy-pern) *adj* included; **alles** ~ all in

inboorling (im-bōar-ling) *c* (pl ~en) native

***inbreken** (*im*-bráy-kern) *v* burgle

inbreker (*im*-bráy-kerr) *c* (pl ~s) burglar

incasseren (ing-kah-*sáy*-rern) *v* cash

incident (in-see-*dehnt*) *nt* (pl ~en) incident

inclusief (ing-klew-*zeef*) *adv* inclusive

incompleet (ing-kom-*playt*) *adj* incomplete

indelen (*in*-dáy-lern) *v* classify

zich *indenken (*in*-dehng-kern) *v* imagine

inderdaad (in-derr-*daat*) *adv* indeed

index (*in*-dehks) *c* (pl ~en) index

India (*in*-dee-ʸah) India

Indiaan (in-dee-ʸaan) *c* (pl Indianen) Indian

Indiaans (in-dee-ʸaans) *adj* Indian

indien (in-*deen*) *conj* in case, if

Indiër (*in*-dee-ʸerr) *c* (pl ~s) Indian

indigestie (in-dee-*gehss*-tee) *c* indigestion

indirect (*in*-dee-rehkt) *adj* indirect

Indisch (*in*-deess) *adj* Indian

individu (in-dee-vee-*dew*) *nt* (pl ~en, ~'s) individual

individueel (in-dee-vee-dew-*váyl*) *adj* individual

Indonesië (in-dōa-*náy*-zee-ʸer) Indonesia

Indonesiër (in-dōa-*náy*-zee-ʸerr) *c* (pl ~s) Indonesian

Indonesisch (in-dōa-*náy*-zeess) *adj* Indonesian

indringer (*in*-dri-ngerr) *c* (pl ~s) trespasser

indruk (*in*-drerk) *c* (pl ~ken) impression; ~ **maken op** impress

indrukken (*in*-drer-kern) *v* press

indrukwekkend (in-drerk-*veh*-kernt) *adj* impressive, imposing

industrie (in-derss-*tree*) *c* (pl ~ën) industry

industrieel (in-derss-tree-ʸáyl) *adj* industrial

industriegebied (in-derss-*tree*-ger-beet) *nt* (pl ~en) industrial area

ineens (i-*náyns*) *adv* suddenly; at once

inenten (*in*-ehn-tern) *v* vaccinate, inoculate

inenting (*in*-ehn-ting) *c* (pl ~en) vaccination, inoculation

infanterie (*in*-fahn-ter-ree) *c* infantry

infectie (in-*fehk*-see) *c* (pl ~s) infection

inferieur (in-fáy-ree-ʸúrr) *adj* inferior

inflatie (in-*flaa*-tsee) *c* inflation

informatie (in-for-*maa*-tsee) *c* (pl ~s) information; enquiry; ~ ***inwinnen** *v* inquire

informatiebureau (in-for-*maa*-tsee-bew-rōa) *nt* (pl ~s) inquiry office

informeel (in-for-*máyl*) *adj* informal

informeren (in-for-*máy*-rern) *v* enquire; inform

infrarood (*in*-fraa-rōat) *adj* infra-red

***ingaan** (*ing*-gaan) *v* enter; *take effect

ingang (*ing*-gahng) *c* (pl ~en) entrance, way in; entry; **met** ~ **van** as from

ingenieur (in-zhern-ʸúrr) *c* (pl ~s) engineer

ingenomen (*ing*-ger-nōa-mern) *adj*

pleased

ingevolge (ing-ger-*vol*-ger) *prep* in accordance with

ingewanden (*ing*-ger-vahn-dern) *pl* bowels *pl*, intestines, insides

ingewikkeld (ing-ger-*vi*-kerlt) *adj* complicated; complex

ingrediënt (ing-grāy-dee-*Yehnt*) *nt* (pl ~en) ingredient

*ingrijpen** (*ing*-gray-pern) *v* intervene

inhalen (*in*-haa-lern) *v* *overtake; pass *vAm*; ~ **verboden** no overtaking; no passing *Am*

inham (*in*-hahm) *c* (pl ~men) creek, inlet

inheems (in-*hāyms*) *adj* native

inhoud (*in*-hout) *c* contents *pl*

*inhouden** (*in*-hou-dern) *v* contain; imply; restrain

inhoudsopgave (*in*-houts-op-khaa-ver) *c* (pl ~n) table of contents

initiatief (ee-nee-shaa-*teef*) *nt* (pl -tieven) initiative

injectie (in-*Yehk*-see) *c* (pl ~s) shot, injection

inkomen (*ing*-kōa-mern) *nt* (pl ~s) revenue, income

inkomsten (*in*-kom-stern) *pl* earnings *pl*

inkomstenbelasting (*ing*-kom-ster-ber-lahss-ting) *c* income-tax

inkt (ingkt) *c* ink

inleiden (*in*-lay-dern) *v* introduce; **inleidend** preliminary

inleiding (*in*-lay-ding) *c* (pl ~en) introduction

inlichten (*in*-likh-tern) *v* inform

inlichting (*in*-likh-ting) *c* (pl ~en) information

inlichtingenkantoor (*in*-likh-ti-nger-kahn-tōar) *nt* (pl -toren) information bureau

inmaken (*in*-maa-kern) *v* preserve

inmenging (*in*-mehng-ing) *c* (pl ~en)

interference

inmiddels (in-*mi*-derls) *adv* in the meantime

*innemen** (*i*-nāy-mern) *v* *take up; occupy; capture

inneming (*i*-nāy-ming) *c* capture

innen (*i*-nern) *v* cash

inpakken (*im*-pah-kern) *v* wrap; pack up, pack

inrichten (*in*-rikh-tern) *v* furnish

inrichting (*in*-rikh-ting) *c* (pl ~en) institution

inschakelen (*in*-skhaa-ker-lern) *v* switch on; plug in

*inschenken** (*in*-skhehng-kern) *v* pour

inschepen (*in*-skhāy-pern) *v* embark

inscheping (*in*-skhāy-ping) *c* embarkation

*inschrijven** (*in*-skhray-vern) *v* enter, book; **zich** ~ register, check in

inschrijvingsformulier (*in*-skhray-vings-for-mēw-leer) *nt* (pl ~en) registration form

inscriptie (in-*skrip*-see) *c* (pl ~s) inscription

insekt (in-*sehkt*) *nt* (pl ~en) insect; bug *nAm*

insekticide (in-sehk-tee-*see*-der) *c* (pl ~n) insecticide

inslikken (*in*-sli-kern) *v* swallow

*insluiten** (*in*-slur^ew-tern) *v* *shut in; encircle; include; enclose

inspanning (*in*-spah-ning) *c* (pl ~en) strain, effort

inspecteren (in-spehk-*tāy*-rern) *v* inspect

inspecteur (in-spehk-*tūrr*) *c* (pl ~s) inspector

inspectie (in-*spehk*-see) *c* (pl ~s) inspection

*inspuiten** (*in*-spur^ew-tern) *v* inject

installatie (in-stah-*laa*-tsee) *c* (pl ~s) installation

installeren (in-stah-*lāy*-rern) *v* install

instappen (ın-stah-pern) v *get on ; embark

instellen (ın-steh-lern) v institute

instelling (ın-steh-lıng) c (pl ~en) institution, institute

instemmen (ın-steh-mern) v consent ; ~ **met** approve of

instemming (ın-steh-mıng) c approval, consent

instinct (ın-stıngkt) nt (pl ~en) instinct

instituut (ın-stee-tewt) nt (pl -tuten) institute

instorten (ın-stor-tern) v collapse

instructie (ın-strerk-see) c (pl ~s) direction

instrument (ın-strew-mehnt) nt (pl ~en) instrument

intact (ın-tahkt) adj intact

integendeel (ın-tay-gern-dayl) on the contrary

intellect (ın-ter-lehkt) nt intellect

intellectueel (ın-ter-lehk-tew-vayl) adj intellectual

intelligent (ın-ter-lee-gehnt) adj clever, intelligent

intelligentie (ın-ter-lee-gehn-see) c intelligence

intens (ın-tehns) adj intense

interessant (ın-ter-rer-sahnt) adj interesting

nteresse (ın-ter-reh-ser) c interest

nteresseren (ın-ter-reh-say-rern) v interest

ntermezzo (ın-terr-mehd-zoa) nt (pl ~'s) interlude

ntern (ın-tehrn) adj internal ; resident

nternaat (ın-terr-naat) nt (pl -naten) boarding-school

nternationaal (ın-terr-naht-shoa-naal) adj international

ntiem (ın-teem) adj intimate

ntroduceren (ın-troa-dew-say-rern) v introduce

intussen (ın-ter-sern) adv meanwhile

inval (ın-vahl) c (pl ~len) brain-wave, idea ; raid, invasion

invalide[1] (ın-vaa-lee-der) adj disabled, invalid

invalide[2] (ın-vaa-lee-der) c (pl ~n) invalid

invasie (ın-vaa-zee) c (pl ~s) invasion

inventaris (ın-vehn-taa-rerss) c (pl ~sen) inventory

investeerder (ın-vehss-tayr-derr) c (pl ~s) investor

investeren (ın-vehss-tay-rern) v invest

investering (ın-vehss-tay-rıng) c (pl ~en) investment

inviteren (ın-vee-tay-rern) v invite

invloed (ın-vloot) c (pl ~en) influence

invloedrijk (ın-vloot-rayk) adj influential

invoegen (ın-voo-gern) v insert

invoer (ın-voor) c import

invoeren (ın-voo-rern) v introduce ; import

invoerrecht (ın-voo-rehkht) nt (pl ~en) duty, import duty

invullen (ın-ver-lern) v fill in ; fill out Am

inwendig (ın-vehn-derkh) adj inner ; internal

inwilligen (ın-vı-ler-gern) v grant

inwoner (ın-voa-nerr) c (pl ~s) inhabitant ; resident

inzet (ın-zeht) c (pl ~ten) bet

inzetten (ın-zeh-tern) v launch

inzicht (ın-zıkht) nt (pl ~en) insight

***inzien** (ın-zeen) v *see

Iraaks (ee-raaks) adj Iraqi

Iraans (ee-raans) adj Iranian

Irak (ee-raak) Iraq

Irakees (ee-raa-kayss) c (pl -kezen) Iraqi

Iran (ee-raan) Iran

Iraniër (ee-raa-nee-yerr) c (pl ~s) Iranian

ironie (ee-rōā-*nee*) c irony
ironisch (ee-*rō*-neess) adj ironical
irriteren (ı-ree-*tāy*-rern) v annoy, irritate
isolatie (ee-zōā-*laa*-tsee) c insulation; isolation
isolator (ee-zōā-*laa*-tor) c (pl ~en, ~s) insulator
isolement (ee-zōā-ler-*mehnt*) nt isolation
isoleren (ee-zōā-*lāy*-rern) v insulate; isolate
Israël (ıss-raa-ehl) Israel
Israëliër (ıss-raa-*āy*-lee-ᵞerr) c (pl ~s) Israeli
Israëlisch (ıss-raa-*āy*-leess) adj Israeli
Italiaan (ee-taa-lee-ᵞaan) c (pl -lianen) Italian
Italiaans (ee-taa-lee-ᵞaans) adj Italian
Italië (ee-*taa*-lee-ᵞer) Italy
ivoor (ee-*vōār*) nt ivory

J

ja (ᵞaa) yes
jaar (ᵞaar) nt (pl jaren) year
jaarboek (ᵞaar-bōōk) nt (pl ~en) annual
jaargetijde (ᵞaar-ger-tay-der) nt (pl ~n) season
jaarlijks (ᵞaar-lerks) adj annual, yearly; adv per annum
jacht¹ (ᵞahkht) c hunt; chase
jacht² (ᵞahkht) nt (pl ~en) yacht
jachthuis (ᵞahkht-hurᵉʷss) nt (pl -huizen) lodge
jade (ᵞaa-der) nt/c jade
jagen (ᵞaa-gern) v hunt
jager (ᵞaa-gerr) c (pl ~s) hunter
jaloers (ᵞaa-*lōōrs*) adj envious, jealous
jaloezie (ᵞaa-lōō-*zee*) c (pl ~ën) jealousy; blind

jam (zhehm) c jam
jammer! (ᵞah-merr) what a pity!
januari (ᵞah-nēw-*vaa*-ree) January
Japan (ᵞaa-*pahn*) Japan
Japanner (ᵞaa-*pah*-nerr) c (pl ~s) Japanese
Japans (ᵞaa-*pahns*) adj Japanese
japon (ᵞaa-*pon*) c (pl ~nen) dress; gown
jarretelgordel (zhah-rer-*tehl*-gor-derl) c (pl ~s) suspender belt; garter belt Am
jas (ᵞahss) c (pl ~sen) coat
jasje (ᵞah-sher) nt (pl ~s) jacket
je (ᵞer) pron you; yourself; yourselves
jegens (ᵞāy-gerns) prep towards
jeugd (ᵞᵘrkht) c youth
jeugdherberg (ᵞᵘrkht-hehr-behrkh) c (pl ~en) youth hostel
jeugdig (ᵞᵘrkh-derkh) adj juvenile
jeuk (ᵞᵘrk) c itch
jeuken (ᵞᵘr-kern) v itch
jicht (ᵞıkht) c gout
joch (ᵞokh) nt boy, lad
jodium (ᵞōā-dee-ᵞerm) nt iodine
Joegoslaaf (ᵞōō-gōā-*slaaf*) c (pl -slaven) Jugoslav, Yugoslav
Joegoslavië (ᵞōō-gōā-*slaa*-vee-er) Jugoslavia, Yugoslavia
Joegoslavisch (ᵞōō-gōā-*slaa*-veess) adj Jugoslav
jong (ᵞong) adj young; **jonger** junior
jongen (ᵞo-ngern) c (pl ~s) boy; lad
jood (ᵞōāt) c (pl joden) Jew
joods (ᵞōāts) adj Jewish
Jordaans (ᵞor-*daans*) adj Jordanian
Jordanië (ᵞor-*daa*-nee-ᵞer) Jordan
Jordaniër (ᵞor-*daa*-nee-ᵞerr) c (pl ~s) Jordanian
jou (ᵞou) pron you
journaal (zhōōr-*naal*) nt news
journalist (zhōōr-naa-*list*) c (pl ~en) journalist

journalistiek (zhōor-naa-lɪss-*teek*) *c* journalism

jouw (ʸou) *pron* your

jubileum (ʸēw-bee-*lāy*-ʸerm) *nt* (pl ~s, -lea) jubilee

juffrouw (ʸer-frou) *c* (pl ~en) miss

juichen (ʸurᵉʷ-khern) *v* cheer

juist (ʸurᵉʷst) *adj* right, correct, just; proper, appropriate

juistheid (ʸurᵉʷst-hayt) *c* correctness

juk (ʸerk) *nt* (pl ~ken) yoke

jukbeen (ʸerk-bāyn) *nt* (pl ~deren, -benen) cheek-bone

juli (ʸēw-lee) July

jullie (ʸer-lee) *pron* you; your

juni (ʸēw-nee) June

juridisch (ʸēw-ree-deess) *adj* legal

jurist (ʸēw-rɪst) *c* (pl ~en) lawyer

jurk (ʸerrk) *c* (pl ~en) frock, robe, dress

jury (zhēw-ree) *c* (pl ~'s) jury

jus (zhēw) *c* gravy

juweel (ʸēw-vāyl) *nt* (pl -welen) jewel; gem; **juwelen** jewellery

juwelier (ʸēw-ver-*leer*) *c* (pl ~s) jeweller

K

kaak (kaak) *c* (pl kaken) jaw

kaal (kaal) *adj* bald; naked, bare

kaap (kaap) *c* (pl kapen) cape

kaars (kaars) *c* (pl ~en) candle

kaart (kaart) *c* (pl ~en) map; card; **groene ~** green card

kaartenautomaat (*kaar*-tern-ōa-tōa-maat) *c* (pl -maten) ticket machine

kaartje (*kaar*-tʸer) *nt* (pl ~s) ticket

kaas (kaass) *c* (pl kazen) cheese

kabaal (kaa-*baal*) *nt* racket

kabel (*kaa*-berl) *c* (pl ~s) cable

kabeljauw (kah-berl-ʸou) *c* (pl ~en) cod

kabinet (kaa-bee-*neht*) *nt* (pl ~ten) cabinet

kachel (*kah*-kherl) *c* (pl ~s) heater; stove

kade (*kaa*-der) *c* (pl ~n) quay; embankment; dock, wharf

kader (*kaa*-derr) *nt* (pl ~s) cadre

kajuit (kaa-ʸurᵉʷt) *c* (pl ~en) cabin

kaki (*kaa*-kee) *nt* khaki

kalender (kaa-*lehn*-derr) *c* (pl ~s) calendar

kalf (kahlf) *nt* (pl kalveren) calf

kalfsleer (*kahlfs*-lāyr) *nt* calf skin

kalfsvlees (*kahlfs*-flāyss) *nt* veal

kalk (kahlk) *c* lime

kalkoen (kahl-*kōōn*) *c* (pl ~en) turkey

kalm (kahlm) *adj* calm; sedate, quiet, serene

kalmeren (kahl-*māy*-rern) *v* calm down

kam (kahm) *c* (pl ~men) comb

kameel (kaa-*māyl*) *c* (pl kamelen) camel

kamer (*kaa*-merr) *c* (pl ~s) room; chamber

kameraad (kah-mer-*raat*) *c* (pl -raden) comrade

kamerbewoner (*kaa*-merr-ber-vōa-nerr) *c* (pl ~s) lodger

kamerjas (*kaa*-merr-ʸahss) *c* (pl ~sen) dressing-gown

kamerlid (*kaa*-merr-lɪt) *nt* (pl -leden) Member of Parliament

kamermeisje (*kaa*-merr-may-sher) *nt* (pl ~s) chambermaid

kamertemperatuur (*kaa*-merr-tehm-per-raa-tēwr) *c* room temperature

kamgaren (*kahm*-gaa-rern) *nt* worsted

kammen (*kah*-mern) *v* comb

kamp (kahmp) *nt* (pl ~en) camp

kampeerder (kahm-*pāyr*-derr) *c* (pl ~s) camper

kampeerterrein (kahm-*pāyr*-teh-rayn)

nt (pl ~en) camping site

kampeerwagen (kahm-*payr*-vaa-gern)
c (pl ~s) trailer *nAm*

kamperen (kahm-*pay*-rern) *v* camp

kampioen (kahm-pee-*Yoon*) *c* (pl ~en)
champion

kan (kahn) *c* (pl ~nen) jug

kanaal (kaa-*naal*) *nt* (pl kanalen) ca-
naal; channel; **het Kanaal** English
Channel

kanarie (kaa-*naa*-ree) *c* (pl ~s) canary

kandelaber (kahn-der-*laa*-berr) *c* (pl
~s) candelabrum

kandidaat (kahn-dee-*daat*) *c* (pl -da-
ten) candidate

kaneel (kaa-*nayl*) *c* cinnamon

kangoeroe (*kahng*-ger-roo) *c* (pl ~s)
kangaroo

kanker (*kahng*-kerr) *c* cancer

kano (*kaa*-noa) *c* (pl ~'s) canoe

kanon (kaa-*non*) *nt* (pl ~nen) gun

kans (kahns) *c* (pl ~en) chance; opportunity

kansel (*kahn*-serl) *c* (pl ~s) pulpit

kant[1] (kahnt) *c* (pl ~en) side; way;
edge; **aan de andere ~ van** across

kant[2] (kahnt) *nt* lace

kantine (kahn-*tee*-ner) *c* (pl ~s) canteen

kantlijn (*kahnt*-layn) *c* (pl ~en) margin

kantoor (kahn-*toar*) *nt* (pl -toren) office

kantoorbediende (kahn-*toar*-ber-deen-
der) *c* (pl ~n, ~s) clerk

kantoorboekhandel (kahn-*toar*-book-
hahn-derl) *c* (pl ~s) stationer's

kantooruren (kahn-*toar*-ew-rern) *pl*
business hours, office hours

kap (kahp) *c* (pl ~pen) hood

kapel (kaa-*pehl*) *c* (pl ~len) chapel

kapelaan (kah-per-*laan*) *c* (pl ~s)
chaplain

kapen (*kaa*-pern) *v* hijack

kaper (*kaa*-perr) *c* (pl ~s) hijacker

kapitaal (kah-pee-*taal*) *nt* capital

kapitalisme (kah-pee-taa-*liss*-mer) *nt*
capitalism

kapitein (kah-pee-*tayn*) *c* (pl ~s) captain

kapot (kaa-*pot*) *adj* broken

kapper (*kah*-perr) *c* (pl ~s) barber;
hairdresser

kapsel (*kahp*-serl) *nt* (pl ~s) hair-do

kapstok (*kahp*-stok) *c* (pl ~ken) hat
rack

kar (kahr) *c* (pl ~ren) cart

karaat (kaa-*raat*) *nt* carat

karaf (kaa-*rahf*) *c* (pl ~fen) carafe

karakter (kaa-*rahk*-terr) *nt* (pl ~s)
character

karakteristiek (kaa-rahk-ter-riss-*teek*)
adj characteristic

karaktertrek (kaa-*rahk*-terr-trehk) *c* (pl
~ken) characteristic

karamel (kaa-raa-*mehl*) *c* (pl ~s, ~len)
caramel

karbonade (kahr-boa-*naa*-der) *c* (pl
~s) cutlet, chop

kardinaal[1] (kahr-dee-*naal*) *c* (pl -na-
len) cardinal

kardinaal[2] (kahr-dee-*naal*) *adj* cardinal

karper (*kahr*-perr) *c* (pl ~s) carp

karton (kahr-*ton*) *nt* cardboard

kartonnen (kahr-*to*-nern) *adj* cardboard; ~ **doos** carton

karwei (kahr-*vay*) *nt* (pl ~en) job

kas (kahss) *c* (pl ~sen) greenhouse

kasjmier (*kahsh*-meer) *nt* cashmere

kassa (*kah*-saa) *c* (pl ~'s) pay-desk;
box-office

kassier (kah-*seer*) *c* (pl ~s) cashier

kast (kahst) *c* (pl ~en) cupboard,
closet

kastanje (kahss-*tah*-ñer) *c* (pl ~s)
chestnut

kastanjebruin (kahss-*tah*-ñer-brur[ew]n)
adj auburn

kasteel (kahss-*tāyl*) nt (pl -telen) castle

kat (kaht) c (pl ~ten) cat

kathedraal (kaa-tāy-*draal*) c (pl -dralen) cathedral

katholiek (kaa-tōa-*leek*) adj catholic

katoen (kaa-*tōōn*) nt/c cotton

katoenen (kaa-*tōō*-nern) adj cotton

katoenfluweel (kaa-*tōōn*-flew-vāyl) nt velveteen

katrol (kaa-*trol*) c (pl ~len) pulley

kattekwaad (kah-ter-kvaat) nt mischief

kauwen (kou-ern) v chew

kauwgom (kou-gom) c/nt chewinggum

kaviaar (kaa-vee-*Yaar*) c caviar

kazerne (kaa-*zehr*-ner) c (pl ~s, ~n) barracks pl

keel (kāyl) c (pl kelen) throat

keelontsteking (kāyl-ont-stāy-kıng) c (pl ~en) laryngitis

keelpijn (kāyl-payn) c sore throat

keer (kāyr) c (pl keren) time

keerpunt (kāyr-pernt) nt (pl ~en) turning-point

keerzijde (kāyr-zay-der) c (pl ~n) reverse

kegelbaan (kāy-gerl-baan) c (pl -banen) bowling alley

kegelspel (kāy-gerl-spehl) nt bowling

keizer (kay-zerr) c (pl ~s) emperor

keizerin (kay-zer-rın) c (pl ~nen) empress

keizerlijk (kay-zer-lerk) adj imperial

keizerrijk (kay-zer-rayk) nt (pl ~en) empire

kelder (kehl-derr) c (pl ~s) cellar

kelner (kehl-nerr) c (pl ~s) waiter

kenmerk (kehn-mehrk) nt (pl ~en) characteristic, feature

kenmerken (kehn-mehr-kern) v characterize, mark; **kenmerkend** characteristic, typical

kennel (keh-nerl) c (pl ~s) kennel

kennen (keh-nern) v *know

kenner (keh-nerr) c (pl ~s) connoisseur

kennis¹ (keh-nerss) c knowledge

kennis² (keh-nerss) c (pl ~sen) acquaintance

kenteken (kehn-tāy-kern) nt (pl ~s) registration number; licence number Am

Kenya (kāy-nee-Yaa) Kenya

kerel (kāy-rerl) c (pl ~s) fellow

keren (kāy-rern) v turn

kerk (kehrk) c (pl ~en) church; chapel

kerkhof (kehrk-hof) nt (pl -hoven) cemetery, graveyard, churchyard

kerktoren (kehrk-tōa-rern) c (pl ~s) steeple

kermis (kehr-merss) c (pl ~sen) fair

kern (kehrn) c (pl ~en) nucleus; heart, core; essence; **kern-** nuclear

kernenergie (kehrn-āy-nehr-zhee) c nuclear energy

kerrie (keh-ree) c curry

kers (kehrs) c (pl ~en) cherry

Kerstmis (kehrs-merss) Xmas, Christmas

kerven (kehr-vern) v carve

ketel (kāy-terl) c (pl ~s) kettle

keten (kāy-tern) c (pl ~s, ~en) chain

ketting (keh-tıng) c (pl ~en) chain

keuken (kūr-kern) c (pl ~s) kitchen

keurig (kūr-rerkh) adj neat

keus (kūrss) c (keuzen) pick, choice

keuze (kūr-zer) c (pl ~n) selection, choice

kever (kāy-verr) c (pl ~s) beetle; bug

kiekje (keek-Yer) nt (pl ~s) snapshot

kiel (keel) c (pl ~en) keel

kiem (keem) c (pl ~en) germ

kier (keer) c (pl ~en) chink

kies (keess) c (pl kiezen) molar

kiesdistrict (keess-dıss-trıkt) nt (pl

~en) constituency

kieskeurig (keess-kūr-rerkh) adj particular

kiesrecht (keess-rehkht) nt franchise, suffrage

kietelen (kee-ter-lern) v tickle

kieuw (kee∞) c (pl ~en) gill

kievit (kee-veet) c (pl ~en) pewit

kiezel (kee-zerl) c (pl ~s) pebble; gravel

*****kiezen** (kee-zern) v *choose; pick; elect

*****kijken** (kay-kern) v look; ~ **naar** look at; watch

kijker (kay-kerr) c (pl ~s) spectator

kijkje (kayk-Yer) nt (pl ~s) look

kikker (kı-kerr) c (pl ~s) frog

kil (kıl) adj chilly

kilo (kee-lōā) nt (pl ~'s) kilogram

kilometer (kee-lōā-māy-terr) c (pl ~s) kilometre

kilometertal (kee-lōā-māy-terr-tahl) nt distance in kilometres

kim (kım) c horizon

kin (kın) c (pl ~nen) chin

kind (kınt) nt (pl ~eren) child; kid

kinderjuffrouw (kın-derr-Yer-frou) c (pl ~en) nurse

kinderkamer (kın-derr-kaa-merr) c (pl ~s) nursery

kinderverlamming (kın-derr-verr-lah-mıng) c polio

kinderwagen (kın-derr-vaa-gern) c (pl ~s) pram; baby carriage Am

kinine (kee-nee-ner) c quinine

kiosk (kee-Yosk) c (pl ~en) kiosk

kip (kıp) c (pl ~pen) hen; chicken

kippevel (kı-per-vehl) nt goose-flesh

kist (kıst) c (pl ~en) chest

klaar (klaar) adj ready

klaarblijkelijk (klaar-blay-ker-lerk) adv apparently

klaarmaken (klaar-maa-kern) v prepare; cook

klacht (klahkht) c (pl ~en) complaint

klachtenboek (klahkh-tern-bōōk) nt (pl ~en) complaints book

klagen (klaa-gern) v complain

klank (klahngk) c (pl ~en) sound; tone

klant (klahnt) c (pl ~en) customer; client

klap (klahp) c (pl ~pen) blow; smack, slap

klappen (klah-pern) v clap

klaproos (klahp-rōāss) c (pl -rozen) poppy

klas (klahss) c (pl ~sen) class; form

klasgenoot (klahss-kher-nōāt) c (pl -noten) class-mate

klasse (klah-ser) c (pl ~n) class

klassiek (klah-seek) adj classical

klauw (klou) c (pl ~en) claw

klaver (klaa-verr) c (pl ~s) clover; shamrock

zich kleden (klāy-dern) dress

kleding (klāy-dıng) c clothes pl

kleedhokje (klāyt-hok-Yer) nt (pl ~s) cabin

kleedje (klāy-tYer) nt (pl ~s) rug

kleedkamer (klāyt-kaa-merr) c (pl ~s) dressing-room

kleerborstel (klāyr-bor-sterl) c (pl ~s) clothes-brush

kleerhanger (klāyr-hah-ngerr) c (pl ~s) hanger, coat-hanger

kleerkast (klāyr-kahst) c (pl ~en) closet nAm

kleermaker (klāyr-maa-kerr) c (pl ~s) tailor

klei (klay) c clay

klein (klayn) adj little, small; minor, petty, short; **kleiner** minor; **kleinst** least

kleindochter (klayn-dokh-terr) c (pl ~s) granddaughter

kleingeld (klayn-gehlt) nt change, petty cash

kleinhandel (*klayn*-hahn-derl) *c* retail trade

kleinhandelaar (*klayn*-hahn-der-laar) *c* (pl -laren, ~s) retailer

kleinood (*klay*-nōat) *nt* (pl -noden) gem

kleinzoon (*klayn*-zōan) *c* (pl -zonen) grandson

klem (klehm) *c* (pl ~men) clamp

klemschroef (*klehm*-skhrōof) *c* (pl -schroeven) clamp

kleren (*klāy*-rern) *pl* clothes *pl*

klerenhaak (*klāy*-rern-haak) *c* (pl -haken) peg

klerenkast (*klāy*-rer-kahst) *c* (pl ~en) wardrobe

klerk (klehrk) *c* (pl ~en) clerk

kletsen (*kleht*-sern) *v* chat; talk rubbish

kleur (klurr) *c* (pl ~en) colour

kleurecht (*klurr*-ehkht) *adj* fast-dyed

kleurenblind (*klūr*-rerm-blɪnt) *adj* colour-blind

kleurenfilm (*klūr*-rer-fɪlm) *c* (pl ~s) colour film

kleurrijk (*klūr*-rayk) *adj* colourful

kleurstof (*klūrr*-stof) *c* (pl ~fen) colourant

kleuter (*klūr*-terr) *c* (pl ~s) tot

kleuterschool (*klūr*-terr-skhōal) *c* (pl -scholen) kindergarten

kleven (*klāy*-vern) *v* *stick

kleverig (*klāy*-ver-rerkh) *adj* sticky

klier (kleer) *c* (pl ~en) gland

klimaat (klee-*maat*) *nt* (pl -maten) climate

*klimmen (*klɪ*-mern) *v* climb

klimop (klɪ-*mop*) *c* ivy

kliniek (klee-*neek*) *c* (pl ~en) clinic

*klinken (*klɪng*-kern) *v* sound

klinker (*klɪng*-kerr) *c* (pl ~s) vowel

klip (klɪp) *c* (pl ~pen) cliff

klok (klok) *c* (pl ~ken) clock; bell

klokhuis (*klok*-hur^{ew}ss) *nt* (pl -huizen) core

klomp (klomp) *c* (pl ~en) wooden shoe

klont (klont) *c* (pl ~en) lump

klonterig (*klon*-ter-rerkh) *adj* lumpy

kloof (klōaf) *c* (pl kloven) cleft; chasm

klooster (*klōa*-sterr) *nt* (pl ~s) monastery; convent, cloister

klop (klop) *c* (pl ~pen) knock, tap

kloppen (*klo*-pern) *v* knock, tap; whip

klucht (klerkht) *c* (pl ~en) farce

kluis (klur^{ew}ss) *c* (pl kluizen) safe, vault

knaap (knaap) *c* (pl knapen) boy

knalpot (*knahl*-pot) *c* (pl ~ten) silencer; muffler *nAm*

knap (knahp) *adj* smart, clever; pretty, handsome, good-looking

knappend (*knah*-pernt) *adj* crisp

knapzak (*knahp*-sahk) *c* (pl ~ken) knapsack

kneuzen (*knūr*-zern) *v* bruise

kneuzing (*knūr*-zɪng) *c* (pl ~en) bruise

knie (knee) *c* (pl ~ën) knee

knielen (*knee*-lern) *v* *kneel

knieschijf (*knee*-skhayf) *c* (pl -schijven) kneecap

*knijpen (*knay*-pern) *v* pinch

knik (knɪk) *c* nod

knikken (*knɪ*-kern) *v* nod

knikker (*knɪ*-kerr) *c* (pl ~s) marble

knippen (*knɪ*-pern) *v* *cut

knoflook (*knof*-lōak) *nt/c* garlic

knokkel (*kno*-kerl) *c* (pl ~s) knuckle

knoop (knōap) *c* (pl knopen) button; knot

knooppunt (*knōa*-pernt) *nt* (pl ~en) junction

knoopsgat (*knōaps*-khaht) *nt* (pl ~en) buttonhole

knop (knop) *c* (pl ~pen) bud; knob

knopen (*knōa*-pern) *v* button; tie, knot

knots (knots) c (pl ~en) club

knuffelen (*kner*-fer-lern) v cuddle

knuppel (*kner*-perl) c (pl ~s) club; cudgel

knus (knerss) adj cosy

koe (kōō) c (pl koeien) cow

koeiehuid (*kōō^ee*-er-hur^ewt) c (pl ~en) cow-hide

koek (kōōk) c (pl ~en) cake

koekepan (*kōō*-ker-pahn) c (pl ~nen) frying-pan

koekje (kōōk-^yer) nt (pl ~s) biscuit; cracker *nAm*

koekoek (*kōō*-kōōk) c (pl ~en) cuckoo

koel (kōōl) adj cool

koelkast (*kōōl*-kahst) c (pl ~en) fridge, refrigerator

koelsysteem (*kōōl*-see-stāym) nt (pl -temen) cooling system

koeltas (*kōōl*-tahss) c (pl ~sen) ice-bag

koepel (*kōō*-perl) c (pl ~s) dome

koers (kōōrs) c (pl ~en) exchange rate; course

koets (kōōts) c (pl ~en) carriage, coach

koffer (ko-ferr) c (pl ~s) case, suit-case, bag; trunk

kofferruimte (ko-fer-rur^ewm-ter) c trunk *nAm*

koffie (ko-fee) c coffee

kogel (*kōā*-gerl) c (pl ~s) bullet

kok (kok) c (pl ~s) cook

koken (*kōā*-kern) v cook; boil

kokosnoot (*kōā*-koss-nōāt) c (pl -noten) coconut

kolen (*kōā*-lern) pl coal

kolom (kōā-*lom*) c (pl ~men) column

kolonel (kōā-lōā-*nehl*) c (pl ~s) colonel

kolonie (kōā-*lōā*-nee) c (pl ~s, -niën) colony

kolonne (kōā-*lo*-ner) c (pl ~s) column

kom (kom) c (pl ~men) basin

komedie (kōā-*māy*-dee) c (pl ~s) comedy

***komen** (*kōā*-mern) v *come

komfort (koam-*fōār*) nt comfort

komiek (kōā-*meek*) c (pl ~en) comedian

komisch (*kōā*-meess) adj comic

komkommer (kom-*ko*-merr) c (pl ~s) cucumber

komma (ko-maa) c (pl ~'s) comma

kompas (kom-*pahss*) nt (pl ~sen) compass

komplot (kom-*plot*) nt (pl ~ten) plot, intrigue

komst (komst) c coming; arrival

konijn (kōā-*nayn*) nt (pl ~en) rabbit

koning (*kōā*-nɪng) c (pl ~en) king

koningin (kōā-nɪ-*ngɪn*) c (pl ~nen) queen

koninklijk (*kōā*-nɪng-klerk) adj royal

koninkrijk (*kōā*-nɪng-krayk) nt (pl ~en) kingdom

kooi (kōā^ee) c (pl ~en) cage; bunk, berth

kookboek (*kōāk*-bōōk) nt (pl ~en) cookery-book; cookbook *nAm*

kool (kōāl) c (pl kolen) cabbage

koop (kōāp) c purchase; **te ~** for sale

koophandel (*kōāp*-hahn-derl) c trade

koopje (*kōāp*-^yer) nt (pl ~s) bargain

koopman (*kōāp*-mahn) c (pl kooplieden) dealer, merchant

koopprijs (*kōā*-prayss) c (pl -prijzen) purchase price

koopwaar (*kōāp*-vaar) c merchandise

koor (kōār) nt (pl koren) choir

koord (kōārt) nt (pl ~en) cord

koorts (kōārts) c fever

koortsig (*kōārt*-serkh) adj feverish

kop (kop) c (pl ~pen) head; headline

***kopen** (*kōā*-pern) v *buy; purchase

koper[1] (*kōā*-perr) nt brass; copper

koper[2] (*kōā*-perr) c (pl ~s) buyer, purchaser

koperwerk (kōā-perr-vehrk) nt brass-ware

kopie (kōā-pee) c (pl ~ën) copy

kopiëren (kōā-pee-Yāy-rern) v copy

kopje (kop-Yer) nt (pl ~s) cup

koplamp (kop-lahmp) c (pl ~en) head-light, headlamp

koppeling (ko-perl-ling) c clutch

koppelteken (ko-perl-tāy-kern) nt (pl ~s) hyphen

koppig (ko-perkh) adj obstinate, head-strong

koraal (kōā-raal) c (pl -ralen) coral

koren (kōā-rern) nt corn, grain

korenveld (kōā-rer-vehlt) nt (pl ~en) cornfield

korhoen (kor-hōōn) nt (pl ~ders) grouse

korrel (ko-rerl) c (pl ~s) corn, grain

korset (kor-seht) nt (pl ~ten) corset

korst (korst) c (pl ~en) crust

kort (kort) adj brief, short

korting (kor-ting) c (pl ~en) discount, reduction, rebate

kortsluiting (kort-slurᵉʷ-ting) c short circuit

kortstondig (kort-ston-derkh) adj momentary

kosmetica (koss-māy-tee-kaa) pl cosmetics pl

kost (kost) c food, fare; livelihood; ~ en inwoning room and board, board and lodging, bed and board

kostbaar (kost-baar) adj precious, valuable, expensive

kostbaarheden (kost-baar-hāy-dern) pl valuables pl

kosteloos (koss-ter-lōāss) adj free of charge

kosten (koss-tern) v *cost; pl cost, expenditure

koster (koss-terr) c (pl ~s) sexton

kostganger (kost-khah-ngerr) c (pl ~s) boarder

kostuum (koss-tewm) nt (pl ~s) suit

kotelet (kōā-ter-leht) c (pl ~ten) chop

kou (kou) c cold; ~ vatten catch a cold

koud (kout) adj cold

kous (kouss) c (pl ~en) stocking

kraag (kraakh) c (pl kragen) collar

kraai (kraaᵉᵉ) c (pl ~en) crow

kraakbeen (kraak-bāyn) nt cartilage

kraal (kraal) c (pl kralen) bead

kraam (kraam) c (pl kramen) stand, stall; booth

kraan (kraan) c (pl kranen) tap; faucet nAm

krab (krahp) c (pl ~ben) crab

krabben (krah-bern) v scratch

kracht (krahkht) c (pl ~en) force, strength; energy, power

krachtig (krahkh-terkh) adj strong

kraken (kraa-kern) v creak, crack

kralensnoer (kraa-ler-snōōr) nt (pl ~en) beads pl

kramp (krahmp) c (pl ~en) cramp; convulsion

krankzinnig (krahngk-sɪ-nerkh) adj insane; lunatic, crazy, mad

krankzinnige (krahngk-sɪ-ner-ger) c (pl ~n) lunatic

krankzinnigheid (krahngk-sɪ-nerkh-hayt) c lunacy

krant (krahnt) c (pl ~en) newspaper, paper

krantenkiosk (krahn-ter-kee-Yosk) c (pl ~en) newsstand

krantenverkoper (krahn-ter-verr-kōā-perr) c (pl ~s) newsagent

krap (krahp) adj tight

kras (krahss) c (pl ~sen) scratch

krassen (krah-sern) v scratch

krat (kraht) nt (pl ~ten) crate

krater (kraa-terr) c (pl ~s) crater

krediet (krer-deet) nt (pl ~en) credit

kredietbrief (krer-deet-breef) c (pl -brieven) letter of credit

kreeft (krayft) c (pl ~en) lobster
kreek (krayk) c (pl kreken) creek
kreet (krayt) c (pl kreten) cry
krekel (kray-kerl) c (pl ~s) cricket
krenken (krehng-kern) v offend, injure
krent (krehnt) c (pl ~en) currant
kreuken (krur-kern) v crease
kreunen (krur-nern) v moan, groan
kreupel (krur-perl) adj lame, crippled
kribbe (krı-ber) c (pl ~n) manger
kriebel (kree-berl) c (pl ~s) itch
***krijgen** (kray-gern) v *get; receive
krijgsgevangene (kraykhs-kher-vah-nger-ner) c (pl ~n) prisoner of war
krijgsmacht (kraykhs-mahkht) c (pl ~en) military force
krijt (krayt) nt chalk
krik (krık) c (pl ~ken) jack
***krimpen** (krım-pern) v *shrink
krimpvrij (krımp-vray) adj shrinkproof
kring (krıng) c (pl ~en) ring, circle
kringloop (krıng-lōap) c (pl -lopen) cycle
kristal (krıss-tahl) nt (pl ~len) crystal
kristallen (krıss-tah-lern) adj crystal
kritiek (kree-teek) adj critical; c criticism
kritisch (kree-teess) adj critical
kroeg (krōōkh) c (pl ~en) public house; pub
kroes (krōōss) c (pl kroezen) mug
krokodil (krōā-kōā-dıl) c (pl ~len) crocodile
krom (krom) adj crooked; curved, bent
kromming (kro-mıng) c (pl ~en) curve, bend
kronen (krōā-nern) v crown
kronkelen (krong-ker-lern) v *wind
kronkelig (krong-ker-lerkh) adj winding
kroon (krōān) c (pl kronen) crown
kruid (krurewt) nt (pl ~en) herb; **kruiden** spices; v flavour

kruidenier (krurew-der-neer) c (pl ~s) grocer
kruidenierswaren (krurew-der-neers-vaa-rern) pl groceries pl
kruidenierswinkel (krurew-der-neers-vıng-kerl) c (pl ~s) grocer's
kruier (krurew-err) c (pl ~s) porter
kruik (krurewk) c (pl ~en) pitcher
kruimel (krurew-merl) c (pl ~s) crumb
***kruipen** (krurew-pern) v *creep, crawl
kruis (krurewss) nt (pl ~en) cross
kruisbeeld (krurewss-baylt) nt (pl ~en) crucifix
kruisbes (krurewss-behss) c (pl ~sen) gooseberry
kruisigen (krurew-ser-gern) v crucify
kruisiging (krurew-ser-gıng) c (pl ~en) crucifixion
kruising (krurew-sıng) c (pl ~en) crossing, junction
kruispunt (krurewss-pernt) nt (pl ~en) crossroads, intersection
kruissnelheid (krurew-snehl-hayt) c cruising speed
kruistocht (krurewss-tokht) c (pl ~en) crusade
kruit (krurewt) nt gunpowder
kruiwagen (krurew-vaa-gern) c (pl ~s) wheelbarrow
kruk (krerk) c (pl ~ken) crutch
krukas (krerk-ahss) c crankshaft
krul (krerl) c (pl ~len) curl
krullen (krer-lern) v curl; **krullend** curly
krulspeld (krerl-spehlt) c (pl ~en) curler
krultang (krerl-tahng) c (pl ~en) curling-tongs pl
kubus (kew-berss) c (pl ~sen) cube
kudde (ker-der) c (pl ~n, ~s) herd, flock
kuiken (kurew-kern) nt (pl ~s) chicken
kuil (kurewl) c (pl ~en) hole; pit
kuis (kurewss) adj chaste

kuit[1] (kur^{ew}t) *c* roe

kuit[2] (kur^{ew}t) *c* (pl ~en) calf

kundig (*kern*-derkh) *adj* capable

***kunnen** (*ker*-nern) *v* *can, *be able to; *might, *may

kunst (kernst) *c* (pl ~en) art; **schone kunsten** fine arts

kunstacademie (*kernst*-ah-kaa-dáy-mee) *c* (pl ~s) art school

kunstenaar (*kern*-ster-naar) *c* (pl ~s) artist

kunstenares (kern-ster-naa-*rehss*) *c* (pl ~sen) artist

kunstgalerij (*kernst*-khah-ler-ray) *c* (pl ~en) art gallery

kunstgebit (*kernst*-kher-bɪt) *nt* (pl ~ten) denture, false teeth

kunstgeschiedenis (*kernst*-kher-skhee-der-nɪss) *c* art history

kunstijsbaan (*kernst*-ayss-baan) *c* (pl -banen) skating-rink

kunstje (*kern*-sher) *nt* (pl ~s) trick

kunstmatig (kernst-*maa*-terkh) *adj* artificial

kunstnijverheid (kernst-*nay*-verr-hayt) *c* arts and crafts

kunsttentoonstelling (*kerns*-tern-tōan-steh-lɪng) *c* (pl ~en) art exhibition

kunstverzameling (*kernst*-ferr-zaa-mer-lɪng) *c* (pl ~en) art collection

kunstwerk (*kernst*-vehrk) *nt* (pl ~en) work of art

kunstzijde (*kernst*-say-der) *c* rayon

kunstzinnig (kernst-*sɪ*-nerkh) *adj* artistic

kurk (kerrk) *c* (pl ~en) cork

kurketrekker (*kerr*-ker-treh-kerr) *c* (pl ~s) corkscrew

kus (kerss) *c* (pl ~sen) kiss

kussen[1] (*ker*-sern) *v* kiss

kussen[2] (*ker*-sern) *nt* (pl ~s) cushion; pillow; **kussentje** *nt* pad

kussensloop (*ker*-ser-slōap) *c/nt* (pl -slopen) pillow-case

kust (kerst) *c* (pl ~en) coast, shore; seaside, seashore

kuur (kewr) *c* (pl kuren) cure

kwaad[1] (kvaat) *adj* angry, cross; mad; ill

kwaad[2] (kvaat) *nt* (pl kwaden) evil; mischief, harm

kwaadaardig (kvaa-*daar*-derkh) *adj* malignant

kwaal (kvaal) *c* (pl kwalen) ailment

kwadraat (kvaa-*draat*) *nt* (pl -draten) square

kwakzalver (*kvahk*-sahl-verr) *c* (pl ~s) quack

kwal (kvahl) *c* (pl ~len) jelly-fish

kwalijk *nemen (*kvaa*-lerk *nay*-mern) resent; **neem me niet kwalijk!** sorry!

kwaliteit (kvaa-lee-*tayt*) *c* (pl ~en) quality

kwart (kvahrt) *nt* (pl ~en) quarter

kwartaal (kvahr-*taal*) *nt* (pl -talen) quarter

kwartel (*kvahr*-terl) *c* (pl ~s) quail

kwartier (kvahr-*teer*) *nt* quarter of an hour

kwast (kvahst) *c* (pl ~en) brush

kweken (*kvāy*-kern) *v* cultivate, *grow

kwellen (*kveh*-lern) *v* torment

kwelling (*kveh*-lɪng) *c* (pl ~en) torment

kwestie (*kvehss*-tee) *c* (pl ~s) matter, question, issue

kwetsbaar (*kvehts*-baar) *adj* vulnerable

kwetsen (*kveht*-sern) *v* injure; *hurt, wound

kwijtraken (*kvayt*-raa-kern) *v* *lose; *mislay

kwik (kvɪk) *nt* mercury

kwistig (*kvɪss*-terkh) *adj* lavish

kwitantie (kvee-*tahn*-see) *c* (pl ~s) receipt

L

la (laa) c (pl ~den) drawer

laag[1] (laakh) adj low; **lager** adj inferior

laag[2] (laakh) c (pl lagen) layer

laagland (laakh-lahnt) nt lowlands pl

laan (laan) c (pl lanen) avenue

laars (laars) c (pl laarzen) boot

laat (laat) adj late; **laatst** adj last; ultimate, final; adv lately; **later** adv afterwards; **te ~** late; overdue

labiel (laa-beel) adj unstable

laboratorium (laa-bōā-raa-tōā-ree-ᵞerm) nt (pl -ria) laboratory

lach (lahkh) c laugh

*****lachen** (lah-khern) v laugh

ladder (lah-derr) c (pl ~s) ladder

lade (laa-der) c (pl ~n) drawer

*****laden** (laa-dern) v load; charge

ladenkast (laa-der-kahst) c (pl ~en) chest of drawers

lading (laa-dɪng) c (pl ~en) charge, load; freight, cargo

laf (lahf) adj cowardly

lafaard (lah-faart) c (pl ~s) coward

lagune (laa-gēw-ner) c (pl ~s) lagoon

lak (lahk) c (pl ~ken) lacquer, varnish

laken (laa-kern) nt (pl ~s) sheet

lakken (lah-kern) v varnish

lam[1] (lahm) adj lame

lam[2] (lahm) nt (pl ~meren) lamb

lambrizering (lahm-bree-zā̄ȳ-rɪng) c panelling

lamp (lahmp) c (pl ~en) lamp

lampekap (lahm-per-kahp) c (pl ~pen) lampshade

lamsvlees (lahms-flāȳss) nt lamb

lanceren (lahn-sā̄ȳ-rern) v launch

land (lahnt) nt (pl ~en) country, land; **aan ~** ashore; **aan ~ *gaan** land

landbouw (lahnt-bou) c agriculture; **landbouw-** agrarian

landen (lahn-dern) v land

landengte (lahnt-ehng-ter) c (pl ~n, ~s) isthmus

landgenoot (lahnt-kher-nōāt) c (pl -noten) countryman

landgoed (lahnt-khōōt) nt (pl ~eren) estate

landhuis (lahnt-hur-ᵉʷss) nt (pl -huizen) country house

landkaart (lahnt-kaart) c (pl ~en) map

landloper (lahnt-lōā-perr) c (pl ~s) tramp

landloperij (lahnt-lōā-per-ray) c vagrancy

landschap (lahnt-skhahp) nt (pl ~pen) scenery, landscape

landsgrens (lahnts-khrehns) c (pl -grenzen) boundary

landtong (lahn-tong) c (pl ~en) headland

lang (lahng) adj long; tall

langdurig (lahng-dēw-rerkh) adj long

langs (lahngs) prep along; past

langspeelplaat (lahng-spāȳl-plaat) c (pl -platen) long-playing record

langwerpig (lahng-vehr-perkh) adj oblong

langzaam (lahng-zaam) adj slow

langzamerhand (lahng-zaa-merr-hahnt) adv gradually

lantaarn (lahn-taa-rern) c (pl ~s) lantern

lantaarnpaal (lahn-taa-rerm-paal) c (pl -palen) lamp-post

las (lahss) c (pl ~sen) joint

lassen (lah-sern) v weld

last (lahst) c (pl ~en) charge; load, burden; trouble, nuisance, bother

laster (lahss-terr) c slander

lastig (lahss-terkh) adj troublesome, inconvenient; difficult

*****laten** (laa-tern) v *let; allow to;

*leave; *have

Latijns-Amerika (lah-tayn-zaa-*māy*-ree-kaa) Latin America

Latijns-Amerikaans (lah-tayn-zaa-*māy*-ree-*kaans*) adj Latin-American

lauw (lou) adj lukewarm, tepid

lawaai (laa-*vaa*^{ee}) nt noise

lawaaierig (laa-*vaa*^{ee}-er-rerkh) adj noisy

lawine (laa-*vee*-ner) c (pl ~s, ~n) avalanche

laxeermiddel (lahk-*sāyr*-mɪ-derl) nt (pl ~en) laxative

ledemaat (*lāy*-der-maat) c (pl maten) limb

lederen (*lāy*-der-rern) adj leather

ledigen (*lāy*-der-gern) v empty

leed (lāyt) nt affliction, sorrow

leeftijd (*lāyf*-tayt) c (pl ~en) age

leeg (lāykh) adj empty

leek (lāyk) c (pl leken) layman

leer[1] (lāyr) c teachings pl

leer[2] (lāyr) nt leather

leerboek (*lāyr*-bōōk) nt (pl ~en) textbook

leerling (*lāyr*-lɪng) c (pl ~en) pupil; scholar

leerzaam (*lāyr*-zaam) adj instructive

leesbaar (*lāyss*-baar) adj legible

leeslamp (*lāyss*-lahmp) c (pl ~en) reading-lamp

leeszaal (*lāy*-saal) c (pl -zalen) reading-room

leeuw (lāy^{oo}) c (pl ~en) lion

leeuwerik (*lāy*^{oo}-er-rɪk) c (pl ~en) lark

lef (lehf) nt guts

legalisatie (lāy-gaa-lee-*zaa*-tsee) c legalization

legatie (ler-*gaa*-tsee) c (pl ~s) legation

leger (*lāy*-gerr) nt (pl ~s) army

leggen (*leh*-gern) v *lay, *put

legpuzzel (*lehkh*-per-zerl) c (pl ~s) jigsaw puzzle

lei (lay) nt slate

leiden (*lay*-dern) v head, direct; guide, *lead, conduct

leider (*lay*-derr) c (pl ~s) leader

leiderschap (*lay*-derr-skhahp) nt leadership

leiding[1] (*lay*-dɪng) c lead

leiding[2] (*lay*-dɪng) c (pl ~en) pipe

lek[1] (lehk) adj leaky; punctured

lek[2] (lehk) nt (pl ~ken) leak

lekken (*leh*-kern) v leak

lekker (*leh*-kerr) adj good; nice, enjoyable, delicious, tasty

lekkernij (leh-kerr-*nay*) c (pl ~en) delicacy

lelie (*lāy*-lee) c (pl ~s) lily

lelijk (*lāy*-lerk) adj ugly

lemmet (*leh*-mert) nt (pl ~en) blade

lenen (*lāy*-nern) v *lend; borrow

lengte (*lehng*-ter) c (pl ~n, ~s) length; **in de ~** lengthways

lengtegraad (*lehng*-ter-graat) c (pl -graden) longitude

lenig (*lāy*-nerkh) adj supple

lening (*lāy*-nɪng) c (pl ~en) loan

lens (lehns) c (pl lenzen) lens

lente (*lehn*-ter) c (pl ~s) spring

lepel (*lāy*-perl) c (pl ~s) spoon; spoonful

lepra (*lāy*-praa) c leprosy

leraar (*lāy*-raar) c (pl leraren, ~s) master, teacher; instructor

lerares (lāy-raa-*rehss*) c (pl ~sen) teacher

leren[1] (*lāy*-rern) v *teach; *learn

leren[2] (*lāy*-rern) adj leather

les (lehss) c (pl ~sen) lesson

leslokaal (*lehss*-lōā-kaal) nt (pl -kalen) classroom

lessenaar (*leh*-ser-naar) c (pl ~s) desk

letsel (*leht*-serl) nt (pl ~s) injury

letten op (*leh*-tern) attend to, *pay attention to; watch, mind

letter (*leh*-terr) c (pl ~s) letter

lettergreep (*leh*-terr-grāyp) *c* (pl -grepen) syllable

letterkundig (leh-terr-*kern*-derkh) *adj* literary

leugen (*lūr*-gern) *c* (pl ~s) lie

leuk (lūrk) *adj* enjoyable; funny, jolly

leunen (*lūr*-nern) *v* *lean

leuning (*lūr*-nĭng) *c* (pl ~en) arm; rail

leunstoel (*lūrn*-stōōl) *c* (pl ~en) easy chair, armchair

leus (lūrss) *c* (pl leuzen) slogan

leven[1] (*lāy*-vern) *v* live; **levend** alive; live

leven[2] (*lāy*-vern) *nt* (pl ~s) life; lifetime; **in ~** alive

levendig (*lāy*-vern-derkh) *adj* lively; brisk, vivid

levensmiddelen (*lāy*-verns-mĭ-der-lern) *pl* foodstuffs *pl*

levensstandaard (*lāy*-vern-stahn-daart) *c* standard of living

levensverzekering (*lāy*-verns-ferr-zāy-ker-rĭng) *c* (pl ~en) life insurance

lever (*lāy*-verr) *c* (pl ~s) liver

leveren (*lāy*-ver-rern) *v* furnish, provide, supply

levering (*lāy*-ver-rĭng) *c* (pl ~en) delivery, supply

***lezen** (*lāy*-zern) *v* *read

lezing (*lāy*-zĭng) *c* (pl ~en) lecture

Libanees[1] (lee-baa-*nāyss*) *adj* Lebanese

Libanees[2] (lee-bah-*nāyss*) *c* (pl -nezen) Lebanese

Libanon (*lee*-baa-non) Lebanon

liberaal (lee-ber-*raal*) *adj* liberal

Liberia (lee-*bāy*-Yaa) Liberia

Liberiaan (lee-bāy-ree-*Yaan*) *c* (pl -rianen) Liberian

Liberiaans (lee-bāy-ree-*Yaans*) *adj* Liberian

licentie (lee-*sehn*-see) *c* (pl ~s) licence

lichaam (*lĭ*-khaam) *nt* (pl lichamen) body

licht[1] (lĭkht) *adj* light; pale; gentle, slight

licht[2] (lĭkht) *nt* (pl ~en) light

lichtbruin (*lĭkht*-brur^(ewn)) *adj* fawn

lichtgevend (*lĭkht*-kher-vernt) *adj* luminous

lichting (*lĭkh*-tĭng) *c* (pl ~en) collection

lichtpaars (*lĭkht*-paars) *adj* mauve

lid (lĭt) *nt* (pl leden) member; associate

lidmaatschap (*lĭt*-maat-skhahp) *nt* membership

lidwoord (*lĭt*-vōart) *nt* (pl ~en) article

lied (leet) *nt* (pl ~eren) song

lief (leef) *adj* dear; sweet; affectionate, adorable

liefdadigheid (leef-*daa*-derkh-hayt) *c* charity

liefde (*leef*-der) *c* (pl ~s) love

liefdesgeschiedenis (leef-derss-kher-skhee-der-nĭss) *c* (pl ~sen) love-story

***liefhebben** (*leef*-heh-bern) *v* love

liefhebberij (leef-heh-ber-*ray*) *c* (pl ~en) hobby

liefje (*leef*-Yer) *nt* (pl ~s) sweetheart

***liegen** (*lee*-gern) *v* lie

lies (leess) *c* (pl liezen) groin

lieveling (*lee*-ver-lĭng) *c* (pl ~en) darling, sweetheart; favourite, pet; **lievelings-** favourite, pet

liever (*lee*-verr) *adv* sooner, rather; **~ *hebben** prefer

lift (lĭft) *c* (pl ~en) lift; elevator *nAm*

liften (*lĭf*-tern) *v* hitchhike

lifter (*lĭf*-terr) *c* (pl ~s) hitchhiker

***liggen** (*lĭ*-gern) *v* *lie; ***gaan ~** *lie down

ligging (*lĭ*-gĭng) *c* location; situation, site

ligstoel (*lĭkh*-stōōl) *c* (pl ~en) deck chair

lijden (*lay*-dern) *nt* suffering

*lijden (*lay*-dern) v suffer

lijf (layf) nt (pl lijven) body

lijfwacht (*layf*-vahkht) c (pl ~en) bodyguard

lijk (layk) nt (pl ~en) corpse

*lijken (lay-kern) v seem, appear; look; ~ **op** resemble

lijm (laym) c glue, gum

lijn (layn) c (pl ~en) line; leash

lijnboot (*layn*-boat) c (pl -boten) liner

lijst (layst) c (pl ~en) list; frame

lijster (*lay*-sterr) c (pl ~s) thrush

lijvig (*lay*-verkh) adj bulky

likdoorn (*lik*-doā-rern) c (pl ~s) corn

likeur (lee-*kūrr*) c (pl ~en) liqueur

likken (*li*-kern) v lick

limiet (lee-*meet*) c (pl ~en) limit

limoen (lee-*moon*) c (pl ~en) lime

limonade (lee-moā-*naa*-der) c (pl ~s) lemonade

linde (*lin*-der) c (pl ~n) limetree, lime

lingerie (lang-zher-*ree*) c lingerie

liniaal (lee-nee-ᵞaal) c (pl -alen) ruler

links (lingks) adj left; left-hand

linkshandig (lingks-*hahn*-derkh) adj left-handed

linnen (*li*-nern) nt linen

linnengoed (*li*-ner-goōt) nt linen

lint (lint) nt (pl ~en) ribbon; tape

lip (lip) c (pl ~pen) lip

lippenboter (*li*-per-boā-terr) c lipsalve

lippenstift (*li*-per-stift) c lipstick

list (list) c (pl ~en) ruse, artifice

listig (*liss*-terkh) adj sly

liter (*lee*-terr) c (pl ~s) litre

literair (lee-ter-*rair*) adj literary

literatuur (lee-ter-raa-*tēwr*) c literature

lits-jumeaux (lee-zhēw-*moā*) nt twin beds

litteken (*li*-tāy-kern) nt (pl ~s) scar

locomotief (loā-koā-moā-*teef*) c (pl -tieven) engine, locomotive

loeien (*loo̅*-een-ern) v roar

lof (lof) c glory, praise

logé (loā-*zhāy*) c (pl ~'s) guest

logeerkamer (loā-*zhāyr*-kaa-merr) c (pl ~s) spare room, guest-room

logeren (loā-*zhāy*-rern) v stay

logica (*loā*-gee-kaa) c logic

logies (loā-*zheess*) nt lodgings pl, accommodation; ~ **en ontbijt** bed and breakfast

logisch (*loā*-geess) adj logical

lokaal (loā-*kaal*) adj local

lol (lol) c fun

lonen (*loā*-nern) v *pay

long (long) c (pl ~en) lung

longontsteking (*long*-ont-stāy-king) c (pl ~en) pneumonia

lont (lont) c (pl ~en) fuse

lood (loāt) nt lead

loodgieter (*loāt*-khee-terr) c (pl ~s) plumber

loodrecht (*loāt*-rehkht) adj perpendicular

loods (loāts) c (pl ~en) pilot

loon (loān) nt (pl lonen) wages pl; salary, pay

loonsverhoging (*loāns*-ferr-hoā-ging) c (pl ~en) raise nAm

loop (loāp) c course; gait, walk

loopbaan (*loā*-baan) c (pl -banen) career

loopplank (*loā*-plahngk) c (pl ~en) gangway

*lopen (*loā*-pern) v walk; *go

los (loss) adj loose

losgeld (*loass*-khehlt) nt (pl ~en) ransom

losknopen (*loss*-knoā-pern) v unbutton; untie

losmaken (*loss*-maa-kern) v unfasten, *undo, detach; loosen

losschroeven (*lo*-skhroō-vern) v unscrew

lossen (*lo*-sern) v unload, discharge

lot¹ (lot) nt lot, fortune, destiny, fate

lot² (lot) nt (pl ~en) lot

loterij (lōa-ter-*ray*) *c* (pl ~en) lottery
lotion (lōa-*shon*) *c* (pl ~s) lotion
loyaal (lōa-*Yaal*) *adj* loyal
lucht (lerkht) *c* air; breath; sky
luchtdicht (*lerkh*-dikht) *adj* airtight
luchtdruk (*lerkh*-drerk) *c* atmospheric pressure
luchten (*lerkh*-tern) *v* air, ventilate
luchtfilter (*lerkht*-fil-terr) *nt* (pl ~s) air-filter
luchthaven (*lerkht*-haa-vern) *c* (pl ~s) airport
luchtig (*lerkh*-terkh) *adj* airy
luchtpost (*lerkht*-post) *c* airmail
luchtvaartmaatschappij (*lerkht*-faart-maat-skhah-pay) *c* (pl ~en) airline
luchtverversing (*lerkht*-ferr-vehr-sing) *c* air-conditioning, ventilation
luchtziekte (*lerkht*-seek-ter) *c* air-sickness
lucifer (*lēw*-see-fehr) *c* (pl ~s) match
lucifersdoosje (*lēw*-see-fehrs-dōa-sher) *nt* (pl ~s) match-box
lui (lurʰᵉʷ) *adj* lazy; idle
luid (lurʰᵉʷt) *adj* loud
luidspreker (*lurʰᵉʷt*-sprāy-kerr) *c* (pl ~s) loud-speaker
luier (*lurʰᵉʷ*-err) *c* (pl ~s) nappy; diaper *nAm*
luik (lurʰᵉʷk) *nt* (pl ~en) hatch; shutter
luis (lurʰᵉʷss) *c* (pl luizen) louse
luisteraar (*lurʰᵉʷss*-ter-raar) *c* (pl ~s) listener
luisteren (*lurʰᵉʷss*-ter-rern) *v* listen
luisterrijk (*lurʰᵉʷss*-ter-rayk) *adj* magnificent
lukken (*ler*-kern) *v* succeed
lunch (lernsh) *c* (pl ~es) lunch
lus (lerss) *c* (pl ~sen) loop
lusten (*lerss*-tern) *v* like; fancy
luxe (*lēwk*-ser) *c* luxury
luxueus (lēwk-sēw-*ūrss*) *adj* luxurious

M

maag (maakh) *c* (pl magen) stomach; **maag-** gastric
maagd (maakht) *c* (pl ~en) virgin
maagpijn (*maakh*-payn) *c* stomachache
maagzuur (*maakh*-sēwr) *nt* heartburn
maagzweer (*maakh*-svāyr) *c* (pl -zweren) gastric ulcer
maal[1] (maal) *nt* (pl malen) meal
maal[2] (maal) *c* (pl malen) time
maal[3] (maal) *prep* times
maaltijd (*maal*-tayt) *c* (pl ~en) meal; **warme ~** dinner
maan (maan) *c* (pl manen) moon
maand (maant) *c* (pl ~en) month
maandag (*maan*-dahkh) *c* Monday
maandblad (*maant*-blaht) *nt* (pl ~en) monthly magazine
maandelijks (*maan*-der-lerks) *adj* monthly
maandverband (*maant*-ferr-bahnt) *nt* sanitary towel
maanlicht (*maan*-likht) *nt* moonlight
maar (maar) *conj* but; yet; *adv* only
maart (maart) March
maas (maass) *c* (pl mazen) mesh
maat (maat) *c* (pl maten) size, measure; **extra grote ~** outsize; **op ~ gemaakt** tailor-made; made to order
maatregel (*maat*-rāy-gerl) *c* (pl ~en, ~s) measure
maatschappelijk (maat-*skhah*-per-lerk) *adj* social
maatschappij (maat-skhah-*pay*) *c* (pl ~en) company; society
maatstaf (*maat*-stahf) *c* (pl -staven) standard
machine (mah-*shee*-ner) *c* (pl ~s) engine, machine

machinerie (mah-shee-ner-*ree*) c machinery

macht (mahkht) c (pl ~en) power; force, might; authority

machteloos (*mahkh*-ter-lōass) adj powerless

machtig (*mahkh*-terkh) adj powerful, mighty

machtiging (*mahkh*-ter-gɪng) c (pl ~en) authorization

magazijn (maa-gaa-*zayn*) nt (pl ~en) store-house, warehouse

mager (maa-gerr) adj lean, thin

magie (maa-*gee*) c magic

magistraat (maa-gɪss-*traat*) c (pl -straten) magistrate

magneet (mahkh-*nāyt*) c (pl -neten) magneto

magnetisch (mahkh-*nāy*-teess) adj magnetic

maillot (maa-^Yōa) c (pl ~s) tights pl

maïs (mighss) c maize

maïskolf (*mighss*-kolf) c (pl -kolven) corn on the cob

maître d'hôtel (mai-trer-dōa-*tehl*) head-waiter

maîtresse (meh-*tray*-ser) c (pl ~s, ~n) mistress

majoor (maa-^Yōar) c (pl ~s) major

mak (mahk) adj tame

makelaar (*maa*-ker-laar) c (pl ~s) broker, house agent

maken (*maa*-kern) v *make; **te ~ *hebben met** *deal with

makreel (maa-*krāyl*) c (pl -relen) mackerel

mal (mahl) adj foolish, silly

malaria (maa-*laa*-ree-^Yaa) c malaria

Maleis (maa-*layss*) nt Malay

Maleisië (maa-*lay*-zee-^Yer) Malaysia

Maleisisch (maa-*lay*-zeess) adj Malaysian

***malen** (*maa*-lern) v *grind

mals (mahls) adj tender

mammoet (*mah*-mōot) c (pl ~en, ~s) mammoth

man (mahn) c (pl ~nen) man; husband

manchet (mahn-*sheht*) c (pl ~ten) cuff

manchetknopen (mahn-*sheht*-knōa-pern) pl cuff-links pl

mand (mahnt) c (pl ~en) hamper, basket

mandaat (mahn-*daat*) nt (pl -daten) mandate

mandarijn (mahn-daa-*rayn*) c (pl ~en) mandarin, tangerine

manege (maa-*nāy*-zher) c (pl ~s) riding-school

manicure (maa-nee-*kēw*-rer) c (pl ~s) manicure

manicuren (maa-nee-*kēw*-rern) v manicure

manier (maa-*neer*) c (pl ~en) manner; way, fashion

mank (mahngk) adj lame

mannelijk (*mah*-ner-lerk) adj male; masculine

mannequin (mah-ner-*kang*) c (pl ~s) model, mannequin

mantel (*mahn*-terl) c (pl ~s) coat, cloak

manufacturier (mah-nēw-fahk-tēw-reer) c (pl ~s) draper

manuscript (maa-nerss-*krɪpt*) nt (pl ~en) manuscript

marcheren (mahr-*shāy*-rern) v march

margarine (mahr-gaa-*ree*-ner) c margarine

marge (*mahr*-zher) c (pl ~s) margin

marine (maa-*ree*-ner) c navy; **marine**-naval

maritiem (mah-ree-*teem*) adj maritime

markt (mahrkt) c (pl ~en) market; **zwarte ~** black market

marktplein (*mahrkt*-playn) nt (pl ~en) market-place

marmelade (mahr-mer-*laa*-der) *c* (pl ~s, ~n) marmalade

marmer (*mahr*-merr) *nt* marble

Marokkaan (mah-ro-*kaan*) *c* (pl -kanen) Moroccan

Marokkaans (mah-ro-*kaans*) *adj* Moroccan

Marokko (maa-*ro*-kōa) Morocco

mars (mahrs) *c* (pl ~en) march

martelaar (*mahr*-ter-laar) *c* (pl ~s, -laren) martyr

martelen (*mahr*-ter-lern) *v* torture

marteling (*mahr*-ter-lıng) *c* (pl ~en) torture

mascara (mahss-*kaa*-raa) *c* mascara

masker (*mahss*-kerr) *nt* (pl ~s) mask

massa (*mah*-saa) *c* (pl ~'s) bulk, mass; crowd

massage (mah-*saa*-zher) *c* (pl ~s) massage

massaproduktie (*mah*-saa-prōa-derk-see) *c* mass production

masseren (mah-*sáy*-rern) *v* massage

masseur (mah-*surr*) *c* (pl ~s) masseur

massief (mah-*seef*) *adj* solid, massive

mast (mahst) *c* (pl ~en) mast

mat¹ (maht) *adj* dull, mat, dim

mat² (maht) *c* (pl ~ten) mat

materiaal (maa-tree-*ᵞaal*) *nt* (pl -rialen) material

materie (mah-*táy*-ree) *c* (pl -riën, ~s) matter

materieel (maa-tree-*ᵞáyl*) *adj* material

matig (*maa*-terkh) *adj* moderate

matras (maa-*trahss*) *c* (pl ~sen) mattress

matroos (maa-*trōass*) *c* (pl matrozen) sailor

mausoleum (mou-sōa-*láy*-ᵞerm) *nt* (pl ~s, -lea) mausoleum

mazelen (*maa*-zer-lern) *pl* measles

me (mer) *pron* me; myself

mechanisch (máy-*khaa*-neess) *adj* mechanical

mechanisme (máy-khaa-*nıss*-mer) *nt* (pl ~n) mechanism; machinery

medaille (máy-*dah*-ᵞer) *c* (pl ~s) medal

mededelen (*máy*-der-dáy-lern) *v* notify, communicate, inform

mededeling (*máy*-der-dáy-lıng) *c* (pl ~en) communication, information

medegevoel (*máy*-der-ger-vōol) *nt* sympathy

medelijden (*máy*-der-lay-dern) *nt* pity; ~ *hebben met pity

medeplichtige (máy-der-*plıkh*-ter-ger) *c* (pl ~n) accessary

medewerking (*máy*-der-vehr-kıng) *c* co-operation

medisch (*máy*-deess) *adj* medical

mediteren (máy-dee-*táy*-rern) *v* meditate

*meebrengen (*máy*-breh-ngern) *v* *bring

meedelen (*máy*-dáy-lern) *v* communicate

meel (máyl) *nt* flour

meemaken (*máy*-maa-kern) *v* *go through

*meenemen (*máy*-náy-mern) *v* *take away

meer¹ (máyr) *adj* more; ~ **dan** over; **niet** ~ no longer

meer² (máyr) *nt* (pl meren) lake

meerderheid (*máyr*-derr-hayt) *c* majority; bulk

meerderjarig (máyr-derr-*ᵞaa*-rerkh) *adj* of age

meervoud (*máyr*-vout) *nt* (pl ~en) plural

meest (máyst) *adj* most

meestal (máy-*stahl*) *adv* mostly

meester (*máy*-sterr) *c* (pl ~s) master; schoolmaster, teacher

meesteres (máy-ster-*rehss*) *c* (pl ~sen) mistress

meesterwerk (*máy*-sterr-vehrk) *nt* (pl

~en) masterpiece

meetellen (*mãy*-teh-lern) *v* count

meetkunde (*mãyt*-kern-der) *c* geometry

meeuw (mãy∞) *c* (pl ~en) gull; seagull

mei (may) May

meid (mayt) *c* (pl ~en) housemaid, maid

meineed (may-nãyt) *c* (pl -eden) perjury

meisje (*may*-sher) *nt* (pl ~s) girl

meisjesnaam (*may*-sherss-naam) *c* (pl -namen) maiden name

mejuffrouw (mer-*Yer*-frou) *c* miss

melden (*mehl*-dern) *v* report

melding (*mehl*-dɪng) *c* (pl ~en) mention

melk (mehlk) *c* milk

melkboer (*mehlk*-boōr) *c* (pl ~en) milkman

melodie (mãy-loã-*dee*) *c* (pl ~ën) melody; tune

melodieus (mãy-loã-dee-*Yūrss*) *adj* tuneful

melodrama (mãy-loã-*draa*-maa) *nt* (pl ~'s) melodrama

meloen (mer-*loōn*) *c* (pl ~en) melon

memorandum (mãy-moã-*rahn*-derm) *nt* (pl -randa) memo

men (mehn) *pron* one

meneer (mer-*nãyr*) mister; sir

menen (*mãy*-nern) *v* consider; *mean

mengen (*meh*-ngern) *v* mix

mengsel (*mehng*-serl) *nt* (pl ~s) mixture

menigte (*mãy*-nerkh-ter) *c* (pl ~n, ~s) crowd

mening (*mãy*-nɪng) *c* (pl ~en) opinion; view; **van ~ verschillen** disagree

mens (mehns) *c* (pl ~en) man; **mensen** people *pl*

menselijk (*mehn*-ser-lerk) *adj* human;

~ **wezen** human being

mensheid (*mehns*-hayt) *c* humanity, mankind

menstruatie (mehn-strew-*vaa*-tsee) *c* menstruation

menukaart (mer-*new*-kaart) *c* (pl ~en) menu

merel (*mãy*-rerl) *c* (pl ~s) blackbird

merg (mehrkh) *nt* marrow

merk (mehrk) *nt* (pl ~en) brand

merkbaar (*mehrk*-baar) *adj* noticeable, perceptible

merken (*mehr*-kern) *v* notice; mark

merkteken (*mehrk*-tãy-kern) *nt* (pl ~s) mark

merrie (*meh*-ree) *c* (pl ~s) mare

mes (mehss) *nt* (pl ~sen) knife

messing (*meh*-sɪng) *nt* brass

mest (mehst) *c* dung, manure

mesthoop (*mehst*-hoãp) *c* (pl -hopen) dunghill

met (meht) *prep* with; by

metaal (mãy-*taal*) *nt* (pl metalen) metal

metalen (mãy-*taa*-lern) *adj* metal

meteen (mer-*tãyn*) *adv* at once, straight away, immediately, instantly; presently

*****meten** (*mãy*-tern) *v* measure

meter (*mãy*-terr) *c* (pl ~s) metre; meter; gauge

metgezel (*meht*-kher-zehl) *c* (pl ~len) companion

methode (mãy-*toã*-der) *c* (pl ~n, ~s) method

methodisch (mãy-*toã*-deess) *adj* methodical

metrisch (*mãy*-treess) *adj* metric

metro (*mãy*-troã) *c* (pl ~'s) underground

metselaar (*meht*-ser-laar) *c* (pl ~s) bricklayer

metselen (*meht*-ser-lern) *v* *lay bricks

meubilair (mūr-bee-*lair*) *nt* furniture

meubileren (mūr-bee-láy-rern) v furnish

mevrouw (mer-vrou) madam

Mexicaan (mehk-see-kaan) c (pl -canen) Mexican

Mexicaans (mehk-see-kaans) adj Mexican

Mexico (mehk-see-kōā) Mexico

microfoon (mee-krōā-fōan) c (pl ~s) microphone

middag (mi-dahkh) c (pl ~en) afternoon; midday; noon

middageten (mi-dahkh-āy-tern) nt luncheon, lunch; dinner

middel¹ (mi-derl) nt (pl ~en) means; remedy; **antiseptisch** ~ antiseptic; **insektenwerend** ~ insect repellent; **kalmerend** ~ tranquilizer, sedative; **pijnstillend** ~ anaesthetic; **stimulerend** ~ stimulant; **verdovend** ~ drug

middel² (mi-derl) nt (pl ~s) waist

middeleeuwen (mi-derl-āy⁰⁰-ern) pl Middle Ages

middeleeuws (mi-derl-āy⁰⁰ss) adj mediaeval

Middellandse Zee (mi-der-lahnt-ser-zāy) Mediterranean

middelmatig (mi-derl-maa-terkh) adj moderate; medium

middelpunt (mi-derl-pernt) nt (pl ~en) centre

middelst (mi-derlst) adj middle

midden (mi-dern) nt midst, middle; **midden-** medium; ~ **in** amid; **te** ~ **van** amid; among

middernacht (mi-derr-nahkht) c midnight

midzomer (mit-sōā-merr) c midsummer

mier (meer) c (pl ~en) ant

mierikswortel (mee-riks-vor-terl) c (pl ~s) horseradish

migraine (mee-grai-ner) c migraine

mijl (mayl) c (pl ~en) mile

mijlpaal (mayl-paal) c (pl -palen) milestone; landmark

mijn¹ (mayn) pron my

mijn² (mayn) c (pl ~en) mine

mijnbouw (mayn-bou) c mining

mijnheer (mer-náyr) mister

mijnwerker (mayn-vehr-kerr) c (pl ~s) miner

mikken op (mi-kern) aim at

mikpunt (mik-pernt) nt (pl ~en) target

mild (milt) adj liberal

milieu (meel-Yūr) nt (pl ~s) milieu; environment

militair¹ (mee-lee-tair) adj military

militair² (mee-lee-tair) c (pl ~en) soldier

miljoen (mil-Yōōn) nt million

miljonair (mil-Yōā-nair) c (pl ~s) millionaire

min (min) prep minus

minachting (min-ahkh-ting) c contempt

minder (min-derr) adv less

minderheid (min-derr-hayt) c (pl -heden) minority

minderjarig (min-derr-Yaa-rerkh) adj under age

minderjarige (min-derr-Yaa-rer-ger) c (pl ~n) minor

minderwaardig (min-derr-vaar-derkh) adj inferior

mineraal (mee-ner-raal) nt (pl -ralen) mineral

mineraalwater (mee-ner-raal-vaa-terr) nt mineral water

miniatuur (mee-nee-Yaa-tewr) c (pl -turen) miniature

minimum (mee-nee-merm) nt (pl -ma) minimum

minister (mee-niss-terr) c (pl ~s) minister

ministerie (mee-niss-táy-ree) nt (pl

~s) ministry

minnaar (*mi-naar*) c (pl ~s) lover

minst (minst) adj least

minstens (*min-sterns*) adv at least

minuscuul (mee-nerss-*kewl*) adj tiny, minute

minuut (mee-*newt*) c (pl minuten) minute

mis (miss) c (pl ~sen) Mass

misbruik (*miss*-brur^ewk) nt misuse, abuse

misdaad (*miss*-daat) c (pl -daden) crime

misdadig (miss-*daa*-derkh) adj criminal

misdadiger (miss-daa-der-gerr) c (pl ~s) criminal

zich *misdragen (miss-*draa*-gern) misbehave

misgunnen (miss-*kher*-nern) v grudge

mishagen (miss-*haa*-gern) v displease

miskraam (*miss*-kraam) c (pl -kramen) miscarriage

mislukking (miss-*ler*-king) c (pl ~en) failure

mislukt (miss-*lerkt*) adj unsuccessful

mismaakt (miss-*maakt*) adj deformed

misplaatst (miss-*plaatst*) adj misplaced

misschien (mi-*skheen*) adv perhaps; maybe

misselijk (*mi*-ser-lerk) adj sick; disgusting

misselijkheid (*mi*-ser-lerk-hayt) c nausea, sickness

missen (*mi*-sern) v lack; miss; spare

misstap (*mi*-stahp) c (pl ~pen) slip

mist (mist) c fog, mist

mistig (*miss*-terkh) adj foggy, misty

mistlamp (*mist*-lahmp) c (pl ~en) foglamp

***misverstaan** (*miss*-ferr-staan) v *misunderstand

misverstand (*miss*-ferr-stahnt) nt (pl

~en) misunderstanding

misvormd (miss-*formt*) adj deformed

mits (mits) conj provided that

mobiel (mōa-*beel*) adj mobile

modder (*mo*-derr) c mud

modderig (*mo*-der-rerkh) adj muddy

mode (*mōa*-der) c (pl ~s) fashion

model (mōa-*dehl*) nt (pl ~len) model

modelleren (mōa-deh-*lay*-rern) v model

modern (mōa-*dehrn*) adj modern

modieus (mōa-dee-^Yürss) adj fashionable

modiste (mōa-*diss*-ter) c (pl ~s) milliner

moe (mōō) adj tired; weary

moed (mōōt) c courage

moeder (*mōō*-derr) c (pl ~s) mother

moedertaal (*mōō*-derr-taal) c native language, mother tongue

moedig (*mōō*-derkh) adj brave, courageous

moeilijk (*mōō^ee*-lerk) adj difficult; hard

moeilijkheid (*mōō^ee*-lerk-hayt) c (pl -heden) difficulty

moeite (*mōō^ee*-ter) c (pl ~n) trouble; pains, difficulty; **de ~ waard *zijn** *be worth-while; **~ *doen** bother

moer (mōōr) c (pl ~en) nut

moeras (mōō-*rahss*) nt (pl ~sen) swamp; bog, marsh

moerassig (mōō-*rah*-serkh) adj marshy

moerbei (*mōōr*-bay) c (pl ~en) mulberry

moestuin (*mōōss*-tur^ewn) c (pl ~en) kitchen garden

***moeten** (*mōō*-tern) v *must; *have to; need to; *ought to, *be obliged to, *should

mogelijk (*mōa*-ger-lerk) adj possible

mogelijkheid (*mōa*-ger-lerk-hayt) c (pl -heden) possibility

***mogen** (*mōa*-gern) v *be allowed;

*may; like

mogendheid (*mōā*-gernt-hayt) *c* (pl
-heden) power

mohair (*mōā-hair*) *nt* mohair

molen (*mōā*-lern) *c* (pl ~s) mill;
windmill

molenaar (*mōā*-ler-naar) *c* (pl ~s) miller

mollig (*mo*-lerkh) *adj* plump

moment (mōā-*mehnt*) *nt* (pl ~en) moment

momentopname (mōā-*mehnt*-op-naa-
mer) *c* (pl ~n) snapshot

monarchie (mōā-nahr-*khee*) *c* (pl ~ën)
monarchy

mond (mont) *c* (pl ~en) mouth

mondeling (*mon*-der-lıng) *adj* oral,
verbal

monding (*mon*-dıng) *c* (pl ~en)
mouth

mondspoeling (*mont*-spōō-lıng) *c*
mouthwash

monetair (mōā-nāy-*tair*) *adj* monetary

monnik (*mo*-nerk) *c* (pl ~en) monk

monoloog (mōā-nōā-*lōākh*) *c* (pl -lo-
gen) monologue

monopolie (mōā-nōā-*pōā*-lee) *nt* (pl
~s) monopoly

monster (*mon*-sterr) *nt* (pl ~s) sample

monteren (mon-*tāy*-rern) *v* assemble

monteur (mon-*tūrr*) *c* (pl ~s) mechanic

montuur (mon-*tēwr*) *nt* (pl -turen)
frame

monument (mōā-nēw-*mehnt*) *nt* (pl
~en) monument

mooi (mōā^ee) *adj* beautiful; pretty,
fine; nice, lovely, fair

moord (mōārt) *c* (pl ~en) assassination, murder

moordenaar (*mōār*-der-naar) *c* (pl ~s)
murderer

mop (mop) *c* (pl ~pen) joke

mopperen (*mo*-per-rern) *v* grumble

moraal (mōā-*raal*) *c* moral

moraliteit (mōā-raa-lee-*tayt*) *c* morality

moreel (mōā-*rāyl*) *adj* moral

morfine (mor-*fee*-ner) *c* morphine,
morphia

morgen[1] (*mor*-gern) *adv* tomorrow

morgen[2] (*mor*-gern) *c* (pl ~s) morning

morsen (*mor*-sern) *v* *spill

mos (moss) *nt* (pl ~sen) moss

moskee (moss-*kāy*) *c* (pl ~ën)
mosque

mossel (*mo*-serl) *c* (pl ~s, ~en) mussel

mosterd (*moss*-terrt) *c* mustard

mot (mot) *c* (pl ~ten) moth

motel (mōā-*tehl*) *nt* (pl ~s) motel

motie (*mōā*-tsee) *c* (pl ~s) motion

motief (mōā-*tief*) *nt* (pl motieven)
motive; pattern

motor (*mōā*-terr) *c* (pl ~en, ~s) engine, motor

motorboot (*mōā*-terr-bōāt) *c* (pl -bo-
ten) motor-boat

motorfiets (*mōā*-terr-feets) *c* (pl ~en)
motor-cycle

motorkap (*mōā*-terr-kahp) *c* (pl ~pen)
bonnet; hood *nAm*

motorpech (*mōā*-terr-pehkh) *c* breakdown

motorschip (*mōā*-terr-skhıp) *nt* (pl
-schepen) launch

motregen (*mot*-rāy-gern) *c* drizzle

mousseline (mōō-ser-*lee*-ner) *c* muslin

mousserend (mōō-*sāy*-rernt) *adj*
sparkling

mouw (mou) *c* (pl ~en) sleeve

mozaïek (mōā-zaa-*eek*) *nt* (pl ~en)
mosaic

mug (merkh) *c* (pl ~gen) mosquito

muil (mur^ewl) *c* (pl ~en) mouth

muildier (*mur^ewl*-deer) *nt* (pl ~en)
mule

muilezel (*mur^{ewl}-āy*-zerl) *c* (pl ~s) mule

muis (mur^{ew}ss) *c* (pl muizen) mouse

muiterij (mur^{ew}-ter-*ray*) *c* (pl ~en) mutiny

mul (merl) *c* mullet

munt (mernt) *c* (pl ~en) coin; token; mint

munteenheid (mernt-āyn-hayt) *c* (pl -heden) monetary unit

muntstuk (*mernt*-sterk) *nt* (pl ~ken) coin

mus (merss) *c* (pl ~sen) sparrow

museum (mēw-zāy-^yerm) *nt* (pl ~s, -sea) museum

musical (*m^yōō*-zı-kerl) *c* (pl ~s) musical comedy, musical

musicus (*mēw*-zee-kerss) *c* (pl -ci) musician

muskiet (merss-*keet*) *c* (pl ~en) mosquito

muskietennet (merss-*kee*-ter-neht) *nt* (pl ~ten) mosquito-net

muts (merts) *c* (pl ~en) cap

muur (mēwr) *c* (pl muren) wall

muziek (mēw-*zeek*) *c* music

muziekinstrument (mēw-*zeek*-ın-strēw-mehnt) *nt* (pl ~en) musical instrument

muzikaal (mēw-zee-*kaal*) *adj* musical

mysterie (mee-*stāy*-ree) *nt* (pl ~s) mystery

mysterieus (mee-stāy-ree-^yūrss) *adj* mysterious

mythe (*mee*-ter) *c* (pl ~n) myth

N

na (naa) *prep* after

naad (naat) *c* (pl naden) seam

naadloos (*naat*-lōāss) *adj* seamless

naaien (*naa^{ee}*-ern) *v* sew

naaimachine (*naa^{ee}*-mah-shee-ner) *c* (pl ~s) sewing-machine

naaister (*naa^{ee}*-sterr) *c* (pl ~s) dressmaker

naakt (naakt) *adj* nude, naked, bare

naaktstrand (*naakt*-strahnt) *nt* (pl ~en) nudist beach

naald (naalt) *c* (pl ~en) needle

naam (naam) *c* (pl namen) name; reputation; denomination; **in ~ van** on behalf of

naar[1] (naar) *prep* to, towards; at, for

naar[2] (naar) *adj* nasty, unpleasant

naast (naast) *prep* next to, beside

nabij (naa-*bay*) *adj* near, close

nabijheid (naa-*bay*-hayt) *c* vicinity

nabijzijnd (naa-*bay*-zaynt) *adj* nearby

nabootsen (naa-*bōāt*-sern) *v* imitate

naburig (naa-*bōō*-rerkh) *adj* neighbouring

nacht (nahkht) *c* (pl ~en) night; **'s nachts** by night; overnight

nachtclub (*nahkht*-klerp) *c* (pl ~s) nightclub, cabaret

nachtcrème (*nahkht*-kraim) *c* (pl ~s) night-cream

nachtegaal (*nahkh*-ter-gaal) *c* (pl -galen) nightingale

nachtelijk (*nahkh*-ter-lerk) *adj* nightly

nachtjapon (*nahkht*-^yaa-pon) *c* (pl ~nen) nightdress

nachttarief (*nahkh*-taa-reef) *nt* (pl -rieven) night rate

nachttrein (*nahkh*-trayn) *c* (pl ~en) night train

nachtvlucht (*nahkht*-flerkht) *c* (pl ~en) night flight

nadat (naa-*daht*) *conj* after

nadeel (naa-*dāyl*) *nt* (pl -delen) disadvantage

nadelig (naa-*dāy*-lerkh) *adj* harmful

***nadenken** (*naa*-dehng-kern) *v* *think; **nadenkend** thoughtful

nader (*naa*-derr) *adj* further

naderen (*naa*-der-rern) *v* approach;
  naderend oncoming
naderhand (*naa*-derr-*hahnt*) *adv* afterwards
nadien (naa-*deen*) *adv* afterwards
nadruk (*naa*-drerk) *c* stress; accent
nagedachtenis (*naa*-ger-dahkh-ter-niss)
  c memory
nagel (*naa*-gerl) *c* (pl ~s) nail
nagelborstel (*naa*-gerl-bors-terl) *c* (pl
  ~s) nailbrush
nagellak (*naa*-ger-lahk) *c* nail-polish
nagelschaar (*naa*-gerl-skhaar) *c* (pl
  -scharen) nail-scissors *pl*
nagelvijl (*naa*-gerl-vayl) *c* (pl ~en)
  nail-file
naïef (naa-*eef*) *adj* naïve
najaar (*naa*-Yaar) *nt* autumn
***najagen** (*naa*-Yaa-gern) *v* chase
***nakijken** (*naa*-kay-kern) *v* check
***nalaten** (*naa*-laa-tern) *v* fail
nalatig (naa-*laa*-terkh) *adj* neglectful
namaak (*naa*-maak) *c* imitation
namaken (*naa*-maa-kern) *v* copy
namelijk (*naa*-mer-lerk) *adv* namely
namens (*naa*-merns) *adv* on behalf of,
  in the name of
namiddag (*naa*-*mi*-dahkh) *c* (pl ~en)
  afternoon
narcis (nahr-*siss*) *c* (pl ~sen) daffodil
narcose (nahr-*kōa*-zer) *c* narcosis
narcoticum (nahr-*kōa*-tee-kerm) *nt* (pl
  -ca) narcotic
narigheid (*naa*-rerkh-hayt) *c* (pl -he-
  den) misery
naseizoen (*naa*-say-zōon) *nt* low season
nastreven (*naa*-strāy-vern) *v* aim at,
  pursue
nat (naht) *adj* wet; damp, moist
natie (*naa*-tsee) *c* (pl ~s) nation
nationaal (naa-tshōa-*naal*) *adj* national; **nationale klederdracht** national
  dress

nationaliseren (naa-tshōa-naa-lee-*zāy*-
  rern) *v* nationalize
nationaliteit (naa-tshōa-naa-lee-*tayt*) *c*
  (pl ~en) nationality
natuur (naa-*tēwr*) *c* nature
natuurkunde (naa-*tēwr*-kern-der) *c*
  physics
natuurkundige (naa-tēwr-*kern*-der-ger)
  c (pl ~n) physicist
natuurlijk (naa-*tēwr*-lerk) *adj* natural;
  adv of course, naturally
natuurreservaat (naa-*tēw*-rāy-zerr-
  vaat) *nt* (pl -vaten) national park
nauw (nou) *adj* narrow; tight
nauwelijks (*nou*-er-lerks) *adv* hardly;
  scarcely, barely
nauwkeurig (nou-*kūr*-rerkh) *adj* accurate; precise, careful, exact
navel (*naa*-verl) *c* (pl ~s) navel
navigatie (naa-vee-*gaa*-tsee) *c* navigation
navraag (*naa*-vraakh) *c* inquiry; demand
***navragen** (*naa*-vraa-gern) *v* query,
  inquire
***nazenden** (*naa*-zehn-dern) *v* forward
nederig (*nāy*-der-rerkh) *adj* humble
nederlaag (*nāy*-derr-laakh) *c* (pl -la-
  gen) defeat
Nederland (*nāy*-derr-lahnt) the Netherlands
Nederlander (*nāy*-derr-lahn-derr) *c* (pl
  ~s) Dutchman
Nederlands (*nāy*-derr-lahnts) *adj*
  Dutch
nee (nāy) no
neef (nāyf) *c* (pl neven) cousin; nephew
neen (nāyn) no
neer (nāyr) *adv* down; downwards
***neerlaten** (*nāyr*-laa-tern) *v* lower
***neerslaan** (*nāyr*-slaan) *v* knock
  down
neerslachtig (nāyr-*slahkh*-terkh) *adj*

down, low, blue, depressed

neerslachtigheid (nāyr-*slahkh*-terkh-hayt) *c* depression

neerslag (nāyr-slahkh) *c* precipitation

neerstorten (nāyr-stor-tern) *v* crash

negatief (nāy-gaa-*teef*) *adj* negative

negen (nāy-gern) *num* nine

negende (nāy-gern-der) *num* ninth

negentien (nāy-gern-teen) *num* nineteen

negentiende (nāy-gern-teen-der) *num* nineteenth

negentig (nāy-gern-terkh) *num* ninety

neger (nāy-gerr) *c* (pl ~s) Negro

negeren (ner-*gāy*-rern) *v* ignore

negligé (nāy-glee-*zhāy*) *nt* (pl ~s) negligee

neigen (nay-gern) *v* *be inclined to; ~ **tot** *v* tend to

neiging (nay-gɪng) *c* (pl ~en) inclination, tendency; **de ~** ***hebben** tend

nek (nehk) *c* (pl ~ken) nape of the neck

*nemen (nāy-mern) *v* *take; **op zich ~** *take charge of

neon (nāy-ᵞon) *nt* neon

nergens (nehr-gerns) *adv* nowhere

nerts (nehrts) *nt* (pl ~en) mink

nerveus (nehr-*vūss*) *adj* nervous

nest (nehst) *nt* (pl ~en) nest; litter

net¹ (neht) *adj* tidy, neat

net² (neht) *nt* (pl ~ten) net

netnummer (neht-ner-merr) *nt* (pl ~s) area code

netto (neh-tōa) *adj* net

netvlies (neht-fleess) *nt* (pl -vliezen) retina

netwerk (neht-vehrk) *nt* (pl ~en) network

neuriën (nūr-ree-ᵞern) *v* hum

neurose (nūr-*rōa*-zer) *c* (pl ~n, ~s) neurosis

neus (nūrss) *c* (pl neuzen) nose

neusbloeding (nūrss-blōo-dɪng) *c* (pl

~en) nosebleed

neusgat (nūrss-khaht) *nt* (pl ~en) nostril

neushoorn (nūrss-hōarn) *c* (pl ~s) rhinoceros

neutraal (nūr-*traal*) *adj* neutral

nevel (nāy-verl) *c* (pl ~s, ~en) haze, mist

nicht (nɪkht) *c* (pl ~en) cousin; niece

nicotine (nee-kōa-*tee*-ner) *c* nicotine

niemand (nee-mahnt) *pron* nobody, no one

nier (neer) *c* (pl ~en) kidney

niet (neet) *adv* not

nietig (nee-terkh) *adj* petty, insignificant; void

nietje (nee-tᵞer) *nt* (pl ~s) staple

niets (neets) *pron* nothing; nil

nietsbetekenend (neets-ber-*tāy*-ker-nernt) *adj* insignificant

nietszeggend (neet-*seh*-gernt) *adj* meaningless

niettemin (nee-ter-mɪn) *adv* nevertheless

nieuw (neeᵒᵒ) *adj* new

nieuwjaar (neeᵒᵒ-ᵞaar) New Year

nieuws (neeᵒᵒss) *nt* news; tidings *pl*

nieuwsberichten (neeᵒᵒss-ber-rɪkh-tern) *pl* news

nieuwsgierig (neeᵒᵒ-*skhee*-rerkh) *adj* curious, inquisitive

nieuwsgierigheid (neeᵒᵒ-*skhee*-rerkh-hayt) *c* curiosity

Nieuw-Zeeland (neeᵒᵒ-*zāy*-lahnt) New Zealand

niezen (nee-zern) *v* sneeze

Nigeria (nee-*gāy*-ree-ᵞaa) Nigeria

Nigeriaan (nee-gāy-ree-ᵞaan) *c* (pl -rianen) Nigerian

Nigeriaans (nee-gāy-ree-ᵞaans) *adj* Nigerian

nijptang (nayp-tahng) *c* (pl ~en) pincers *pl*

nikkel (nɪ-kerl) *nt* nickel

niks (nɪks) *pron* nothing

nimmer (*nɪ*-merr) *adv* never

niveau (nee-*vōā*) *nt* (pl ~s) level

nivelleren (nee-ver-*lāy*-rern) *v* level

noch ... noch (nokh) neither ... nor

nodig (*nōā*-derkh) *adj* necessary; ~ *hebben need

noemen (*nōō*-mern) *v* call; name, mention

nog (nokh) *adv* still, yet; ~ **een** another; ~ **eens** once more; ~ **wat** some more

noga (*nōā*-gaa) *c* nougat

nogal (*no*-gahl) *adv* pretty, fairly, rather, quite

nogmaals (*nokh*-maals) *adv* once more

nokkenas (*no*-ker-nahss) *c* (pl ~sen) camshaft

nominaal (nōā-mee-*naal*) *adj* nominal

nominatie (nōā-mee-*naa*-tsee) *c* (pl ~s) nomination

non (non) *c* (pl ~nen) nun

nonnenklooster (*no*-ner-klōāss-terr) *nt* (pl ~s) nunnery

nood (nōāt) *c* (pl noden) distress; misery; need

noodgedwongen (nōāt-kher-*dvo*-ngern) *adv* by force

noodgeval (*nōāt*-kher-vahl) *nt* (pl ~len) emergency

noodlot (*nōāt*-lot) *nt* destiny, fate

noodlottig (nōāt-*lo*-terkh) *adj* fatal

noodsein (*nōāt*-sayn) *nt* (pl ~en) distress signal

noodtoestand (*nōā*-tōō-stahnt) *c* emergency

nooduitgang (*nōāt*-ur^(ew)t-khahng) *c* (pl ~en) emergency exit

noodzaak (*nōāt*-saak) *c* need, necessity

noodzakelijk (nōāt-*saa*-ker-lerk) *adj* necessary

noodzaken (*nōāt*-saa-kern) *v* force

nooit (nōā^(ee)t) *adv* never

Noor (nōār) *c* (pl Noren) Norwegian

noord (nōārt) *c* north

noordelijk (*nōār*-der-lerk) *adj* northern, northerly, north

noorden (*nōār*-dern) *nt* north

noordoosten (nōārt-*ōāss*-tern) *nt* north-east

noordpool (*nōārt*-pōāl) *c* North Pole

noordwesten (nōārt-*vehss*-tern) *nt* north-west

Noors (nōārs) *adj* Norwegian

Noorwegen (*nōār*-vāy-gern) Norway

noot (nōāt) *c* (pl noten) nut; note

nootmuskaat (nōāt-merss-*kaat*) *c* nutmeg

norm (norm) *c* (pl ~en) standard

normaal (nor-*maal*) *adj* normal, regular

nota (*nōā*-taa) *c* (pl ~'s) bill

notaris (nōā-*taa*-rerss) *c* (pl ~sen) notary

notedop (*nōā*-ter-dop) *c* (pl ~pen) nutshell

notekraker (*nōā*-ter-kraa-kerr) *c* (pl ~s) nutcrackers *pl*

noteren (nōā-*tāy*-rern) *v* note; list

notie (*nōā*-tsee) *c* notion

notitie (nōā-*tee*-tsee) *c* (pl ~s) note

notitieboek (nōā-*tee*-tsee-bōōk) *nt* (pl ~en) notebook

notulen (*nōā*-tēw-lern) *pl* minutes

nou (nou) *adv* now

november (nōā-*vehm*-berr) November

nu (nēw) *adv* now; ~ **en dan** now and then; **tot** ~ **toe** so far

nuance (nēw-*ahng*-ser) *c* (pl ~s, ~n) nuance

nuchter (*nerkh*-terr) *adj* sober; down-to-earth, matter-of-fact

nucleair (nēw-klāy-*Yair*) *adj* nuclear

nul (nerl) *c* (pl ~len) nought, zero

nummer (*ner*-merr) *nt* (pl ~s) number; act

nummerbord (*ner*-merr-bort) *nt* (pl ~en) registration plate; licence plate *Am*

nut (nert) *nt* utility, use

nutteloos (*ner*-ter-lōass) *adj* useless

nuttig (*ner*-terkh) *adj* useful

nylon (*nay*-lon) *nt* nylon

O

oase (ōa-*vaa*-zer) *c* (pl ~n, ~s) oasis

ober (ōa-berr) *c* (pl ~s) waiter

object (op-*Yehkt*) *nt* (pl ~en) object

objectief (op-Yehk-*teef*) *adj* objective

obligatie (ōa-blee-*gaa*-tsee) *c* (pl ~s) bond

obsceen (op-*sāyn*) *adj* obscene

obscuur (op-*skewr*) *adj* obscure

observatie (op-sehr-*vaa*-tsee) *c* (pl ~s) observation

observatorium (op-sehr-vaa-*tōa*-ree-Yerm) *nt* (pl -ria) observatory

observeren (op-sehr-*vāy*-rern) *v* observe

obsessie (op-*seh*-see) *c* (pl ~s) obsession

obstipatie (op-stee-*paa*-tsee) *c* constipation

oceaan (ōa-sāy-*Yaan*) *c* (pl oceanen) ocean

ochtend (*okh*-ternt) *c* (pl ~en) morning

ochtendblad (*okh*-ternt-blaht) *nt* (pl ~en) morning paper

ochtendeditie (*okh*-ternt-āy-dee-tsee) *c* (pl ~s) morning edition

ochtendschemering (*okh*-ternt-skhāy-mer-rıng) *c* dawn

octopus (*ok*-tōa-perss) *c* (pl ~sen) octopus

octrooi (ok-*trōa*ee) *nt* (pl ~en) patent

oefenen (*ōō*-fer-nern) *v* practise, exercise

oefening (*ōō*-fer-nıng) *c* (pl ~en) exercise

oeroud (*ōōr*-out) *adj* ancient

oerwoud (*ōōr*-vout) *nt* (pl ~en) jungle

oester (*ōōss*-terr) *c* (pl ~s) oyster

oever (*ōō*-verr) *c* (pl ~s) river bank; bank, shore

offensief¹ (o-fehn-*seef*) *adj* offensive

offensief² (o-fehn-*seef*) *nt* (pl -sieven) offensive

offer (*o*-ferr) *nt* (pl ~s) sacrifice

officieel (o-fee-*shāyl*) *adj* official

officier (o-fee-*seer*) *c* (pl ~en, ~s) officer

officieus (o-fee-*shürss*) *adj* unofficial

ofschoon (of-*skhōan*) *conj* although, though

ogenblik (*ōa*-germ-blık) *nt* (pl ~ken) moment, instant

ogenblikkelijk (*ōa*-germ-*blı*-ker-lerk) *adv* instantly

ogenschaduw (*ōa*-ger-skhaa-dēw°°) *c* eye-shadow

oktober (ok-*tōa*-berr) October

olie (*ōa*-lee) *c* oil

olieachtig (*ōa*-lee-ahkh-terkh) *adj* oily

oliebron (*ōa*-lee-bron) *c* (pl ~nen) oil-well

oliedruk (*ōa*-lee-drerk) *c* oil pressure

oliefilter (*ōa*-lee-fıl-terr) *nt* (pl ~s) oil filter

oliën (*ōa*-lee-Yern) *v* lubricate

olieraffinaderij (*ōa*-lee-rah-fee-naa-der-ray) *c* (pl ~en) oil-refinery

olieverfschilderij (*ōa*-lee-vehrf-skhıl-der-ray) *nt* (pl ~en) oil-painting

olifant (*ōa*-lee-fahnt) *c* (pl ~en) elephant

olijf (*ōa*-layf) *c* (pl olijven) olive

olijfolie (*ōa*-layf-ōa-lee) *c* olive oil

om (om) *prep* round, about, around;

~ **te** to, in order to

oma (*ōā*-maa) *c* (pl ~'s) grandmother

*****ombrengen** (*om*-breh-ngern) *v* kill

omcirkelen (om-*sır*-ker-lern) *v* encircle

omdat (om-*daht*) *conj* because; as

omdraaien (*om*-draa^{ee}-ern) *v* turn; invert; **zich** ~ turn round

omelet (*ōā*-mer-*leht*) *nt* (pl ~ten) omelette

*****omgaan met** (*om*-gaan) associate with, mix with

omgang (*om*-gahng) *c* intercourse

omgekeerd (*om*-ger-*kāy*rt) *adj* reverse

*****omgeven** (om-*gāy*-vern) *v* surround, circle

omgeving (om-*gāy*-vıng) *c* environment, surroundings *pl*; setting

omheen (om-*hāyn*) *adv* about

omheining (om-*hay*-nıng) *c* (pl ~en) fence

omhelzen (om-*hehl*-zern) *v* hug, embrace

omhelzing (om-*hehl*-zıng) *c* (pl ~en) hug, embrace

omhoog (om-*hōākh*) *adv* up; ~ *****gaan** ascend

omkeer (*om*-kāyr) *c* reverse

omkeren (*om*-kāy-rern) *v* turn over, turn, turn round

*****omkomen** (*om*-kōā-mern) *v* perish

*****omkopen** (*om*-kōā-pern) *v* bribe, corrupt

omkoping (*om*-kōā-pıng) *c* (pl ~en) bribery, corruption

omlaag (om-*laakh*) *adv* down

omleiding (*om*-lay-dıng) *c* (pl ~en) detour

omliggend (*om*-lı-gernt) *adj* surrounding

omloop (*om*-lōap) *c* circulation

omrekenen (*om*-rāy-ker-nern) *v* convert

omrekentabel (*om*-rāy-ker-taa-behl) *c* (pl ~len) conversion chart

omringen (om-*rıng*-ern) *v* encircle, surround, circle

*****omschrijven** (oam-*skhray*-vern) *v* define

omslag (*om*-slahkh) *c/nt* (pl ~en) cover, jacket

omslagdoek (*om*-slahkh-dōōk) *c* (pl ~en) shawl

omstandigheid (om-*stahn*-derkh-hayt) *c* (pl -heden) circumstance; condition

omstreden (om-*strāy*-dern) *adj* controversial

omstreeks (om-*strāy*ks) *adv* about

omtrek (*om*-trehk) *c* (pl ~ken) contour, outline

omtrent (om-*trehnt*) *prep* about, concerning

omvang (*om*-vahng) *c* bulk, size; extent

omvangrijk (om-*vahng*-rayk) *adj* bulky, big; extensive

omvatten (om-*vah*-tern) *v* comprise

omver (om-*vehr*) *adv* down, over

omweg (*om*-vehkh) *c* (pl ~en) detour

omwenteling (*om*-vehn-ter-lıng) *c* (pl ~en) revolution

omwisselen (*om*-vı-ser-lern) *v* switch

omzet (*om*-zeht) *c* (pl ~ten) turnover

omzetbelasting (*om*-zeht-ber-lahss-tıng) *c* turnover tax; sales tax

onaangenaam (on-*aan*-ger-naam) *adj* unpleasant, disagreeable

onaanvaardbaar (on-aan-*vaart*-baar) *adj* unacceptable

onaardig (on-*aar*-derkh) *adj* unkind

onafgebroken (on-*ahf*-kher-brōā-kern) *adj* continuous

onafhankelijk (on-ahf-*hahng*-ker-lerk) *adj* independent

onafhankelijkheid (on-ahf-*hahng*-ker-lerk-hayt) *c* independence

onbeantwoord (om-ber-*ahnt*-vōart) *adj* unanswered

onbebouwd (om-ber-*bout*) *adj* uncultivated

onbeduidend (om-ber-*dur^ew*-dernt) *adj* petty, insignificant

onbegaanbaar (om-ber-*gaam*-baar) *adj* impassable

onbegrijpelijk (om-ber-*gray*-per-lerk) *adj* puzzling

onbehaaglijk (om-ber-*haakh*-lerk) *adj* uneasy

onbekend (om-ber-*kehnt*) *adj* unfamiliar, unknown

onbekwaam (om-ber-*kvaam*) *adj* unable, incompetent, incapable

onbelangrijk (om-ber-*lahng*-rayk) *adj* unimportant; insignificant

onbeleefd (om-ber-*layft*) *adj* impolite

onbemind (om-ber-*mint*) *adj* unpopular

onbepaald (om-ber-*paalt*) *adj* indefinite; **onbepaalde wijs** infinitive

onbeperkt (om-ber-*pehrkt*) *adj* unlimited

onbeschaamd (om-ber-*skhaamt*) *adj* impudent, impertinent, insolent

onbeschaamdheid (om-ber-*skhaamt*-hayt) *c* impertinence, insolence

onbescheiden (om-ber-*skhay*-dern) *adj* immodest

onbeschermd (om-ber-*skhehrmt*) *adj* unprotected

onbeschoft (oam-ber-*skhoft*) *adj* impertinent

onbetrouwbaar (om-ber-*trou*-baar) *adj* untrustworthy, unreliable

onbevoegd (om-ber-*vōōkht*) *adj* unqualified; unauthorized

onbevredigend (om-ber-*vray*-der-gernt) *adj* unsatisfactory

onbewoonbaar (om-ber-*vōam*-baar) *adj* uninhabitable

onbewoond (om-ber-*vōant*) *adj* uninhabited

onbewust (om-ber-*verst*) *adj* unaware

onbezet (om-ber-*zeht*) *adj* unoccupied

onbezonnen (om-ber-*zo*-nern) *adj* rash

onbezorgd (om-ber-*zorkht*) *adj* carefree

onbillijk (om-*bi*-lerk) *adj* unfair

onbreekbaar (om-*brayk*-baar) *adj* unbreakable

ondankbaar (on-*dahngk*-baar) *adj* ungrateful

ondanks (*on*-dahngks) *prep* despite, in spite of

ondenkbaar (on-*dehngk*-baar) *adj* inconceivable

onder (*on*-derr) *prep* under; beneath, below; among, amid

onderaan (on-der-*raan*) *adv* below

* **onderbreken** (on-derr-*bray*-kern) *v* interrupt

onderbreking (on-derr-*bray*-king) *c* (pl ~en) interruption

* **onderbrengen** (*on*-derr-breh-ngern) *v* accommodate

onderbroek (on-derr-*brōōk*) *c* (pl ~en) briefs *pl*, pants *pl*, panties *pl*; shorts *plAm*; underpants *plAm*

onderdaan (*on*-derr-daan) *c* (pl -danen) subject

onderdak (*on*-derr-dahk) *nt* accommodation

onderdeel (*on*-derr-dāyl) *nt* (pl -delen) spare part

onderdrukken (on-derr-*drer*-kern) *v* suppress

* **ondergaan** (on-derr-*gaan*) *v* suffer

ondergang (*on*-derr-gahng) *c* destruction; ruination, ruin

ondergeschikt (on-derr-ger-*skhikt*) *adj* subordinate; secondary, minor

ondergetekende (on-derr-ger-*tāy*-kern-der) *c* (pl ~n) undersigned

ondergoed (*on*-derr-gōōt) *nt* underwear

ondergronds (on-derr-*gronts*) *adj* underground

ondergrondse (on-derr-*gron*-tser) *c*
subway *nAm*

onderhandelen (on-derr-*hahn*-der-lern)
v negotiate

onderhandeling (on-derr-*hahn*-der-
ling) *c* (pl ~en) negotiation

onderhevig aan (on-derr-*hāy*-verkh
aan) subject to; liable to; **aan bederf onderhevig** perishable

onderhoud (*on*-derr-hout) *nt* upkeep;
maintenance

*** onderhouden** (on-derr-*hou*-dern) *v*
entertain

onderling (*on*-derr-ling) *adj* mutual

*** ondernemen** (on-derr-*nāy*-mern) *v*
*undertake

onderneming (on-derr-*nāy*-ming) *c* (pl
~en) enterprise, undertaking; concern, company

onderrichten (on-der-*rikh*-tern) *v* instruct

onderrok (*on*-derr-rok) *c* (pl ~ken)
slip

onderschatten (on-derr-*skhah*-tern) *v*
underestimate

onderscheid (*on*-derr-skhayt) *nt* distinction; difference; ~ **maken** distinguish

*** onderscheiden** (on-derr-*skhay*-dern)
v distinguish

onderst (*on*-derrst) *adj* bottom

ondersteboven (on-derr-ster-*bōā*-vern)
adv upside-down

ondersteunen (on-derr-*stūr*-nern) *v*
*hold up, support

onderstrepen (on-derr-*strāy*-pern) *v*
underline

onderstroom (*on*-derr-strōām) *c* (pl
-stromen) undercurrent

ondertekenen (on-derr-*tāy*-ker-nern) *v*
sign

ondertitel (*on*-derr-tee-terl) *c* (pl ~s)
subtitle

ondertussen (on-derr-*ter*-sern) *adv* in

the meantime, meanwhile

*** ondervinden** (on-derr-*vin*-dern) *v* experience

ondervoeding (on-derr-*vōō*-ding) *c*
malnutrition

*** ondervragen** (on-derr-*vraa*-gern) *v*
interrogate

onderwerp (*on*-derr-vehrp) *nt* (pl ~en)
subject; topic, theme

*** onderwerpen** (on-derr-*vehr*-pern) *v*
subject; **zich ~** submit

onderwijs (*on*-derr-vayss) *nt* tuition;
education, instruction

*** onderwijzen** (on-derr-*vay*-zern) *v*
*teach

onderwijzer (on-derr-*vay*-zerr) *c* (pl
~s) schoolteacher, schoolmaster,
master, teacher

onderzoek (*on*-derr-zōōk) *nt* (pl ~en)
enquiry, investigation, inquiry;
check-up, examination; research

*** onderzoeken** (on-derr-*zōō*-kern) *v* enquire, investigate, examine; explore

ondeugend (*on-dūr*-gernt) *adj* naughty, mischievous

ondiep (on-*deep*) *adj* shallow

ondoeltreffend (on-dōōl-*treh*-fehnt)
adj inefficient

ondraaglijk (on-*draakh*-lerk) *adj* unbearable

onduidelijk (on-*dur^ew*-der-lerk) *adj*
ambiguous

onecht (on-*ehkht*) *adj* false

het oneens *zijn (ert on-*āyns* zayn) *v*
disagree

oneerlijk (on-*āyr*-lerk) *adj* crooked,
dishonest; unfair

oneetbaar (on-*āyt*-baar) *adj* inedible

oneffen (on-*eh*-fern) *adj* uneven

oneindig (on-*ayn*-derkh) *adj* infinite,
endless; immense

onenigheid (on-*āy*-nerkh-hayt) *c* (pl
-heden) dispute

onervaren (on-ehr-*vaa*-rern) *adj* inexperienced

oneven (on-*āy*-vern) *adj* odd

onevenwichtig (on-āy-ver-*vɪkh*-terkh) *adj* unsteady

onfatsoenlijk (om-faht-*sōon*-lerk) *adj* indecent

ongeacht (ong-*ger*-ahkht) *prep* in spite of

ongebruikelijk (ong-ger-*bruřew*-ker-lerk) *adj* unusual

ongeduldig (ong-ger-*derl*-derkh) *adj* impatient; eager

ongedurig (on-ger-*dēw*-rerkh) *adj* restless

ongedwongen (ong-ger-*dvo*-ngern) *adj* casual

ongedwongenheid (ong-ger-*dvo*-nger-hayt) *c* ease

ongeldig (ong-*gehl*-derkh) *adj* invalid

ongelegen (ong-ger-*lāy*-gern) *adj* inconvenient

ongelijk (ong-ger-*layk*) *adj* unequal; uneven; ~ *hebben *be wrong

ongelofelijk (ong-ger-*lōa*-fer-lerk) *adj* incredible

ongeluk (*ong*-ger-lerk) *nt* (pl ~ken) accident; misfortune

ongelukkig (ong-ger-*ler*-kerkh) *adj* unhappy; unlucky, unfortunate

ongelukkigerwijs (ong-ger-ler-ker-gerr-vayss) *adv* unfortunately

ongemak (*ong*-ger-mahk) *nt* (pl ~ken) inconvenience

ongemakkelijk (ong-ger-*mah*-ker-lerk) *adj* uncomfortable

ongemeubileerd (ong-ger-mūr-bee-*lāy̆rt*) *adj* unfurnished

ongeneeslijk (ong-ger-*nāyss*-lerk) *adj* incurable

ongepast (ong-ger-*pahst*) *adj* unsuitable; improper

ongerief (*ong*-ger-reef) *nt* inconvenience

ongerijmd (ong-ger-*raymt*) *adj* absurd

ongerust (ong-ger-*rerst*) *adj* worried; zich ~ **maken** worry

ongeschikt (ong-ger-*skhikt*) *adj* unfit

ongeschoold (ong-ger-*skhōalt*) *adj* uneducated; unskilled

ongetrouwd (ong-ger-*trout*) *adj* single

ongetwijfeld (ong-ger-*tvay*-ferlt) *adv* undoubtedly

ongeval (*ong*-ger-vahl) *nt* (pl ~len) accident

ongeveer (ong-ger-*vāy̆r*) *adv* about, approximately

ongevoelig (ong-ger-*vōo*-lerkh) *adj* insensitive

ongewenst (ong-ger-*vehnst*) *adj* undesirable

ongewoon (ong-ger-*vōan*) *adj* uncommon, unusual

ongezond (ong-ger-*zont*) *adj* unhealthy, unsound

ongunstig (ong-*gerns*-terkh) *adj* unfavourable

onhandig (on-*hahn*-derkh) *adj* clumsy, awkward

onheil (*on*-hayl) *nt* calamity, disaster; mischief

onheilspellend (on-hayl-*speh*-lernt) *adj* sinister; ominous

onherroepelijk (on-heh-*rōō*-per-lerk) *adj* irrevocable

onherstelbaar (on-hehr-*stehl*-baar) *adj* irreparable

onjuist (oñ-*uřewst*) *adj* incorrect

onkosten (*ong*-koss-tern) *pl* expenses *pl*

onkruid (*ong*-kruřewt) *nt* weed

onlangs (*on*-lahngs) *adv* recently; lately

onleesbaar (on-*lāyss*-baar) *adj* illegible

onmetelijk (o-*māy*-ter-lerk) *adj* vast, immense

onmiddellijk (o-*mɪ*-der-lerk) *adj* immediate, prompt; *adv* immediately, instantly

onmogelijk (o-*mōa*-ger-lerk) *adj* impossible

onnauwkeurig (o-nou-*kūr*-rerkh) *adj* inaccurate; incorrect

onnodig (o-*nōa*-derkh) *adj* unnecessary

onontbeerlijk (on-ont-*bāyr*-lerk) *adj* essential

onopvallend (on-op-*fah*-lernt) *adj* inconspicuous

onopzettelijk (on-op-*seh*-ter-lerk) *adj* unintentional

onoverkomelijk (on-ōa-verr-*kōa*-mer-lerk) *adj* prohibitive

onovertroffen (on-ōa-verr-*tro*-fern) *adj* unsurpassed

onpartijdig (om-pahr-*tay*-derkh) *adj* impartial

onpersoonlijk (om-pehr-*sōan*-lerk) *adj* impersonal

onplezierig (om-pler-*zee*-rerkh) *adj* unpleasant

onrecht (*on*-rehkht) *nt* injustice; wrong; ~ *aandoen wrong

onrechtvaardig (on-rehkht-*faar*-derkh) *adj* unjust

onredelijk (on-*rāy*-der-lerk) *adj* unreasonable

onregelmatig (on-rāy-gerl-*maa*-terkh) *adj* irregular

onrein (on-*rayn*) *adj* unclean

onrust (*on*-rerst) *c* unrest

onrustig (on-*rerss*-terkh) *adj* restless

ons (ons) *pron* our; us; ourselves

onschadelijk (on-*skhaa*-der-lerk) *adj* harmless

onschatbaar (on-*skhaht*-baar) *adj* priceless

onschuld (*on*-skherlt) *c* innocence

onschuldig (on-*skherl*-derkh) *adj* innocent

ontbijt (ont-*bayt*) *nt* breakfast

*ontbinden** (ont-*bin*-dern) *v* dissolve

* **ontbreken** (ont-*brāy*-kern) *v* fail; **ontbrekend** missing

ontdekken (on-*deh*-kern) *v* detect, discover

ontdekking (on-*deh*-king) *c* (pl ~en) discovery

ontdooien (on-*dōa*ᵉᵉ-ern) *v* thaw

ontevreden (on-ter-*vrāy*-dern) *adj* dissatisfied; discontented

*ontgaan** (ont-*khaan*) *v* escape

ontglippen (ont-*khli*-pern) *v* slip

onthaal (ont-*haal*) *nt* reception

*ontheffen** (ont-*heh*-fern) *v* exempt; ~ **van** discharge of

*onthouden** (ont-*hou*-dern) *v* remember; deny; **zich** ~ **van** abstain from

onthullen (ont-*her*-lern) *v* reveal

onthulling (ont-*her*-ling) *c* (pl ~en) revelation

onthutsen (ont-*hert*-sern) *v* overwhelm

ontkennen (ont-*keh*-nern) *v* deny; **ontkennend** negative

ontkoppelen (ont-*ko*-per-lern) *v* disconnect

ontkurken (ont-*kerr*-kern) *v* uncork

ontleden (ont-*lāy*-dern) *v* analyse; *break down

ontlenen (ont-*lāy*-nern) *v* borrow

ontmoeten (ont-*mōō*-tern) *v* encounter; *meet

ontmoeting (ont-*mōō*-ting) *c* (pl ~en) encounter, meeting

*ontnemen** (ont-*nāy*-mern) *v* deprive of

ontoegankelijk (on-tōō-*gahng*-ker-lerk) *adj* inaccessible

ontploffen (ont-*plo*-fern) *v* explode

ontplooien (ont-*plōa*ᵉᵉ-ern) *v* expand

ontroeren (oant-*rōō*-rern) *v* move

ontroering (oant-*rōō*-ring) *c* emotion

ontrouw (*on*-trou) *adj* unfaithful

ontruimen (ont-*rur*ᵉʷ-mern) *v* vacate

ontschepen (ont-*skhāy*-pern) *v* disembark

*ontslaan (ont-*slaan*) v dismiss, fire

ontslag *nemen (ont-*slahkh nāy*-mern) resign

ontslagneming (ont-*slahkh-nāy*-ming) c resignation

ontsmetten (ont-*smeh*-tern) v disinfect

ontsmettingsmiddel (ont-*smeh*-tings-mı-derl) nt (pl ~en) disinfectant

ontsnappen (ont-*snah*-pern) v escape

ontsnapping (ont-*snah*-ping) c (pl ~en) escape

ontspannen (ont-*spah*-nern) adj easygoing

zich ontspannen (ont-*spah*-nern) relax

ontspanning (ont-*spah*-ning) c relaxation; recreation

*ontstaan (ont-*staan*) v *arise

*ontsteken (ont-*stāy*-kern) v *become septic

ontsteking (ont-*stāy*-king) c (pl ~en) ignition; ignition coil; inflammation

ontstemmen (ont-*steh*-mern) v displease

*ontvangen (ont-*fah*-ngern) v receive; entertain

ontvangst (ont-*fahngst*) c (pl ~en) receipt; reception

ontvlambaar (ont-*flahm*-baar) adj inflammable

ontvluchten (ont-*flerkh*-tern) v escape

ontvouwen (ont-*fou*-ern) v unfold

ontwaken (ont-*vaa*-kern) v wake up

ontwerp (ont-*vehrp*) nt (pl ~en) design

*ontwerpen (ont-*vehr*-pern) v design

*ontwijken (ont-*vay*-kern) v avoid

ontwikkelen (ont-*vı*-ker-lern) v develop

ontwikkeling (ont-*vı*-ker-ling) c (pl ~en) development

ontwricht (ont-*frıkht*) adj dislocated

ontzag (ont-*sahkh*) nt respect

*ontzeggen (ont-*seh*-gern) v deny

ontzettend (ont-*seh*-ternt) adj dreadful, terrible

onuitstaanbaar (on-ur^ewt-*staam*-baar) adj intolerable

onvast (*on*-vahst) adj unsteady

onveilig (on-*vay*-lerkh) adj unsafe

onverdiend (*on*-verr-deent) adj unearned

onverklaarbaar (on-verr-*klaar*-baar) adj unaccountable

onvermijdelijk (on-verr-*may*-der-lerk) adj unavoidable, inevitable

onverschillig (on-verr-*skhı*-lerkh) adj indifferent

onverstandig (on-verr-*stahn*-derkh) adj unwise

onverwacht (on-verr-*vahkht*) adj unexpected

onvoldoende (on-vol-*doon*-der) adj insufficient; inadequate

onvolledig (on-vo-*lāy*-derkh) adj incomplete

onvolmaakt (on-vol-*maakt*) adj imperfect

onvoorwaardelijk (on-vōar-*vaar*-der-lerk) adj unconditional

onvoorzien (on-vōar-*zeen*) adj unexpected

onvriendelijk (on-*vreen*-der-lerk) adj unkind, unfriendly

onwaar (*on*-vaar) adj untrue, false

onwaarschijnlijk (on-vaar-*skhayn*-lerk) adj unlikely, improbable

onweer (*on*-vāyr) nt thunderstorm

onweerachtig (*on*-vāyr-ahkh-terkh) adj thundery

onwel (on-*vehl*) adj unwell

onwerkelijk (on-*vehr*-ker-lerk) adj unreal

onwetend (on-*vāy*-ternt) adj ignorant

onwettig (on-*veh*-terkh) adj unlawful, illegal

onwillig (on-*vɪ*-lerkh) *adj* unwilling

onyx (*ōā*-nɪks) *nt* onyx

onzeker (on-*zāy*-kerr) *adj* doubtful, uncertain

onzelfzuchtig (on-zehlf-*serkh*-terkh) *adj* unselfish

onzichtbaar (on-*zɪkht*-baar) *adj* invisible

onzijdig (on-*zay*-derkh) *adj* neuter

onzin (*on*-zɪn) *c* nonsense, rubbish

oog (ōākh) *nt* (pl ogen) eye

oogarts (*ōākh*-ahrts) *c* (pl ~en) oculist

ooggetuige (*ōā*-kher-tur^(ew)-ger) *c* (pl ~n) eye-witness

ooglid (*ōākh*-lɪt) *nt* (pl -leden) eyelid

oogst (ōākhst) *c* (pl ~en) harvest; crop

ooievaar (*ōā*^(ee)-er-vaar) *c* (pl ~s) stork

ooit (ōā^(ee)t) *adv* ever

ook (ōāk) *adv* also, too; as well

oom (ōām) *c* (pl ~s) uncle

oor (ōār) *nt* (pl oren) ear

oorbel (*ōār*-behl) *c* (pl ~len) earring

oordeel (*ōār*-dāyl) *nt* (pl -delen) judgment

oordelen (*ōār*-dāy-lern) *v* judge

oorlog (*ōār*-lokh) *c* (pl ~en) war

oorlogsschip (*ōār*-lokh-skhɪp) *nt* (pl -schepen) man-of-war

oorpijn (*ōār*-payn) *c* earache

oorsprong (*ōār*-sprong) *c* (pl ~en) origin

oorspronkelijk (ōār-*sprong*-ker-lerk) *adj* original

oorzaak (*ōār*-zaak) *c* (pl -zaken) cause; reason

oost (ōāst) *c* east; **oost-** eastern

oostelijk (o-ster-lerk) *adj* eastern, easterly

oosten (*ōā*-stern) *nt* east

Oostenrijk (*ōā*-stern-rayk) Austria

Oostenrijker (*ōā*-stern-ray-kerr) *c* (pl ~s) Austrian

Oostenrijks (*ōā*-stern-rayks) *adj* Aus-trian

oosters (*ōā*-sterrs) *adj* oriental

op (op) *prep* on, upon; at, in; *adv* up; finished

opa (*ōā*-paa) *c* (pl ~'s) grandfather, granddad

opaal (*ōā*-*paal*) *c* (pl opalen) opal

opbellen (*o*-beh-lern) *v* call, ring up, phone; call up *Am*

* **opbergen** (o-behr-gern) *v* *put away

opblaasbaar (o-*blaass*-baar) *adj* inflatable

* **opblazen** (o-blaa-zern) *v* inflate

opbouw (*o*-bou) *c* construction

opbouwen (o-bou-ern) *v* erect; construct

opbrengst (*o*-brehngst) *c* (pl ~en) produce

opdat (ob-*daht*) *conj* so that

opdracht (*op*-drahkht) *c* (pl ~en) order; assignment

* **opdragen aan** (*oap*-draa-gern) assign to

opeens (op-*āyns*) *adv* suddenly

opeisen (*op*-ay-sern) *v* claim

open (*ōā*-pern) *adj* open

openbaar (*ōā*-perm-*baar*) *adj* public

openbaren (*ōā*-perm-*baa*-rern) *v* reveal

opendraaien (*ōā*-per-draa^(ee)ern) *v* turn on

openen (*ōā*-per-nern) *v* unlock; open

openhartig (*ōā*-per-*hahr*-terkh) *adj* open

opening (*ōā*-per-nɪng) *c* (pl ~en) opening

openingstijden (*ōā*-per-nɪngs-tay-dern) *pl* business hours

opera (*ōā*-per-raa) *c* (pl ~'s) opera; opera house

operatie (*ōā*-per-*raa*-tsee) *c* (pl ~s) operation, surgery

opereren (*ōā*-per-*rāy*-rern) *v* operate

operette (ōā-per-*reh*-ter) *c* (pl ~s) operetta

*opgaan (*op*-khaan) *v* *rise

opgeruimd (*op*-kher-rur^{ew}mt) *adj* good-humoured

opgetogen (*oap*-kher-tōa-gern) *adj* delighted

*opgeven (*oap*-khāy-vern) *v* declare; *give up

opgewekt (*op*-kher-vehkt) *adj* cheerful

opgraving (*op*-khraa-ving) *c* (pl ~en) excavation

ophaalbrug (*op*-haal-brerkh) *c* (pl ~gen) drawbridge

ophalen (*op*-haa-lern) *v* collect, pick up

*ophangen (*op*-hah-ngern) *v* *hang

ophanging (*op*-hah-nging) *c* suspension

ophef (*op*-hehf) *c* fuss

*opheffen (*op*-heh-fern) *v* discontinue

ophelderen (*op*-hehl-der-rern) *v* clarify

*ophouden (*op*-hou-dern) *v* cease; ~ met stop; quit

opinie (ōa-*pee*-nee) *c* (pl ~s) opinion

opkomst (*op*-komst) *c* rise; attendance

oplage (*op*-laa-ger) *c* (pl ~n) issue

opleiden (*op*-lay-dern) *v* educate

opletten (*op*-leh-tern) *v* *pay attention; oplettend attentive

oplichten (*op*-likh-tern) *v* cheat, swindle

oplichter (*op*-likh-terr) *c* (pl ~s) swindler

*oplopen (*op*-lōa-pern) *v* increase; contract

oplosbaar (op-*loss*-baar) *adj* soluble

oplossen (*op*-lo-sern) *v* dissolve; solve

oplossing (*op*-lo-sing) *c* (pl ~en) solution

opmerkelijk (op-*mehr*-ker-lerk) *adj* remarkable; noticeable, striking

opmerken (*op*-mehr-kern) *v* notice, note; remark

opmerking (*op*-mehr-king) *c* (pl ~en) remark

opname (*op*-naa-mer) *c* (pl ~n) recording; shot

*opnemen (*op*-nāy-mern) *v* *draw

opnieuw (op-*nee*^{oo}) *adv* again

opofferen (*op*-o-fer-rern) *v* sacrifice

oponthoud (*op*-ont-hout) *nt* delay

oppassen (*o*-pah-sern) *v* look out, beware

oppasser (*o*-pah-serr) *c* (pl ~s) attendant

opperhoofd (*o*-perr-hōaft) *nt* (pl ~en) chieftain

oppervlakkig (o-perr-*vlah*-kerkh) *adj* superficial

oppervlakte (*o*-perr-vlahk-ter) *c* (pl ~n, ~s) surface; area

oppositie (o-pōa-*see*-tsee) *c* (pl ~s) opposition

oprapen (*op*-raa-pern) *v* pick up

oprecht (op-*rehkht*) *adj* honest, sincere

oprichten (*op*-rikh-tern) *v* found; erect

*oprijzen (*op*-ray-zern) *v* *arise

oproer (*op*-rōor) *nt* revolt, rebellion

opruimen (*op*-rur^{ew}-mern) *v* tidy up

opruiming (*op*-rur^{ew}-ming) *c* clearance sale

opscheppen (*op*-skheh-pern) *v* boast

*opschieten (*op*-skhee-tern) *v* hurry

opschorten (*op*-skhor-tern) *v* *put off

*opschrijven (*op*-skhray-vern) *v* *write down

*opslaan (*op*-slaan) *v* store

opslag¹ (*op*-slahkh) *c* storage

opslag² (*op*-slahkh) *c* rise; raise *nAm*

opslagplaats (*op*-slahkh-plaats) *c* (pl ~en) depot

*opsluiten (*op*-slur^{ew}-tern) *v* lock up

opsporen (*op*-spōa-rern) *v* trace

*opstaan (*op*-staan) *v* *get up, *rise

opstand (*op*-stahnt) *c* (pl ~en) rising, revolt, rebellion; in ~ *komen revolt

opstapelen (*op*-staa-per-lern) *v* pile
opstel (*op*-stehl) *nt* (pl ~len) essay
opstellen (*op*-steh-lern) *v* *draw up, *make up
***opstijgen** (*op*-stay-gern) *v* ascend
optellen (*op*-teh-lern) *v* add; count
optelling (*op*-teh-ling) *c* (pl ~en) addition
opticien (op-tee-*shang*) *c* (pl ~s) optician
optillen (*op*-tı-lern) *v* lift; raise
optimisme (op-tee-*miss*-mer) *nt* optimism
optimist (op-tee-*mist*) *c* (pl ~en) optimist
optimistisch (op-tee-*miss*-teess) *adj* optimistic
optocht (*op*-tokht) *c* (pl ~en) parade
optreden (*op*-trāy-dern) *nt* (pl ~s) appearance
***optreden** (*op*-trāy-dern) *v* act; appear
***opvallen** (*op*-fah-lern) *v* attract attention; **opvallend** striking
opvatten (*op*-fah-tern) *v* conceive
opvatting (*op*-fah-ting) *c* (pl ~en) view
opvoeden (*op*-fōō-dern) *v* *bring up, educate
opvoeding (*op*-fōō-ding) *c* education
opvolgen (*op*-fol-gern) *v* succeed
***opvouwen** (*op*-fou-ern) *v* fold
opvrolijken (*op*-frōa-ler-kern) *v* cheer up
opvullen (*op*-fer-lern) *v* fill up
***opwinden** (*op*-vin-dern) *v* *wind; excite
opwinding (*op*-vin-ding) *c* excitement
opzettelijk (op-*seh*-ter-lerk) *adj* deliberate, intentional; on purpose
opzicht (*op*-sikht) *nt* (pl ~en) respect
opzichter (*op*-sikh-terr) *c* (pl ~s) supervisor; warden
opzienbarend (op-seen-*baa*-rernt) *adj* sensational
opzij (op-*say*) *adv* aside; sideways
***opzoeken** (*op*-sōō-kern) *v* look up
oranje (ōa-*rah*-ñer) *adj* orange
orde[1] (*or*-der) *c* order; method; **in ~** in order; **in orde!** okay!, all right!
orde[2] (*or*-der) *c* (pl ~n, ~s) congregation
ordenen (*or*-der-nern) *v* arrange
ordinair (or-dee-*nair*) *adj* common, vulgar
orgaan (or-*gaan*) *nt* (pl organen) organ
organisatie (or-gaa-nee-*zaa*-tsee) *c* (pl ~s) organization
organisch (or-*gaa*-neess) *adj* organic
organiseren (or-gaa-nee-*zāy*-rern) *v* organize
orgel (*or*-gerl) *nt* (pl ~s) organ
zich oriënteren (ōa-ree-Yehn-*tāy*-rern) orientate
origine (ōa-ree-*zhee*-ner) *c* origin
origineel (ōa-ree-zhee-*nāyl*) *adj* original
orkaan (or-*kaan*) *c* (pl orkanen) hurricane
orkest (or-*kehst*) *nt* (pl ~en) orchestra; band
orlon (*or*-lon) *nt* orlon
ornamenteel (or-naa-mehn-*tāyl*) *adj* ornamental
orthodox (or-tōa-*doks*) *adj* orthodox
os (oss) *c* (pl ~sen) ox
oud (out) *adj* old; ancient; aged; **ouder** elder; **oudst** eldest, elder
oudbakken (out-*bah*-kern) *adj* stale
ouderdom (*ou*-derr-dom) *c* age; old age
ouders (*ou*-derrs) *pl* parents *pl*
ouderwets (ou-derr-*vehts*) *adj* old-fashioned, ancient; out of date; quaint
oudheden (*out*-hāy-dern) *pl* antiquities *pl*

Oudheid (*out*-hayt) c antiquity

oudheidkunde (*out*-hayt-kern-der) c archaeology

ouverture (ōō-verr-*tēw*-rer) c (pl ~s, ~n) overture

ouvreuse (ōō-*vrūr*-zer) c (pl ~s) usherette

ovaal (ōā-*vaal*) adj oval

oven (ōā-vern) c (pl ~s) oven; furnace

over (ōā-verr) prep about; over; across; in; adv over

overal (ōā-verr-ahl) adv everywhere; anywhere; throughout

overall (ōā-ver-*rahl*) c (pl ~s) overalls pl

overblijfsel (ōā-verr-blayf-serl) nt (pl ~s, ~en) remnant

***overblijven** (ōā-verr-blay-vern) v remain

overbodig (ōā-verr-*bōā*-derkh) adj superfluous; redundant

***overbrengen** (ōā-verr-breh-ngern) v transfer

overdag (ōā-verr-*dahkh*) adv by day

***overdenken** (ōā-verr-*dehng*-kern) v *think over

***overdrijven** (ōā-verr-*dray*-vern) v exaggerate; **overdreven** extravagant

***overeenkomen** (ōā-verr-*rāyng*-kōā-mern) v agree; correspond

overeenkomst (ōā-ver-*rāyng*-komst) c (pl ~en) agreement, settlement

overeenkomstig (ōā-ver-*rāyng*-kom-sterkh) adj similar; prep according to

overeenstemming (ōā-ver-*rāyn*-steh-mɪng) c agreement

overeind (ōā-ver-*raynt*) adv upright; erect

overgang (ōā-verr-gahng) c (pl ~en) transition

overgave (ōā-verr-gaa-ver) c surrender

***overgeven** (ōā-verr-gāy-vern) v vom-

it; **zich *overgeven** surrender

overhaast (ōā-verr-*haast*) adj rash

overhalen (ōā-verr-haa-lern) v persuade

overheersing (ōā-verr-*hāyr*-sɪng) c domination

overheid (ōā-verr-hayt) c (pl -heden) authorities pl

overhemd (ōā-verr-hehmt) nt (pl ~en) shirt

overig (ōā-ver-rerkh) adj remaining

overigens (ōā-ver-rer-gerns) adv though

overjas (ōā-verr-Yahss) c (pl ~sen) topcoat, overcoat

aan de overkant (aan der ōā-verr-kahnt) across

overleg (ōā-verr-*lehkh*) nt deliberation

overleggen (ōā-verr-*leh*-gern) v deliberate

overleven (ōā-verr-*lāy*-vern) v survive

overleving (ōā-verr-*lāy*vɪng) c survival

***overlijden** (ōā-verr-*lay*-dern) v depart, die

overmaken (ōā-verr-maa-kern) v remit

overmoedig (ōā-verr-*mōō*-derkh) adj presumptuous

***overnemen** (ōā-verr-*nāy*-mern) v *take over

overreden (ōā-verr-*rāy*-dern) v persuade

overschot (ōā-verr-skhot) nt (pl ~ten) surplus

***overschrijden** (ōā-verr-*skhray*-dern) v exceed

overschrijving (ōā-verr-skhray-vɪng) c (pl ~en) money order

***overslaan** (ōā-verr-slaan) v skip

overspannen (ōā-verr-*spah*-nern) adj overstrung

overstappen (ōā-verr-stah-pern) v change

oversteekplaats (ōā-verr-stāyk-plaats) c (pl ~en) crossing

*oversteken (ōa-verr-stāy-kern) v
cross

overstroming (ōa-verr-strōa-ming) c
(pl ~en) flood

overstuur (ōa-verr-stewr) adj upset

overtocht (ōa-verr-tokht) c (pl ~en)
crossing, passage

*overtreden (ōa-verr-trāy-dern) v offend

overtreding (ōa-verr-trāy-ding) c (pl
~en) offence

*overtreffen (ōa-verr-treh-fern) v
*outdo, exceed

overtuigen (ōa-verr-tur^ew-gern) v convince; persuade

overtuiging (ōa-verr-tur^ew-ging) c (pl
~en) conviction; persuasion

overval (ōa-verr-vahl) c (pl ~len)
hold-up

oververmoeid (ōa-verr-verr-mōō^eet)
adj over-tired

overvloed (ōa-verr-vlōōt) c abundance; plenty

overvloedig (ōa-verr-vlōō-derkh) adj
abundant, plentiful

overvol (ōa-verr-vol) adj crowded

overweg (ōa-verr-vehkh) c (pl ~en)
level crossing, crossing

*overwegen (ōa-verr-vāy-gern) v consider

overweging (ōa-verr-vāy-ging) c (pl
~en) consideration

overweldigen (ōa-verr-vehl-der-gern) v
overwhelm

zich overwerken (ōa-verr-vehr-kern)
overwork

*overwinnen (ōa-verr-vɪ-nern) v conquer; *overcome

overwinning (ōa-verr-vɪ-ning) c (pl
~en) victory

overzees (ōa-verr-zāyss) adj overseas

overzicht (ōa-verr-zɪkht) nt (pl ~en)
survey

P

paal (paal) c (pl palen) post, pole

paar (paar) nt (pl paren) pair; couple

paard (paart) nt (pl ~en) horse

paardebloem (paar-der-blōōm) c (pl
~en) dandelion

paardekracht (paar-der-krahkht) c
horsepower

paardesport (paar-der-sport) c riding

*paardrijden (paart-ray-dern) v *ride

paarlemoer (paar-ler-mōōr) nt mother-
of-pearl

paars (paars) adj purple

pacht (pahkht) c (pl ~en) lease

pacifisme (pah-see-fɪss-mer) nt pacifism

pacifist (pah-see-fɪst) c (pl ~en) pacifist

pacifistisch (pah-see-fɪss-teess) adj
pacifist

pad[1] (paht) nt (pl ~en) path; lane,
trail

pad[2] (paht) c (pl ~den) toad

paddestoel (pah-der-stōōl) c (pl ~en)
toadstool; mushroom

padvinder (paht-fɪn-derr) c (pl ~s)
scout, boy scout

padvindster (paht-fɪnt-sterr) c (pl ~s)
girl guide

pagina (paa-gee-naa) c (pl ~'s) page

pak (pahk) nt (pl ~ken) package

pakhuis (pahk-hur^ewss) nt (pl -huizen)
warehouse

Pakistaan (paa-kee-staan) c (pl -sta-
nen) Pakistani

Pakistaans (paa-kee-staans) adj Pakistani

Pakistan (paa-kɪss-tahn) Pakistan

pakje (pahk-yer) nt (pl ~s) parcel,
packet

pakken (pah-kern) v *take

pakket (pah-*keht*) *nt* (pl ~ten) parcel

pakpapier (*pahk*-paa-peer) *nt* wrapping paper

paleis (paa-*layss*) *nt* (pl paleizen) palace

paling (*paa*-ling) *c* (pl ~en) eel

palm (pahlm) *c* (pl ~en) palm

pan (pahn) *c* (pl ~nen) pan

pand (pahnt) *nt* (pl ~en) security; house, premises *pl*

pandjesbaas (*pahn*-t^yerss-baass) *c* (pl -bazen) pawnbroker

paneel (paa-*nāyl*) *nt* (pl panelen) panel

paniek (paa-*neek*) *c* panic

panne (*pah*-ner) *c* breakdown

pantoffel (pahn-*to*-ferl) *c* (pl ~s) slipper

panty (*pehn*-tee) *c* (pl panties) pantyhose

papa (*pah*-paa) *c* (pl ~'s) daddy

papaver (paa-*paa*-verr) *c* (pl ~s) poppy

papegaai (pah-per-*gaa^{ee}*) *c* (pl ~en) parrot

papier (paa-*peer*) *nt* (pl ~en) paper

papieren (paa-*pee*-rern) *adj* paper; ~ **servet** paper napkin; ~ **zak** paper bag; ~ **zakdoek** tissue

parade (paa-*raa*-der) *c* (pl ~s) parade

paraferen (paa-raa-*fāy*-rern) *v* initial

paragraaf (paa-raa-*graaf*) *c* (pl -grafen) paragraph

parallel (paa-raa-*lehl*) *adj* parallel

paraplu (paa-raa-*plēw*) *c* (pl ~'s) umbrella

parasol (paa-raa-*sol*) *c* (pl ~s) sunshade

pardon! (pahr-*don*) sorry!

parel (*paa*-rerl) *c* (pl ~s, ~en) pearl

parfum (pahr-*ferm*) *nt* (pl ~s) perfume

park (pahrk) *nt* (pl ~en) park

parkeermeter (pahr-*kāyr*-māy-terr) *c* (pl ~s) parking meter

parkeerplaats (pahr-*kāyr*-plaats) *c* (pl ~en) car park; parking lot *Am*

parkeertarief (pahr-*kāyr*-taa-reef) *nt* (pl -tarieven) parking fee

parkeerzone (pahr-*kāyr*-zaw-ner) *c* (pl ~s) parking zone

parkeren (pahr-*kāy*-rern) *v* park

parkiet (pahr-*keet*) *c* (pl ~en) parakeet

parlement (pahr-ler-*mehnt*) *nt* (pl ~en) parliament

parlementair (pahr-ler-mehn-*tair*) *adj* parliamentary

parochie (pah-*ro*-khee) *c* (pl ~s) parish

particulier (pahr-tee-kēw-*leer*) *adj* private

partij (pahr-*tay*) *c* (pl ~en) party; side; batch

partijdig (pahr-*tay*-derkh) *adj* partial

partner (*pahrt*-nerr) *c* (pl ~s) partner; associate

pas¹ (pahss) *c* (pl ~sen) step

pas² (pahss) *adv* just

Pasen (*paa*-sern) Easter

pasfoto (*pahss*-fōa-tōa) *c* (pl ~'s) passport photograph

paskamer (*pahss*-kaa-merr) *c* (pl ~s) fitting room

paspoort (*pahss*-pōart) *nt* (pl ~en) passport

paspoortcontrole (*pahss*-pōart-kon-traw-ler) *c* passport control

passage (pah-*saa*-zher) *c* (pl ~s) excerpt; passage

passagier (pah-saa-*zheer*) *c* (pl ~s) passenger

passen (*pah*-sern) *v* try on; fit; ~ **bij** match; **passend** appropriate; convenient, adequate, proper; ~ **op** look after; attend to

passeren (pah-*sāy*-rern) *v* pass; bypass, pass by

passie (*pah*-see) *c* passion

passief (pah-*seef*) *adj* passive

pasta (*pahss*-taa) *c* (pl ~'s) paste

pastorie (pahss-tōā-*ree*) *c* (pl ~ën) parsonage, vicarage, rectory

patent (paa-*tehnt*) *nt* (pl ~en) patent

pater (*paa*-terr) *c* (pl ~s) father

patiënt (paa-*shehnt*) *c* (pl ~en) patient

patrijs (paa-*trayss*) *c* (pl patrijzen) partridge

patrijspoort (paa-*trayss*-pōārt) *c* (pl ~en) porthole

patriot (paa-tree-*Yot*) *c* (pl ~ten) patriot

patroon (paa-*trōān*) *nt* (pl patronen) pattern; *c* cartridge

patrouille (paa-*trōō*-Yer) *c* (pl ~s) patrol

patrouilleren (paa-trōō-*Yaȳ*-rern) *v* patrol

paus (pouss) *c* (pl ~en) pope

pauw (pou) *c* (pl ~en) peacock

pauze (*pou*-zer) *c* (pl ~s) pause; break; interval, intermission

pauzeren (pou-*zaȳ*-rern) *v* pause

paviljoen (paa-vɪl-*Yōōn*) *nt* (pl ~en, ~s) pavilion

pech (pehkh) *c* bad luck

pedaal (per-*daal*) *nt/c* (pl pedalen) pedal

peddel (*peh*-derl) *c* (pl ~s) paddle

pedicure (paȳ-dee-*keȳw*-rer) *c* (pl ~s) pedicure, chiropodist

peen (paȳn) *c* (pl penen) carrot

peer (paȳr) *c* (pl peren) pear; light bulb

pees (paȳss) *c* (pl pezen) sinew, tendon

peetvader (*paȳt*-faa-derr) *c* (pl ~s) godfather

peil (payl) *nt* (pl ~en) level

pelgrim (*pehl*-grɪm) *c* (pl ~s) pilgrim

pelikaan (paȳ-lee-*kaan*) *c* (pl -kanen) pelican

pels (pehls) *c* (pl pelzen) fur

pen (pehn) *c* (pl ~nen) pen

penicilline (paȳ-nee-see-*lee*-ner) *c* penicillin

penningmeester (*peh*-nɪng-maȳss-terr) *c* (pl ~s) treasurer

penseel (pehn-*saȳl*) *nt* (pl -selen) paint-brush

pensioen (pehn-*shōōn*) *nt* (pl ~en) pension

pension (pehn-*shon*) *nt* (pl ~s) board; boarding-house, guest-house, pension; **vol ~** full board, board and lodging, bed and board

peper (*paȳ*-perr) *c* pepper

pepermunt (*paȳ*-perr-*mernt*) *c* peppermint

per (pehr) *prep* by

perceel (pehr-*saȳl*) *nt* (pl -celen) plot

percentage (pehr-sehn-*taa*-zher) *nt* (pl ~s) percentage

percolator (pehr-kōā-*laa*-tor) *c* (pl ~s) percolator

perfectie (pehr-*fehk*-see) *c* perfection

periode (paȳ-ree-*Yōā*-der) *c* (pl ~s, ~n) period; term

periodiek (paȳ-ree-*Yōā*-deek) *adj* periodical

permanent (pehr-maa-*nehnt*) *adj* permanent; *c* permanent wave

permissie (pehr-*mɪ*-see) *c* permission

perron (peh-*ron*) *nt* (pl ~s) platform

perronkaartje (peh-*ron*-kaar-tYer) *nt* (pl ~s) platform ticket

Pers (pehrs) *c* (pl Perzen) Persian

pers (pehrs) *c* press

persconferentie (*pehrs*-kon-fer-rehn-tsee) *c* (pl ~s) press conference

persen (*pehr*-sern) *v* press

personeel (pehr-sōā-*naȳl*) *nt* personnel

personentrein (pehr-*sōā*-ner-trayn) *c* (pl ~en) passenger train

persoon (pehr-*sōān*) *c* (pl -sonen) person; **per ~** per person

persoonlijk (pehr-*sōān*-lerk) *adj* personal; private

persoonlijkheid (pehr-*sōān*-lerk-hayt) *c* (pl -heden) personality

perspectief (pehr-spehk-*teef*) *nt* (pl -tieven) perspective

Perzië (*pehr*-zee-Yer) Persia

perzik (*pehr*-zɪk) *c* (pl ~en) peach

Perzisch (*pehr*-zeess) *adj* Persian

pessimisme (peh-see-*miss*-mer) *nt* pessimism

pessimist (peh-see-*mist*) *c* (pl ~en) pessimist

pessimistisch (peh-see-*miss*-teess) *adj* pessimistic

pet (peht) *c* (pl ~ten) cap

peterselie (pāy-terr-*sāy*-lee) *c* parsley

petitie (per-*tee*-tsee) *c* (pl ~s) petition

petroleum (pāy-*trōā*-lāy-Yerm) *c* petroleum; kerosene, paraffin

peuter (*pūr*-terr) *c* (pl ~s) toddler

pianist (pee-Yaa-*nist*) *c* (pl ~en) pianist

piano (pee-*Yaa*-nōa) *c* (pl ~'s) piano

piccolo (*pee*-kōa-lōa) *c* (pl ~'s) pageboy, bellboy

picknick (*pɪk*-nɪk) *c* (pl ~s) picnic

picknicken (*pɪk*-nɪ-kern) *v* picnic

pick-up (pɪk-*erp*) *c* (pl ~s) recordplayer

pienter (*peen*-terr) *adj* bright, smart, clever

pier (peer) *c* (pl ~en) pier, jetty

pijl (payl) *c* (pl ~en) arrow

pijn (payn) *c* (pl ~en) ache, pain; **~ *doen** *hurt; ache

pijnlijk (*payn*-lerk) *adj* sore, painful; embarrassing, awkward

pijnloos (*payn*-lōass) *adj* painless

pijp (payp) *c* (pl ~en) pipe; tube

pijpestoker (*pay*-per-stōā-kerr) *c* (pl ~s) pipe cleaner

pijptabak (*payp*-taa-bahk) *c* pipe to-

bacco

pikant (pee-*kahnt*) *adj* spicy; savoury

pil (pɪl) *c* (pl ~len) pill

pilaar (pee-*laar*) *c* (pl pilaren) column, pillar

piloot (pee-*lōāt*) *c* (pl piloten) pilot

pils (pɪls) *nt* beer

pincet (pɪn-*seht*) *c* (pl ~ten) tweezers *pl*

pinda (*pɪn*-daa) *c* (pl ~'s) peanut

pinguin (*pɪn*-gvɪn) *c* (pl ~s) penguin

pink (pɪngk) *c* (pl ~en) little finger

Pinksteren (*pɪngk*-ster-rern) Whitsun

pion (pee-Yon) *c* (pl ~nen) pawn

pionier (pee-Yōā-*neer*) *c* (pl ~s) pioneer

piraat (pee-*raat*) *c* (pl piraten) pirate

piste (*peess*-ter) *c* (pl ~s) ring

pistool (peess-*tōāl*) *nt* (pl pistolen) pistol

pit (pɪt) *c* (pl ~ten) stone, pip

pittoresk (pee-tōā-*rehsk*) *adj* picturesque

plaag (plaakh) *c* (pl plagen) plague

plaat (plaat) *c* (pl platen) plate, sheet; picture

plaats (plaats) *c* (pl ~en) place; spot, locality, site; seat; room; **in ~ van** instead of

plaatselijk (*plaat*-ser-lerk) *adj* local; regional

plaatsen (*plaat*-sern) *v* *lay, *put, place; locate

*plaatshebben (*plaats*-heh-bern) *v* *take place

plaatskaartenbureau (*plaats*-kaar-ter-bēw-rōā) *nt* (pl ~s) box-office

plaatsvervanger (*plaats*-ferr-vah-ngerr) *c* (pl ~s) deputy, substitute

plafond (plaa-*font*) *nt* (pl ~s) ceiling

plagen (*plaa*-gern) *v* tease

plakband (*plahk*-bahnt) *nt* scotch tape, adhesive tape

plakboek (*plahk*-bōōk) *nt* (pl ~en)

scrap-book

plakken (*plah*-kern) v *stick ; paste

plan (plahn) nt (pl ~nen) plan ; project, scheme ; **van ~ *zijn** intend

planeet (plaa-*nāyt*) c (pl -neten) planet

planetarium (plaa-ner-*taa*-ree-Yerm) nt (pl ~s, -ria) planetarium

plank (plahngk) c (pl ~en) board, plank ; shelf

plannen (*pleh*-nern) v plan

plant (plahnt) c (pl ~en) plant

plantage (plahn-*taa*-zher) c (pl ~s) plantation

planten (*plahn*-tern) v plant

plantengroei (*plahn*-ter-grōō ᵉᵉ) c vegetation

plantkunde (*plahnt*-kern-der) c botany

plantsoen (plahnt-*sōōn*) nt (pl ~en) public garden

plas (plahss) c (pl ~sen) puddle

plastic (*pleh*-stık) adj plastic

plat (plaht) adj flat ; even, level

platenspeler (*plaa*-ter-spāy-lerr) c (pl ~s) record-player

platina (*plaa*-tee-naa) nt platinum

plattegrond (plah-ter-*gront*) c (pl ~en) map, plan

platteland (plah-ter-*lahnt*) nt countryside, country ; **plattelands-** rural

platzak (*plaht*-sahk) broke

plaveien (plaa-*vay*-ern) v pave

plaveisel (plaa-*vay*-serl) nt pavement

plechtig (*plehkh*-terkh) adj solemn

pleegouders (*plāykh*-ou-derrs) pl foster-parents pl

plegen (*plāy*-gern) v commit

pleidooi (play-*dōā*ᵉᵉ) nt (pl ~en) plea

plein (playn) nt (pl ~en) square

pleister¹ (*play*-sterr) c (pl ~s) plaster

pleister² (*play*-sterr) nt plaster

pleiten (*play*-tern) v plead

plek (plehk) c (pl ~ken) spot ; **blauwe ~** bruise ; **zere ~** sore

plezier (pler-*zeer*) nt pleasure ; fun

plicht (plıkht) c (pl ~en) duty

ploeg¹ (plōōkh) c (pl ~en) plough

ploeg² (plōōkh) c (pl ~en) team ; shift ; gang

ploegen (*plōō*-gern) v plough

plooi (plōā ᵉᵉ) c (pl ~en) crease

plooihoudend (plōā ᵉᵉ-*hou*-dernt) adj permanent press

plotseling (*plot*-ser-lıng) adj sudden

plukken (*pler*-kern) v pick

plus (plerss) prep plus

pneumatisch (pnūr-*maa*-teess) adj pneumatic

pocketboek (*po*-kert-bōōk) nt (pl ~en) paperback

poeder (*pōō*-derr) nt/c (pl ~s) powder

poederdons (*pōō*-derr-dons) c (pl -donzen) powder-puff

poederdoos (*pōō*-derr-dōāss) c (pl -dozen) powder compact

poelier (pōō-*leer*) c (pl ~s) poulterer

poes (pōōss) c (pl poezen) pussy-cat

poetsen (*pōō*-tsern) v brush ; polish

pogen (*pōā*-gern) v try

poging (*pōā*-gıng) c (pl ~en) try, attempt ; effort

pokken (*po*-kern) pl smallpox

Polen (*pōā*-lern) Poland

polio (*pōā*-lee-Yōā) c polio

polis (*pōā*-lerss) c (pl ~sen) policy

politicus (pōā-*lee*-tee-kerss) c (pl -ci) politician

politie (pōā-*lee*-tsee) c police pl

politieagent (pōā-*lee*-tsi-aa-gehnt) c (pl ~en) policeman

politiebureau (pōā-*lee*-tsee-bēw-rōā) nt (pl ~s) police-station

politiek (pōā-*lee*-teek) adj political ; c policy ; politics

pols (pols) c (pl ~en) wrist ; pulse

polshorloge (*pols*-hor-lōā-zher) nt (pl ~s) wrist-watch

polsslag (*pol*-slahkh) c pulse

pomp (pomp) *c* (pl ~en) pump

pompelmoes (*pom*-perl-mōōss) *c* (pl -moezen) grapefruit

pompen (*pom*-pern) *v* pump

pond (pont) *nt* pound

Pool (pōal) *c* (pl Polen) Pole

Pools (pōals) *adj* Polish

poort (pōart) *c* (pl ~en) gate

poosje (*pōa*-sher) *nt* while

poot (pōat) *c* (pl poten) leg; paw

pop (pop) *c* (pl ~pen) doll

popeline (pōa-per-*lee*-ner) *nt/c* poplin

popmuziek (pop-mew-zeek) *c* pop music

poppenkast (*po*-per-kahst) *c* puppet-show

populair (pōa-pew-*lair*) *adj* popular

porselein (por-seh-*layn*) *nt* porcelain, china

portefeuille (por-ter-*fur*ew-*y*er) *c* (pl ~s) pocket-book, wallet

portemonnee (por-ter-mo-*nāy*) *c* (pl ~s) purse

portie (*por*-see) *c* (pl ~s) portion; helping

portier (por-*teer*) *c* (pl ~s) doorman, door-keeper, porter

portret (por-*treht*) *nt* (pl ~ten) portrait

Portugal (*por*-tew-gahl) Portugal

Portugees (por-tew-*gāyss*) *adj* Portuguese

positie (pōa-*zee*-tsee) *c* (pl ~s) position

positief (pōa-zee-*teef*) *adj* positive

post¹ (post) *c* mail, post

post² (post) *c* (pl ~en) entry

postbode (*post*-bōa-der) *c* (pl ~s, ~n) postman

postcode (*post*-kōa-der) *c* (pl ~s) zip code *Am*

posten (*poss*-tern) *v* mail, post

poste restante (post-rehss-*tahnt*) poste restante

posterijen (poss-ter-*ray*-ern) *pl* postal service

postkantoor (*post*-kahn-tōar) *nt* (pl -toren) post-office

postwissel (*post*-vi-serl) *c* (pl ~s) postal order; mail order *Am*

postzegel (*post*-sāy-gerl) *c* (pl ~s) postage stamp, stamp

postzegelautomaat (*post*-sāy-gerl-ōa-tōa-maat) *c* (pl -maten) stamp machine

pot (pot) *c* (pl ~ten) pot; jar

potlood (*pot*-lōat) *nt* (pl -loden) pencil

praatje (*praa*-tᵞer) *nt* (pl ~s) chat

pracht (prahkht) *c* splendour

prachtig (*prahkh*-terkh) *adj* lovely, wonderful, marvellous; splendid, gorgeous, fine

praktijk (prahk-*tayk*) *c* (pl ~en) practice

praktisch (*prahk*-teess) *adj* practical

praten (*praa*-tern) *v* talk

precies (prer-*seess*) *adj* precise, very, exact; *adv* exactly; just

predikant (prāy-dee-*kahnt*) *c* (pl ~en) clergyman, minister, vicar, rector

preek (prāyk) *c* (pl preken) sermon

preekstoel (*prāyk*-stōōl) *c* (pl ~en) pulpit

preken (*prāy*-kern) *v* preach

premie (*prāy*-mee) *c* (pl ~s) premium

premier (prer-*m*ᵞ*āy*) *c* (pl ~s) premier, Prime Minister

prent (prehnt) *c* (pl ~en) picture; print, engraving

prentbriefkaart (*prehnt*-breef-kaart) *c* (pl ~en) picture postcard

president (prāy-zee-*dehnt*) *c* (pl ~en) president

prestatie (prehss-*taa*-tsee) *c* (pl ~s) achievement; feat

presteren (prehss-*tāy*-rern) *v* achieve

prestige (prehss-*tee*-zher) *nt* prestige

pret (preht) *c* fun; gaiety, pleasure

prettig (*preh*-terkh) *adj* enjoyable, pleasant; nice

preventief (*prāy*-vehn-*teef*) *adj* preventive

priester (*pree*-sterr) *c* (pl ~s) priest

prijs (prayss) *c* (pl prijzen) price-list; charge, cost, rate; prize, award; **op ~ stellen** appreciate

prijsdaling (*prayss*-daa-lıng) *c* (pl ~en) slump

prijslijst (*prayss*-layst) *c* (pl ~en) price list

prijzen (*pray*-zern) *v* price

***prijzen** (*pray*-zern) *v* praise

prijzig (*pray*-zerkh) *adj* expensive

prik[1] (prık) *c* (pl ~ken) sting

prik[2] (prık) *c* fizz

prikkel (*prı*-kerl) *c* (pl ~s) impulse

prikkelbaar (*prı*-kerl-baar) *adj* irritable

prikkelen (*prı*-ker-lern) *v* irritate

prikken (*prı*-kern) *v* prick

prima (*pree*-maa) *adj* first-rate

primair (*pree*-mair) *adj* primary

principe (prın-*see*-per) *nt* (pl ~s) principle

prins (prıns) *c* (pl ~en) prince

prinses (prın-*sehss*) *c* (pl ~sen) princess

prioriteit (pree-Υōa-ree-*tayt*) *c* (pl ~en) priority

privé (pree-*vāy*) *adj* private

privéleven (pree-*vāy*-lāy-vern) *nt* privacy

proberen (prōa-*bāy*-rern) *v* try; attempt; test

probleem (prōa-*blāym*) *nt* (pl -blemen) problem

procédé (prōa-ser-*dāy*) *nt* (pl ~s) process

procedure (prōa-ser-*dēw*-rer) *c* (pl ~s) procedure

procent (prōa-*sehnt*) *nt* (pl ~en) percent

proces (prōa-*sehss*) *nt* (pl ~sen) process; lawsuit

processie (prōa-*seh*-see) *c* (pl ~s) procession

producent (prōa-*dēw*-*sehnt*) *c* (pl ~en) producer

produceren (prōa-dēw-*sāy*-rern) *v* produce

produkt (prōa-*derkt*) *nt* (pl ~en) product; produce

produktie (prōa-*derk*-see) *c* (pl ~s) production; output

proef (prōōf) *c* (pl proeven) experiment; trial, test

proeven (*prōō*-vern) *v* taste

profeet (prōa-*fāyt*) *c* (pl -feten) prophet

professor (prōa-*feh*-sor) *c* (pl ~en, ~s) professor

profiteren (prōa-fee-*tāy*-rern) *v* profit, benefit

programma (prōa-*grah*-maa) *nt* (pl ~'s) programme

progressief (prōa-greh-*seef*) *adj* progressive

project (prōa-Υ*ehkt*) *nt* (pl ~en) project

promenade (pro-mer-*naa*-der) *c* (pl ~s) esplanade, promenade

promotie (prōa-*mōa*-tsee) *c* (pl ~s) promotion

prompt (prompt) *adj* prompt

propaganda (prōa-paa-*gahn*-daa) *c* propaganda

propeller (prōa-*peh*-lerr) *c* (pl ~s) propeller

proportie (prōa-*por*-see) *c* (pl ~s) proportion

prospectus (pro-*spehk*-terss) *c* (pl ~sen) prospectus

prostituée (pro-stee-tēw-*vāy*) *c* (pl ~s) prostitute

protest (prōa-*tehst*) *nt* (pl ~en) protest

protestants (prōa-terss-*tahnts*) *adj*

Protestant
protesteren (prōa-tehss-*tāy*-rern) v protest
provinciaal (prōa-vɪn-*shaal*) adj provincial
provincie (prōa-*vɪn*-see) c (pl ~s) province
provisiekast (prōa-*vee*-zee-kahst) c (pl ~en) larder
pruik (prur^{ew}k) c (pl ~en) wig
pruim (prur^{ew}m) c (pl ~en) plum; prune
prullenmand (*prer*-ler-mahnt) c (pl ~en) wastepaper-basket
psychiater (psee-khee-*Yaa*-terr) c (pl ~s) psychiatrist
psychisch (*psee*-kheess) adj psychic
psychologie (psee-khōa-lōa-*gee*) c psychology
psychologisch (psee-khōa-*lōa*-geess) adj psychological
psycholoog (psee-khōa-*lōakh*) c (pl -logen) psychologist
publiceren (pēw-blee-*sāy*-rern) v publish
publiek (pēw-*bleek*) adj public; nt audience, public
publikatie (pēw-blee-*kaa*-tsee) c (pl ~s) publication
puimsteen (*pur^{ew}m*-stāyn) nt pumice stone
puistje (*pur^{ew}*-sher) nt (pl ~s) pimple
punaise (pēw-*nai*-zer) c (pl ~s) drawing-pin; thumbtack nAm
punctueel (perngk-tēw-*vāyl*) adj punctual
punt (pernt) nt (pl ~en) point; item, issue; c full stop, period; tip
puntenslijper (*pern*-ter-slay-perr) c (pl ~s) pencil-sharpener
puntkomma (pernt-*ko*-maa) c semicolon
put (pert) c (pl ~ten) well
puur (pēwr) adj neat; sheer

puzzel (*per*-zerl) c (pl ~s) puzzle
pyjama (pee-*Yaa*-maa) c (pl ~'s) pyjamas pl

Q

quarantaine (kaa-rahn-*tai*-ner) c quarantine
quota (kvōa-taa) c (pl ~'s) quota

R

raad¹ (raat) c advice, counsel
raad² (raat) c (pl raden) council
raadplegen (*raat*-plāy-gern) v consult
raadpleging (*raat*-plāy-gɪng) c (pl ~en) consultation
raadsel (*raat*-serl) nt (pl ~s, ~en) riddle, puzzle; mystery, enigma
raadslid (*raats*-lɪt) nt (pl -leden) councillor
raadsman (*raats*-mahn) c (pl -lieden) counsellor; solicitor
raaf (raaf) c (pl raven) raven
raam (raam) nt (pl ramen) window
raar (raar) adj curious, odd, strange, queer, quaint
rabarber (raa-*bahr*-berr) c rhubarb
racket (*reh*-kert) nt (pl ~s) racquet
*** raden** (*raa*-dern) v guess
radiator (raa-dee-*Yaa*-tor) c (pl ~s, ~en) radiator
radicaal (raa-dee-*kaal*) adj radical
radijs (raa-*dayss*) c (pl radijzen) radish
radio (*raa*-dee-Yōa) c (pl ~'s) wireless, radio
rafelen (*raa*-fer-lern) v fray
raffinaderij (rah-fee-naa-der-*ray*) c (pl ~en) refinery
rage (*raa*-zher) c (pl ~s) craze

raken (*raa*-kern) *v* *hit
raket (raa-*keht*) *c* (pl ~ten) rocket
ramp (rahmp) *c* (pl ~en) calamity, disaster
rampzalig (rahm-*psaa*-lerkh) *adj* disastrous
rand (rahnt) *c* (pl ~en) edge, border; brim, rim, verge
rang (rahng) *c* (pl ~en) rank; class
rangschikken (*rahng*-skhı-kern) *v* arrange; sort, grade
rantsoen (rahnt-*soon*) *nt* (pl ~en) ration
ranzig (*rahn*-zerkh) *adj* rancid
rapport (rah-*port*) *nt* (pl ~en) report
rapporteren (rah-por-*tay*-rern) *v* report
rariteit (raa-ree-*tayt*) *c* (pl ~en) curio
ras (rahss) *nt* (pl ~sen) race; breed; **rassen-** racial
rasp (rahsp) *c* (pl ~en) grater
raspen (*rahss*-pern) *v* grate
rat (raht) *c* (pl ~ten) rat
rauw (rou) *adj* raw
ravijn (raa-*vayn*) *nt* (pl ~en) gorge
razen (*raa*-zern) *v* rage
razend (*raa*-zernt) *adj* furious
razernij (raa-zerr-*nay*) *c* rage
reactie (rāy-*Yahk*-see) *c* (pl ~s) reaction
reageren (rāy-*Yah-gāy*-rern) *v* react
recent (rer-*sehnt*) *adj* recent
recept (rer-*sehpt*) *nt* (pl ~en) recipe; prescription
receptie (rer-*sehp*-see) *c* (pl ~s) reception office
receptioniste (rer-sehp-shōa-*nıss*-ter) *c* (pl ~s) receptionist
recht[1] (rehkht) *nt* (pl ~en) right; law, justice
recht[2] (rehkht) *adj* straight
rechtbank (*rehkht*-bahngk) *c* (pl ~en) court
rechtdoor (rehkh-*dōar*) *adv* straight on, straight ahead

rechter[1] (*rehkh*-terr) *adj* right-hand
rechter[2] (*rehkh*-terr) *c* (pl ~s) judge
rechthoek (*rehkht*-hōōk) *c* (pl ~en) oblong, rectangle
rechthoekig (rehkht-*hōō*-kerkh) *adj* rectangular
rechtopstaand (rehkh-*top*-staant) *adj* erect, upright
rechts (rehkhts) *adj* right-hand, right
rechtschapen (rehkht-*skhaa*-pern) *adj* honourable
rechtstreeks (*rehkh*-strāyks) *adj* direct
rechtszaak (*rehkht*-saak) *c* (pl -zaken) trial
rechtuit (rehkh-*tur^ew^t*) *adv* straight ahead
rechtvaardig (raykht-*faar*-derkh) *adj* just, righteous, right
rechtvaardigheid (rehkht-*faar*-derkh-hayt) *c* justice
reclame (rer-*klaa*-mer) *c* advertising, publicity
reclamespot (rer-*klaa*-mer-spot) *c* (pl ~s) commercial
record (rer-*kawr*) *nt* (pl ~s) record
recreatie (rāy-krāy-*Yaa*-tsee) *c* recreation
recreatiecentrum (rāy-krāy-*Yaa*-tsee-sehn-trerm) *nt* (pl -tra) recreation centre
rector (*rehk*-tor) *c* (pl ~en, ~s) headmaster, principal
reçu (rer-*sew*) *nt* (pl ~'s) receipt
redakteur (rāy-dahk-*tūrr*) *c* (pl ~en, ~s) editor
redden (*reh*-dern) *v* save, rescue
redder (*reh*-derr) *c* (pl ~s) saviour
redding (*reh*-ding) *c* (pl ~en) rescue
reddingsgordel (*reh*-dings-khor-derl) *c* (pl ~s) lifebelt
rede[1] (*rāy*-der) *c* sense; reason
rede[2] (*rāy*-der) *c* (pl ~s) speech
redelijk (*rāy*-der-lerk) *adj* reasonable
reden (*rāy*-dern) *c* (pl ~en) reason

redeneren (rāy-der-*nāy*-rern) v reason

reder (*rāy*-derr) c (pl ~s) shipowner

redetwisten (*rāy*-der-tviss-tern) v argue

reduceren (rāy-dew-*sāy*-rern) v reduce

reductie (rer-*derk*-see) c (pl ~s) discount, reduction, rebate

reeds (rāyts) adv already

reekalf (*rāy*-kahlf) nt (pl -kalveren) fawn

reeks (rāyks) c (pl ~en) series; sequence

referentie (rer-fer-*rehn*-tsee) c (pl ~s) reference

reflector (rer-*flehk*-tor) c (pl ~s, ~en) reflector

reformatie (rāy-for-*maa*-tsee) c reformation

regel (*rāy*-gerl) c (pl ~s) line; rule; **in de ~** as a rule

regelen (*rāy*-ger-lern) v arrange; settle; regulate

regeling (*rāy*-ger-ling) c (pl ~en) arrangement; settlement; regulation

regelmatig (rāy-gerl-*maa*-terkh) adj regular

regen (*rāy*-gern) c rain

regenachtig (*rāy*-gern-ahkh-terkh) adj rainy

regenboog (*rāy*-ger-bōakh) c (pl -bogen) rainbow

regenbui (*rāy*-ger-bur^(ew)) c (pl ~en) shower

regenen (*rāy*-ger-nern) v rain

regenjas (*rāy*-ger-^(Y)ahss) c (pl ~sen) mackintosh, raincoat

regeren (rer-*gāy*-rern) v rule, govern, reign

regering (rer-*gāy*-ring) c (pl ~en) government; reign

regie (rer-*gee*) c (pl ~s) direction

regime (rer-*zheem*) nt (pl ~s) régime

regisseren (rāy-gee-*sāy*-rern) v direct

regisseur (rāy-gee-*sürr*) c (pl ~s) director

register (rer-*giss*-terr) nt (pl ~s) record; index

registratie (rāy-giss-*traa*-tsee) c registration

reglement (rāy-gler-*mehnt*) nt (pl ~en) regulation

reiger (ray-gerr) c (pl ~s) heron

rein (rayn) adj pure

reinigen (ray-ner-gern) v clean; **chemisch ~** dry-clean

reiniging (ray-ner-ging) c cleaning

reinigingsmiddel (ray-ner-gings-mi-derl) nt (pl ~en) cleaning fluid

reis (rayss) c (pl reizen) journey; trip, voyage

reisagent (rayss-aa-gehnt) c (pl ~en) travel agent

reisbureau (rayss-bew-rōa) nt (pl ~s) travel agency

reischeque (ray-shehk) c (pl ~s) traveller's cheque

reiskosten (rayss-koss-tern) pl fare; travelling expenses

reisplan (rayss-plahn) nt (pl ~nen) itinerary

reisroute (rayss-rōo-ter) c (pl ~s, ~n) itinerary

reisverzekering (rayss-ferr-zāy-ker-ring) c travel insurance

reiswieg (rayss-veekh) c (pl ~en) carry-cot

reizen (ray-zern) v travel

reiziger (ray-zer-gerr) c (pl ~s) traveller

rek (rehk) c elasticity

rekbaar (*rehk*-baar) adj elastic

rekenen (*rāy*-ker-nern) v reckon

rekening (*rāy*-ker-ning) c (pl ~en) account; bill; check nAm

rekenkunde (*rāy*-kerng-kern-der) c arithmetic

rekken (*reh*-kern) v stretch

rekruut (rer-*krewt*) c (pl rekruten) recruit

rel (rehl) c (pl ~len) riot

relatie (rer-*laa*-tsee) c (pl ~s) relation; connection

relatief (rer-laa-*teef*) adj relative; comparative

reliëf (rerl-*Yehf*) nt (pl ~s) relief

relikwie (rer-ler-*kvee*) c (pl ~ën) relic

reling (*rāy*-lıng) c (pl ~en) rail

rem (rehm) c (pl ~men) brake

remlichten (*rehm*-lıkh-tern) pl brake lights

remtrommel (*rehm*-tro-mehl) c (pl ~s) brake drum

renbaan (*rehn*-baan) c (pl -banen) race-course; track; race-track

rendabel (rehn-*daa*-berl) adj paying

rendier (*rehn*-deer) nt (pl ~en) reindeer

rennen (*reh*-nern) v *run

renpaard (*rehn*-paart) nt (pl ~en) race-horse

rente (*rehn*-ter) c (pl ~n, ~s) interest

reparatie (rāy-paa-*raa*-tsee) c (pl ~s) reparation

repareren (rāy-paa-*rāy*-rern) v repair, fix; mend

repertoire (rer-pehr-*tvaar*) nt (pl ~s) repertory

repeteren (rer-per-*tāy*-rern) v rehearse

repetitie (rer-per-*tee*-tsee) c (pl ~s) rehearsal

representatief (rer-prāy-zehn-taa-*teef*) adj representative

reproduceren (rāy-prōa-dew-*sāy*-rern) v reproduce

reproduktie (rāy-prōa-*derk*-see) c (pl ~s) reproduction

reptiel (rehp-*teel*) nt (pl ~en) reptile

republiek (rāy-pew-*bleek*) c (pl ~en) republic

republikeins (rāy-pew-blee-*kayns*) adj republican

reputatie (rāy-pew-*taa*-tsee) c reputa-

tion; fame

reserve (rer-*zehr*-ver) c (pl ~s) reserve; **reserve-** spare

reserveband (rer-*zehr*-ver-bahnt) c (pl ~en) spare tyre

reserveren (rer-zehr-*vāy*-rern) v reserve; book

reservering (rer-zehr-*vāy*-rıng) c (pl ~en) reservation; booking

reservewiel (rer-*zehr*-ver-veel) nt (pl ~en) spare wheel

reservoir (rer-zerr-*vvaar*) nt (pl ~s) reservoir; container

resoluut (rāy-zōa-*lōōt*) adj resolute

respect (reh-*spehkt*) nt respect; esteem, regard

respectabel (reh-spehk-*taa*-berl) adj respectable

respecteren (reh-spehk-*tāy*-rern) v respect

respectievelijk (reh-spehk-*tee*-ver-lerk) adj respective

rest (rehst) c (pl ~en) rest; remainder; remnant

restant (rehss-*tahnt*) nt (pl ~en) remainder; remnant

restaurant (reh-stōa-*rahnt*) nt (pl ~s) restaurant

restauratiewagen (rehss-tōa-*raa*-tsee-vaa-gern) c (pl ~s) dining-car

restriktie (rer-*strık*-see) c (pl ~s) qualification

resultaat (rāy-zerl-*taat*) nt (pl -taten) result; outcome, issue

resulteren (rāy-zerl-*tāy*-rern) v result

resumé (rāy-zew-*māy*) nt (pl ~s) summary

retour (rer-*tōōr*) round trip Am

retourvlucht (rer-*tōōr*-vlerkht) c (pl ~en) return flight

reumatiek (rūr-maa-*teek*) c rheumatism

reus (rūrss) c (pl reuzen) giant

reusachtig (rūr-*zahkh*-terkh) adj huge;

gigantic, enormous, immense

revalidatie (*rāy-vaa-lee-daa*-tsee) *c* rehabilitation

revers (rer-*vair*) *c* (pl ~) lapel

reviseren (*rāy*-vee-*zāy*-rern) *v* overhaul

revolutie (*rāy*-vōa-*lēw*-tsee) *c* (pl ~s) revolution

revolutionair (*rāy*-vōa-lēw-tshōa-*nair*) *adj* revolutionary

revolver (rer-*vol*-verr) *c* (pl ~s) gun, revolver

revue (rer-*vēw*) *c* (pl ~s) revue

rib (rıp) *c* (pl ~ben) rib

ribfluweel (*rıp*-flēw-vāyl) *nt* corduroy

richten (*rıkh*-tern) *v* direct; ~ **op** aim at

richting (*rıkh*-tıng) *c* (pl ~en) direction; way

richtingaanwijzer (*rıkh*-tıng-aan-vay-zerr) *c* (pl ~s) trafficator, indicator; directional signal *Am*

richtlijn (*rıkht*-layn) *c* (pl ~en) directive

ridder (*rı*-derr) *c* (pl ~s) knight

riem (reem) *c* (pl ~en) belt; strap; lead

riet (reet) *nt* reed; cane

rif (rıf) *nt* (pl ~fen) reef

rij (ray) *c* (pl ~en) row, rank; line; file, queue; **in de ~ *staan** queue; stand in line *Am*

rijbaan (*ray*-baan) *c* (pl -banen) carriageway; roadway *nAm*

rijbewijs (*ray*-ber-vayss) *nt* driving licence

*rijden (*ray*-dern) *v* *drive; *ride

*rijgen (*ray*-gern) *v* thread

rijk¹ (rayk) *adj* rich; wealthy

rijk² (rayk) *nt* (pl ~en) kingdom, empire; **rijks-** imperial

rijkdom (*rayk*-dom) *c* (pl ~men) wealth, riches *pl*

rijm (raym) *nt* (pl ~en) rhyme

rijp (rayp) *adj* ripe, mature

rijpheid (*rayp*-hayt) *c* maturity

rijst (rayst) *c* rice

rijstrook (*ray*-strōak) *c* (pl -stroken) lane

rijtuig (*ray*-turᵉʷg) *nt* (pl ~en) carriage; coach

rijweg (*ray*-vehkh) *c* drive

rijwiel (*ray*-veel) *nt* (pl ~en) cycle; bicycle

rillen (*rı*-lern) *v* shiver; tremble

rillerig (*rı*-ler-rerkh) *adj* shivery

rilling (*rı*-lıng) *c* (pl ~en) chill; shiver, shudder

rimpel (*rım*-perl) *c* (pl ~s) wrinkle

ring (rıng) *c* (pl ~en) ring

ringweg (*rıng*-vehkh) *c* (pl ~en) bypass

riool (ree-ᵞōal) *nt* (pl riolen) sewer

risico (*ree*-zee-kōa) *nt* (pl ~'s) risk; chance, hazard

riskant (rıss-*kahnt*) *adj* risky

rit (rıt) *c* (pl ~ten) ride

ritme (*rıt*-mer) *nt* (pl ~n) rhythm

ritssluiting (*rıt*-slurᵉʷ-tıng) *c* (pl ~en) zipper, zip

rivaal (ree-*vaal*) *c* (pl rivalen) rival

rivaliseren (ree-vaa-lee-*zāy*-rern) *v* rival

rivaliteit (ree-vaa-lee-*tayt*) *c* rivalry

rivier (ree-*veer*) *c* (pl ~en) river

riviermonding (ree-*veer*-mon-dıng) *c* (pl ~en) estuary

rivieroever (ree-*veer*-ōō-verr) *c* (pl ~s) riverside

rob (rop) *c* (pl ~ben) seal

robijn (rōa-*bayn*) *c* (pl ~en) ruby

roddelen (*ro*-der-lern) *v* gossip

roede (*rōō*-der) *c* (pl ~n) rod

roeiboot (*rōō*ᵉᵉ-bōat) *c* (pl -boten) rowing-boat

roeien (*rōō*ᵉᵉ-ern) *v* row

roeiriem (*rōō*ᵉᵉ-reem) *c* (pl ~en) oar

roem (rōōm) *c* glory; celebrity, fame

Roemeen (rōō-*māyn*) *c* (pl -menen)

Rumanian

Roemeens (rōō-*māyns*) *adj* Rumanian

Roemenië (rōō-*māy*-nee-ᵞer) Rumania

roep (rōōp) *c* call, cry

***roepen** (*rōō*-pern) *v* call; cry, shout

roer (rōōr) *nt* rudder, helm

roeren (*rōō*-rern) *v* stir

roerend (*rōō*-rernt) *adj* movable

roest (rōōst) *nt* rust

roestig (*rōōss*-terkh) *adj* rusty

rok (rok) *c* (pl ~ken) skirt

roken (*rōa*-kern) *v* smoke

roker (*rōa*-kerr) *c* (pl ~s) smoker

rol (rol) *c* (pl ~len) roll

rolgordijn (*rol*-gor-dayn) *nt* (pl ~en) blind

rollen (*ro*-lern) *v* roll

rolstoel (*rol*-stōōl) *c* (pl ~en) wheel-chair

roltrap (*rol*-trahp) *c* (pl ~pen) escalator

roman (rōa-*mahn*) *c* (pl ~s) novel

romance (rōa-*mahng*-ser) *c* (pl ~s, ~n) romance

romanschrijver (rōa-*mahn*-skhray-verr) *c* (pl ~s) novelist

romantisch (rōa-*mahn*-teess) *adj* romantic

romig (*rōa*-merkh) *adj* creamy

rommel (*ro*-merl) *c* mess; litter; trash, junk

rond (ront) *adj* round; *prep* around

ronde (ron-der) *c* (pl ~n, ~s) round

rondom (ront-*om*) *adv* around; *prep* round

rondreis (*ront*-rayss) *c* (pl -reizen) tour

rondreizend (*ront*-ray-zernt) *adj* itinerant

***rondtrekken** (*ron*-treh-kern) *v* tramp

***rondzwerven** (*ront*-svehr-vern) *v* wander

röntgenfoto (*rernt*-gern-fōa-tōa) *c* (pl ~'s) X-ray

rood (rōat) *adj* red

roodborstje (*rōat*-bor-sher) *nt* (pl ~s) robin

roodkoper (*rōat*-kōa-perr) *nt* copper

roof (rōaf) *c* robbery

roofdier (*rōaf*-deer) *nt* (pl ~en) beast of prey

rook (rōak) *c* smoke

rookcoupé (*rōa*-kōo-pāy) *c* (pl ~s) smoker

rookkamer (*rōa*-kaa-merr) *c* smoking-room

room (rōam) *c* cream

roomkleurig (rōam-*klūr*-rerkh) *adj* cream

rooms-katholiek (rōams-kah-tōa-*leek*) *adj* Roman Catholic

roos¹ (rōass) *c* (pl rozen) rose

roos² (rōass) *c* dandruff

rooster (*rōa*-sterr) *nt* (pl ~s) grate; schedule

roosteren (*rōa*-ster-rern) *v* grill, roast

rot (rot) *adj* rotten

rotan (*rōa*-tahn) *nt* rattan

rotonde (rōa-*ton*-der) *c* (pl ~s) roundabout

rots (rots) *c* (pl ~en) rock; cliff

rotsachtig (*rot*-sahkh-terkh) *adj* rocky

rotsblok (*rots*-blok) *nt* (pl ~ken) boulder

rouge (*rōō*-zher) *c/nt* rouge

roulette (rōō-*leh*-ter) *c* roulette

route (*rōō*-ter) *c* (pl ~s) route

routine (rōō-*tee*-ner) *c* routine

rouw (rou) *c* mourning

royaal (rōa-ᵞaal) *adj* generous; liberal

roze (raw-zer) *adj* rose, pink

rozenkrans (*rōa*-zer-krahns) *c* (pl ~en) rosary, beads *pl*

rozijn (rōa-*zayn*) *c* (pl ~en) raisin

rubber (*rer*-berr) *nt* rubber

rubriek (rēw-*breek*) *c* (pl ~en) column

rug (rerkh) *c* (pl ~gen) back

ruggegraat (*rer*-ger-graat) *c* spine, backbone

rugpijn (*rerkh*-payn) *c* backache
rugzak (*rerkh*-sahk) *c* (pl ~ken) rucksack
*__ruiken__ (*rurew*-kern) *v* *smell
ruil (rur*ewl*) *c* exchange
ruilen (*rurew*-lern) *v* exchange; swap
ruim¹ (rur*ewm*) *adj* broad, large; roomy, spacious
ruim² (rur*ewm*) *nt* (pl ~en) hold
ruimte (*rurew*m-ter) *c* room, space
ruïne (rew-*vee*-ner) *c* (pl ~s) ruins
ruïneren (rew-vee-*nay*-rern) *v* ruin
ruit (rur*ewt*) *c* (pl ~en) check; pane
ruitenwisser (*rurew*-ter-vi-serr) *c* (pl ~s) windscreen wiper; windshield wiper *Am*
ruiter (*rurew*-terr) *c* (pl ~s) horseman; rider
ruk (rerk) *c* (pl ~ken) tug, wrench
rumoer (rew-*moor*) *nt* noise
rundvlees (rernt-flayss) *nt* beef
Rus (rerss) *c* (pl ~sen) Russian
Rusland (*rerss*-lahnt) Russia
Russisch (*rer*-seess) *adj* Russian
rust (rerst) *c* rest; quiet; half-time
rusteloosheid (rerss-ter-*loass*-hayt) *c* unrest
rusten (*rerss*-tern) *v* rest
rusthuis (*rerst*-hur*ew*ss) *nt* (pl -huizen) rest-home
rustiek (rerss-*teek*) *adj* rustic
rustig (*rerss*-terkh) *adj* calm, quiet; restful, tranquil
ruw (rew⁰⁰) *adj* rough, harsh
ruzie (*rew*-zee) *c* (pl ~s) row, quarrel, dispute; ~ maken quarrel

S

saai (saa*ee*) *adj* dull, boring
sacharine (sah-khaa-*ree*-ner) *c* saccharin

saffier (sah-*feer*) *nt* sapphire
salaris (saa-*laa*-riss) *nt* (pl ~sen) salary; pay
saldo (*sahl*-doā) *nt* (pl ~'s, saldi) balance
salon (saa-*lon*) *c* (pl ~s) drawing-room, lounge; salon
samen (saa-mern) *adv* together
*__samenbinden__ (*saa*-mer-bin-dern) *v* bundle
*__samenbrengen__ (*saa*-mer-breh-ngern) *v* combine
samenhang (*saa*-mer-hahng) *c* coherence
samenleving (*saa*-mer-*lay*-ving) *c* (pl ~en) community
samenloop (*saa*-mer-*loap*) *c* concurrence
samenstellen (*saa*-mer-steh-lern) *v* compose, compile
samenstelling (*saa*-mer-steh-ling) *c* (pl ~en) composition
*__samenvallen__ (*saa*-mer-vah-lern) *v* coincide
samenvatting (*saa*-mer-vah-ting) *c* (pl ~en) résumé, summary
samenvoegen (*saa*-mer-*voo*-gern) *v* join
samenwerking (*saa*-mer-vehr-king) *c* co-operation
*__samenzweren__ (*saa*-mer-zvāy-rern) *v* conspire
samenzwering (*saa*-mer-zvāy-ring) *c* (pl ~en) plot
sanatorium (saa-naa-*toā*-ree-Yerm) *nt* (pl ~s, -ria) sanatorium
sandaal (sahn-*daal*) *c* (pl -dalen) sandal
sanitair (saa-nee-*tair*) *adj* sanitary
Saoedi-Arabië (saa-ōō-dee-aa-*raa*-bee-Yer) Saudi Arabia
Saoedi-Arabisch (saa-ōō-dee-aa-*raa*-beess) *adj* Saudi Arabian
sap (sahp) *nt* (pl ~pen) juice

sappig (*sah*-perkh) *adj* juicy

sardine (sahr-*dee*-ner) *c* (pl ~s) sardine

satelliet (saa-ter-*leet*) *c* (pl ~en) satellite

satijn (saa-*tayn*) *nt* satin

sauna (*sou*-naa) *c* (pl ~'s) sauna

saus (souss) *c* (pl sauzen) sauce

Scandinavië (skahn-dee-*naa*-vee-Yer) Scandinavia

Scandinaviër (skahn-dee-*naa*-vee-Yerr) *c* (pl ~s) Scandinavian

Scandinavisch (skahn-dee-*naa*-veess) *adj* Scandinavian

scène (*sai*-ner) *c* (pl ~s) scene

schaafwond (*skhaaf*-vont) *c* (pl ~en) graze

schaak! (skhaak) check!

schaakbord (*skhaak*-bort) *nt* (pl ~en) checkerboard *nAm*

schaakspel (*skhaak*-spehl) *nt* chess

schaal (skhaal) *c* (pl schalen) dish; bowl; scale

schaaldier (*skhaal*-deer) *nt* (pl ~en) shellfish

schaamte (*skhaam*-ter) *c* shame

schaap (skhaap) *nt* (pl schapen) sheep

schaar (skhaar) *c* (pl scharen) scissors *pl*

schaars (skhaars) *adj* scarce

schaarste (*skhaar*-ster) *c* scarcity

schaats (skhaats) *c* (pl ~en) skate

schaatsen (*skhaat*-sern) *v* skate

schade (*skhaa*-der) *c* damage; harm, mischief

schadelijk (*skhaa*-der-lerk) *adj* harmful; hurtful

schadeloosstelling (*skhaa*-der-lōa-steh-lıng) *c* (pl ~en) indemnity

schaden (*skhaa*-dern) *v* harm

schadevergoeding (*skhaa*-der-verr-gōo-dıng) *c* (pl ~en) compensation, indemnity

schaduw (*skhaa*-dew°°) *c* (pl ~en) shade; shadow

schaduwrijk (*skhaa*-dew°°-rayk) *adj* shady

schakel (*skhaa*-kerl) *c* (pl ~s) link

schakelaar (*skhaa*-ker-laar) *c* (pl ~s) switch

schakelbord (*skhaa*-kerl-bort) *nt* switchboard

schakelen (*skhaa*-ker-lern) *v* change gear

zich schamen (*skhaa*-mern) *be ashamed

schandaal (skhahn-*daal*) *nt* (pl -dalen) scandal

schande (*skhahn*-deh) *c* disgrace, shame

schapevlees (*skhaa*-per-vlāyss) *nt* mutton

scharnier (skhahr-*neer*) *nt* (pl ~en) hinge

schat (skhaht) *c* (pl ~ten) treasure; darling

schatkist (*skhaht*-kıst) *c* treasury

schatten (*skhah*-tern) *v* evaluate, estimate, value; appreciate

schatting (*skhah*-tıng) *c* (pl ~en) estimate; appreciation

schedel (*skhāy*-derl) *c* (pl ~s) skull

scheef (skhāyf) *adj* slanting

scheel (skhāyl) *adj* cross-eyed

scheepswerf (*skhāyps*-vehrf) *c* (pl -werven) shipyard

scheepvaart (*skhāyp*-faart) *c* navigation

scheepvaartlijn (*skhāyp*-faart-layn) *c* (pl ~en) shipping line

scheerapparaat (*skhāyr*-ah-paa-raat) *nt* (pl -raten) safety-razor, electric razor, shaver

scheercrème (*skhāyr*-kraim) *c* (pl ~s) shaving-cream

scheerkwast (*skhāyr*-kvahst) *c* (pl ~en) shaving-brush

scheermesje (*skhāyr*-meh-sher) *nt* (pl

~s) razor-blade

scheerzeep (*skhayr-zayp*) c shaving-soap

*****scheiden** (*skhay-dern*) v separate; divide, part; divorce

scheiding (*skhay-ding*) c (pl ~en) division; parting

scheidsrechter (*skhayts-rehkh-terr*) c (pl ~s) umpire

scheikunde (*skhay-kern-der*) c chemistry

scheikundig (*skhay-kern-derkh*) adj chemical

*****schelden** (*skhehl-dern*) v scold

schelm (skhehlm) c (pl ~en) rascal

schelp (skhehlp) c (pl ~en) shell

schelvis (*skhehl-viss*) c haddock

schema (*skhay-maa*) nt (pl ~'s, ~ta) diagram; scheme

schemering (*skhay-mer-ring*) c twilight

schending (*skhehn-ding*) c (pl ~en) violation

*****schenken** (*skhehng-kern*) v pour; donate

schenking (*skhehng-king*) c (pl ~en) donation

*****scheppen** (*skheh-pern*) v create

schepsel (*skhehp-serl*) nt (pl ~s) creature

zich *scheren (*skhay-rern*) shave

scherm (skhehrm) nt (pl ~en) screen

schermen (*skhehr-mern*) v fence

scherp (skhehrp) adj sharp; keen

schets (skhehts) c (pl ~en) sketch

schetsboek (*skhehts-book*) nt (pl ~en) sketch-book

schetsen (*skheht-sern*) v sketch

scheur (skhurr) c (pl ~en) tear

scheuren (*skhur-rern*) v rip, *tear

schiereiland (*skheer-ay-lahnt*) nt peninsula

*****schieten** (*skhee-tern*) v *shoot, fire

schietschijf (*skheet-skhayf*) c (pl

-schijven) mark

schijf (skhayf) c (pl schijven) disc

schijn (skhayn) c semblance

schijnbaar (*skhaym-baar*) adj apparent

*****schijnen** (*skhay-nern*) v appear, seem; *shine

schijnheilig (skhayn-*hay*-lerkh) adj hypocritical

schijnwerper (*skhayn-vehr-perr*) c (pl ~s) spotlight, searchlight

schikken (*skhi-kern*) v suit

schikking (*skhi-king*) c (pl ~en) settlement

schil (skhil) c (pl ~len) skin; peel

schilder (*skhil-derr*) c (pl ~s) painter

schilderachtig (*skhil-derr-ahkh-terkh*) adj scenic, picturesque

schilderen (*skhil-der-rern*) v paint

schilderij (skhil-der-*ray*) nt (pl ~en) painting, picture

schildpad (*skhil-paht*) c (pl ~den) turtle

schilfer (*skhil-ferr*) c (pl ~s) chip

schillen (*skhi-lern*) c peel

schimmel (*skhi-merl*) c (pl ~s) mildew

schip (skhip) nt (pl schepen) ship; boat, vessel

schitterend (*skhi-ter-rernt*) adj brilliant, splendid

schittering (*skhi-ter-ring*) c (pl ~en) glare

schoeisel (*skhoo*ee-serl) nt footwear

schoen (skhoon) c (pl ~en) shoe

schoenmaker (*skhoon-maa-kerr*) c (pl ~s) shoemaker

schoensmeer (*skhoon-smayr*) c shoe polish

schoenveter (*skhoon-fay-terr*) c (pl ~s) shoe-lace

schoenwinkel (*skhoon-ving-kerl*) c (pl ~s) shoe-shop

schoft (skhoft) c (pl ~en) bastard

schok (skhok) c (pl ~ken) shock

schokbreker (*skhok*-brāy-kerr) *c* (pl ~s) shock absorber

schokken (*skho*-kern) *v* shock

schol (skhol) *c* (pl ~len) plaice

schommel (*skho*-merl) *c* (pl ~s) swing

schommelen (*skho*-mer-lern) *v* rock, *swing

school (skhōal) *c* (pl scholen) school; college; **middelbare ~** secondary school

schoolbank (*skhōal*-bahngk) *c* (pl ~en) desk

schoolbord (*skhōal*-bort) *nt* (pl ~en) blackboard

schoolhoofd (*skhōal*-hōaft) *nt* (pl ~en) headmaster, head teacher

schooljongen (*skhōal*-ᵞo-ngern) *c* (pl ~s) schoolboy

schoolmeester (*skhōal*-māyss-terr) *c* (pl ~s) teacher

schoolmeisje (*skhōal*-may-sher) *nt* (pl ~s) schoolgirl

schoolslag (*skhōal*-slahkh) *c* breast-stroke

schooltas (*skhōal*-tahss) *c* (pl ~sen) satchel

schoon (skhōan) *adj* clean

schoonheid (*skhōan*-hayt) *c* (pl -heden) beauty

schoonheidsbehandeling (*skhōan*-hayts-ber-hahn-der-lïng) *c* (pl ~en) beauty treatment

schoonheidsmasker (*skhōan*-hayts-mahss-kerr) *nt* (pl ~s) face-pack

schoonheidsmiddelen (*skhōan*-hayts-mï-der-lern) *pl* cosmetics *pl*

schoonheidssalon (*skhōan*-hayts-saa-lon) *c* (pl ~s) beauty salon, beauty parlour

schoonmaak (*skhōa*-maak) *c* cleaning

schoonmaken (*skhōa*-maa-kern) *v* clean

schoonmoeder (*skhōa*-mōo-derr) *c* (pl ~s) mother-in-law

schoonouders (*skhōan*-ou-derrs) *pl* parents-in-law *pl*

schoonvader (*skhōan*-vaa-derr) *c* (pl ~s) father-in-law

schoonzoon (*skhōan*-zōan) *c* (pl -zo-nen) son-in-law

schoonzuster (*skhōan*-zerss-terr) *c* (pl ~s) sister-in-law

schoorsteen (*skhōar*-stāyn) *c* (pl -ste-nen) chimney

schop (skhop) *c* (pl ~pen) kick; spade, shovel

schoppen (*skho*-pern) *v* kick

schor (skhor) *adj* hoarse

schorsen (*skhor*-sern) *v* suspend

schort (skhort) *c* (pl ~en) apron

Schot (skhot) *c* (pl ~ten) Scot

schot (skhot) *nt* (pl ~en) shot

schotel (*skhōa*-terl) *c* (pl ~s) dish; **schoteltje** *nt* saucer

Schotland (*skhot*-lahnt) Scotland

Schots (skhots) *adj* Scottish, Scotch

schouder (*skhou*-derr) *c* (pl ~s) shoulder

schouwburg (*skhou*-berrkh) *c* (pl ~en) theatre

schouwspel (*skhou*-spehl) *nt* (pl ~en) spectacle

schram (skhrahm) *c* (pl ~men) scratch

schrappen (*skhrah*-pern) *v* scrape

schrede (*skhrāy*-der) *c* (pl ~n) pace

schreeuw (skhrāyᵒᵒ) *c* (pl ~en) scream, cry, shout

schreeuwen (*skhrāyᵒᵒ*-ern) *v* scream, cry, shout

schriftelijk (*skhrïf*-ter-lerk) *adj* writ-ten; *adv* in writing

schrijfbehoeften (*skhrayf*-ber-hōof-tern) *pl* stationery

schrijfblok (*skhrayf*-blok) *nt* (pl ~ken) writing-pad

schrijfmachine (*skhrayf*-mah-shee-ner) *c* (pl ~s) typewriter

schrijfmachinepapier (*skhrayf*-mah-shee-ner-paa-peer) *nt* typing paper

schrijfpapier (*skhrayf*-paa-peer) *nt* notepaper; writing-paper

schrijftafel (*skhrayf*-taa-ferl) *c* (pl ~s) bureau

schrijn (skhrayn) *c* (pl ~en) shrine

***schrijven** (*skhray*-vern) *v* *write

schrijver (*skhray*-vehr) *c* (pl ~s) author, writer

schrik (skhrik) *c* fright, scare; ~ *aanjagen terrify

schrikkeljaar (*skhri*-kerl-Yaar) *nt* leap-year

***schrikken** (*skhri*-kern) *v* *be frightened; *doen ~ frighten, scare

schrobben (*skhro*-bern) *v* scrub

schroef (skhrōōf) *c* (pl schroeven) screw; propeller

schroefsleutel (*skhrōōf*-slur-terl) *c* (pl ~s) spanner

schroevedraaier (*skhrōō*-ver-draa-Yerr) *c* (pl ~s) screw-driver

schroeven (*skhrōō*-vern) *v* screw

schroot (skhrōāt) *nt* scrap-iron

schub (skherp) *c* (pl ~ben) scale

schudden (*skher*-dern) *v* *shake; shuffle

schuifdeur (*skhur^{ew}f*-dūrr) *c* (pl ~en) sliding door

schuilplaats (*skhur^{ew}l*-plaats) *c* (pl ~en) cover; shelter

schuim (skhur^{ew}m) *nt* froth, lather, foam

schuimen (*skhur^{ew}*-mern) *v* foam

schuimrubber (*skhur^{ew}m*-rer-berr) *nt* foam-rubber

schuin (skhur^{ew}n) *adj* slanting

***schuiven** (*skhur^{ew}*-vern) *v* push

schuld¹ (skherlt) *c* guilt; fault, blame; **de ~ *geven aan** blame

schuld² (skherlt) *c* (pl ~en) debt

schuldeiser (*skherlt*-ay-serr) *c* (pl ~s) creditor

schuldig (*skherl*-derkh) *adj* guilty; ~ *bevinden convict; ~ *zijn owe

schuur (skhewr) *c* (pl schuren) barn; shed

schuurpapier (*skhewr*-paa-peer) *nt* sandpaper

schuw (skhew∞) *adj* shy

scoren (*skōā*-rern) *v* score

seconde (ser-*kon*-der) *c* (pl ~n) second

secretaresse (si-krer-taa-*reh*-ser) *c* (pl ~n) secretary

secretaris (si-krer-*taa*-rerss) *c* (pl ~sen) secretary; clerk

sectie (*sehk*-see) *c* (pl ~s) section

secundair (sāy-kern-*dair*) *adj* secondary

secuur (ser-*kewr*) *adj* precise

sedert (*sāy*-derrt) *prep* since

sein (sayn) *nt* (pl ~en) signal

seinen (*say*-nern) *v* signal

seizoen (say-*zōōn*) *nt* (pl ~en) season; **buiten het ~** off season

seksualiteit (sehk-sew-vaa-lee-*tayt*) *c* sexuality

seksueel (sehk-sew-*vāyl*) *adj* sexual

selderij (*sehl*-der-ray) *c* celery

select (ser-*lehkt*) *adj* select

selecteren (sāy-lehk-*tāy*-rern) *v* select

selectie (sāy-*lehk*-see) *c* selection

senaat (ser-*naat*) *c* senate

senator (ser-*naa*-tor) *c* (pl ~en) senator

seniel (ser-*neel*) *adj* senile

sensatie (sehn-*zaa*-tsee) *c* (pl ~s) sensation

sensationeel (sehn-zaa-tshōā-*nāyl*) *adj* sensational

sentimenteel (sehn-tee-mehn-*tāyl*) *adj* sentimental

september (sehp-*tehm*-berr) September

septisch (*sehp*-teess) *adj* septic

serie (*sāy*-ree) *c* (pl ~s) series

serieus (sāy-ree-ʸūrss) *adj* serious

serum (sāy-rerm) *nt* (pl ~s, sera) serum

serveerster (sehr-vāyr-sterr) *c* (pl ~s) waitress

servet (sehr-veht) *nt* (pl ~ten) napkin, serviette

sfeer (sfāyr) *c* atmosphere; sphere

shag (shehk) *c* cigarette tobacco

shampoo (shahm-pōā) *c* shampoo

Siam (see-ʸahm) Siam

Siamees (see-ʸaa-māyss) *adj* Siamese

sifon (see-fon) *c* (pl ~s) syphon, siphon

sigaar (see-gaar) *c* (pl sigaren) cigar

sigarenwinkel (see-gaa-rer-vɪng-kerl) *c* (pl ~s) cigar shop

sigarenwinkelier (see-gaa-rer-vɪng-ker-leer) *c* (pl ~s) tobacconist

sigaret (see-gaa-reht) *c* (pl ~ten) cigarette

sigarettenkoker (see-gaa-reh-ter-kōā-kehr) *c* (pl ~s) cigarette-case

sigarettepijpje (see-gaa-reh-ter-payp-ʸer) *nt* (pl ~s) cigarette-holder

signaal (see-ñaal) *nt* (pl -nalen) signal

signalement (see-ñaa-ler-mehnt) *nt* (pl ~en) description

simpel (sɪm-perl) *adj* simple

sinaasappel (see-naa-sah-perl) *c* (pl ~en, ~s) orange

sinds (sɪnss) *conj* since

sindsdien (sɪns-deen) *adv* since

singel (sɪ-ngerl) *c* (pl ~s) canal

sirene (see-rāy-ner) *c* (pl ~s) siren

siroop (see-rōāp) *c* syrup

situatie (see-tēw-vaa-tsee) *c* (pl ~s) situation

sjaal (shaal) *c* (pl ~s) shawl; scarf

skelet (sker-leht) *nt* (pl ~ten) skeleton

ski (skee) *c* (pl ~'s) ski

skibroek (skee-brōōk) *c* (pl ~en) ski pants

skiën (skee-ʸern) *v* ski

skiër (skee-ʸerr) *c* (pl ~s) skier

skilift (skee-lɪft) *c* (pl ~en) ski-lift

skischoenen (skee-skhōō-nern) *pl* ski boots

skistokken (skee-sto-kern) *pl* ski sticks; ski poles *Am*

sla (slaa) *c* lettuce; salad

slaaf (slaaf) *c* (pl slaven) slave

* **slaan** (slaan) *v* *beat; *hit, *strike; smack, slap

slaap¹ (slaap) *c* sleep; **in ~** asleep

slaap² (slaap) *c* (pl slapen) temple

slaapkamer (slaap-kaa-merr) *c* (pl ~s) bedroom

slaappil (slaa-pɪl) *c* (pl ~len) sleeping-pill

slaapwagen (slaap-vaa-gern) *c* (pl ~s) sleeping-car

slaapzaal (slaap-saal) *c* (pl -zalen) dormitory

slaapzak (slaap-sahk) *c* (pl ~ken) sleeping-bag

slachtoffer (slahkht-o-ferr) *nt* (pl ~s) victim; casualty

slag¹ (slahkh) *c* (pl ~en) blow; battle

slag² (slahkh) *nt* sort

slagader (slahkh-aa-derr) *c* (pl ~s) artery

slagboom (slahkh-bōam) *c* (pl -bomen) barrier

slagen (slaa-gern) *v* manage, succeed; pass

slager (slaa-gerr) *c* (pl ~s) butcher

slagzin (slahkh-sɪn) *c* (pl ~nen) slogan

slak (slahk) *c* (pl ~ken) snail

slang (slahng) *c* (pl ~en) snake

slank (slahngk) *adj* slim, slender

slaolie (slaa-ōā-lee) *c* salad-oil

slap (slahp) *adj* limp; weak

slapeloos (slaa-per-lōāss) *adj* sleepless

slapeloosheid (slaa-per-lōāss-hayt) *c* insomnia

* **slapen** (slaa-pern) *v* *sleep

slaperig (slaa-per-rerkh) *adj* sleepy

slecht (slehkht) *adj* bad; poor; ill; wicked, evil; **slechter** worse; **slechtst** worst

slechts (slehkhts) *adv* only, merely

slede (slāȳ-der) *c* (pl ~n) sledge

slee (slāȳ) *c* (pl ~ën) sleigh, sledge

sleepboot (slāȳ-bōat) *c* (pl -boten) tug

slepen (slāȳ-pern) *v* drag, haul; tug, tow

sleutel (slūr-terl) *c* (pl ~s) key; wrench

sleutelbeen (slūr-terl-bāȳn) *nt* (pl -beenderen, -benen) collarbone

sleutelgat (slūr-terl-ghaht) *nt* (pl ~en) keyhole

*****slijpen** (slay-pern) *v* sharpen

slijterij (slay-ter-ray) *c* (pl ~en) off-licence

slikken (sli-kern) *v* swallow

slim (slim) *adj* clever

slip (slip) *c* (pl ~s) briefs *pl*; panties *pl*

slippen (sli-pern) *v* slip; skid

slof (slof) *c* (pl ~fen) slipper; carton

slokje (slok-Yer) *nt* (pl ~s) sip

sloot (slōat) *c* (pl sloten) ditch

slopen (slōa-pern) *v* demolish

slordig (slor-derkh) *adj* untidy; slovenly, sloppy, careless

slot[1] (slot) *nt* (pl ~en) lock; castle; **op ~** *****doen** lock

slot[2] (slot) *nt* end, issue

sluier (slurew-err) *c* (pl ~s) veil

sluipschutter (slurewp-skher-terr) *c* (pl ~s) sniper

sluis (slurewss) *c* (pl sluizen) lock, sluice

*****sluiten** (slurew-tern) *v* close, *****shut**; fasten

sluiting (slurew-ting) *c* (pl ~en) fastener

sluw (slēwoo) *adj* cunning

smaak (smaak) *c* (pl smaken) taste; flavour

smakelijk (smaa-ker-lerk) *adj* savoury, tasty; appetizing

smakeloos (smaa-ker-lōass) *adj* tasteless

smaken (smaa-kern) *v* taste

smal (smahl) *adj* narrow

smaragd (smaa-rahkht) *nt* emerald

smart (smahrt) *c* (pl ~en) grief

smartlap (smahrt-lahp) *c* (pl ~pen) tear-jerker

smeerolie (smāȳr-ōa-lee) *c* lubrication oil

smeersysteem (smāȳr-see-stāȳm) *nt* lubrication system

smeken (smāȳ-kern) *v* beg

*****smelten** (smehl-tern) *v* melt

smeren (smāȳ-rern) *v* lubricate, grease

smerig (smāȳ-rerkh) *adj* dirty; foul, filthy

smering (smāȳ-ring) *c* lubrication

smet (smeht) *c* (pl ~ten) blot

smid (smit) *c* (pl smeden) smith, blacksmith

smoking (smōa-king) *c* (pl ~s) dinner-jacket; tuxedo *nAm*

smokkelen (smo-ker-lern) *v* smuggle

snaar (snaar) *c* (pl snaren) string

snavel (snaa-verl) *c* (pl ~s) beak

snee (snāȳ) *c* (pl ~ën) cut; slice

sneeuw (snāȳoo) *c* snow

sneeuwen (snāȳoo-ern) *v* snow

sneeuwslik (snāȳoo-slik) *nt* slush

sneeuwstorm (snāȳoo-storm) *c* (pl ~en) snowstorm, blizzard

snel (snehl) *adj* fast, swift, rapid

snelheid (snehl-hayt) *c* (pl -heden) speed; **maximum ~** speed limit

snelheidsbeperking (snehl-hayts-ber-pehr-king) *c* speed limit

snelheidsmeter (snehl-hayts-māȳ-terr) *c* speedometer

snelheidsovertreding (snehl-hayts-ōa-verr-trāȳ-ding) *c* speeding

snelkookpan (snehl-kōak-pahn) *c* (pl

~nen) pressure-cooker

snellen (*sneh*-lern) v dash

sneltrein (*snehl*-trayn) c (pl ~en) express train

snelweg (*snehl*-vehkh) c (pl ~en) motorway

*****snijden** (*snay*-dern) v *cut; carve

snijwond (*snay*-vont) c (pl ~en) cut

snipper (*snı*-perr) c (pl ~s) scrap

snoek (snōōk) c (pl ~en) pike

snoep (snōōp) nt sweets; candy nAm

snoepgoed (*snōōp*-khōōt) nt sweets; candy nAm

snoepje (*snōōp*-Yer) nt (pl ~s) sweet; candy nAm

snoepwinkel (*snōōp*-vıng-kerl) c (pl ~s) sweetshop; candy store Am

snoer (snōōr) nt (pl ~en) line, cord; flex; electric cord

snor (snor) c (pl ~ren) moustache

snorkel (*snor*-kerl) c (pl ~s) snorkel

snugger (*sner*-gerr) adj bright

snuit (snur^ewt) c (pl ~en) snout

snurken (*snerr*-kern) v snore

sociaal (sōa-*shaal*) adj social

socialisme (sōa-shaa-*lıss*-mer) nt socialism

socialist (sōa-shaa-*lıst*) c (pl ~en) socialist

socialistisch (sōa-shaa-*lıss*-teess) adj socialist

sociëteit (sōa-see-Yer-*tayt*) c (pl ~en) club

sodawater (*sōa*-daa-vaa-terr) nt sodawater

soep (sōōp) c (pl ~en) soup

soepbord (*sōō*-bort) nt (pl ~en) soup-plate

soepel (*sōō*-perl) adj supple, flexible

soeplepel (*sōō*-lāy-perl) c (pl ~s) soup-spoon

sofa (*sōa*-faa) c (pl ~'s) sofa

sok (sok) c (pl ~ken) sock

soldaat (sol-*daat*) c (pl -daten) soldier

soldeerbout (sol-*dāyr*-bout) c (pl ~en) soldering-iron

solderen (sol-*dāy*-rern) v solder

solide (sōa-*lee*-der) adj (pl ~en) solid

sollicitatie (so-lee-see-*taa*-tsee) c (pl ~s) application

solliciteren (so-lee-see-*tāy*-rern) v apply

som (som) c (pl ~men) sum; amount; **ronde ~** lump sum

somber (*som*-berr) adj gloomy, sombre

sommige (*so*-mer-ger) pron some

soms (soms) adv sometimes

soort (sōart) c/nt (pl ~en) sort, kind; breed, species

sorteren (sor-*tāy*-rern) v assort, sort

sortering (sor-*tāy*-rıng) c (pl ~en) assortment

souterrain (sōō-ter-rang) nt (pl ~s) basement

souvenir (sōō-ver-*neer*) nt (pl ~s) souvenir

Sovjet-Unie (*sof*-Yeht-ēw-nee) Soviet Union

spaak (spaak) c (pl spaken) spoke

Spaans (spaans) adj Spanish

spaarbank (*spaar*-bahngk) c (pl ~en) savings bank

spaargeld (*spaar*-gehlt) nt savings pl

spaarzaam (*spaar*-zaam) adj economical

spade (*spaa*-der) c (pl ~n) spade

spalk (spahlk) c (pl ~en) splint

Spanjaard (*spah*-ñaart) c (pl ~en) Spaniard

Spanje (*spah*-ñer) Spain

spannend (*spah*-nernt) adj exciting

spanning (*spah*-nıng) c (pl ~en) tension; pressure, strain, stress

sparen (*spaa*-rern) v save; economize

spat (spaht) c (pl ~ten) stain, spot, speck

spatader (*spaht*-aa-derr) c (pl ~s,

~en) varicose vein

spatbord (*spaht*-bort) *nt* (pl ~en) mud-guard

spatiëren (spaa-*tshāy*-rern) *v* space

spatten (*spah*-tern) *v* splash

specerij (spāy-ser-*ray*) *c* (pl ~en) spice

speciaal (spāy-*shaal*) *adj* special; particular, peculiar

zich specialiseren (spāy-shaa-lee-*zāy*-rern) specialize

specialist (spāy-shaa-*list*) *c* (pl ~en) specialist

specialiteit (spāy-shaa-lee-*tayt*) *c* (pl ~en) speciality

specifiek (spāy-see-*feek*) *adj* specific

specimen (*spāy*-see-mehn) *nt* (pl ~s) specimen

speculeren (spāy-kēw-*lāy*-rern) *v* speculate

speeksel (*spāyk*-serl) *nt* spit

speelgoed (*spāyl*-gōōt) *nt* toy

speelgoedwinkel (*spāyl*-gōōt-ving-kerl) *c* (pl ~s) toyshop

speelkaart (*spāyl*-kaart) *c* (pl ~en) playing-card

speelplaats (*spāyl*-plaats) *c* (pl ~en) playground

speelterrein (*spāyl*-teh-rayn) *nt* (pl ~en) recreation ground

speer (spāyr) *c* (pl speren) spear

spek (spehk) *nt* bacon

spel¹ (spehl) *nt* (pl ~en) game

spel² (spehl) *nt* (pl ~len) play

speld (spehlt) *c* (pl ~en) pin

spelen (*spāy*-lern) *v* play

speler (*spāy*-lerr) *c* (pl ~s) player

spellen (*speh*-lern) *v* *spell

spelling (*speh*-ling) *c* spelling

spelonk (spāy-*longk*) *c* (pl ~en) cave

spiegel (*spee*-gerl) *c* (pl ~s) looking-glass, mirror

spiegelbeeld (*spee*-gerl-bāylt) *nt* (pl ~en) reflection

spier (speer) *c* (pl ~en) muscle

spijbelen (*spay*-ber-lern) *v* play truant

spijker (*spay*-kerr) *c* (pl ~s) nail

spijkerbroek (*spay*-kerr-brōōk) *c* (pl ~en) jeans *pl*

spijskaart (*spayss*-kaart) *c* (pl ~en) menu

spijsvertering (*spayss*-ferr-tāy-ring) *c* digestion

spijt (spayt) *c* regret

spin (spin) *c* (pl ~nen) spider

spinazie (spee-*naa*-zee) *c* spinach

***spinnen** (*spi*-nern) *v* *spin

spinneweb (*spi*-ner-vehp) *nt* (pl ~ben) spider's web, cobweb

spion (spee-*yon*) *c* (pl ~nen) spy

spiritusbrander (*spee*-ree-terss-brahn-derr) *c* (pl ~s) spirit stove

spit¹ (spit) *nt* (pl ~ten) spit

spit² (spit) *nt* lumbago

spits¹ (spits) *adj* pointed

spits² (spits) *c* (pl ~en) peak; spire

spitsuur (*spits*-ēwr) *nt* (pl -uren) rush-hour, peak hour

***splijten** (*splay*-tern) *v* *split

splinter (*splin*-terr) *c* (pl ~s) splinter

splinternieuw (*splin*-terr-nee∞) *adj* brand-new

zich splitsen (*split*-sern) fork

spoed (spōōt) *c* haste, speed

spoedcursus (*spōōt*-kerr-zerss) *c* (pl ~sen) intensive course

spoedgeval (*spōōt*-kher-vahl) *nt* (pl ~len) emergency

spoedig (*spōō*-derkh) *adv* soon, shortly

spoel (spōōl) *c* (pl ~en) spool

spoelen (*spōō*-lern) *v* rinse

spoeling (*spōō*-ling) *c* (pl ~en) rinse

spons (spons) *c* (pl sponzen) sponge

spook (spōak) *nt* (pl spoken) ghost, phantom; spook

spoor (spōar) *nt* (pl sporen) trace; trail, track

spoorbaan (*spōar*-baan) *c* (pl -banen)

railway; railroad *nAm*

spoorweg (*spoār*-vehkh) *c* (pl ~en)
railway; railroad *nAm*

sport (sport) *c* sport

sportjasje (*sport*-Yah-sher) *nt* (pl ~s)
sports-jacket, blazer

sportkleding (*sport*-klāy-dïng) *c*
sportswear

sportman (*sport*-mahn) *c* (pl ~en)
sportsman

sportwagen (*sport*-vaa-gern) *c* (pl ~s)
sports-car

spot (spot) *c* mockery

spraak (spraak) *c* speech; **ter sprake
*brengen** *bring up

spraakzaam (*spraak*-saam) *adj* talkative

sprakeloos (*spraa*-ker-lōāss) *adj*
speechless

spreekkamer (*sprāy*-kaa-merr) *c* (pl
~s) surgery

spreekuur (*sprāyk*-ēwr) *nt* (pl -uren)
consultation hours

spreekwoord (*sprāyk*-vōārt) *nt* (pl
~en) proverb

spreeuw (sprāy⁰⁰) *c* (pl ~en) starling

sprei (spray) *c* (pl ~en) counterpane,
quilt

spreiden (*spray*-dern) *v* *spread

*spreken (*sprāy*-kern) *v* *speak, talk

*springen (*sprï*-ngern) *v* jump; *leap

springstof (*sprïng*-stof) *c* (pl ~fen) explosive

sprinkhaan (*sprïngk*-haan) *c* (pl -ha-
nen) grasshopper

sproeier (*sprō⁰ee*-err) *c* (pl ~s) atomizer

sprong (sprong) *c* (pl ~en) jump;
hop, leap

sprookje (*sprōāk*-Yer) *nt* (pl ~s) fairytale

spruitjes (*sprur^ew*-tYerss) *pl* sprouts *pl*

spuit (spur^ewt) *c* (pl ~en) syringe

spuitbus (*spur^ewt*-berss) *c* (pl ~sen)
atomizer

spuitwater (*spur^ew*t-vaa-terr) *nt* sodawater

spuug (spēwkh) *nt* spit

spuwen (*spēw⁰⁰*-ern) *v* *spit

staal (staal) *nt* steel; **roestvrij ~**
stainless steel

*staan (staan) *v* *stand; **goed ~** *become; suit

staart (staart) *c* (pl ~en) tail

staat (staat) *c* (pl staten) state; **in ~
stellen** enable; **in ~ zijn om** *be
able to; **staats-** national

staatsburgerschap (*staats*-berr-gerr-
skhahp) *nt* citizenship

staatshoofd (*staats*-hōāft) *nt* (pl ~en)
head of state

staatsman (*staats*-mahn) *c* (pl -lieden)
statesman

stabiel (staa-*beel*) *adj* stable

stad (staht) *c* (pl steden) town; city

stadhuis (staht-*hur^ew*ss) *nt* (pl -hui-
zen) town hall

stadion (*staa*-dee-Yon) *nt* (pl ~s) stadium

stadium (*staa*-dee-Yerm) *nt* (pl stadia)
stage

stadscentrum (*staht*-sehn-trerm) *nt* (pl
-tra) town centre

stadslicht (*stahts*-lïkht) *nt* (pl ~en)
parking light

stadsmensen (*stahts*-mehn-sern) *pl*
townspeople *pl*

staf (stahf) *c* staff

staken (*staa*-kern) *v* *strike; stop, discontinue

staking (*staa*-kïng) *c* (pl ~en) strike

stal (stahl) *c* (pl ~len) stable

stallen (*stah*-lern) *v* garage

stalles (*stah*-lerss) *pl* stall; orchestra
seat *Am*

stam (stahm) *c* (pl ~men) trunk;
tribe

stamelen (*staa*-mer-lern) *v* falter

stampen (*stahm*-pern) *v* stamp, thump
stampvol (*stahmp*-fol) *adj* chock-full
stand (stahnt) *c* score; **tot ~ *bren-gen** realize
standbeeld (*stahnt*-bāȳlt) *nt* (pl ~en) statue
standpunt (*stahnt*-pernt) *nt* (pl ~en) point of view
standvastig (stahnt-*fahss*-terkh) *adj* steadfast
stang (stahng) *c* (pl ~en) rod, bar
stap (stahp) *c* (pl ~pen) step; pace; move
stapel (*staa*-perl) *c* (pl ~s) stack, heap, pile
stappen (*stah*-pern) *v* step
staren (*staa*-rern) *v* gaze, stare
start (stahrt) *c* take-off
startbaan (*stahrt*-baan) *c* (pl ~en) runway
starten (*stahr*-tern) *v* *take off
startmotor (*stahrt*-mōa-terr) *c* starter motor
statiegeld (*staa*-tsee-gehlt) *nt* deposit
station (staa-*shon*) *nt* (pl ~s) station; depot *nAm*
stationschef (staa-*shon*-shehf) *c* (pl ~s) station-master
statistiek (staa-tiss-*teek*) *c* (pl ~en) statistics *pl*
stedelijk (*stāȳ*-der-lerk) *adj* urban
steeds (stāȳts) *adv* continually
steeg (stāȳkh) *c* (pl stegen) alley, lane
steek (stāȳk) *c* (pl steken) stitch; sting, bite
steel (stāȳl) *c* (pl stelen) stem; handle
steelpan (*stāȳl*-pahn) *c* (pl ~nen) saucepan
steen (stāȳn) *c* (pl stenen) stone; brick
steengroeve (*stāȳn*-grōō-ver) *c* (pl ~n) quarry
steenpuist (*stāȳn*-pur^{ew}st) *c* (pl ~en) boil
steigers (*stay*-gerrs) *pl* scaffolding

steil (stayl) *adj* steep
stekelvarken (*stāȳ*-kerl-vahr-kern) *nt* (pl ~s) porcupine
*steken (*stāȳ*-kern) *v* *sting
stekker (*steh*-kerr) *c* (pl ~s) plug
stel (stehl) *nt* (pl ~len) set
*stelen (*stāȳ*-lern) *v* *steal
stellen (*steh*-lern) *v* *put
stelling (*steh*-lɪng) *c* (pl ~en) thesis
stelsel (*stehl*-serl) *nt* (pl ~s) system; **tientallig ~** decimal system
stem (stehm) *c* (pl ~men) voice; vote
stemmen (*steh*-mern) *v* vote
stemming[1] (*steh*-mɪng) *c* mood; atmosphere; spirits
stemming[2] (*steh*-mɪng) *c* (pl ~en) vote
stempel (*stehm*-perl) *c* (pl ~s) stamp
stemrecht (*stehm*-rehkht) *nt* suffrage
stenen (*stāȳ*-nern) *adj* stone
stenograaf (stāȳ-nōa-*graaf*) *c* (pl -grafen) stenographer
stenografie (stāȳ-nōa-graa-*fee*) *c* shorthand
step-in (stehp-ɪn) *c* (pl ~s) girdle
ster (stehr) *c* (pl ~ren) star
sterfelijk (*stehr*-fer-lerk) *adj* mortal
steriel (ster-*reel*) *adj* sterile
steriliseren (stāȳ-ree-li-*zāȳ*-rern) *v* sterilize
sterk (stehrk) *adj* powerful, strong; **sterke drank** spirits
sterkte (*stehrk*-ter) *c* strength
sterrenkunde (*steh*-rer-kern-der) *c* astronomy
*sterven (*stehr*-vern) *v* die
steun (stūrn) *c* assistance, support; relief
steunen (*stūr*-nern) *v* support
steunkousen (*stūrn*-kou-sern) *pl* support hose
steurgarnaal (*stūrr*-gahr-naal) *c* (pl -nalen) prawn
stevig (*stāȳ*-verkh) *adj* solid, firm

stichten (*stikh*-tern) v found

stichting (*stikh*-ting) c (pl ~en) foundation

stiefkind (*steef*-kint) nt (pl ~eren) stepchild

stiefmoeder (*steef*-mōō-derr) c (pl ~s) stepmother

stiefvader (*stee*-faa-derr) c (pl ~s) stepfather

stier (steer) c (pl ~en) bull

stierengevecht (*stee*-rer-ger-vehkht) nt (pl ~en) bullfight

stijf (stayf) adj stiff

stijfsel (*stayf*-serl) nt starch

stijgbeugel (*staykh*-būr-gerl) c (pl ~s) stirrup

*****stijgen** (*stay*-gern) v *rise; climb

stijging (*stay*-ging) c rise; climb, ascent

stijl (stayl) c (pl ~en) style

*****stijven** (*stay*-vern) v starch

stikken (sti-kern) v choke

stikstof (*stik*-stof) c nitrogen

stil (stil) adj silent; quiet; still

Stille Oceaan (*sti*-ler ōa-sāy-aan) Pacific Ocean

stilstaand (*stil*-staant) adj stationary

stilte (*stil*-ter) c (pl ~s) silence; stillness, quiet

stimuleren (stee-mew-*lāy*-rern) v stimulate

*****stinken** (*sting*-kern) v *smell; *stink; **stinkend** smelly

stipt (stipt) adj punctual

stoel (stōōl) c (pl ~en) chair; seat

stoep (stōōp) c (pl ~en) sidewalk nAm

stoet (stōōt) c (pl ~en) procession

stof[1] (stof) nt dust

stof[2] (stof) c (pl ~fen) fabric, cloth, material; matter; **stoffen** drapery; **vaste ~** solid

stoffelijk (*sto*-fer-lerk) adj substantial, material

stoffig (*sto*-ferkh) adj dusty

stofzuigen (*stof*-sur ew-gern) v hoover; vacuum vAm

stofzuiger (*stof*-sur ew-gerr) c (pl ~s) vacuum cleaner

stok (stok) c (pl ~ken) stick; cane

stokpaardje (*stok*-paar-t ver) nt (pl ~s) hobby-horse

stola (*stōa*-laa) c (pl ~'s) stole

stollen (*sto*-lern) v coagulate

stom (stom) adj mute, dumb

stomerij (stōa-mer-*ray*) c (pl ~en) dry-cleaner's

stomp (stomp) adj blunt

stompen (*stom*-pern) v punch

stookolie (*stōak*-ōa-lee) c fuel oil

stoom (stōam) c steam

stoomboot (*stōam*-bōat) c (pl boten) steamer

stoot (stōat) c (pl stoten) bump

stop (stop) c (pl ~pen) stopper, cork

stopgaren (*stop*-khaa-rern) nt darning wool

stoplicht (*stop*-likht) nt (pl ~en) traffic light

stoppen (*sto*-pern) v stop, halt; *put; darn

stoptrein (*stop*-trayn) c (pl ~en) stopping train, local train

storen (*stōa*-rern) v disturb; trouble

storing (*stōa*-ring) c (pl ~en) disturbance

storm (storm) c (pl ~en) storm; gale, tempest

stormachtig (*storm*-ahkh-terkh) adj stormy

stormlamp (*storm*-lahmp) c (pl ~en) hurricane lamp

stortbui (*stort*-bur ew) c (pl ~en) downpour

storten (*stor*-tern) v *shed; deposit

storting (*stor*-ting) c (pl ~en) remittance, deposit

*****stoten** (*stōa*-tern) v bump

stout (stout) *adj* naughty, bad

stoutmoedig (stout-*mōō*-derkh) *adj* bold

straal (straal) *c* (pl stralen) squirt, spout, jet; ray, beam; radius

straalvliegtuig (*straal*-vleekh-tur^{ew}kh) *nt* (pl ~en) turbojet, jet

straat (straat) *c* (pl straten) street; road

straatweg (*straat*-vehkh) *c* (pl ~en) causeway

straf (strahf) *c* (pl ~fen) punishment; penalty

straffen (*strah*-fern) *v* punish

strafrecht (*strahf*-rehkht) *nt* criminal law

strafschop (*strahf*-skhop) *c* (pl ~pen) penalty kick

strak (strahk) *adj* tight; **strakker maken** tighten

straks (strahks) *adv* in a moment

strand (strahnt) *nt* (pl ~en) beach

streek (strāȳk) *c* (pl streken) region; district, country, area; trick

streep (strāȳp) *c* (pl strepen) line; stripe

streng (strehng) *adj* strict, harsh; severe

stretcher (*streht*-sherr) *c* (pl ~s) camp-bed; cot *nAm*

streven (*strāȳ*-vern) *v* aspire

strijd (strayt) *c* fight, combat, battle; struggle, strife, contest

*****strijden** (*stray*-dern) *v* *fight; struggle

strijdkrachten (*strayt*-krahkh-tern) *pl* armed forces

*****strijken** (*stray*-kern) *v* iron; *strike, lower

strijkijzer (*strayk*-ay-zerr) *nt* (pl ~s) iron

strijkje (*strik*-Yer) *nt* (pl ~s) bow tie

strikt (strikt) *adj* strict

stripverhaal (*strip*-ferr-haal) *nt* (pl -ha-

len) comics *pl*

stro (strōā) *nt* straw

strodak (*strōā*-dahk) *nt* (pl ~en) thatched roof

stromen (*strōā*-mern) *v* stream, flow

stroming (*strōā*-ming) *c* (pl ~en) current

strook (strōāk) *c* (pl stroken) strip

stroom (strōām) *c* (pl stromen) stream; current

stroomafwaarts (strōām-*ahf*-vaarts) *adv* downstream

stroomopwaarts (strōām-*op*-vaarts) *adv* upstream

stroomverdeler (*strōām*-verr-dāȳ-lerr) *c* distributor

stroomversnelling (*strōām*-verr-sneh-ling) *c* (pl ~en) rapids *pl*

stroop (strōāp) *c* syrup

stropen (*strōā*-pern) *v* poach

structuur (strerk-*tēwr*) *c* (pl -turen) structure; fabric, texture

struik (strur^{ew}k) *c* (pl ~en) scrub, bush, shrub

struikelen (*strur^{ew}*-ker-lern) *v* stumble

struisvogel (*strurss*-fōā-gerl) *c* (pl ~s) ostrich

studeerkamer (stēw-*dāȳr*-kaa-merr) *c* study

student (stēw-*dehnt*) *c* (pl ~en) student

studente (stēw-*dehn*-ter) *c* (pl ~s) student

studeren (stēw-*dāȳ*-rern) *v* study

studie (*stēw*-dee) *c* (pl ~s) study

studiebeurs (*stēw*-dee-būrrs) *c* (pl -beurzen) scholarship

stuitend (*strur^{ew}*-ternt) *adj* revolting

stuk[1] (sterk) *adj* broken; ~ *break down

stuk[2] (sterk) *nt* (pl ~ken) part, piece; lump, chunk; fragment; stretch

sturen (*stēw*-rern) *v* *send; navigate

stuurboord (*stēwr*-bōārt) *nt* starboard

stuurkolom (*stewr*-kōā-lom) *c* steering-column

stuurman (*stewr*-mahn) *c* (pl -lieden, -lui) steersman, helmsman

stuurwiel (*stewr*-veel) *nt* steering-wheel

subsidie (serp-*see*-dee) *c* (pl ~s) subsidy

substantie (serp-*stahn*-see) *c* (pl ~s) substance

subtiel (serp-*teel*) *adj* subtle

succes (serk-*sehss*) *nt* (pl ~sen) success

succesvol (serk-*sehss*-fol) *adj* successful

suède (sew-*vai*-der) *nt/c* suede

suf (serf) *adj* dumb

suiker (*surew*-kerr) *c* sugar

suikerklontje (*surew*-kerr-klon-tᵞer) *nt* (pl ~s) lump of sugar

suikerzieke (*surew*-kerr-zee-ker) *c* (pl ~n) diabetic

suikerziekte (*surew*-kerr-zeek-ter) *c* diabetes

suite (*svee*-ter) *c* (pl ~s) suite

summier (ser-*meer*) *adj* concise

superieur (sew-per-ree-ᵞurr) *adj* superior

superlatief (sew-perr-laa-*teef*) *c* (pl -tieven) superlative

supermarkt (*sew*-perr-mahrkt) *c* (pl ~en) supermarket

supplement (ser-pler-*mehnt*) *nt* (pl ~en) supplement

suppoost (ser-*pōast*) *c* (pl ~en) custodian, usher

surfplank (*serrf*-plahngk) *c* (pl ~en) surf-board

surveilleren (serr-vay-ᵞai-rern) *v* patrol

Swahili (svaa-*hee*-lee) *nt* Swahili

symbool (sim-*bōal*) *nt* (pl -bolen) symbol

symfonie (sim-fōā-*nee*) *c* (pl ~ën) symphony

sympathie (sim-paa-*tee*) *c* (pl ~ën) sympathy

sympathiek (sim-paa-*teek*) *adj* nice

symptoom (sim-*tōām*) *nt* (pl -tomen) symptom

synagoge (see-naa-*gōā*-ger) *c* (pl ~n) synagogue

synoniem (see-nōā-*neem*) *nt* (pl ~en) synonym

synthetisch (sin-*tāy*-teess) *adj* synthetic

Syrië (*see*-ree-ᵞer) Syria

Syriër (*see*-ree-ᵞerr) *c* (pl ~s) Syrian

Syrisch (*see*-reess) *adj* Syrian

systeem (seess-*tāym*) *nt* (pl -temen) system

systematisch (seess-tāy-*maa*-teess) *adj* systematic

T

taai (taaᵉᵉ) *adj* tough

taak (taak) *c* (pl taken) task; duty

taal (taal) *c* (pl talen) language; speech

taalgids (*taal*-gits) *c* (pl ~en) phrasebook

taart (taart) *c* (pl ~en) cake

tabak (taa-*bahk*) *c* tobacco

tabakswinkel (taa-*bahks*-ving-kerl) *c* (pl ~s) tobacconist's

tabakszak (taa-*bahk*-sahk) *c* (pl ~ken) tobacco pouch

tabel (taa-*behl*) *c* (pl ~len) chart, table

tablet (taa-*bleht*) *nt* (pl ~ten) tablet

taboe (taa-*bōō*) *nt* (pl ~s) taboo

tachtig (*tahkh*-terkh) *num* eighty

tactiek (tahk-*teek*) *c* (pl ~en) tactics *pl*

tafel (*taa*-ferl) *c* (pl ~s) table

afellaken (*taa*-ferl-laa-kern) *nt* (pl ~s) table-cloth

afeltennis (*taa*-ferl-teh-nerss) *nt* table tennis, ping-pong

aille (*tah*-Yer) *c* (pl ~s) waist

ak (tahk) *c* (pl ~ken) branch, bough

alenpracticum (*taa*-ler-prahk-tee-kerm) *nt* (pl -tica) language laboratory

alent (taa-*lehnt*) *nt* (pl ~en) faculty, talent

alkpoeder (*tahlk*-pōō-derr) *nt/c* talc powder

alrijk (*tahl*-rayk) *adj* numerous

am (tahm) *adj* tame

amelijk (*taa*-mer-lerk) *adv* pretty, fairly, quite, rather

ampon (tahm-*pon*) *c* (pl ~s) tampon

and (tahnt) *c* (pl ~en) tooth

andarts (*tahn*-dahrts) *c* (pl ~en) dentist

andenborstel (*tahn*-der-bors-terl) *c* (pl ~s) toothbrush

andestoker (*tahn*-der-stōa-kerr) *c* (pl ~s) toothpick

andpasta (*tahnt*-pahss-taa) *c/nt* (pl ~'s) toothpaste

andpijn (*tahnt*-payn) *c* toothache

andpoeder (*tahnt*-pōō-derr) *nt/c* toothpowder

andvlees (*tahnt*-flāyss) *nt* gum

ang (tahng) *c* (pl ~en) tongs *pl*, pliers *pl*

ank (tehngk) *c* (pl ~s) tank

ankschip (*tehnk*-skhıp) *nt* (pl -schepen) tanker

ante (*tahn*-ter) *c* (pl ~s) aunt

apijt (taa-*payt*) *nt* (pl ~en) carpet

arief (taa-*reef*) *nt* (pl tarieven) rate, tariff; fare

arwe (*tahr*-ver) *c* wheat

as (tahss) *c* (pl ~sen) bag

astbaar (*tahst*-baar) *adj* palpable; tangible

tastzin (*tahst*-sın) *c* touch

taxeren (tahk-*sāy*-rern) *v* estimate

taxi (*tahk*-see) *c* (pl ~'s) cab, taxi

taxichauffeur (*tahk*-see-shōa-fūrr) *c* (pl ~s) cab-driver, taxi-driver

taximeter (*tahk*-see-māy-terr) *c* taxi-meter

taxistandplaats (*tahk*-see-stahnt-plaats) *c* (pl ~en) taxi rank; taxi stand *Am*

te (ter) *adv* too

technicus (*tehkh*-nee-kerss) *c* (pl -ci) technician

techniek (tehkh-*neek*) *c* (pl ~en) technique

technisch (*tehkh*-neess) *adj* technical

technologie (tehkh-nōa-lōa-*gee*) *c* technology

teder (*tāy*-derr) *adj* delicate, tender

teef (tāyf) *c* (pl teven) bitch

teen (tāyn) *c* (pl tenen) toe

teer (tāyr) *adj* gentle, tender; *c/nt* tar

tegel (*tāy*-gerl) *c* (pl ~s) tile

tegelijk (ter-ger-*layk*) *adv* at the same time; at once

tegelijkertijd (ter-ger-lay-kerr-*tayt*) *adv* simultaneously

tegemoetkomend (ter-ger-*mōōt*-kōa-mernt) *adj* oncoming

tegemoetkoming (ter-ger-*mōōt*-kōa-mıng) *c* (pl ~en) concession

tegen (*tāy*-gern) *prep* against

tegendeel (*tāy*-ger-dāyl) *nt* contrary, reverse

tegengesteld (*tāy*-ger-ger-stehlt) *adj* contrary, opposite

*tegenkomen (*tāy*-ger-kōa-mern) *v* *come across, *meet; run into

tegenover (tāy-ger-*nōa*-verr) *prep* opposite, facing

tegenslag (*tāy*-ger-slahkh) *c* (pl ~en) misfortune; reverse

*tegenspreken (*tāy*-ger-sprāy-kern) *v* contradict

tegenstander (*tāy*-ger-stahn-derr) c (pl ~s) opponent

tegenstelling (*tāy*-ger-steh-lιng) c (pl ~en) contrast

tegenstrijdig (*tāy*-ger-*stray*-derkh) adj contradictory

*__tegenvallen__ (*tāy*-ger-vah-lern) v *be disappointing

*__tegenwerpen__ (*tāy*-ger-vehr-pern) v object

tegenwerping (*tāy*-ger-vehr-pιng) c (pl ~en) objection

tegenwoordig (*tāy*-ger-*vōar*-derkh) adj present; adv nowadays

tegenwoordigheid (*tāy*-ger-*vōar*-derkh-hayt) c presence

tegenzin (*tāy*-ger-zιn) c aversion

tehuis (ter-*hur*^{ew}ss) nt (pl tehuizen) home; asylum

teint (taint) c complexion

teken (*tāy*-kern) nt (pl ~s, ~en) sign; indication, signal; token

tekenen (*tāy*-ker-nern) v *draw, sketch; sign

tekenfilm (*tāy*-ker-fιlm) c (pl ~s) cartoon

tekening (*tāy*-ker-nιng) c (pl ~en) drawing, sketch

tekort (ter-*kort*) nt (pl ~en) shortage; deficit; ~ *schieten fail

tekortkoming (ter-*kort*-kōa-mιng) c (pl ~en) shortcoming

tekst (tehkst) c (pl ~en) text

tel (tehl) c (pl ~len) second

telefoneren (*tāy*-ler-fōa-*nāy*-rern) v phone

telefoniste (*tāy*-ler-fōa-*nιss*-ter) c (pl ~n, ~s) operator, telephonist

telefoon (*tāy*-ler-*fōan*) c (pl ~s) phone, telephone

telefoonboek (*tāy*-ler-*fōan*-bōōk) nt (pl ~en) telephone directory; telephone book *Am*

telefooncel (*tāy*-ler-*fōan*-sehl) c (pl ~len) telephone booth

telefooncentrale (*tāy*-ler-*fōan*-sehn-traa-ler) c (pl ~s) telephone exchange

telefoongesprek (*tāy*-ler-*fōan*-ger-sprehk) nt (pl ~ken) telephone call

telefoongids (*tāy*-ler-*fōan*-gιts) c (pl ~en) telephone directory; telephone book *Am*

telefoonhoorn (*tāy*-ler-*fōan*-hōa-rern) (pl ~s) receiver

telefoontje (*tāy*-ler-*fōan*-t^yer) nt (pl ~s) call

telegraferen (*tāy*-ler-graa-*fāy*-rern) v cable, telegraph

telegram (*tāy*-ler-*grahm*) nt (pl ~men) cable, telegram

telelens (*tāy*-ler-lehns) c (pl -lenzen) telephoto lens

telepathie (*tāy*-ler-lāy-paa-*tee*) c telepathy

teleurstellen (ter-*lūrr*-steh-lern) v disappoint; *let down

teleurstelling (ter-*lūrr*-steh-lιng) c (pl ~en) disappointment

televisie (*tāy*-ler-vee-zee) c television

televisietoestel (*tāy*-ler-vee-zee-tōō-stehl) nt (pl ~len) television set

telex (*tāy*-lehks) c (pl ~en) telex

telkens (*tehl*-kerns) adv again and again

tellen (*teh*-lern) v count

telmachine (*tehl*-mah-shee-ner) c (pl ~s) adding-machine

telwoord (*tehl*-vōart) nt (pl ~en) numeral

temmen (*teh*-mern) v tame

tempel (*tehm*-perl) c (pl ~s) temple

temperatuur (tehm-per-raa-*tewr*) c (pl -turen) temperature

tempo (*tehm*-pōa) nt pace

tendens (tehn-*dehns*) c (pl -denzen) tendency

tenminste (ter-*mιn*-ster) adv at least

tennis (*teh*-nerss) *nt* tennis
tennisbaan (*teh*-nerss-baan) *c* (pl -banen) tennis-court
tennisschoenen (*teh*-ner-skhōō-nern) *pl* tennis shoes
tenslotte (tehn-*slo*-ter) *adv* at last
tent (tehnt) *c* (pl ~en) tent
tentdoek (*tehn*-dōōk) *nt* canvas
tentoonstellen (tehn-*tōān*-steh-lern) *v* exhibit; *show
tentoonstelling (tehn-*tōān*-steh-ling) *c* (pl ~en) exposition, exhibition; display, show
tenzij (tehn-*zay*) *conj* unless
teraardebestelling (tehr-*aar*-der-ber-steh-ling) *c* (pl ~en) burial
terecht (ter-*rehkht*) *adj* just; *adv* rightly
terechtstelling (ter-*rehkht*-steh-ling) *c* (pl ~en) execution
terloops (tehr-*lōāps*) *adj* casual
term (thrm) *c* (pl ~en) term
termijn (tehr-*mayn*) *c* (pl ~en) term
terpentijn (tehr-pern-*tayn*) *c* turpentine
terras (teh-*rahss*) *nt* (pl ~sen) terrace
terrein (teh-*rayn*) *nt* (pl ~en) terrain; grounds
terreur (teh-*rūrr*) *c* terrorism
terrorisme (teh-ro-*riss*-mer) *nt* terrorism
terrorist (teh-rōā-*rist*) *c* (pl ~en) terrorist
terug (ter-*rerkh*) *adv* back
terugbetalen (ter-*rerkh*-ber-taa-lern) *v* *repay; reimburse, refund
terugbetaling (terrerkh-ber-taa-ling) *c* (pl ~en) repayment, refund
* **terugbrengen** (ter-*rerkh*-brehng-ern) *v* *bring back
* **teruggaan** (ter-*rer*-khaan) *v* *go back, *get back
teruggang (ter-*rer*-khahng) *c* depression, recession

terugkeer (ter-*rerkh*-kāyr) *c* return
terugkeren (ter-*rerkh*-kāy-rern) *v* return; turn back
* **terugkomen** (ter-*rerkh*-kōā-mern) *v* return
terugreis (ter-*rerkh*-rayss) *c* return journey
* **terugroepen** (ter-*rerkh*-rōō-pern) *v* recall
terugsturen (ter-*rerkh*-stēw-rern) *v* *send back
* **terugtrekken** (ter-*rerkh*-treh-kern) *v* *withdraw
* **terugvinden** (ter-*rerkh*-fin-dern) *v* recover
terugweg (ter-*rerkh*-vehkh) *c* way back
* **terugzenden** (ter-*rerkh*-sehn-dern) *v* *send back
terwijl (terr-*vayl*) *conj* whilst, while
terylene (*teh*-ree-lāyn) *nt* terylene
terzijde (tehr-*zay*-der) *adv* aside
test (tehst) *c* (pl ~s) test
testament (tehss-taa-*mehnt*) *nt* (pl ~en) will
testen (*tehss*-tern) *v* test
tevens (*tāy*-verns) *adv* also
tevergeefs (ter-verr-*gāyfs*) *adv* in vain
tevoren (ter-*vōā*-rern) *adv* before; **van** ~ in advance
tevreden (ter-*vrāy*-dern) *adj* satisfied, content
tewaterlating (ter-*vaa*-terr-laa-ting) *c* launching
* **teweegbrengen** (ter-*vāykh*-breh-ngern) *v* effect
tewerkstellen (ter-*vehrk*-steh-lern) *v* employ
tewerkstelling (ter-*vehrk*-steh-ling) *c* (pl ~en) employment
textiel (tehks-*teel*) *c/nt* textile
Thailand (*tigh*-lahnt) Thailand
Thailander (*tigh*-lahn-derr) *c* (pl ~s) Thai
Thailands (*tigh*-lahnts) *adj* Thai

thans (tahns) *adv* now

theater (tāy-*Y*aa-terr) *nt* (pl ~s) theatre

thee (tāy) *c* tea

theedoek (*tāy*-dook) *c* (pl ~en) tea-cloth

theekopje (*tāy*-kop-*Y*ay) *nt* (pl ~s) teacup

theelepel (*tāy*-lāy-perl) *c* (pl ~s) teaspoon

theepot (*tāy*-pot) *c* (pl ~ten) teapot

theeservies (*tāy*-sehr-veess) *nt* (pl -viezen) tea-set

thema (*tāy*-maa) *nt* (pl ~'s) theme; exercise

theologie (tāy-*Y*ōā-lōā-*gee*) *c* theology

theoretisch (tāy-*Y*ōā-*rāy*-teess) *adj* theoretical

theorie (tāy-*Y*ōā-*ree*) *c* (pl ~ën) theory

therapie (tāy-raa-*pee*) *c* (pl ~ën) therapy

thermometer (tehr-mōā-māy-terr) *c* (pl ~s) thermometer

thermosfles (tehr-moss-flehss) *c* (pl ~sen) vacuum flask, thermos flask

thermostaat (tehr-moss-*taat*) *c* (pl -staten) thermostat

thuis (tur*ew*ss) *adv* home, at home

tien (teen) *num* ten

tiende (*teen*-der) *num* tenth

tiener (*tee*-nerr) *c* (pl ~s) teenager

tijd (tayt) *c* (pl ~en) time; **de laatste ~** lately; **op ~** in time; **vrije ~** spare time, leisure

tijdbesparend (tayt-ber-*spaa*-rernt) *adj* time-saving

tijdelijk (*tay*-der-lerk) *adj* temporary

tijdens (*tay*-derns) *prep* during

tijdgenoot (*tayt*-kher-nōāt) *c* (pl -noten) contemporary

tijdperk (*tayt*-pehrk) *nt* (pl ~en) period

tijdschrift (*tayt*-skhrift) *nt* (pl ~en) review, periodical, journal

tijger (*tay*-gerr) *c* (pl ~s) tiger

tijm (taym) *c* thyme

tikken (*ti*-kern) *v* type

timmerhout (*ti*-merr-hout) *nt* timber

timmerman (*ti*-merr-mahn) *c* (pl -lieden, -lui) carpenter

tin (tin) *nt* tin, pewter

tiran (tee-*rahn*) *c* (pl ~nen) tyrant

titel (*tee*-terl) *c* (pl ~s) title; heading; degree

toch (tokh) *adv* still; *conj* yet

tocht (tokht) *c* draught

toe (tōō) *adj* closed

toebehoren (*tōō*-ber-hōā-rern) *v* belong; *pl* accessories *pl*

toedienen (*tōō*-dee-nern) *v* administer

toegang (*tōō*-gahng) *c* admittance, admission, access; entry, entrance; approach

toegankelijk (tōō-*gahng*-ker-lerk) *adj* accessible

*****toegeven** (*tōō*-gāy-vern) *v* admit, acknowledge; *give in, indulge

toehoorder (*tōō*-hōār-derr) *c* (pl ~s) auditor

toekennen (*tōō*-keh-nern) *v* award

toekomst (*tōō*-komst) *c* future

toekomstig (tōō-*kom*-sterkh) *adj* future

toelage (*tōō*-laa-ger) *c* (pl ~n) allowance, grant

*****toelaten** (*tōō*-laa-tern) *v* admit

toelating (*tōō*-laa-ting) *c* (pl ~en) admission

toelichten (*tōō*-likh-tern) *v* elucidate

toelichting (*tōō*-likh-ting) *c* (pl ~en) explanation

toen (tōōn) *conj* when; *adv* then

toename (*tōō*-naa-mer) *c* increase

*****toenemen** (*tōō*-nāy-mern) *v* increase; **toenemend** progressive

toenmalig (*tōōn*-maa-lerkh) *adj* contemporary

toepassen (*tōō*-pah-sern) *v* apply

toepassing (*tōō*-pah-sıng) *c* (pl ~en) application

toereikend (tōō-*ray*-kernt) *adj* adequate

toerisme (tōō-*rıss*-mer) *nt* tourism

toerist (tōō-*rıst*) *c* (pl ~en) tourist

toeristenklasse (tōō-*rıss*-ter-klah-ser) *c* tourist class

toernooi (tōōr-*nōaͤͤ*) *nt* (pl ~en) tournament

toeschouwer (*tōō*-skhou-err) *c* (pl ~s) spectator

* **toeschrijven aan** (*tōō*-skhray-vern) assign to

* **toeslaan** (*tōō*-slaan) *v* *strike

toeslag (*tōō*-slahkh) *c* (pl ~en) surcharge

toespraak (*tōō*-spraak) *c* (pl -spraken) speech

* **toestaan** (*tōō*-staan) *v* allow, permit

toestand (*tōō*-stahnt) *c* (pl ~en) state; condition

toestel (*tōō*-stehl) *nt* (pl ~len) apparatus, appliance; aircraft; extension

toestemmen (*tōō*-steh-mern) *v* agree, consent

toestemming (*tōō*-steh-mıng) *c* authorization, permission; consent

toetje (*tōō*-tᵞer) *nt* (pl ~s) sweet

toeval (*tōō*-vahl) *nt* chance; luck

toevallig (tōō-*vah*-lerkh) *adj* accidental, casual, incidental; *adv* by chance

toevertrouwen (*tōō*-verr-trou-ern) *v* commit

toevoegen (*tōō*-vōō-gern) *v* add

toevoeging (*tōō*-vōō-gıng) *c* (pl ~en) addition

toewijden (*tōō*-vay-dern) *v* dedicate

* **toewijzen** (*tōō*-vay-zern) *v* allot

toezicht (*tōō*-zıkht) *nt* supervision; ~
* **houden op** supervise

toffee (to-*fāy*) *c* (pl ~s) toffee

toilet (tvah-*leht*) *nt* (pl ~ten) toilet, lavatory, bathroom; washroom *nAm*

toiletbenodigdheden (tvah-*leht*-ber-nōa-derkht-hāy-dern) *pl* toiletry

toiletpapier (tvah-*leht*-paa-peer) *nt* toilet-paper

toilettafel (tvah-*leht*-taa-ferl) *c* (pl ~s) dressing-table

toilettas (tvah-*leh*-tahss) *c* (pl ~sen) toilet case

tol (tol) *c* toll

tolk (tolk) *c* (pl ~en) interpreter

tolken (*tol*-kern) *v* interpret

tolweg (*tol*-verkh) *c* (pl ~en) turnpike *nAm*

tomaat (tōa-*maat*) *c* (pl tomaten) tomato

ton (ton) *c* (pl ~nen) cask, barrel; ton

toneel (tōa-*nāyl*) *nt* drama; stage

toneelkijker (tōa-*nāyl*-kay-kerr) *c* (pl ~s) binoculars *pl*

toneelschrijver (tōa-*nāyl*-skhray-verr) *c* (pl ~s) dramatist, playwright

toneelspeelster (tōa-*nāyl*-spāyl-sterr) *c* (pl ~s) actress

toneelspelen (tōa-*nāyl*-spāy-lern) *v* act

toneelspeler (tōa-*nāyl*-spāy-lerr) *c* (pl ~s) actor; comedian

toneelstuk (tōa-*nāyl*-sterk) *nt* (pl ~ken) play

tonen (*tōa*-nern) *v* *show; display

tong (tong) *c* (pl ~en) tongue; sole

tonicum (*tōa*-nee-kerm) *nt* (pl -ca, ~s) tonic

tonijn (tōa-*nayn*) *c* (pl ~en) tuna

toon (tōan) *c* (pl tonen) tone; note

toonbank (*tōam*-bahngk) *c* (pl ~en) counter

toonladder (*tōan*-lah-derr) *c* (pl ~s) scale

toonzaal (*tōan*-zaal) *c* (pl -zalen) showroom

toorn (*tōa*-rern) *c* anger

top (top) *c* (pl ~pen) peak ; top, summit

toppunt (*to*-pernt) *nt* (pl ~en) height ; zenith

toren (*tōā*-rern) *c* (pl ~s) tower

tot (tot) *prep* until, to, till ; *conj* till ; ~ **aan** till ; ~ **zover** so far

totaal[1] (tōā-*taal*) *adj* total, overall ; utter

totaal[2] (tōā-*taal*) *nt* (pl totalen) total ; **in** ~ altogether

totalisator (tōā-taa-lee-*zaa*-tor) *c* (pl ~s) totalizator

totalitair (tōā-taa-lee-*tair*) *adj* totalitarian

totdat (to-*daht*) *conj* till

touw (tou) *nt* (pl ~en) twine, rope, string

toverkunst (*tōā*-verr-kernst) *c* magic

traag (traakh) *adj* slow ; slack

traan (traan) *c* (pl tranen) tear

trachten (*trahkh*-tern) *v* try, attempt

tractor (*trahk*-tor) *c* (pl ~en, ~s) tractor

traditie (traa-*dee*-tsee) *c* (pl ~s) tradition

traditioneel (traa-dee-shōā-*nāyl*) *adj* traditional

tragedie (traa-*gāy*-dee) *c* (pl ~s) tragedy

tragisch (*traa*-geess) *adj* tragic

trainen (*trāy*-nern) *v* drill, train

tralie (*traa*-lee) *c* (pl ~s) bar

tram (trehm) *c* (pl ~s) tram ; streetcar *nAm*

transactie (trahn-*zahk*-see) *c* (pl ~s) deal, transaction

transatlantisch (trahn-zaht-*lahn*-teess) *adj* transatlantic

transformator (trahns-for-*maa*-tor) *c* (pl ~en, ~s) transformer

transpiratie (trahn-spee-*raa*-tsee) *c* perspiration

transpireren (trahn-spee-*rāy*-rern) *v* perspire

transport (trahn-*sport*) *nt* (pl ~en) transportation

transporteren (trahn-spor-*tāy*-rern) *v* transport

trap (trahp) *c* (pl ~pen) stairs *pl*, staircase ; kick

trapleuning (*trahp*-lūr-nɪng) *c* (pl ~en) banisters *pl*

trappen (*trah*-pern) *v* kick

trechter (*trehkh*-tern) *c* (pl ~s) funnel

trede (*trāy*-der) *c* (pl ~n) step

*****treffen** (*treh*-fern) *v* *hit ; *strike

trefpunt (*trehf*-pernt) *nt* (pl ~en) meeting-place

trein (trayn) *c* (pl ~en) train ; **doorgaande** ~ through train

trek[1] (trehk) *c* (pl ~ken) trait

trek[2] (trehk) *c* appetite

*****trekken** (*treh*-kern) *v* pull ; *draw ; extract ; hike

trekker (*treh*-kerr) *c* (pl ~s) trigger

trekking (*treh*-kɪng) *c* (pl ~en) draw

treuren (*trūr*-rern) *v* grieve

treurig (*trūr*-rerkh) *adj* sad

treurspel (*trūrr*-spehl) *nt* (pl ~en) drama

tribune (tree-*bēw*-ner) *c* (pl ~s) stand

tricotgoederen (tree-*kōā*-gōō-der-rern) *pl* hosiery

triest (treest) *adj* depressing

trillen (*trɪ*-lern) *v* tremble ; vibrate

triomf (tree-*ʸomf*) *c* (pl ~en) triumph

triomfantelijk (tree-ʸom-*fahn*-ter-lerk) *adj* triumphant

troepen (*trōō*-pern) *pl* troops *pl*

trommel (*tro*-merl) *c* (pl ~s) canister ; drum

trommelvlies (*tro*-merl-vleess) *nt* (pl -vliezen) ear-drum

trompet (trom-*peht*) *c* (pl ~ten) trumpet

troon (trōān) *c* (pl tronen) throne

troost (trōāst) *c* comfort

troosten (*trōāss*-tern) *v* comfort

troostprijs (*trōast*-prayss) *c* (pl -prijzen) consolation prize

tropen (*trōa*-pern) *pl* tropics *pl*

tropisch (*trōa*-peess) *adj* tropical

trots (trots) *adj* proud; *c* pride

trottoir (tro-*tvaar*) *nt* (pl ~s) pavement; sidewalk *nAm*

trottoirband (tro-*tvaar*-bahnt) *c* (pl ~en) curb

trouw (trou) *adj* true, faithful

trouwen (*trou*-ern) *v* marry

trouwens (*trou*-erns) *adv* besides

trouwring (*trou*-ring) *c* (pl ~en) wedding-ring

trui (trur^{ew}) *c* (pl ~en) jersey

Tsjech (ts^yehkh) *c* (pl ~en) Czech

Tsjechisch (ts^yeh-kheess) *adj* Czech

Tsjechoslowakije (ts^yeh-khōa-slōa-vaa-kay-er) Czechoslovakia

tube (*tew*-ber) *c* (pl ~s) tube

tuberculose (tew-behr-kew-*lōa*-zer) *c* tuberculosis

tuin (tur^{ew}n) *c* (pl ~en) garden

tuinbouw (*tur^{ew}m*-bou) *c* horticulture

tuinman (*tur^{ew}n*-mahn) *c* (pl -lieden, -lui) gardener

tuit (tur^{ew}t) *c* (pl ~en) nozzle

tulp (terlp) *c* (pl ~en) tulip

tumor (*tew*-mor) *c* (pl ~s) tumour

Tunesië (tew-*nāy*-zee-^yer) Tunisia

Tunesiër (tew-*nāy*-zee-^yerr) *c* (pl ~s) Tunisian

Tunesisch (tew-*nāy*-zeess) *adj* Tunisian

tuniek (*tew*-neek) *c* (pl ~en) tunic

tunnel (*ter*-nerl) *c* (pl ~s) tunnel

turbine (terr-*bee*-ner) *c* (pl ~s) turbine

Turk (terrk) *c* (pl ~en) Turk

Turkije (terr-*kay*-er) Turkey

Turks (terrks) *adj* Turkish; ~ **bad** Turkish bath

tussen (*ter*-sern) *prep* between; among, amid

tussenbeide *komen (ter-serm-*bay*-der *kōa*-mern) interfere

tussenpersoon (*ter*-ser-pehr-sōan) *c* (pl -sonen) intermediary

tussenpoos (*ter*-ser-pōass) *c* (pl -pozen) interval

tussenruimte (*ter*-ser-rur^{ew}m-ter) *c* (pl ~n, ~s) space

tussenschot (*ter*-ser-skhot) *nt* (pl ~ten) partition; diaphragm

tussentijd (*ter*-ser-tayt) *c* interim

twaalf (tvaalf) *num* twelve

twaalfde (*tvaalf*-der) *num* twelfth

twee (tvāy) *num* two

tweede (*tvāy*-der) *num* second

tweedehands (tvāy-der-*hahnts*) *adj* second-hand

tweedelig (tvāy-*dāy*-lerkh) *adj* two-piece

tweeling (*tvāy*-ling) *c* (pl ~en) twins *pl*

tweemaal (*tvāy*-maal) *adv* twice

tweesprong (*tvāy*-sprong) *c* (pl ~en) fork, road fork

tweetalig (tvāy-*taa*-lerkh) *adj* bilingual

twijfel (*tvay*-ferl) *c* (pl ~s) doubt

twijfelachtig (*tvay*-ferl-ahkh-terkh) *adj* doubtful

twijfelen (*tvay*-fer-lern) *v* doubt

twijg (tvaykh) *c* (pl ~en) twig

twintig (*tvin*-terkh) *num* twenty

twintigste (*tvin*-terkh-ster) *num* twentieth

twist (tvist) *c* (pl ~en) quarrel

twisten (*tviss*-tern) *v* quarrel, dispute

tyfus (*tee*-ferss) *c* typhoid

type (*tee*-per) *nt* (pl ~n, ~s) type

typen (*tee*-pern) *v* type

typisch (*tee*-peess) *adj* typical

typiste (tee-*pi*-ster) *c* (pl ~s, ~n) typist

U

u (ēw) *pron* you

ui (ur^{ew}) *c* (pl ~en) onion

uil (ur^{ew}l) *c* (pl ~en) owl

uit (ur^{ew}t) *prep* from, out of; for; *adv* out

uitademen (ur^{ew}t-aa-der-mern) *v* expire, exhale

uitbarsting (ur^{ew}t-bahr-stern) *c* (pl ~en) outbreak

uitbenen (ur^{ew}t-bāy-nern) *v* bone

*uitblinken (ur^{ew}t-bling-kern) *v* excel

uitbreiden (ur^{ew}t-bray-dern) *v* extend, enlarge, expand

uitbreiding (ur^{ew}t-bray-ding) *c* (pl ~en) extension

uitbuiten (ur^{ew}t-bur^{ew}-tern) *v* exploit

uitbundig (ur^{ew}t-*bern*-derkh) *adj* exuberant

uitdagen (ur^{ew}-daa-gern) *v* dare, challenge

uitdaging (ur^{ew}-daa-ging) *c* (pl ~en) challenge

uitdelen (ur^{ew}-dāy-lern) *v* distribute; *deal

*uitdoen (ur^{ew}-dōōn) *v* *put out

uitdrukkelijk (ur^{ew}-*drer*-ker-lerk) *adj* express, explicit

uitdrukken (-ur^{ew}-drer-kern) *v* express

uitdrukking (ur^{ew}-drer-king) *c* (pl ~en) expression; phrase

uiteindelijk (ur^{ew}t-*ayn*-der-lerk) *adj* eventual; *adv* at last

uiten (ur^{ew}-tern) *v* express; utter

uiteraard (ur^{ew}-ter-*raart*) *adv* of course, naturally

uiterlijk (ur^{ew}-terr-lerk) *adj* outward, external, exterior; *nt* outside; look

uiterst (ur^{ew}-terrst) *adj* extreme; utmost, very

uiterste (ur^{ew}-terr-ster) *nt* (pl ~n) extreme

*uitgaan (ur^{ew}t-khaan) *v* *go out

uitgang (ur^{ew}t-khahng) *c* (pl ~en) way out, exit; issue

uitgangspunt (ur^{ew}t-khahngs-pernt) *nt* (pl ~en) starting-point

uitgave (ur^{ew}t-khaa-ver) *c* (pl ~n) expense, expenditure; edition, issue

uitgebreid (ur^{ew}t-kher-brayt) *adj* comprehensive, extensive

uitgelezen (ur^{ew}t-kher-lāy-zern) *adj* select

uitgestrekt (ur^{ew}t-kher-strehkt) *adj* vast

*uitgeven (ur^{ew}t-khāy-vern) *v* *spend; publish, issue

uitgever (ur^{ew}t-khāy-verr) *c* (pl ~s) publisher

uitgezonderd (ur^{ew}t-kher-zon-derrt) *prep* except

uitgifte (ur^{ew}t-khif-ter) *c* (pl ~n) issue

*uitglijden (ur^{ew}t-khlay-dern) *v* slip

uithoudingsvermogen (ur^{ew}t-hou-dings-ferr-mōa-gern) *nt* stamina

uiting (ur^{ew}-ting) *c* (pl ~en) expression

*uitkiezen (ur^{ew}t-kee-zern) *v* select

*uitkijken (ur^{ew}t-kay-kern) *v* watch out, look out; ~ **naar** watch for

zich uitkleden (ur^{ew}t-klāy-dern) undress

*uitkomen (ur^{ew}t-kōa-mern) *v* *come out; *come true; *be convenient; ~ **op** open on

uitkomst (ur^{ew}t-komst) *c* (pl ~en) issue

uitlaat (ur^{ew}t-laat) *c* (pl -laten) exhaust

uitlaatgassen (ur^{ew}t-laat-khah-sern) *pl* exhaust gases

uitlaatpijp (ur^{ew}t-laat-payp) *c* (pl ~en) exhaust

*uitladen (ur^{ew}t-laa-dern) *v* unload, discharge

uitleg (*urᵉʷ*t-lehkh) c explanation
uitleggen (*urᵉʷ*t-leh-gern) v explain
uitlenen (*urᵉʷ*t-lāy̆-nern) v *lend
uitleveren (*urᵉʷ*t-lāy̆-ver-rern) v extradite
uitmaken (*urᵉʷ*t-maa-kern) v matter; determine; *put out
uitnodigen (*urᵉʷ*t-nōa-der-gern) v invite; ask
uitnodiging (*urᵉʷ*t-nōa-der-ging) c (pl ~en) invitation
uitoefenen (*urᵉʷ*t-ōō-fer-nern) v exercise
uitpakken (*urᵉʷ*t-pah-kern) v unpack; unwrap
uitputten (*urᵉʷ*t-per-tern) v exhaust
uitrekenen (*urᵉʷ*t-rāy̆-ker-nern) v calculate
uitrit (*urᵉʷ*t-rit) c (pl ~ten) exit
uitroep (*urᵉʷ*t-rōōp) c (pl ~en) exclamation
*uitroepen** (*urᵉʷ*t-rōō-pern) v exclaim
uitrusten (*urᵉʷ*t-rerss-tern) v rest; equip
uitrusting (*urᵉʷ*t-rerss-ting) c (pl ~en) equipment; gear, kit, outfit
uitschakelen (*urᵉʷ*t-skhaa-ker-lern) v switch off; disconnect
*uitscheiden** (*urᵉʷ*t-skhay-dern) v quit
*uitschelden** (*urᵉʷ*t-skhehl-dern) v call names
uitslag (*urᵉʷ*t-slahkh) c (pl ~en) result; rash
*uitsluiten** (*urᵉʷ*t-slur^ᵉʷ-tern) v exclude
uitsluitend (*urᵉʷ*t-slur^ᵉʷ-ternt) adv solely, exclusively
uitspraak (*urᵉʷ*t-spraak) c (pl -spraken) pronunciation; verdict
uitspreiden (*urᵉʷ*t-spray-dern) v expand
uitspreken (*urᵉʷ*t-sprāy̆-kern) v pronounce
uitstapje (*urᵉʷ*t-stahp-ʸer) nt (pl ~s) trip, excursion

uitstappen (*urᵉʷ*t-stah-pern) v *get off
uitstekend (*urᵉʷ*t-stāy̆-kernt) adj fine, excellent
uitstel (*urᵉʷ*t-stehl) nt delay; respite
uitstellen (*urᵉʷ*t-steh-lern) v delay, postpone; adjourn
*uittrekken** (*urᵉʷ*-treh-kern) v extract
uitverkocht (*urᵉʷ*t-ferr-kokht) adj sold out
uitverkoop (*urᵉʷ*t-ferr-kōap) c sales
*uitvinden** (*urᵉʷ*t-fin-dern) v invent
uitvinder (*urᵉʷ*t-fin-derr) c (pl ~s) inventor
uitvinding (*urᵉʷ*t-fin-ding) c (pl ~en) invention
uitvoer (*urᵉʷ*t-fōōr) c exportation
uitvoerbaar (*urᵉʷ*t-fōōr-baar) adj feasible
uitvoeren (*urᵉʷ*t-fōō-rern) v carry out; implement, perform, execute; export
uitvoerend (*urᵉʷ*t-fōō-rernt) adj executive; **uitvoerende macht** executive
uitvoerig (*urᵉʷ*t-fōō-rerkh) adj detailed
uitwerken (*urᵉʷ*t-vehr-kern) v elaborate
*uitwijzen** (*urᵉʷ*t-vay-zern) v expel
uitwisselen (*urᵉʷ*t-vi-ser-lern) v exchange
*uitzenden** (*urᵉʷ*t-sehn-dern) v *broadcast, transmit
uitzending (*urᵉʷ*t-sehn-ding) c (pl ~en) broadcast, transmission
uitzicht (*urᵉʷ*t-sikht) nt (pl ~en) view
uitzondering (*urᵉʷ*t-son-der-ring) c (pl ~en) exception
uitzonderlijk (*urᵉʷ*t-son-derr-lerk) adj exceptional
*uitzuigen** (*urᵉʷ*t-sur^ᵉʷ-gern) v *bleed
ultraviolet (erl-traa-vee-ʸōa-leht) adj ultraviolet
unaniem (ēw-naa-neem) adj unanimous

unie (ēw-nee) c (pl ~s) union
uniek (ēw-neek) adj unique
uniform¹ (ēw-nee-form) adj uniform
uniform² (ēw-nee-form) nt/c (pl ~en) uniform
universeel (ēw-nee-vehr-zāyl) adj universal
universiteit (ēw-nee-vehr-zee-tayt) c (pl ~en) university
urgent (err-gehnt) adj pressing
urgentie (err-gehn-see) c urgency
urine (ēw-ree-ner) c urine
Uruguay (ōō-rōō-gvigh) Uruguay
Uruguayaan (ōō-rōō-gvah-ᵞaan) c (pl -yanen) Uruguayan
Uruguayaans (ōō-rōō-gvah-ᵞaans) adj Uruguayan
uur (ēwr) nt (pl uren) hour; **om ... ~** at ... o'clock; **uur-** hourly
uw (ēwᵒᵒ) pron your

V

vaag (vaakh) adj vague; faint; dim
vaak (vaak) adv often
vaandel (vaan-derl) nt (pl ~s) banner
vaardig (vaar-derkh) adj skilled, skilful
vaardigheid (vaar-derkh-hayt) c (pl -heden) skill; art
vaart (vaart) c speed
vaartuig (vaar-turᵉʷkh) nt (pl ~en) vessel
vaarwater (vaar-vaa-terr) nt waterway
vaas (vaass) c (pl vazen) vase
vaatje (vaa-tᵞer) nt (pl ~s) keg
vaatwerk (vaat-vehrk) nt crockery
vacant (vaa-kahnt) adj vacant
vacature (vah-kah-tēw-rer) c (pl ~s) vacancy
vacuüm (vaa-kēw-erm) nt vacuum
vader (vaa-derr) c (pl ~s) father; dad
vaderland (vaa-derr-lahnt) nt native country, fatherland
vagebond (vaa-ger-bont) c (pl ~en) tramp
vak (vahk) nt (pl ~ken) profession, trade; section
vakantie (vaa-kahn-see) c (pl ~s) holiday, vacation; **met ~** on holiday
vakantiekamp (vaa-kahn-see-kahmp) nt (pl ~en) holiday camp
vakantieoord (vaa-kahn-see-ōart) nt (pl ~en) holiday resort
vakbond (vahk-bont) c (pl ~en) trade-union
vakkundig (vah-kern-derkh) adj skilled
vakman (vahk-mahn) c (pl -lieden) expert
val¹ (vahl) c fall
val² (vahl) c (pl ~len) trap
valk (vahlk) c (pl ~en) hawk
vallei (vah-lay) c (pl ~en) valley
***vallen** (vah-lern) v *fall; ***laten ~** drop
vals (vahls) adj false
valuta (vaa-lēw-taa) c (pl ~'s) currency
van (vahn) prep of; from; off; with
vanaf (vah-nahf) prep from, as from
vanavond (vah-naa-vernt) adv tonight
vandaag (vahn-daakh) adv today
***vangen** (vah-ngern) v *catch; capture
vangrail (vahng-rāyl) c (pl ~s) crash barrier
vangst (vahngst) c (pl ~en) capture
vanille (vaa-nee-ᵞer) c vanilla
vanmiddag (vah-mɪ-dahkh) adv this afternoon
vanmorgen (vah-mor-gern) adv this morning
vannacht (vah-nahkht) adv tonight
vanwege (vahn-vāy-ger) prep on account of, for, owing to, because of
vanzelfsprekend (vahn-zehlf-sprāy-kernt) adj self-evident

*varen (*vaa*-rern) *v* sail, navigate

variëren (vaa-ree-*Yāy*-rern) *v* vary

variététheater (vaa-ree-*Yāy*-*tāy*-tāy-*Yaa*-terr) *nt* (pl ~s) variety theatre; music-hall

variétévoorstelling (vaa-ree-*Yāy*-*tāy*-vōar-steh-ling) *c* (pl ~en) variety show

varken (*vahr*-kern) *nt* (pl ~s) pig

varkensleer (*vahr*-kerss-lāyr) *nt* pigskin

varkensvlees (*vahr*-kerss-flāyss) *nt* pork

vaseline (vaa-zer-*lee*-ner) *c* vaseline

vast (vahst) *adj* fixed, firm; steady, permanent; *adv* tight; ~ **menu** set menu

vastberaden (vahss-ber-*raa*-dern) *adj* resolute

vastbesloten (vahss-ber-slōa-tern) *adj* determined

vasteland (vahss-ter-*lahnt*) *nt* mainland; continent

*vasthouden (*vahst*-hou-dehn) *v* *hold; **zich** ~ *hold on

vastmaken (*vahst*-maa-kern) *v* fasten; attach

vastomlijnd (vahss-tom-laynt) *adj* definite

vastspelden (*vahst*-spehl-dern) *v* pin

vaststellen (*vahst*-steh-lern) *v* establish, determine

vat (vaht) *nt* (pl ~en) cask, barrel; vessel

*vechten (*vehkh*-tern) *v* *fight; combat, battle

vee (vāy) *nt* cattle *pl*

veearts (*vāy*-ahrts) *c* (pl ~en) veterinary surgeon

veel (vāyl) *adj* much, many; *adv* much, far

veelbetekenend (vāyl-ber-tāy-ker-nernt) *adj* significant

veelomvattend (vāyl-om-*vah*-ternt) *adj* extensive

veelvuldig (vāyl-*verl*-derkh) *adj* frequent

veelzijdig (vāyl-*zay*-derkh) *adj* all-round

veen (vāyn) *nt* moor

veer (vāyr) *c* (pl veren) feather; spring

veerboot (*vāyr*-bōat) *c* (pl -boten) ferry-boat

veertien (*vāyr*-teen) *num* fourteen; ~ **dagen** fortnight

veertiende (*vāyr*-teen-der) *num* fourteenth

veertig (*vāyr*-terkh) *num* forty

vegen (*vāy*-gern) *v* *sweep; wipe

vegetariër (vāy-ger-*taa*-ree-*Yerr*) *c* (pl ~s) vegetarian

veilig (*vay*-lerkh) *adj* safe; secure

veiligheid (*vay*-lerkh-hayt) *c* safety; security

veiligheidsgordel (*vay*-lerkh-hayts-khor-derl) *c* (pl ~s) safety-belt; seat-belt

veiligheidsspeld (*vay*-lerkh-hayt-spehlt) *c* (pl ~en) safety-pin

veiling (*vay*-ling) *c* (pl ~en) auction

vel (vehl) *nt* (pl ~len) skin

veld (vehlt) *nt* (pl ~en) field

veldbed (*vehlt*-beht) *nt* (pl ~den) camp-bed

veldkijker (*vehlt*-kay-kerr) *c* (pl ~s) field glasses

velg (vehlkh) *c* (pl ~en) rim

Venezolaan (vāy-nāy-zōa-*laan*) *c* (pl -lanen) Venezuelan

Venezolaans (vāy-nāy-zōa-*laans*) *adj* Venezuelan

Venezuela (vāy-nāy-zēw-*vāy*-laa) Venezuela

vennoot (ver-*nōat*) *c* (pl -noten) associate

vensterbank (*vehn*-sterr-bahngk) *c* (pl ~en) window-sill

vent (vehnt) *c* chap, guy

ventiel (vehn-*teel*) *nt* (pl ~en) valve

ventilatie (vehn-tee-*laa*-tsee) *c* (pl ~s) ventilation

ventilator (vehn-ti-*laa*-tor) *c* (pl ~s, ~en) ventilator, fan

ventilatorriem (vehn-tee-*laa*-to-reem) *c* (pl ~en) fan belt

ventileren (vehn-tee-*lāy*-rern) *v* ventilate

ver (vehr) *adj* far; remote, far-away, distant

verachten (verr-*ahkh*-tern) *v* scorn, despise

verachting (verr-*ahkh*-ting) *c* scorn, contempt

verademing (verr-*aa*-der-ming) *c* relief

veranda (ver-*rahn*-daa) *c* (pl ~'s) veranda

veranderen (verr-*ahn*-der-rern) *v* change; alter, transform; vary; ~ **in** turn into

verandering (verr-*ahn*-der-ring) *c* (pl ~en) change; alteration; variation

veranderlijk (verr-*ahn*-derr-lerk) *adj* variable

verantwoordelijk (verr-ahnt-*vōar*-der-lerk) *adj* responsible

verantwoordelijkheid (verr-ahnt-*vōar*-der-lerk-hayt) *c* (pl -heden) responsibility

verantwoorden (verr-*ahnt*-vōar-dern) *v* account for

verband (verr-*bahnt*) *nt* (pl ~en) connection, relation; bandage

verbandkist (verr-*bahnt*-kist) *c* (pl ~en) first-aid kit

verbazen (verr-*baa*-zern) *v* astonish, amaze, surprise; **zich ~** marvel

verbazing (verr-*baa*-zing) *c* astonishment, amazement, surprise

zich verbeelden (verr-*bāyl*-dern) fancy, imagine

verbeelding (verr-*bāyl*-ding) *c* imagin-

ation

***verbergen** (verr-*behr*-gern) *v* *hide; conceal

verbeteren (verr-*bāy*-ter-rern) *v* improve; correct

verbetering (verr-*bāy*-ter-ring) *c* (pl ~en) improvement; correction

***verbieden** (verr-*bee*-dern) *v* prohibit, *forbid

***verbinden** (verr-*bin*-dern) *v* link, connect, join; dress; **zich ~** engage

verbinding (verr-*bin*-ding) *c* (pl ~en) link; connection; **zich in ~ stellen met** contact

verblijf (verr-*blayf*) *nt* (pl -blijven) stay

verblijfsvergunning (verr-*blayfs*-ferr-ger-ning) *c* (pl ~en) residence permit

***verblijven** (verr-*blay*-vern) *v* stay

verblinden (verr-*blin*-dern) *v* blind; **verblindend** glaring

verbod (verr-*bot*) *nt* (pl ~en) prohibition

verboden (verr-*bōa*-dern) *adj* prohibited; ~ **te parkeren** no parking; ~ **te roken** no smoking; ~ **toegang** no entry, no admittance; ~ **voor voetgangers** no pedestrians

verbond (verr-*bont*) *nt* (pl ~en) union

verbouwen (verr-*bou*-ern) *v* cultivate, raise

verbranden (verr-*brahn*-dern) *v* *burn

verbruiken (verr-*brur^{ew}*-kern) *v* use up

verbruiker (verr-*brur^{ew}*-kerr) *c* (pl ~s) consumer

verdacht (verr-*dahkht*) *adj* suspicious

verdachte (verr-*dahkh*-teh) *c* (pl ~n) suspect; accused

verdampen (verr-*dahm*-pern) *v* evaporate

verdedigen (verr-*dāy*-der-gern) *v* defend

verdediging (verr-*dāy*-der-ging) *c* defence

verdelen (verr-*dáy*-lern) *v* divide

*** verdenken** (verr-*dehng*-kern) *v* suspect

verdenking (verr-*dehng*-kıng) *c* (pl ~en) suspicion

verder (*vehr*-derr) *adj* further; *adv* beyond; ~ **dan** beyond

verdienen (verr-*dee*-nern) *v* earn; *make; deserve, merit

verdienste (verr-*deens*-ter) *c* (pl ~n) merit; **verdiensten** *pl* earnings *pl*

verdieping (verr-*dee*-pıng) *c* (pl ~en) storey, floor

verdikken (verr-*dı*-kern) *v* thicken

verdoving (verr-*dóa*-vıng) *c* (pl ~en) anaesthesia

verdraaien (verr-*draa^ee*-ern) *v* wrench

verdrag (verr-*drahkh*) *nt* (pl ~en) treaty

*** verdragen** (verr-*draa*-gern) *v* endure, *bear; sustain

verdriet (verr-*dreet*) *nt* grief, sorrow

verdrietig (verr-*dree*-terkh) *adj* sad

*** verdrijven** (verr-*dray*-vern) *v* chase

*** verdrinken** (verr-*drıng*-kern) *v* drown; *be drowned

verdrukken (verr-*drer*-kern) *v* oppress

verduidelijken (verr-*dur^ew*-der-ler-kern) *v* clarify

verduistering (verr-*dur^ew*ss-ter-rehn) *c* (pl ~en) eclipse

verdunnen (verr-*der*-nern) *v* dilute

verdwaald (verr-*dvaalt*) *adj* lost

*** verdwijnen** (verr-*dvay*-nern) *v* vanish, disappear

vereisen (verr-*ay*-sern) *v* demand, require; **vereist** requisite

vereiste (verr-*ayss*-ter) *c* (pl ~n) requirement

Verenigde Staten (verr-*áy*-nerkh-der-*staa*-tern) United States, the States

verenigen (verr-*áy*-ner-gern) *v* join; unite; **verenigd** joint

vereniging (verr-*áy*-ner-gıng) *c* (pl ~en) association; union, society, club

verf (vehrf) *c* (pl verven) paint; dye

verfdoos (*vehrf*-dóass) *c* (pl -dozen) paint-box

verfrissen (verr-*frı*-sern) *v* refresh

verfrissing (verr-*frı*-sıng) *c* (pl ~en) refreshment

vergadering (verr-*gaa*-der-rıng) *c* (pl ~en) meeting; assembly

vergeefs (verr-*gáyfs*) *adj* vain; *adv* in vain

vergeetachtig (verr-*gáyt*-ahkh-terkh) *adj* forgetful

*** vergelijken** (vehr-ger-*lay*-kern) *v* compare

vergelijking (vehr-ger-*lay*-kıng) *c* (pl ~en) comparison

*** vergeten** (verr-*gáy*-tern) *v* *forget

*** vergeven** (verr-*gáy*-vern) *v* *forgive

zich vergewissen van (verr-ger-*vı*-sern) ascertain

vergezellen (verr-ger-*zeh*-lern) *v* accompany

vergiet (verr-*geet*) *nt* (pl ~en) strainer

vergif (verr-*gıf*) *nt* poison

vergiffenis (verr-*gı*-fer-nıss) *c* pardon

vergiftig (verr-*gıf*-terkh) *adj* toxic

vergiftigen (verr-*gıf*-teh-gern) *v* poison

zich vergissen (verr-*gı*-sern) *be mistaken; err

vergissing (verr-*gı*-sıng) *c* (pl ~en) oversight; error, mistake

vergoeden (verr-*góo*-dern) *v* *make good, reimburse; remunerate

vergoeding (verr-*góo*-dıng) *c* (pl ~en) remuneration

vergrootglas (verr-*gróat*-khlahss) *nt* (pl -glazen) magnifying glass

vergroten (verr-*gróa*-tern) *v* enlarge

vergroting (verr-*gróa*-tıng) *c* (pl ~en) enlargement

verguld (verr-*gerlt*) *adj* gilt

vergunning (verr-*ger*-nıng) *c* (pl ~en)

licence, permit, permission; **een ~ verlenen** license

verhaal (verr-*haal*) *nt* (pl -halen) story; tale

verhandeling (verr-*hahn*-der-ling) *c* (pl ~en) essay

verheugd (verr-*hūrkht*) *adj* glad

verhinderen (verr-*hin*-der-rern) *v* prevent

verhogen (verr-*hōa*-gern) *v* raise

verhoging (verr-*hōa*-ging) *c* (pl ~en) rise, increase

verhoor (verr-*hōar*) *nt* (pl -horen) examination, interrogation

verhouding (verr-*hou*-ding) *c* (pl ~en) affair

verhuizen (verr-*hur*ew-zern) *v* move

verhuizing (verr-*hur*ew-zing) *c* (pl ~en) move

verhuren (verr-*hēw*-rern) *v* *let; lease

verifiëren (vāy-ree-fee-*Yāy*-rern) *v* verify

vering (*vāy*-ring) *c* suspension

verjaardag (verr-*Yaar*-dahkh) *c* (pl ~en) birthday; anniversary

***verjagen** (verr-*Yaa*-gern) *v* chase

verkeer (verr-*kāyr*) *nt* traffic

verkeerd (verr-*kāyrt*) *adj* false, wrong

verkeersbureau (verr-*kāyrs*-bēw-rōa) *nt* (pl ~s) tourist office

verkeersopstopping (verr-*kāyrz*-op-sto-ping) *c* (pl ~en) traffic jam

verkennen (verr-*keh*-nern) *v* explore

***verkiezen** (verr-*kee*-zern) *v* elect

verkiezing (verr-*kee*-zing) *c* (pl ~en) election

verklaarbaar (verr-*klaar*-baar) *adj* accountable

verklaren (verr-*klaa*-rern) *v* state, declare; explain

verklaring (verr-*klaa*-ring) *c* (pl ~en) statement, declaration; explanation

zich verkleden (verr-*klāy*-dern) change

verkleuren (verr-*klūr*-rern) *v* fade; dis-

colour

verknoeien (verr-*knōō*ee-ern) *v* muddle

verkoop (*vehr*-kōap) *c* sale

verkoopbaar (verr-*kōa*-baar) *adj* saleable

verkoopster (verr-*kōap*-sterr) *c* (pl ~s) salesgirl

***verkopen** (verr-*kōa*-pern) *v* *sell; **in het klein ~** retail

verkoper (verr-*kōa*-perr) *c* (pl ~s) salesman; shop assistant

verkorten (verr-*kor*-tern) *v* shorten

verkoudheid (verr-*kout*-hayt) *c* cold

verkrachten (verr-*krahkh*-tern) *v* rape

verkrijgbaar (verr-*kraykh*-baar) *adj* obtainable, available

***verkrijgen** (verr-*kray*-gern) *v* obtain

verlagen (verr-*laa*-gern) *v* lower, reduce; *cut

verlammen (verr-*lah*-mern) *v* paralise

verlangen[1] (verr-*lah*-ngern) *v* wish, desire; **~ naar** long for

verlangen[2] (verr-*lah*-ngern) *nt* (pl ~s) wish; longing

verlaten (verr-*laa*-tern) *adj* desert

***verlaten** (verr-*laa*-tern) *v* *leave; desert

verleden (verr-*lāy*-dern) *adj* previous; *nt* past

verlegen (verr-*lāy*-gern) *adj* shy; embarrassed

verlegenheid (verr-*lāy*-gern-hayt) *c* shyness, timidity; **in ~ *brengen** embarrass

verleiden (verr-*lay*-dern) *v* seduce

verleiding (verr-*lay*-ding) *c* (pl ~en) temptation

verlenen (verr-*lāy*-nern) *v* grant; extend

verlengen (verr-*leh*-ngern) *v* lengthen; extend; renew

verlenging (verr-*leh*-nging) *c* (pl ~en) extension

verlengsnoer (verr-*lehng*-snōōr) *nt* (pl ~en) extension cord

verlichten (verr-*lɪkh*-tern) *v* illuminate; relieve

verlichting (verr-*lɪkh*-tɪng) *c* lighting, illumination; relief

verliefd (verr-*leeft*) *adj* in love

verlies (verr-*leess*) *nt* (pl -liezen) loss

*****verliezen** (verr-*lee*-zern) *v* *lose

verlof (verr-*lof*) *nt* (pl -loven) leave; permission

verloofd (verr-*lōaft*) *adj* engaged

verloofde (verr-*lōaf*-der) *c* (pl ~n) fiancé; fiancée

verlossen (verr-*lo*-sern) *v* deliver; redeem

verlossing (verr-*lo*-sɪng) *c* (pl ~en) delivery

verloving (verr-*lōa*-vɪng) *c* (pl ~en) engagement

verlovingsring (verr-*lōa*-vɪngs-rɪng) *c* (pl ~en) engagement ring

vermaak (verr-*maak*) *nt* entertainment, amusement

vermageren (verr-*maa*-ger-rern) *v* slim

vermakelijk (verr-*maa*-ker-lerk) *adj* entertaining

vermaken (verr-*maa*-kern) *v* entertain, amuse

vermeerderen (verr-*māȳr*-der-rern) *v* increase

vermelden (verr-*mehl*-dern) *v* mention

vermelding (verr-*mehl*-dɪng) *c* (pl ~en) mention

vermenigvuldigen (verr-māy-*nerkh*-ferl-der-gern) *v* multiply

vermenigvuldiging (verr-māy-*nerkh*-ferl-der-gɪng) *c* (pl ~en) multiplication

*****vermijden** (verr-*may*-dern) *v* avoid

verminderen (verr-*mɪn*-der-rern) *v* decrease, lessen, reduce

vermindering (verr-*mɪn*-der-rɪng) *c* (pl ~en) decrease

vermiste (verr-*mɪss*-ter) *c* (pl ~n) missing person

vermoedelijk (verr-*mōō*-der-lerk) *adj* presumable, probable

vermoeden (verr-*mōō*-dern) *v* suspect

vermoeien (verr-*mōō*ᵉᵉ-ern) *v* tire; **vermoeid** weary, tired

vermogen (verr-*mōa*-gern) *nt* (pl ~s) ability, faculty; capacity

zich vermommen (verr-*mo*-mern) disguise

vermomming (verr-*mo*-mɪng) *c* (pl ~en) disguise

vermoorden (verr-*mōar*-dern) *v* murder

vernielen (verr-*nee*-lern) *v* wreck, destroy

vernietigen (verr-*nee*-ter-gern) *v* destroy

vernietiging (verr-*nee*-ter-gɪng) *c* destruction

vernieuwen (verr-*nee*ᵒᵒ-ern) *v* renew

vernis (verr-*nɪss*) *nt/c* varnish

veronderstellen (verr-on-der-*steh*-lern) *v* assume, suppose

verontreiniging (verr-ont-*ray*-ner-gɪng) *c* (pl ~en) pollution

verontschuldigen (verr-ont-*skherl*-der-gern) *v* excuse; **zich ~** apologize

verontschuldiging (verr-ont-*skherl*-der-gɪng) *c* (pl ~en) apology

verontwaardiging (verr-ont-*vaar*-der-gɪng) *c* indignation

veroordeelde (verr-*ōar*-dāyl-der) *c* (pl ~n) convict

veroordelen (verr-*ōar*-dāy-lern) *v* sentence

veroordeling (verr-*ōar*-dāy-lɪng) *c* (pl ~en) conviction

veroorloven (verr-*ōar*-lōa-vern) *v* allow, permit; **zich ~** afford

veroorzaken (verr-*ōar*-zaa-kern) *v* cause

veroveraar (verr-*ōa*-ver-raar)

conqueror

veroveren (verr-*ōa̅*-ver-rern) *v* conquer

verovering (verr-*ōa̅*-ver-rıng) *c* (pl ~en) conquest

verpachten (verr-*pahkh*-tern) *v* lease

verpakking (verr-*pah*-kıng) *c* (pl ~en) packing

verpanden (verr-*pahn*-dern) *v* pawn

verplaatsen (verr-*plaat*-sern) *v* move

verpleegster (verr-*plāykh*-sterr) *c* (pl ~s) nurse

verplegen (verr-*plāy*-gern) *v* nurse

verplicht (verr-*plıkht*) *adj* obligatory, compulsory; ~ ***zijn om** *be obliged to

verplichten (verr-*plıkh*-tern) *v* oblige

verplichting (verr-*plıkh*-tıng) *c* (pl ~en) engagement

verraad (ver-*raat*) *nt* treason

*verraden (ver-*raa*-dern) *v* betray

verrader (ver-*raa*-derr) *c* (pl ~s) traitor

verrassen (ver-*rah*-sern) *v* surprise

verrassing (ver-*rah*-sıng) *c* (pl ~en) surprise

verrekijker (*veh*-rer-kay-kerr) *c* (pl ~s) binoculars *pl*

verreweg (*veh*-rer-vehkh) *adv* by far

verrichten (ver-*rıkh*-tern) *v* perform

verrukkelijk (ver-*rer*-ker-lerk) *adj* delightful, wonderful

verrukking (ver-*rer*-kıng) *c* (pl ~en) delight; **in ~ *brengen** delight

vers¹ (vehrs) *adj* fresh

vers² (vehrs) *nt* (pl verzen) verse

verschaffen (verr-*skhah*-fern) *v* furnish, provide

verscheidene (verr-*skhay*-der-ner) *num* various; several

verscheidenheid (verr-*skhay*-dern-hayt) *c* (pl -heden) variety

verschepen (verr-*skhāy*-pern) *v* ship

*verschieten (verr-*skhee*-tern) *v* fade

*verschijnen (verr-*skhay*-nern) *v* appear

verschijning (verr-*skhay*-nıng) *c* (pl ~en) apparition

verschijnsel (verr-*skhayn*-serl) *nt* (pl ~en, ~s) phenomenon

verschil (verr-*skhıl*) *nt* (pl ~len) difference; distinction, contrast

verschillen (verr-*skhı*-lern) *v* differ; vary

verschillend (verr-*skhı*-lernt) *adj* unlike, different; distinct

verschrikkelijk (verr-*skhrı*-ker-lerk) *adj* terrible; horrible, frightful, awful

verschuldigd (verr-*skherl*-derkht) *adj* due; ~ ***zijn** owe

versie (*vehr*-zee) *c* (pl ~s) version

versiering (verr-*see*-rıng) *c* (pl ~en) decoration

versiersel (verr-*seer*-serl) *nt* (pl ~s, ~en) ornament

*verslaan (verr-*slaan*) *v* defeat, *beat

verslag (verr-*slahkh*) *nt* (pl ~en) report, account

verslaggever (verr-*slah*-khāy-verr) *c* (pl ~s) reporter

zich *verslapen (verr-*slaa*-pern) *oversleep

versleten (verr-*slāy*-tern) *adj* worn-out, worn, threadbare

*verslijten (verr-*slay*-tern) *v* wear out

versnellen (verr-*sneh*-lern) *v* accelerate

versnelling (verr-*sneh*-lıng) *c* (pl ~en) gear

versnellingsbak (verr-*sneh*-lıngs-bahk) *c* (pl ~ken) gear-box

versnellingspook (verr-*sneh*-lıngs-pōa) *c* gear lever

versperren (verr-*speh*-rern) *v* block

verspillen (verr-*spı*-lern) *v* waste

verspilling (verr-*spı*-lıng) *c* waste

verspreiden (verr-*spray*-dern) *v* scatter, *shed

*verstaan (verr-*staan*) *v* *understand

verstand (verr-*stahnt*) *nt* brain; wits

pl, reason; **gezond** ~ sense

verstandig (verr-*stahn*-derkh) *adj* sensible

verstellen (verr-*steh*-lern) *v* patch

verstijfd (verr-*stayft*) *adj* numb

verstoppen (verr-*sto*-pern) *v* *hide

verstoren (verr-*stoā*-rern) *v* disturb; upset

***verstrijken** (verr-*stray*-kern) *v* expire

verstuiken (verr-*stur*ew-kern) *v* sprain

verstuiking (verr-*stur*ew-king) *c* (pl ~en) sprain

verstuiver (verr-*stur*ew-verr) *c* (pl ~s) atomizer

versturen (verr-*stēw*-rern) *v* *send off; dispatch

vertalen (verr-*taa*-lern) *v* translate

vertaler (verr-*taa*-lerr) *c* (pl ~s) translator

vertaling (verr-*taa*-ling) *c* (pl ~en) translation; version

verteerbaar (verr-*tāyr*-baar) *adj* digestible

vertegenwoordigen (verr-tāy-ger-*voār*-der-gern) *v* represent

vertegenwoordiger (verr-tāy-ger-*voār*-der-gerr) *c* (pl ~s) agent

vertegenwoordiging (verr-tāy-ger-*voār*-der-ging) *c* (pl ~en) representation; agency

vertellen (verr-*ter*-lern) *v* *tell; relate

vertelling (verr-*teh*-ling) *c* (pl ~en) tale

verteren (verr-*tāy*-rern) *v* digest

verticaal (vehr-tee-*kaal*) *adj* vertical

vertolken (verr-*tol*-kern) *v* interpret

vertonen (verr-*toā*-nern) *v* exhibit; display

vertragen (verr-*traa*-gern) *v* delay, slow down

vertraging (verr-*traa*-ging) *c* (pl ~en) delay

vertrek[1] (verr-*trehk*) *nt* departure

vertrek[2] (verr-*trehk*) *nt* (pl ~ken) room

***vertrekken** (verr-*treh*-kern) *v* *leave; depart, *set out, pull out

vertrektijd (verr-*trehk*-tayt) *c* (pl ~en) time of departure

vertrouwd (verr-*trout*) *adj* familiar

vertrouwelijk (verr-*trou*-er-lerk) *adj* confidential

vertrouwen (verr-*trou*-ern) *nt* confidence, trust, faith; *v* trust; ~ **op** rely on

vervaardigen (verr-*vaar*-der-gern) *v* manufacture

vervaldag (verr-*vahl*-dahkh) *c* expiry

vervallen (verr-*vah*-lern) *adj* expired; due

***vervallen** (verr-*vah*-lern) *v* expire

vervalsen (verr-*vahl*-sern) *v* forge, counterfeit

vervalsing (verr-*vahl*-sing) *c* (pl ~en) fake

***vervangen** (verr-*vah*-ngern) *v* replace, substitute

vervanging (verr-*vah*-nging) *c* substitute

vervelen (verr-*vāy*-lern) *v* bore; bother

vervelend (verr-*vāy*-lernt) *adj* dull, boring, annoying; unpleasant

verven (*vehr*-vern) *v* paint; dye

vervloeken (verr-*vloō*-kern) *v* curse

vervoer (verr-*voōr*) *nt* transport

vervolg (verr-*volkh*) *nt* (pl ~en) sequel

vervolgen (verr-*vol*-gern) *v* continue; pursue

vervolgens (verr-*vol*-gerss) *adv* then

vervuiling (verr-*vur*ew-ling) *c* pollution

verwaand (verr-*vaant*) *adj* conceited, snooty

verwaarlozen (verr-*vaar*-lōa-zern) *v* neglect

verwaarlozing (verr-*vaar*-lōa-zing) *c* neglect

verwachten (verr-*vahkh*-tern) *v* expect; anticipate

verwachting (verr-*vahkh*-ting) *c* (pl ~en) expectation; outlook; **in ~** pregnant

verwant (verr-*vahnt*) *adj* related

verwante (verr-*vahn*-ter) *c* (pl ~n) relation

verward (verr-*vahrt*) *adj* confused

verwarmen (verr-*vahr*-mern) *v* heat, warm

verwarming (verr-*vahr*-ming) *c* heating

verwarren (verr-*vah*-rern) *v* confuse; *mistake

verwarring (verr-*vah*-ring) *c* confusion; disturbance; **in ~ brengen** embarrass

verwekken (verr-*veh*-kern) *v* generate

verwelkomen (verr-*vehl*-kōa-mern) *v* welcome

verwennen (verr-*veh*-nern) *v* *spoil

*verwerpen** (verr-*vehr*-pern) *v* turn down, reject

*verwerven** (verr-*vehr*-vern) *v* acquire

verwezenlijken (verr-*vāȳ*-zer-ler-kern) *v* realize

verwijden (verr-*vay*-dern) *v* widen

verwijderen (verr-*vay*-der-rern) *v* remove

verwijdering (verr-*vay*-der-ring) *c* removal

verwijt (verr-*vayt*) *nt* (pl ~en) reproach; blame

*verwijten** (verr-*vay*-tern) *v* reproach

*verwijzen naar** (verr-*vay*-zern) refer to

verwijzing (verr-*vay*-zing) *c* (pl ~en) reference

verwonden (verr-*von*-dern) *v* wound, injure

verwonderen (verr-*von*-der-rern) *v* amaze

verwondering (verr-*von*-der-ring) *c* wonder

verwonding (verr-*von*-ding) *c* (pl ~en) injury

verzachten (verr-*zahkh*-tern) *v* soften

verzamelaar (verr-*zaa*-mer-laar) *c* (pl ~s) collector

verzamelen (verr-*zaa*-mer-lern) *v* gather; collect

verzameling (verr-*zaa*-mer-ling) *c* (pl ~en) collection

verzekeren (verr-*zāȳ*-ker-rern) *v* assure; insure

verzekering (verr-*zāȳ*-ker-ring) *c* (pl ~en) insurance

verzekeringspolis (verr-*zāȳ*-ker-rings-pōā-lerss) *c* (pl ~sen) insurance policy

*verzenden** (verr-*zehn*-dern) *v* despatch, dispatch

verzending (verr-*zehn*-ding) *c* expedition

verzet (verr-*zeht*) *nt* resistance

zich verzetten (verr-*zeh*-tern) oppose

verzilveren (verr-*zil*-ver-rern) *v* cash

*verzinnen** (verr-*zi*-nern) *v* invent

verzinsel (verr-*zin*-serl) *nt* (pl ~s) fiction

verzoek (verr-*zōōk*) *nt* (pl ~en) request

*verzoeken** (verr-*zōō*-kern) *v* request, ask

verzoening (verr-*zōō*-ning) *c* (pl ~en) reconciliation

verzorgen (verr-*zor*-gern) *v* look after, *take care of; tend

verzorging (verr-*zor*-ging) *c* care

verzwikken (verr-*zvi*-kern) *v* sprain

vest (vehst) *nt* (pl ~en) cardigan; waistcoat, jacket; vest *nAm*

vestigen (*vehss*-ter-gern) *v* establish; **zich ~** settle down

vesting (*vehss*-ting) *c* (pl ~en) fortress

vet[1] (veht) *adj* fat; greasy

vet[2] (veht) *nt* (pl ~ten) fat; grease

veter (*vāȳ*-terr) *c* (pl ~s) lace

vettig (*veh*-terkh) *adj* greasy, fatty

vezel (*vāy*-zerl) *c* (pl ~s) fibre

via (*vee-Yaa*) *prep* via

viaduct (vee-*Yaa-derkt*) *c/nt* (pl ~en) viaduct

vibratie (vee-*braa*-tsee) *c* (pl ~s) vibration

vice-president (vee-ser-*prāy*-zee-dehnt) *c* (pl ~en) vice-president

vier (veer) *num* four

vierde (*veer*-der) *num* fourth

vieren (*vee*-rern) *v* celebrate

viering (*vee*-rɪng) *c* (pl ~en) celebration

vierkant (*veer*-kahnt) *adj* square; *nt* square

vies (veess) *adj* dirty

vijand (*vay*-ahnt) *c* (pl ~en) enemy

vijandig (vay-*ahn*-derkh) *adj* hostile

vijf (vayf) *num* five

vijfde (*vayf*-der) *num* fifth

vijftien (*vayf*-teen) *num* fifteen

vijftiende (*vayf*-teen-der) *num* fifteenth

vijftig (*vayf*-terkh) *num* fifty

vijg (vaykh) *c* (pl ~en) fig

vijl (vayl) *c* (pl ~en) file

vijver (*vay*-verr) *c* (pl ~s) pond

villa (*vee*-laa) *c* (pl ~'s) villa

vilt (vɪlt) *nt* felt

***vinden** (*vɪn*-dern) *v* *find; *come across; consider

vindingrijk (*vɪn*-dɪng-rayk) *adj* inventive

vinger (*vɪ*-ngerr) *c* (pl ~s) finger

vingerafdruk (*vɪ*-ngerr-ahf-drerk) *c* (pl ~ken) fingerprint

vingerhoed (*vɪ*-ngerr-hōōt) *c* (pl ~en) thimble

vink (vɪngk) *c* (pl ~en) finch

violet (vee-*Yōā-leht*) *adj* violet

viool (vee-*Yōāl*) *c* (pl violen) violin

viooltje (vee-*Yōāl*-tYer) *nt* (pl ~s) violet

vis (vɪss) *c* (pl ~sen) fish

visakte (*vɪss*-ahk-ter) *c* (pl ~n, ~s) fishing licence

visgraat (*vɪss*-khraat) *c* (pl -graten) fishbone

vishaak (*vɪss*-haak) *c* (pl -haken) fishing hook

visie (*vee*-zee) *c* vision

visite (vee-*zee*-ter) *c* (pl ~s) visit; call

visitekaartje (vi-*zee*-ter-kaar-tYer) *nt* (pl ~s) visiting-card

viskuit (*vɪss*-kurᵉwt) *c* roe

vislijn (*vɪss*-layn) *c* (pl ~en) fishing line

visnet (*vɪss*-neht) *nt* (pl ~ten) fishing net

vissen (*vɪ*-sern) *v* fish

visser (*vɪ*-serr) *c* (pl ~s) fisherman

visserij (vɪ-ser-*ray*) *c* fishing industry

vistuig (*vɪss*-turᵉwkh) *nt* fishing tackle, fishing gear

visum (*vee*-zerm) *nt* (pl visa) visa

viswinkel (*vɪss*-vɪng-kerl) *c* (pl ~s) fish shop

vitamine (vee-taa-*mee*-ner) *c* (pl ~n, ~s) vitamin

vitrine (vee-*tree*-ner) *c* (pl ~s) showcase

vlag (vlahkh) *c* (pl ~gen) flag

vlak (vlahk) *adj* flat; smooth; level, plane

vlakgom (*vlahk*-khom) *c/nt* (pl ~men) rubber

vlakte (*vlahk*-ter) *c* (pl ~n, ~s) plain

vlam (vlahm) *c* (pl ~men) flame

vlees (vlāyss) *nt* meat; flesh

vlek (vlehk) *c* (pl ~ken) stain, spot, blot

vlekkeloos (*vleh*-ker-lōāss) *adj* stainless, spotless

vlekken (*vleh*-kern) *v* stain

vlekkenwater (*vleh*-ker-vaa-terr) *nt* stain remover

vleugel (*vlūr̄*-gerl) *c* (pl ~s) wing;

grand piano

vlieg (vleekh) c (pl ~en) fly

*vliegen (vlee-gern) v *fly

vliegramp (vleekh-rahmp) c (pl ~en) plane crash

vliegtuig (vleekh-tur^{ew}kh) nt (pl ~en) aircraft, aeroplane, plane; airplane nAm

vliegveld (vleekh-fehlt) nt (pl ~en) airfield

vlijt (vlayt) c diligence

vlijtig (vlay-terkh) adj industrious; diligent

vlinder (vlin-derr) c (pl ~s) butterfly

vlinderdasje (vlin-derr-dah-sher) nt (pl ~s) bow tie

vlinderslag (vlin-derr-slahkh) c butterfly stroke

vloed (vloōt) c flood

vloeibaar (vloō^{ee}-baar) adj liquid, fluid

vloeien (vloō^{ee}-ern) v flow; **vloeiend** fluent

vloeipapier (vloō^{ee}-paa-peer) nt blotting paper

vloeistof (vloō^{ee}-stof) c (pl ~fen) fluid

vloek (vloōk) c (pl ~en) curse

vloeken (vloō-kern) v curse, *swear

vloer (vloōr) c (pl ~en) floor

vloerkleed (vloōr-klāyt) nt (pl -kleden) carpet

vloot (vloāt) c (pl vloten) fleet

vlot (vlot) nt (pl ~ten) raft

vlotter (vlo-terr) c (pl ~s) float

vlucht (vlerkht) c (pl ~en) flight

vluchten (vlerkh-tern) v escape

vlug (vlerkh) adj fast, quick, rapid; adv soon

vocaal (vōa-kaal) adj vocal

vocabulaire (vōa-kaa-bew-lair) nt vocabulary

vocht (vokht) nt damp

vochtig (vokh-terkh) adj humid, moist; damp, wet

vochtigheid (vokh-terkh-hayt) c humidity, moisture

vod (vot) nt (pl ~den) rag

voeden (voō-dern) v *feed

voedsel (voōt-serl) nt food; fare

voedselvergiftiging (voōt-serl-verr-gif-ter-ging) c food poisoning

voedzaam (voōt-saam) adj nutritious, nourishing

zich voegen bij (voō-gern) join

voelen (voō-lern) v *feel; sense

voeren (voō-rern) v carry

voering (voō-ring) c (pl ~en) lining

voertuig (voōr-tur^{ew}kh) nt (pl ~en) vehicle

voet (voōt) c (pl ~en) foot; **te ~** on foot, walking

voetbal (voōt-bahl) nt soccer

voetbalwedstrijd (voōt-bahl-veht-strayt) c (pl ~en) football match

voetganger (voōt-khah-ngerr) c (pl ~s) pedestrian

voetpad (voōt-paht) nt (pl ~en) footpath

voetpoeder (voōt-poō-derr) nt/c foot powder

voetrem (voōt-rehm) c foot-brake

vogel (vōa-gerl) c (pl ~s) bird

vol (vol) adj full; full up

volbloed (vol-bloōt) adj thoroughbred

*volbrengen (vol-breh-ngern) v accomplish

voldaan (vol-daan) adj satisfied

voldoende (vol-doōn-der) adj sufficient, enough; **~ *zijn** *do, suffice

voldoening (vol-doō-ning) c satisfaction

volgen (vol-gern) v follow; **volgend** subsequent, next, following

volgens (vol-gerns) prep according to

volgorde (vol-gor-der) c order, sequence

*volhouden (vol-hou-dern) v *keep up; insist

volk (volk) *nt* (pl ~en, ~eren) people; nation; folk; **volks-** national; popular; vulgar

volkomen (voal-*kōä*-mern) *adj* perfect; *adv* completely

volkorenbrood (vol-*kōä*-rerm-brōat) *nt* wholemeal bread

volksdans (*volks*-dahns) *c* (pl ~en) folk-dance

volkslied (*volks*-leet) *nt* (pl ~eren) folk song; national anthem

volledig (vo-*lāy*-derkh) *adj* complete

volmaakt (vol-*maakt*) *adj* perfect

volmaaktheid (vol-*maakt*-hayt) *c* perfection

volslagen (vol-*slaa*-gern) *adj* total, utter

volt (volt) *c* volt

voltage (vol-*taa*-zher) *c/nt* (pl ~s) voltage

voltooien (vol-*tōä*ᵉᵉ-ern) *v* complete

volume (vōä-*lēw*-mer) *nt* (pl ~n, ~s) volume

volwassen (vol-*vah*-sern) *adj* adult; grown-up

volwassene (vol-*vah*-ser-ner) *c* (pl ~n) adult; grown-up

vonk (vongk) *c* (pl ~en) spark

vonnis (*vo*-nerss) *nt* (pl ~sen) verdict, sentence

voogd (vōäkht) *c* (pl ~en) tutor, guardian

voogdij (vōäkh-*day*) *c* custody

voor (vōär) *prep* before; ahead of, in front of; for; to

vooraanstaand (*vōär*-*aan*-staant) *adj* leading, outstanding

***voorafgaan** (vōär-*ahf*-khaan) *v* precede

vooral (vōä-*rahl*) *adv* essentially, especially, most of all

voorbarig (vōär-*baa*-rerkh) *adj* premature

voorbeeld (*vōär*-bāylt) *nt* (pl ~en) ex-

ample, instance

voorbehoedmiddel (*vōär*-ber-hōōt-mɪ-derl) *nt* (pl ~en) contraceptive

voorbehoud (*vōär*-ber-hout) *nt* qualification

voorbereiden (*vōär*-ber-ray-dern) *v* prepare

voorbereiding (*vōär*-ber-ray-dɪng) *c* (pl ~en) preparation

voorbij (vōär-*bay*) *adj* past, over; *prep* past, beyond

voorbijgaan (vōär-*bay*-gaan) *v* pass

voorbijganger (vōär-*bay*-gah-ngerr) *c* (pl ~s) passer-by

voordat (*vōär*-daht) *conj* before

voordeel (*vōär*-dāyl) *nt* (pl -delen) advantage; profit, benefit

voordelig (vōär-*dāy*-lerkh) *adj* advantageous; cheap

zich ***voordoen** (*vōär*-dōōn) occur

voorgaand (*vōär*-khaant) *adj* previous, preceding

voorganger (*vōär*-gah-ngerr) *c* (pl ~s) predecessor

voorgerecht (*vōär*-ger-rehkht) *nt* (pl ~en) hors-d'œuvre

voorgrond (*vōär*-gront) *c* foreground

voorhanden (vōär-*hahn*-dern) *adj* available

voorheen (vōär-*hāyn*) *adv* formerly

voorhoofd (*vōär*-hōäft) *nt* (pl ~en) forehead

voorjaar (*vōär*-ᵛaar) *nt* springtime, spring

voorkant (*vōär*-kahnt) *c* front

voorkeur (*vōär*-kūrr) *c* preference; **de ~ *geven aan** prefer

voorkomen[1] (*vōär*-kōä-mern) *nt* look, appearance

***voorkomen**[2] (vōär-*kōä*-mern) *v* occur, happen

***voorkomen**[3] (vōär-*kōä*-mern) *v* prevent; anticipate

voorkomend (vōär-*kōä*-mernt) *adj* obliging

voorletter (*vōar*-leh-terr) *c* (pl ~s) initial

voorlopig (vōar-*lōa*-perkh) *adj* provisional, temporary; preliminary

voormalig (vōar-*maa*-lerkh) *adj* former

voorman (*vōar*-mahn) *c* (pl ~nen) foreman

voornaam[1] (vōar-*naam*) *adj* distinguished; **voornaamst** *adj* principal, main, leading, chief

voornaam[2] (vōar-*naam*) *c* (pl -namen) first name, Christian name

voornaamwoord (*vōar*-naam-vōart) *nt* (pl ~en) pronoun

voornamelijk (vōar-*naa*-mer-lerk) *adv* especially

vooroordeel (*vōar*-ōar-dāyl) *nt* (pl -delen) prejudice

vooroorlogs (vōar-*ōar*-lokhs) *adj* prewar

voorraad (*vōa*-raat) *c* (pl -raden) stock, store, supply; provisions *pl*; **in** ~ *hebben stock

voorrang (*vōa*-rahng) *c* priority; right of way

voorrecht (*vōa*-rehkht) *nt* (pl ~en) privilege

voorruit (*vōa*-rur^ew^t) *c* (pl ~en) windscreen; windshield *nAm*

*voorschieten** (*vōar*-skhee-tern) *v* advance

voorschot (*vōar*-skhot) *nt* (pl ~ten) advance

voorschrift (*vōar*-skhrıft) *nt* (pl ~en) regulation

*voorschrijven** (*vōar*-skhray-vern) *v* prescribe

voorspellen (vōar-*speh*-lern) *v* predict, forecast

voorspelling (vōar-*speh*-lıng) *c* (pl ~en) forecast

voorspoed (*vōar*-spōot) *c* prosperity

voorsprong (*vōar*-sprong) *c* lead

voorstad (*vōar*-staht) *c* (pl -steden) suburb

voorstander (*vōar*-stahn-derr) *c* (pl ~s) advocate

voorstel (*vōar*-stehl) *nt* (pl ~len) proposition, proposal; suggestion

voorstellen (*vōar*-steh-lern) *v* propose, suggest; present, introduce; represent; **zich** ~ conceive, fancy, imagine

voorstelling (*vōar*-steh-lıng) *c* (pl ~en) show, performance

voortaan (vōar-*taan*) *adv* henceforth

voortduren (*vōar*-dēw-rern) *v* continue; **voortdurend** continuous, continual

*voortgaan** (*vōart*-khaan) *v* continue; proceed

voortreffelijk (vōar-*treh*-fer-lerk) *adj* excellent; exquisite

voorts (vōarts) *adv* moreover

voortzetten (*vōart*-seh-tern) *v* carry on, continue

vooruit (vōa-*rur^ew^t*) *adv* ahead, forward; in advance

vooruitbetaald (vōa-*rur^ew^t*-ber-taalt) *adj* prepaid

*vooruitgaan** (vōa-*rur^ew^t*-khaan) *v* advance

vooruitgang (vōa-*rur^ew^t*-khahng) *c* progress, advance

vooruitstrevend (vōa-rur^ew^t-*strāy*-vernt) *adj* progressive

vooruitzicht (vōa-*rur^ew^t*-sıkht) *nt* (pl ~en) prospect

voorvader (*vōar*-vaa-derr) *c* (pl ~s, ~en) ancestor

voorvechter (*vōar*-vehkh-terr) *c* (pl ~s) champion

voorvoegsel (*vōar*-vōokh-serl) *nt* (pl ~s) prefix

voorwaarde (*vōar*-vaar-der) *c* (pl ~n) condition; term

voorwaardelijk (vōar-*vaar*-der-lerk) *adj*

conditional

voorwaarts (*vōar*-vaarts) *adv* onwards, forward

voorwenden (*vōar*-vehn-dern) *v* pretend

voorwendsel (*vōar*-vehnt-serl) *nt* (pl ~s, ~en) pretext, pretence

voorwerp (*vōar*-vehrp) *nt* (pl ~en) object; **gevonden voorwerpen** lost and found

voorzetsel (*vōar*-zeht-serl) *nt* (pl ~s) preposition

voorzichtig (vōar-*zikh*-terkh) *adj* careful; gentle

voorzichtigheid (vōar-*zikh*-terkh-hayt) *c* caution

*****voorzien** (*vōar*-zeen) *v* anticipate; ~ **van** furnish with

voorzitter (*vōar*-zı-terr) *c* (pl ~s) chairman, president

voorzorg (*vōar*-zorkh) *c* (pl ~en) precaution

voorzorgsmaatregel (*vōar*-zorkhs-maat-rāy-gerl) *c* (pl ~en) precaution

vorderen (*vor*-der-rern) *v* *get on; confiscate, claim

vorig (*vōa*-rerkh) *adj* last; past

vork (vork) *c* (pl ~en) fork

vorm (vorm) *c* (pl ~en) shape; form

vormen (*vor*-mern) *v* shape; form

vorming (*vor*-mıng) *c* background

vorst[1] (vorst) *c* (pl ~en) ruler, monarch, sovereign

vorst[2] (vorst) *c* frost

vos (voss) *c* (pl ~sen) fox

vouw (vou) *c* (pl ~en) fold; crease

*****vouwen** (*vou*-ern) *v* fold

vraag (vraakh) *c* (pl vragen) question; inquiry, query

vraaggesprek (*vraa*-kher-sprehk) *nt* (pl ~ken) interview

vraagstuk (*vraakh*-sterk) *nt* (pl ~ken) problem, question

vraagteken (*vraakh*-tāy-kern) *nt* (pl ~s) question mark

vracht (vrahkht) *c* (pl ~en) freight, cargo

vrachtwagen (*vrahkht*-vaa-gern) *c* (pl ~s) lorry; truck *nAm*

*****vragen** (*vraa*-gern) *v* ask; beg; **vragend** interrogative

vrede (*vrāy*-der) *c* peace

vreedzaam (*vrāyt*-saam) *adj* peaceful

vreemd (vrāymt) *adj* strange; odd, queer; foreign

vreemde (*vrāym*-der) *c* (pl ~n) stranger

vreemdeling (*vrāym*-der-lıng) *c* (pl ~en) foreigner; stranger, alien

vrees (vrāyss) *c* dread, fear

vreselijk (*vrāy*-ser-lerk) *adj* terrible; horrible, dreadful, frightful

vreugde (*vrūrkh*-der) *c* (pl ~n) gladness, joy

vrezen (*vrāy*-zern) *v* dread, fear

vriend (vreent) *c* (pl ~en) friend

vriendelijk (*vreen*-der-lerk) *adj* friendly; kind

vriendschap (*vreent*-skhahp) *c* (pl ~pen) friendship

vriendschappelijk (vreent-*skhah*-per-lerk) *adj* friendly

vriespunt (*vreess*-pernt) *nt* freezing-point

*****vriezen** (*vree*-zern) *v* *freeze

vrij (vray) *adj* free; *adv* pretty, fairly, quite, rather

vrijdag (*vray*-dahkh) *c* Friday

vrijgevig (vray-*gāy*-verkh) *adj* liberal

vrijgezel (vray-ger-*zehl*) *c* (pl ~len) bachelor

vrijheid (*vray*-hayt) *c* (pl -heden) freedom, liberty

vrijkaart (*vray*-kaart) *c* (pl ~en) free ticket

vrijpostig (vray-*poss*-terkh) *adj* bold

vrijspraak (*vray*-spraak) *c* acquittal

vrijstellen (*vray*-steh-lern) *v* exempt;

vrijgesteld exempt

vrijstelling (*vray*-steh-ling) *c* (pl ~en) exemption

vrijwel (*vr ay* vehl) *adv* practically

vrijwillig (vray-*vi*-lerkh) *adj* voluntary

vrijwilliger (vray-*vi*-ler-gerr) *c* (pl ~s) volunteer

vroedvrouw (*vrōōt*-frou) *c* (pl ~en) midwife

vroeg (vrōōkh) *adj* early

vroeger (*vrōō*-gerr) *adj* prior, previous, former; *adv* formerly

vrolijk (*vrōā*-lerk) *adj* gay, cheerful, merry, joyful

vrolijkheid (*vrōā*-lerk-hayt) *c* gaiety

vroom (vrōām) *adj* pious

vrouw (vrou) *c* (pl ~en) woman; wife

vrouwelijk (*vrou*-er-lerk) *adj* female; feminine

vrouwenarts (*vrou*-ern-ahrts) *c* (pl ~en) gynaecologist

vrucht (vrerkht) *c* (pl ~en) fruit

vruchtbaar (*vrerkht*-baar) *adj* fertile

vruchtensap (*vrerkh*-ter-sahp) *nt* (pl ~pen) squash

vuil (vur*ew*l) *adj* filthy, dirty; *nt* dirt

vuilnis (*vur*ew*l*-niss) *nt* garbage

vuilnisbak (*vur*ew*l*-niss-bahk) *c* (pl ~ken) rubbish-bin, dustbin; trash can *Am*

vuist (vur*ew*st) *c* (pl ~en) fist

vuistslag (*vur*ew*st*-slahkh) *c* (pl ~en) punch

vulgair (verl-*gair*) *adj* vulgar

vulkaan (verl-*kaan*) *c* (pl -kanen) volcano

vullen (*ver*-lern) *v* fill

vulling (*ver*-ling) *c* (pl ~en) stuffing, filling; refill

vulpen (*verl*-pehn) *c* (pl ~nen) fountain-pen

vuur (vewr) *nt* (pl vuren) fire

vuurrood (*vew*-rōat) *adj* scarlet, crimson

vuursteen (*vewr*-stāyn) *c* (pl -stenen) flint

vuurtoren (*vewr*-tōa-rern) *c* (pl ~s) lighthouse

vuurvast (*vewr*-vahst) *adj* fireproof

W

*****waaien** (*vaa*ee-ern) *v* *blow

waaier (*vaa*ee-err) *c* (pl ~s) fan

waakzaam (*vaak*-saam) *adj* vigilant

waanzin (*vaan*-zin) *c* madness

waanzinnig (vaan-*zi*-nerkh) *adj* mad

waar¹ (vaar) *adj* true; very

waar² (vaar) *adv* where; *conj* where; ~ **dan ook** anywhere; ~ **ook** wherever

waarborg (*vaar*-borkh) *c* (pl ~en) guarantee

waard (vaart) *adj* worthy of; ~ *****zijn** *be worth

waarde (*vaar*-der) *c* (pl ~n) worth, value

waardeloos (*vaar*-der-lōass) *adj* worthless

waarderen (vaar-*dāy*-rern) *v* appreciate

waardering (vaar-*dāy*-ring) *c* appreciation

waardevol (*vaar*-der-vol) *adj* valuable

waardig (*vaar*-derkh) *adj* dignified

waarheid (*vaar*-hayt) *c* (pl -heden) truth

waarheidsgetrouw (*vaar*-hayts-khertrou) *adj* truthful

*****waarnemen** (*vaar*-nāy-mern) *v* observe

waarneming (*vaar*-nāy-ming) *c* (pl ~en) observation

waarom (vaa-*rom*) *adv* why; what for

waarschijnlijk (vaar-*skhayn*-lerk) *adj* probable, likely; *adv* probably

waarschuwen (*vaar*-skhew⁰⁰-ern) *v* warn; caution; notify

waarschuwing (*vaar*-skhew⁰⁰-ıng) *c* (pl ~en) warning

waas (vaass) *nt* haze

wachten (*vahkh*-tern) *v* wait; ~ **op** await

wachtkamer (*vahkht*-kaa-merr) *c* (pl ~s) waiting-room

wachtlijst (*vahkht*-layst) *c* (pl ~en) waiting-list

wachtwoord (*vahkht*-vōart) *nt* (pl ~en) password

waden (*vaa*-dern) *v* wade

wafel (*vaa*-ferl) *c* (pl ~s) waffle, wafer

wagen[1] (*vaa*-gern) *c* (pl ~s) cart

wagen[2] (*vaa*-gern) *v* dare, venture, risk

wagon (vaa-*gon*) *c* (pl ~s) carriage, waggon; passenger car *Am*

wakker (*vah*-kerr) *adj* awake; ~ *worden wake up

walgelijk (*vahl*-ger-lerk) *adj* revolting, disgusting

walnoot (*vahl*-nōat) *c* (pl -noten) walnut

wals (vahls) *c* (pl ~en) waltz

walvis (*vahl*-vıss) *c* (pl ~sen) whale

wand (vahnt) *c* (pl ~en) wall

wandelaar (*vahn*-der-laar) *c* (pl ~s) walker

wandelen (*vahn*-der-lern) *v* stroll, walk

wandeling (*vahn*-der-lıng) *c* (pl ~en) stroll, walk

wandelstok (*vahn*-derl-stok) *c* (pl ~ken) walking-stick

wandkleed (*vahnt*-klāyt) *nt* (pl -kleden) tapestry

wandluis (*vahnt*-lurᵉʷss) *c* (pl -luizen) bug

wang (vahng) *c* (pl ~en) cheek

wanhoop (*vahn*-hōap) *c* despair

wanhopen (*vahn*-hōa-pern) *v* despair

wanhopig (vahn-*hōa*-perkh) *adj* desperate

wankel (*vahn*-kerl) *adj* unsteady

wankelen (*vahn*-ker-lern) *v* falter

wanneer (vah-*nāyr*) *adv* when; *conj* when; ~ **ook** whenever

wanorde (*vahn*-or-der) *c* disorder

want (vahnt) *conj* for

wanten (*vahn*-tern) *pl* mittens *pl*

wantrouwen (*vahn*-trou-ern) *nt* suspicion; *v* mistrust

wapen (*vaa*-pern) *nt* (pl ~s, ~en) weapon, arm

warboel (*vahr*-bōol) *c* muddle, mess

waren (*vaa*-rern) *pl* goods *pl*, wares *pl*

warenhuis (*vaa*-rer-hur ᵉʷss) *nt* (pl -huizen) department store

warm (vahrm) *adj* warm; hot; ~ *eten dine

warmte (*vahrm*-ter) *c* warmth; heat

warmwaterkruik (vahrm-*vaa*-terr-krur ᵉʷk) *c* (pl ~en) hot-water bottle

was[1] (vahss) *c* laundry, washing

was[2] (vahss) *c* wax

wasbaar (*vahss*-baar) *adj* washable

wasbekken (*vahss*-beh-kern) *nt* (pl ~s) wash-basin

wasecht (vahss-*ehkht*) *adj* fast-dyed

wasgoed (*vahss*-khōot) *nt* washing

wasmachine (*vahss*-mah-shee-ner) *c* (pl ~s) washing-machine

wasmiddel (*vahss*-mı-derl) *nt* (pl ~en) detergent

waspoeder (*vahss*-pōo-derr) *nt* (pl ~s) washing-powder

*wassen** (*vah*-sern) *v* wash

wassenbeeldenmuseum (vah-ser-*bāyl*-der-mew-zāy-ᵞerm) *nt* (pl ~s, -musea) waxworks *pl*

wasserette (vah-ser-*reh*-ter) *c* (pl ~s) launderette

wasserij (vah-ser-*ray*) *c* (pl ~en) laundry

wastafel (*vahss*-taa-ferl) *c* (pl ~s)

wash-stand

wasverzachter (*vahss*-ferr-zahkh-terr) *c* (pl ~s) water-softener

wat (vaht) *pron* what; *adv* how; ~ **dan ook** whatever; anything

water (*vaa*-terr) *nt* water; **hoog** ~ high tide; **laag** ~ low tide; **stromend** ~ running water; **zoet** ~ fresh water

waterdicht (*vaa*-terr-dıkht) *adj* rainproof, waterproof

waterkers (*vaa*-terr-kehrs) *c* watercress

watermeloen (*vaa*-terr-mer-lōōn) *c* (pl ~en) watermelon

waterpas (*vaa*-terr-pahss) *c* (pl ~sen) level

waterpokken (*vaa*-terr-po-kern) *pl* chickenpox

waterpomp (*vaa*-terr-pomp) *c* (pl ~en) water pump

waterski (*vaa*-terr-skee) *c* (pl ~'s) water ski

waterstof (*vaa*-terr-stof) *c* hydrogen

waterstofperoxyde (*vaa*-terr-stof-pehr-ok-see-der) *nt* peroxide

waterval (*vaa*-terr-vahl) *c* (pl ~len) waterfall

waterverf (*vaa*-terr-vehrf) *c* water-colour

watten (*vah*-tern) *pl* cotton-wool

wazig (*vaa*-zerkh) *adj* hazy

we (ver) *pron* we

wedden (*veh*-dern) *v* *bet

weddenschap (*veh*-der-skhahp) *c* (pl ~pen) bet

wederverkoper (*vāy*-derr-verr-kōā-perr) *c* (pl ~s) retailer

wederzijds (vāy-derr-*zayts*) *adj* mutual

wedijveren (*veht*-ay-ver-rern) *v* compete

wedloop (*veht*-lōap) *c* (pl -lopen) race

wedstrijd (*veht*-strayt) *c* (pl ~en) competition, contest; match

weduwe (*vāy*-dew⁰⁰-er) *c* (pl ~n) widow

weduwnaar (*vāy*-dew⁰⁰-naar) *c* (pl ~s) widower

weeën (*vāy*-ern) *pl* labour

weefsel (*vāyf*-serl) *nt* (pl ~s) tissue

weegschaal (*vāykh*-skhaal) *c* (pl -schalen) weighing-machine, scales *pl*

week (vāyk) *c* (pl weken) week

weekdag (*vāyk*-dahkh) *c* (pl ~en) weekday

weekend (*vee*-kehnt) *nt* (pl ~s) weekend

weemoed (*vāy*-mōōt) *c* melancholy

weer¹ (vāyr) *nt* weather

weer² (vāyr) *adv* again

weerbericht (*vāyr*-ber-rıkht) *nt* (pl ~en) weather forecast

*weerhouden (*vāyr*-hou-dern) *v* restrain

weerkaatsen (*vāyr*-kaat-sern) *v* reflect

weerkaatsing (*vāyr*-kaat-sıng) *c* reflection

weerklank (*vāyr*-klahngk) *c* echo

weerzinwekkend (*vāyr*-zın-*veh*-kernt) *adj* repulsive, repellent, revolting

wees (vāyss) *c* (pl wezen) orphan

weg¹ (vehkh) *adv* gone, away; lost; off

weg² (vehkh) *c* (pl ~en) way; road; **doodlopende** ~ cul-de-sac; **op** ~ **naar** bound for

*wegen (*vāy*-gern) *v* weigh

wegenkaart (*vāy*-ger-kaart) *c* (pl ~en) road map

wegennet (*vāy*-ger-neht) *nt* (pl ~ten) road system

wegens (*vāy*-gerns) *prep* because of, for

*weggaan (*veh*-khaan) *v* *go away

wegkant (*vehkh*-kahnt) *c* (pl ~en) roadside, wayside

*weglaten (*vehkh*-laa-tern) *v* omit, *leave out